Anwaltsstrategien bei Interessenausgleichs- und Sozialplanverfahren

Europäische Hochschulschriften

Publications Universitaires Européennes
European University Studies

Reihe II
Rechtswissenschaft

Série II Series II
Droit
Law

Bd./Vol. 5329

PETER LANG
Frankfurt am Main · Berlin · Bern · Bruxelles · New York · Oxford · Wien

Arne Wankel

Anwaltsstrategien bei Interessenausgleichs- und Sozialplanverfahren

PETER LANG
Internationaler Verlag der Wissenschaften

Bibliografische Information der Deutschen Nationalbibliothek
Die Deutsche Nationalbibliothek verzeichnet diese Publikation in der Deutschen Nationalbibliografie; detaillierte bibliografische Daten sind im Internet über http://dnb.d-nb.de abrufbar.

Zugl.: Erlangen, Nürnberg, Univ., Diss., 2011

Gedruckt auf alterungsbeständigem,
säurefreiem Papier.

D 29 (n2)
ISSN 0531-7312
ISBN 978-3-631-63647-3

www.peterlang.de

Vorwort

Die Arbeit lag im Wintersemester 2011/2012 der Rechts- und Wirtschaftswissenschaftlichen Fakultät (Fachbereich Rechtswissenschaft) der Universität Erlangen-Nürnberg vor. Der Text ist auf dem Stand April 2011 und berücksichtigt die bis dahin veröffentlichte Rechtsprechung und Literatur.

Für die hervorragende Betreuung und die Aufgeschlossenheit gegenüber einem praxisnahen Thema danke ich meinem geschätzten Doktorvater, Herrn Professor Dr. Georg Caspers, für das Zweitgutachten danke ich Herrn Professor Dr. Jürgen Stamm.

Weiterhin danke ich herzlich den anwaltlichen Kollegen der Kanzlei Link, Siry und Kupfer in Nürnberg für fachliche Anregungen und die Förderung dieses Vorhabens in den vergangenen Jahren.

Nicht zuletzt gilt mein besonderer Dank meiner Frau Julia für drei Jahre Geduld und Zuversicht, und meinen Eltern für stete Unterstützung und Teilnahme an meinem juristischen Werdegang.

Nürnberg, im März 2012

Arne Wankel

Inhaltsverzeichnis

Einleitung

Interessenausgleichs- und Sozialplanverfahren folgen keinem fest vorgeschriebenen gesetzlichen Ablaufplan. Der Gesetzgeber lässt den Verhandlungsparteien vielmehr großen Gestaltungsspielraum. Dies bringt zwar rechtliche und praktische Unsicherheiten, aber auch große Chancen für beide Seiten mit sich. Um den gesetzlichen Spielraum zur Durchsetzung der eigenen Ziele optimal zu nutzen, greifen sowohl Unternehmer als auch Betriebsräte auf anwaltliche Berater zurück. Die von diesen gewählte Strategie kann maßgeblich über Erfolg oder Misserfolg bei der Durchsetzung der jeweiligen Zielvorstellung ihrer Mandanten entscheiden.

Strategie bedeutet, einen genauen Plan des eigenen Vorgehens zu verfolgen, wobei diejenigen Faktoren, die das eigene Vorhaben beeinflussen könnten, von vornherein einzukalkulieren versucht werden.[1] Die Auseinandersetzung mit möglichen Strategien bei der Verhandlung von Interessenausgleich und Sozialplan hat in der Arbeitsrechtswissenschaft noch keinen festen Platz.[2] Sie ist aus Sicht des Verfassers jedoch notwendig, um die Dogmatik für die Praxis nutzbar zu machen. Dabei gilt, dass sich jede Strategie stets innerhalb der Grenzen des Rechts bewegen muss. Spiegelbildlich dazu muss aber auch jede Strategie zulässig sein, welche die vom Gesetzgeber eröffneten Möglichkeiten nutzt.[3]

Ziel dieser Arbeit ist es, Interessenausgleichs- und Sozialplanverfahren aus einer konsequent strategieorientierten Sichtweise darzustellen, und zwar sowohl aus der Perspektive des Unternehmer- als auch des Betriebsratsanwalts.[4] Die Bearbeitung der dabei auftretenden Rechtsfragen dient stets der Entscheidungs-

1 Der Wortursprung liegt im Griechischen bei den Worten „stratos“ (Heer) und „agein“ (führen); vgl. Wermke/Kunkel-Razum/Scholze-Stubenrecht, Duden Fremdwörterbuch.

2 Vereinzelte ausdrücklich strategieorientierte Darstellungen finden sich bei: Göritz/Hase/Rupp, Handbuch Interessenausgleich und Sozialplan; Hamm, Sozialplan und Interessenausgleich; Seel, MDR 2010, 7; Klar, Strategie und Taktik im Arbeitsrecht; Freckmann/Imping, Interessenausgleich und Sozialplan bei Betriebsänderung; H/S-Hümmerich, Arbeitsrechtliches Mandat, 2. Aufl., § 2, wobei das vertiefende Kapitel zur Strategie bei Interessenausgleich- und Sozialplanverhandlungen bezeichnenderweise in späteren Auflagen gestrichen wurde; allgemein Keppler, Anwaltsstrategien.

3 Ethisch-moralische Erwägungen können nicht den Maßstab vorliegender Untersuchung bilden: sie sollten zwar stets auch Grundlage verantwortungsvoller anwaltlicher Beratung sein, im Rahmen der Auslotung des Grenzbereichs des rechtlich zulässigen würden sie jedoch das Blickfeld zu früh und deutlich einengen.

4 Allgemeiner Überblick zu strategischen Aspekten bei Umstrukturierungen aus beiden Perspektiven bei Willemsen/Hohenstatt/Schweibert/Seibt, Umstrukturierung und Übertragung, Kap. B Rn. 115 und 141.

findung, welche Strategie im konkreten Fall gewählt werden kann oder sollte. Die Untersuchung setzt zeitlich bereits im Stadium der Vorbereitungen und Planungen einer Betriebsänderung an. Denn schon in diesem Stadium können entscheidende Weichen für eine erfolgreiche Durchsetzung der jeweiligen Parteiinteressen gestellt werden.

Die Arbeit versucht die folgenden Fragen zu beantworten:

- Welche strategischen Möglichkeiten bieten sich?

- Wie sind diese im Hinblick auf ihre Effektivität zu beurteilen?

- Wo verläuft die Grenz arbeits- und anwaltsrechtlicher Zulässigkeit?

Zu den nachfolgend verwendeten Begriffen bedarf es vorab folgender Klarstellungen:

Ist vom Unternehmer oder vom Betriebsrat die Rede, ist damit im Folgenden in der Regel auch der jeweilige anwaltliche Berater gemeint.[5] Der Begriff des Unternehmers ist mit dem des Arbeitgebers identisch, es handelt sich lediglich um verschiedene Funktionen derselben Person.[6]

Die Bezeichnung der einzelnen Strategien in der vorliegenden Arbeit dient lediglich der Zuordnung und Unterscheidbarkeit. Es handelt sich nicht um durchweg in Rechtsprechung, Literatur oder Praxis gebräuchliche Bezeichnungen oder gar feststehende Begrifflichkeiten. Die Rechtswirklichkeit ist nicht an bestimmte Einordnungen gebunden, in jedem Einzelfall können die hier differenziert dargestellten Strategien je nach individueller Schwerpunktsetzung vermischt werden.

In der Praxis treten die vorzustellenden Strategien in Reinform selten auf, Mischformen sind üblich; die Herausarbeitung einzelner Strategietypen dient

5 Damit kann der ansonsten stets zu wiederholende Hinweis, dass für die strategische Planung der anwaltliche Berater (mit-) verantwortlich ist, vermieden werden. Insofern ist Unternehmerstrategie stets auch Anwaltsstrategie und umgekehrt; das Gleiche gilt für den Betriebsrat. Der Fall, dass der Mandant sich abweichend vom anwaltlichen Rat verhält, kommt in der Praxis durchaus vor. Dies ist jedoch eher ein zwischenmenschliches oder psychologisches Problem denn ein rechtliches, und daher nicht Gegenstand dieser Arbeit.

6 So schon BAG v. 15.1.1991 – 1 AZR 94/90, NZA 1991, 681: „Die Begriffe „Unternehmer“ und „Arbeitgeber“ in den Vorschriften der §§ 111 bis 113 BetrVG bezeichnen diejenige Rechtsperson, die Inhaber des Betriebes, für den eine Betriebsänderung geplant wird, und Arbeitgeber der in diesem Betrieb beschäftigten Arbeitnehmer ist.“

aber der Verdeutlichung der auftretenden Rechtsprobleme. Trotz der Unterscheidung nach Arbeitgeber- und Arbeitnehmeranwalt gibt es in der Darstellung Überschneidungen, da teilweise die Handlungsmöglichkeiten der Gegenseite mitbeurteilt werden müssen. Das Spektrum der vorgefundenen Strategien reicht von aggressiven bis hin zu konsensorientierten Vorgehensweisen. Daher erfolgt für die Darstellung zunächst eine Zuordnung zu einer dieser beiden grundlegenden Herangehensweisen.

Innerhalb der Darstellung einzelner Strategien wird zunächst das jeweilige Konzept beschrieben. Anschließend werden die dadurch aufgeworfenen Rechtsfragen erörtert. Abschließend wird die Strategie nach ihrer Effektivität bewertet. Zu berücksichtigen ist daher jeweils auch die Tauglichkeit der zulässigen Strategien in der Praxis, wobei empfehlenswerte, nicht empfehlenswerte bzw. unzulässige und risikoreiche Strategien zu unterscheiden sind. Welche Strategie zur Anwendung kommt, ist abhängig von der geplanten Betriebsänderung, den jeweiligen Zielen einer Partei und den vorgefundenen zwischenmenschlichen Verhältnissen. Auch die Reaktion der Gegenseite kann einerseits die Wahl einer bestimmten Vorgehensweise bedingen, anderseits aber auch einen Strategiewechsel zur Folge haben.[7]

Besonderes Augenmerk wird auf den einstweiligen Rechtsschutz gelegt, da in diesem Bereich besonders effektive Durchsetzungsmöglichkeiten des Betriebsrats bestehen. Ähnliches gilt für die gerade in letzter Zeit in den Mittelpunkt der Aufmerksamkeit gerückten Rechtsfragen im Bereich des Tarifsozialplan-Arbeitskampfes.

Die Darstellung aus spezifisch anwaltlicher Sicht erlangt besondere Bedeutung dort, wo dem Anwalt in seinem Handeln engere Grenzen gesetzt sind als dem Unternehmer oder dem Betriebsrat selbst. Damit sind vor allem der Anwendungsbereich anwaltlichen Berufsrechts sowie die Besonderheiten anwaltlicher Haftung gemeint. Der Rechtsanwalt auf Unternehmer- wie auch auf Betriebsratsseite hat in seiner Beratungstätigkeit nicht nur die Grenzen des Arbeitsrechts, sondern auch die Vorgaben seines Berufsrechts zu beachten. Hier gilt es zu prüfen, ob anwaltsrechtliche Regelungen die Tätigkeit im Bereich der Interessenausgleichs- und Sozialplanverhandlungen einschränken.[8] Dies ist aller-

7 Vgl. Göritz/Hase/Rupp, Handbuch Interessenausgleich, S. 105.

8 Zur Diskussion um die Einführung von anwaltlichen Ethikrichtlinien: Henssler, AnwBl 2008, 721, spricht sich für die Einführung verbindlicher Ethikrichtlinien aus; Singer, AnwBl 2009, 393 hält Richtlinien dagegen für den falschen Ansatz, ethische Vorgaben seien entweder als verbindliche Rechtsnormen oder gar nicht niederzulegen; Hellwig, AnwBl 2009, 465 hält zwar die Einführung von Ethikrichtlinien für nicht geboten, sieht jedoch die Notwendigkeit, Berufsrecht und Berufsethik stärker in der Juristenausbildung zu verankern; vgl. auch Kilger, AnwBl 2008, 824.

dings nicht nur für die eigene Tätigkeit des Beraters relevant. Vielmehr eröffnet sich hier unter Umständen die Möglichkeit, berufsrechtswidrige Vorgehensweisen des gegnerischen Anwalts zu unterbinden, oder diese Verstöße zum eigenen Vorteil zu nutzen.[9]

Ausgespart werden Ausführungen zum Insolvenzrecht: zwar kommt auch in der Insolvenz das BetrVG in weiten Teilen zur Anwendung. In strategisch-praktischer Hinsicht handelt es sich jedoch um eine Arbeit unter völlig anderen Vorzeichen,[10] insbesondere ist die Perspektive des Insolvenzverwalters eine völlig andere als die des Unternehmers.[11]

Ebenfalls nicht Schwerpunkt der Darstellung sind die Abläufe nach Abschluss von Interessenausgleich und Sozialplan, also die Umsetzungsphase. Dies ist der Tatsache geschuldet, dass in jenem Bereich weniger strategische Aspekte bedeutsam sind, da die entscheidenden Weichen schon vorher gestellt werden. Allerdings sind die Auswirkungen auf die Umsetzungsphase bereits vor Abschluss des Verfahrens im Blick zu behalten, nicht nur im Hinblick auf Nachteilsausgleichsansprüche. Gerade die Abschätzung des späteren Verlaufs in der Umsetzungsphase, etwa die Reaktion der einzelnen Arbeitnehmer, hat erhebliche Bedeutung auf strategische Entscheidungen schon im frühesten Stadium.

Die Arbeit will kein umfassendes Kompendium aller betroffenen Rechtsprobleme sein, oder sämtliche in strategischer Hinsicht bedeutsamen Rechtsfragen im Umfeld einer Betriebsänderung aufarbeiten. Vielmehr sollen bestimmte Rechtsprobleme in den Zusammenhang einzelner strategischer Konzepte gestellt werden. Denn die strategische Ausrichtung bestimmt, wie bedeutend die Antwort auf teilweise noch offene Rechtsfragen für die praktische Umsetzung einer Betriebsänderung ist. Als Beispiel sei aufgeführt, dass der konfrontativ vorgehende Unternehmer deutlich mehr Augenmerk auf die Frage der Anrechenbarkeit von Sozialplanabfindungen auf die Nachteilsausgleichsansprüche gem. § 113 BetrVG legen muss, als derjenige, der im Rahmen seiner konsensorientierten Verhandlungsstrategie schon nicht mit Nachteilsausgleichsansprüchen rechnen muss. Daher untersucht die vorliegende Arbeit ausgesuchte Rechtsfra-

---

9 Ein Beispiel hierfür findet sich bei H/S-Hümmerich, Arbeitsrechtliches Mandat, 2. Aufl., § 2 Rn. 83.

10 Die Möglichkeit des Insolvenzverwalters, die Interessenausgleichsverhandlungen nach drei Wochen ohne Einigungsstelle abzubrechen und beim Arbeitsgericht die Zustimmung zum Ausspruch der Kündigungen zu beantragen (§ 122 InsO), sowie die Begrenzung des Sozialplanvolumens gem. § 123 InsO verschieben das strategische Gleichgewicht ganz erheblich.

11 Zu den Unterschieden zwischen Interessenausgleichsverhandlungen in der Insolvenz und außerhalb Merten, FS Bauer, S. 755, 757 sowie eingehend Caspers, Personalabbau, S. 170 ff.

gen, die auf Grund ihrer noch nicht abgesicherten Antworten besondere Bedeutung für strategische Entscheidungen haben. Dagegen finden sich in Bereichen, die von Literatur und Rechtsprechung bereits eindeutig einer Lösung zugeführt wurden, aus rechtswissenschaftlicher Sicht wenig Handlungsalternativen. Um zu einer Weiterentwicklung der wissenschaftlichen Diskussion beizutragen, soll daher dort, wo strategischer Spielraum besteht, der Rahmen des Umsetzbaren auch durch Ergänzung der rechtlichen Diskussion gerade um neue und weitergehende Lösungsansätze erweitert werden.

Um zur Weiterentwicklung des Forschungsstandes beizutragen, darf sich die Untersuchung nicht ausschließlich daran orientieren, was in der Praxis üblich, oder nach dem Stand der Rechtsprechung augenscheinlich zulässig oder unzulässig ist. Dieser Ansatz ist für den Leser eines Praxishandbuchs gewinnbringend;[12] um mit den Mitteln der Wissenschaft neue Wege zu erschließen, ist eine solche Beschränkung jedoch hinderlich. Die Pflicht zur Beschreitung des sichersten aller denkbaren Wege prägt das anwaltliche Handeln, für die vorliegende Untersuchung ist jedoch eher das Gegenteil der Fall: auch auf den ersten Blick unzulässige oder in der Praxis nicht verankerte Strategien sind zu prüfen, denn erst das konsequente Fortentwickeln zeigt, ob eine Vorgehensweise tatsächlich unzulässig oder unpraktikabel ist.

---

12 Die Praktikerliteratur liefert zwar umfangreiche strategische Hilfestellungen, bleibt jedoch (aus gutem Grund) dem Gebot der Beschreitung des sichersten Weges treu, vgl. Bauer/Göpfert/Haußmann/Krieger, Umstrukturierung; Willemsen/Hohenstatt/Schweibert/Seibt, Umstrukturierung und Übertragung; Jaeger/Röder/Heckelmann, Praxishandbuch Betriebsverfassungsrecht; Dörner/Luczak/Wildschütz, Handbuch Fachanwalt.

A. Grundlagen des Interessenausgleichs- und Sozialplanverfahrens

Auslöser für Verhandlungen über Interessenausgleich und Sozialplan ist stets eine Betriebsänderung.[13] Nicht jedes vom Unternehmer geplante Änderungs- oder Umstrukturierungskonzept fällt unter diesen Begriff, die Aufzählung in § 111 S. 3 BetrVG ist aber auch nicht abschließend. Betriebsänderungen im Sinne des § 111 BetrVG sind alle wesentlichen Änderungen der Gestaltung des Betriebs,[14] die wesentliche Nachteile für die Belegschaft oder erhebliche Teile der Belegschaft zur Folge haben.[15] Ist eine der Alternativen des § 111 S. 3 BetrVG gegeben, wird die Nachteilhaftigkeit vermutet; sie ist in diesem Fall nicht gesondert zu prüfen.[16] Das Merkmal der Nachteilhaftigkeit ist dann jedoch als Auslegungskriterium heranzuziehen, ob die konkrete Maßnahme tatsächlich unter einen der einzelnen Tatbestände einzuordnen ist.[17]

Um den Anwendungsbereich von § 111 BetrVG zu eröffnen, müssen außer dem Merkmal der Betriebsänderung noch die formellen Voraussetzungen der Vorschrift gegeben sein. Dies sind die Mindestgröße des Unternehmens (in der Regel mindestens 20 Arbeitnehmer) sowie das Vorhandensein eines Betriebsrats.

Liegt eine Betriebsänderung vor, hat der Unternehmer die Pflicht, den Betriebsrat über seine Pläne zu informieren und sie mit ihm zu beraten. Eine Verpflichtung zum Abschluss eines Interessenausgleichs trifft ihn nicht,[18] lediglich zum Abschluss eines Sozialplans kann er gezwungen werden. Hinsichtlich des Interessenausgleichs muss nur der Versuch einer Einigung unternommen werden.[19]

---

13 Zu den Grundlagen bei Interessenausgleich und Sozialplan vgl. auch Freckmann, DStR 2006, 1842 sowie Seel, MDR 2010, 7.

14 Richardi/Annuß, § 111 Rn. 40; HSWGN/Hess, § 111 Rn. 13 spricht von „grundlegender Umgestaltung"; vgl. auch BAG v. 17.2.1981 – 1 ABR 101/78, AP Nr. 9 zu § 111 BetrVG 1972, wonach eine Änderung von organisatorischer Einheit, Betriebsmitteln, Betriebszweck oder Belegschaft in quantitativer oder qualitativer Hinsicht erforderlich ist (Abgrenzung von einer nicht mitbestimmungspflichtigen Spaltung).

15 Zu Outsourcing und Auftragsneuvergabe als Betriebsänderung: Römer, Outsourcing, S. 6.

16 Richardi/Annuß, § 111 Rn. 45 ff; Fitting, § 111 Rn. 42 geht von einer gesetzlichen Fiktion aus; ausführlich GK/Fabricius, (6. Aufl.) § 111 Rn. 85.

17 Richardi/Annuß, § 111 Rn. 47.

18 Fitting, § 111 Rn. 102.

19 Dies löst in der (nichtjuristischen) Praxis häufig Erstaunen aus, vgl. H/S-Hümmerich, Arbeitsrechtliches Mandat, 2. Aufl., § 2 Rn. 63.

Als Interessenausgleich bezeichnet das Gesetz eine Einigung zwischen Unternehmer und Betriebsrat über die Umsetzung der Betriebsänderung. Der Sozialplan hingegen ist eine Einigung zwischen Unternehmer und Betriebsrat über den Ausgleich oder die Milderung der mit der Betriebsänderung einhergehenden wirtschaftlichen Nachteile für die betroffenen Arbeitnehmer (§ 112 Abs. 1 S. 2 BetrVG).

Der betriebsverfassungsrechtliche Ablauf einer Betriebsänderung besteht im Wesentlichen aus sechs Phasen: Planung und Unternehmerentscheidung (1), Unterrichtung (2), Verhandlung (3), Vermittlung (4), Einigungsstelle (5) und Umsetzung (6).

Vor jeder Unternehmerentscheidung steht die Planung. Dabei ist der Begriff der Planung weit auszulegen. Nicht erforderlich ist eine zeitlich umfassende Planung. Auch eine spontane Reaktion auf plötzlich eintretende Umstände ist vom Gesetzeswortlaut erfasst.[20]

Ebenso ist es nicht entscheidend, ob die Planung offen zu Tage liegt,[21] oder ob nur anhand der tatsächlich umgesetzten oder in Angriff genommenen Maßnahmen auf eine zu Grunde liegende Planung geschlossen werden kann.[22] Eine vom Betriebsrat initiierte Betriebsänderung fällt dagegen nicht unter § 111 BetrVG.[23] Wäre dies der Fall, so hätte der Betriebsrat tatsächlich die Rolle eines „Zusatz-Geschäftsführers“, was vom Gesetzgeber nicht gewollt war.[24]

Nach dem vorläufigen Abschluss der Planung fällt der Unternehmer seine Entscheidung. Lediglich vorläufig ist die Planung deshalb, da der vorhandene Entschluss kein endgültiger sein darf, sondern grundsätzlich noch zur Disposition stehen muss.[25] Dies bedeutet jedoch nicht, dass das Konzept nur grob skizziert sein kann, denn im Hinblick auf die Effizienz der späteren Verhandlungen ist der Unternehmer gehalten, seine Planung möglichst konkret vorzubereiten.[26] Hier ergibt sich also ein gewisser Widerspruch: einerseits ist nur eine möglichst konkrete Planung zielführend, andererseits muss der Unternehmer bereit sein, an eben dieser nicht festzuhalten, sondern flexibel auf Änderungsvorschläge des Betriebsrats zu reagieren. Schon daraus folgt ein Spannungsfeld, das allerdings Spielräume für strategische Varianten eröffnet.

---

20 HSWGN/Hess § 111 Rn. 23; DKK/Däubler, § 111 Rn. 115.

21 ErfK/Kania, § 111 Rn. 8; DKK/Däubler, § 111 Rn. 112.

22 DKK/Däubler, § 111 Rn. 114.

23 Nach Fitting, § 111 Rn. 108 ist der Betriebsrat vielmehr auf das Vorschlagsrecht gem. § 92a BetrVG beschränkt; vgl. auch DKK/Däubler, § 111 Rn. 116.

24 Ähnlich DKK/Däubler, § 111 Rn. 1.

25 Richardi/Annuß, § 111 Rn. 144 ff; DKK/Däubler, § 111 Rn. 115a.

26 So auch Klar, Strategie und Taktik, Rn. 574; dies ist allerdings nur ein Gebot der Praxis und nicht eine aus dem Gesetz ableitbare Pflicht.

Spätestens mit Vorliegen einer Unternehmerentscheidung (je nach Ausgereiftheit der Planung auch schon früher) ist der Betriebsrat einzubeziehen. Dies geschieht durch Erfüllung der gesetzlich verankerten Unterrichtungspflicht. An dieser Stelle werden in der Praxis häufig bereits umfangreiche Auseinandersetzungen geführt. Die Grenze des Informationsanspruchs ist schwer zu bestimmen, in der Praxis kann mit Blick auf die Einigungsstelle letztlich nur eine Prognose gegeben werden.[27]

Hier wird auch die Frage relevant, wer Verhandlungspartner des Unternehmers ist; die Verhandlung etwa mit dem Konzernbetriebsrat anstelle des Einzelbetriebsrats kann weit reichende Folgen haben.[28] In betriebsratlosen Betrieben wird möglicherweise in letzter Minute ein Betriebsrat gewählt, worauf sich der Unternehmer die Frage stellen wird, ob er mit diesem verhandeln muss, oder ob er gar gegen die Wahl vorgehen will.

Zur Verhandlungsphase im engeren Sinne (Beratung) gibt es keine konkreten Gesetzesvorgaben, es handelt sich um freie Verhandlungen. Diese Freiheit ruft bei weniger erfahrenen Beteiligten teilweise Unsicherheit über Ablauf und Rahmen der Beratungen hervor. Allerdings eröffnet gerade sie in strategischer Hinsicht weitläufige Möglichkeiten. Letztlich gibt es aber zwei Grenzlinien: die Verhandlungen können so lange andauern, bis entweder ein Abschluss erzielt wird, oder bis das Scheitern der Verhandlungen den Übergang zur Einigungsstelle ermöglicht.

Bei einem Scheitern der Verhandlungen kann – muss jedoch nicht – ein Vermittlungsversuch gemacht werden. Gem. § 112 Abs. 2 BetrVG wird dazu der Vorstand der Bundesagentur für Arbeit herangezogen, der diese Aufgabe jedoch delegieren kann. Andere Behörden können zur Vermittlung nicht zwingend angerufen werden.[29] Wählt nur eine Seite den Weg zum Vermittlungsversuch, kann sich die andere dem nicht entziehen, sie ist dann zur Mitwirkung verpflichtet; der Umfang der Teilnahmepflicht ist jedoch umstritten.[30]

---

27 Zu der Bedeutung von Unterrichtungsansprüchen im Einzelnen unten B.II.1.c) [Kommunikation bei einer konfrontativen Arbeitgeberstrategie], B.III.1. [Kommunikation bei einer konsensorientierten Arbeitgeberstrategie], sowie unter C.III.2.a) [Durchsetzen von Informationsrechten als Teil einer verzögernden Betriebsratsstrategie] und C.III.3.b) bb) [Ausweichen auf den Wirtschaftsausschuss].

28 Vgl. Freckmann, DStR 2006, 1842, 1844; ausführlich unten B.III.3. [Verhandeln im Mehrbetriebsunternehmen] sowie unter C.III.2.b) aa) und bb) und 3.b)aa).

29 Richardi/Annuß, § 112, Rn. 212; in § 72 Abs. 2 BetrVG 1952 war noch die Anrufung einer „behördlichen Stelle“ vorgesehen. Eine gemeinsame einvernehmliche Anrufung einer beliebigen anderen Vermittlungsstelle kann und will das Gesetz allerdings nicht ausschließen.

30 Ausführlich hierzu unten C.III.2.f): „Vermittlungsversuch nur bei einstimmiger Anrufung?“.

Ist eine Einigung auch nach der Vermittlung nicht möglich, oder wird schon kein Vermittlungsversuch gemacht, können die Verhandlungen für gescheitert erklärt werden. Dem folgt die Anrufung der Einigungsstelle. Nach der Rechtsprechung des BAG ist das Durchlaufen des Einigungsstellenverfahrens integraler Bestandteil eines ausreichenden Interessenausgleichsversuchs im Sinne von § 113 Abs. 3 BetrVG; will der Arbeitgeber Nachteilsausgleichsansprüche vermeiden, kann er auf die Anrufung der Einigungsstelle also nicht verzichten.[31] Von Bedeutung ist dabei, dass die Einigungsstelle sowohl vom Unternehmer als auch vom Betriebsrat einzeln angerufen werden kann. Es ist also nicht – wie in anderen Bereichen der nicht erzwingbaren Mitbestimmung[32] – eine gemeinsame Anrufung erforderlich. Dies hat zur Folge, dass eine Seite auch gegen den Willen der anderen die Einigungsstelle anrufen kann. Wann die Einigungsstelle angerufen werden kann, ist umstritten.[33]

Zunächst ist die Besetzung der Einigungsstelle erforderlich, was bereits erhebliches Streitpotential bietet.[34] Für die Besetzung der Einigungsstelle gilt – wie außerhalb der §§ 111 ff. BetrVG auch – die Vorschrift des § 76 Abs. 2 BetrVG. Die Einigungsstelle besteht aus einer gleichen Anzahl von Beisitzern des Arbeitgebers wie des Betriebsrats, sowie einem unparteiischen Vorsitzenden. Sie hat deshalb stets eine ungerade Zahl von Mitgliedern, wobei die Anzahl nach oben hin nicht begrenzt ist.[35] In der Praxis ist bei Streitentscheidungen in aller Regel die Stimme des Vorsitzenden entscheidend, auch wenn das Gesetz die Einigung ohne äußeren Einfluss als Ausgangspunkt ansieht und für die erste Abstimmungsrunde die Stimmenthaltung des Vorsitzenden vorschreibt (§ 76 Abs. 3 S. 3 Halbs. 1 BetrVG). Der Vorsitzende muss unparteiisch sein; weitere besondere Anforderungen werden an ihn nicht gestellt. Die Bestellung eines völlig arbeitsrechtsfremden Vorsitzenden kann jedoch ermessensfehlerhaft sein.[36]

Kommt selbst bei der Besetzung der Einigungsstelle keine Einigung zustande, so wird der Vorsitzende der Einigungsstelle vom Arbeitsgericht im Wege

---

31 So BAG v. 18.12.1984 – 1 AZR 176/82, NZA 1985, 400 und bestätigt in BAG v. 20.11.2001 – 1 AZR 97/01, NZA 2002, 992.; diesbezüglich sehr kritisch zuletzt wieder Klosterkemper, FS Bauer, 549, 545: eine Korrekturpflicht des BAG folge gar aus einer „Garantenstellung aus einem pflichtwidrigen vorausgegangenen Tun."

32 Vgl. § 76 Abs. 6 BetrVG.

33 Vgl. hierzu Göpfert/Krieger, NZA 2005, 254.

34 Hierzu unten B.II.4.d)dd) sowie im C.III.2.g).

35 Richardi, § 76 Rn. 44.

36 Richardi, § 76 Rn. 54; zu den dafür relevanten Kriterien Clemenz, FS ARGE Arbeitsrecht, S. 815, 834, 835, unter Verweis auf die fehlende praktische Relevanz des Problems.

des Beschlussverfahrens gem. § 98 ArbGG bestellt. Innerhalb des Einigungsstellenverfahrens ist zu unterscheiden zwischen Interessenausgleich und Sozialplan. Hinsichtlich eines Interessenausgleichs kann nur eine Einigung erzielt oder das Scheitern der Verhandlungen (auch in der Einigungsstelle) festgestellt werden.[37] Ein Sozialplan dagegen kann grundsätzlich im Wege des Einigungsstellenspruchs aufgestellt werden (erzwingbarer Sozialplan); § 112a BetrVG sieht hiervon jedoch Ausnahmen bei reinem Personalabbau und Neugründungen vor.

Das Einigungsstellenverfahren endet für den Interessenausgleich mit einer Einigung oder der Einstellung des Verfahrens, wenn eine Einigung nicht möglich ist.[38] In letzterem Falle kann der Unternehmer die Betriebsänderung ohne Interessenausgleich umsetzen. Für den Sozialplan endet das Einigungsstellenverfahren grundsätzlich mit einer Einigung oder einem Einigungsstellenspruch. Der Spruch legt für die Parteien verbindlich einen Sozialplan fest. In den Fällen des § 112a BetrVG (kein erzwingbarer Sozialplan) endet das Verfahren ohne Spruch.[39]

Der Interessenausgleich hat nach herrschender Auffassung den Rechtscharakter einer Kollektivvereinbarung eigener Art.[40] Er bindet den Arbeitgeber allerdings nur insoweit, als ein Abweichen Nachteilsausgleichsansprüche der Arbeitnehmer gem. § 113 Abs. 1 und 2 BetrVG zur Folge hat. Einen Durchführungsanspruch hat der Betriebsrat nicht.[41] Der Sozialplan hingegen hat gem. § 112 Abs. 1 S. 3 BetrVG den Rechtscharakter einer Betriebsvereinbarung.

Ergeben sich für die betroffenen Arbeitnehmer wirtschaftliche Nachteile aus der Betriebsänderung, und hat der Unternehmer einen Interessenausgleich nicht wenigstens ernsthaft versucht, so gibt das Gesetz in § 113 Abs. 3 BetrVG den Betroffenen einen Nachteilsausgleichsanspruch. Dies ist ein pauschalierter Nachteilsausgleich, der die wirtschaftlichen Nachteile aus der Betriebsänderung ausgleichen soll. Für einen konfrontativ vorgehenden Unternehmer ist der stete

---

37 Zum Scheitern des Interessenausgleichs in der Einigungsstelle Hesse, FS ARGE Arbeitsrecht, S. 879.

38 Zum Verfahren selbst ausführlich Eisemann, FS ARGE Arbeitsrecht, S. 836.

39 Instruktiv zu den strukturellen Unterschieden zwischen Interessenausgleich und Sozialplan Wißmann, FS ARGE Arbeitsrecht, S. 1037, 1039.

40 BAG v. 20.4.1994 – 10 AZR 186/93, AP Nr. 27 zu 113 BetrVG 1972; BGH v. 15.11.2000 – XII ZR 197/98, NJW 2001, 439, mit Darstellung der Bedeutung von kollektivarbeitsrechtlichen Abfindungen für den familienrechtlichen Zugewinnausgleich; DKK/Däubler, § 112 Rn. 15; Fitting, § 112 Rn. 50.

41 BAG v. 28.8.1991 – 7 ABR 72/90, AP Nr. 2 zu § 85 ArbGG 1979; ErfK/Kania, §§ 112, 112a BetrVG Rn. 9; Willemsen/Hohenstatt, NZA 1997, 345, 347; a.A. Krol, Bindungswirkung, S. 68 ff.; DKK/Däubler, § 112, 112a Rn. 16a.

Blick auf etwaige Nachteilsausgleichsansprüche ein wesentliches strategisches Element.[42]

42 Vgl. Klar, Strategie und Taktik, Rn. 565.

B. Strategien auf Arbeitgeberseite

I. Zielsetzung und Rahmenbedingungen

Jede erfolgreiche Strategie setzt voraus, dass sich der anwaltliche Berater über die Ziele seines Mandanten im Klaren ist.[43] Auslöser und damit gleichzeitig Zielrichtung einer Betriebsänderung können verschiedener Art sein: Stärkung der Marktposition, Kostensenkung und Rationalisierung, aber auch elementare Ziele wie der Fortbestand des Betriebes oder gar des gesamten Unternehmens.[44] Um die Erzielung eines möglichst hohen Gewinns dauerhaft zu gewährleisten, müssen kontinuierlich äußere Einflüsse[45] kompensiert werden.

Maßnahmen hierzu können sowohl auf der Kosten-, als auch auf der Umsatzseite ansetzen.[46] Betriebsänderungen erfolgen oft in einem größeren Konzept der Umstrukturierung bzw. Restrukturierung. Gemeint ist damit der teilweise Umbau eines Unternehmens mit dem Ziel der Effizienzsteigerung und Profitabilitätsverbesserung. In der Regel sind Krisen oder zumindest krisenhafte Situationen der Auslöser von Restrukturierungen. Daher stehen die möglichen Optionen dann bereits unter erheblichen Einschränkungen im Hinblick auf die noch verfügbaren Ressourcen.[47] Ziel ist in dieser Situation daher neben dem Verkauf von Unternehmensteilen[48] die Anpassung der Personalkapazitäten.

Damit ist die Ausgangssituation beschrieben, aus der heraus eine Strategie zur Bewältigung der betriebsverfassungsrechtlichen Herausforderungen entwi-

---

43 Zu den Erwartungen von Unternehmen an anwaltliche Beratung allgemein Wagener, FS Bauer, S. 1045 sowie Otto, AnwBl 2010, 303.

44 Vgl. Röder/Baeck, Interessenausgleich, S. 10.

45 Dies können u.A. sein: Auftauchen neuer Wettbewerber, Internationalisierung der Märkte, Veränderungen im Bereich der Kunden, technische Innovationen oder Veränderungen auf den Kapitalmärkten, vgl. Göritz/Hase/Rupp, Handbuch Interessenausgleich, S. 104.

46 Im Sinne eines Unternehmenswachstums ist die Steigerung auf der Umsatzseite in der Theorie vorzugswürdig. Allerdings sind hier die Optimierungsmöglichkeiten oft schon ausgeschöpft, während das Auffinden von Kostensenkungspotentialen zumindest auf den ersten Blick einfacher erscheint. Eine Kombination aus beiden Elementen ist nicht nur üblich, sondern oft auch am erfolgversprechendsten, vgl. Göritz/Hase/Rupp, Handbuch Interessenausgleich, S. 104. Ausführlich zu möglichen arbeitsrechtlichen Optimierungsinstrumenten Heise/Schwald, NZA 2009, 753.

47 Bellmann, NZA - Beil. 2009/1, 3.

48 Allein der Wechsel des Unternehmens- oder Betriebsinhabers ist zwar keine Betriebsänderung, wird jedoch meist mit einer solchen verbunden.

ckelt werden muss. Grundsätzlich kommen dabei konfrontative und konsensorientierte Strategien in Betracht.

II. Konfrontative Strategien

Im Rahmen einer Konfrontationsstrategie wird versucht, die Mitbestimmung, welche in diesem Zusammenhang oft als „Klotz am Bein des Unternehmers“ [49] empfunden wird, zu reduzieren. Rechtsstreitigkeiten, Nachteilsausgleichsansprüche sowie eine erhebliche Verschlechterung des Verhältnisses zum Betriebsrat werden in Kauf genommen.

1. Konfrontation im engeren Sinne

Unter Konfrontation im engeren Sinne soll im Folgenden eine Strategie verstanden werden, die der Durchsetzung unternehmerischer Ziele alles unterordnet, unter weitgehender Zurückstellung betriebsverfassungsrechtlicher Bedenken. Sie stellt den äußersten Punkt im Spektrum aggressiver Strategien dar. Die Wahl einer solchen Strategie wird dadurch begünstigt, dass der Betriebsrat beim Interessenausgleich kein volles Mitbestimmungsrecht hat: er kann einen Interessenausgleich nicht erzwingen.[50] Dem Unternehmer eröffnet sich damit einerseits die Möglichkeit, eindeutig seine Macht zu demonstrieren. Die Schäden für das Betriebsklima, die eine konfrontative Umsetzung mit sich bringt, sind jedoch nicht zu unterschätzen.[51] Legt der Unternehmer also noch Wert auf eine auch in Zukunft gedeihliche Zusammenarbeit mit dem Betriebsrat, wird er hier vorsichtig abwägen, wie viel Konfrontation seinen Zielen tatsächlich dienlich ist.[52] Im Falle einer vollständigen Betriebsstilllegung treten derartige Überlegungen naturgemäß in den Hintergrund oder entfallen völlig.

a) Anrechnung von Sozialplanabfindungen auf den Nachteilsausgleich

Nachteilsausgleichsansprüche gem. § 113 Abs. 3 BetrVG sind die vom Gesetzgeber vorgesehene Sanktion für Verstöße des Arbeitgebers gegen das vorgeschriebene Interessenausgleichsverfahren. Neben dem umstrittenen Unterlassungsanspruch des Betriebsrats stellen sie das größte Risiko für einen konfrontativ vorgehenden Unternehmer dar. Daher gewinnt die Frage, ob Sozialplanab-

---

49 So das Arbeitgeber Magazin, Heft 11/52 2000, 12, zitiert nach Rieble/Klumpp/Gistel, Rechtsmißbrauch, Rn. 1.

50 Hierzu bereits oben im Grundlagenteil (A.); vgl. auch Fitting, § 111 Rn. 102.

51 Zur praktischen Umsetzung des Grundsatzes der vertrauensvollen Zusammenarbeit Hampe, DB 2010, 1996; Rechtsprechungsübersicht hierzu bei Hunold, NZA-RR 2003, 169.

52 Zu diesen nichtjuristischen Aspekten Willemsen/Hohenstatt/Schweibert/Seibt, Umstrukturierung und Übertragung, Kap. B Rn. 127.

findungen auf Nachteilsausgleichsansprüche anrechenbar sind, in diesem Zusammenhang deutlich an Gewicht. Es handelt sich zwar zunächst um eine reine Rechtsfrage, die frei von strategischen Erwägungen zu beurteilen ist.[53] Die Antwort auf diese Frage ist aber für die strategische Ausrichtung während des gesamten Verfahrens von Bedeutung. Denn sie entscheidet darüber, ob drohende Nachteilsausgleichsansprüche ein gewichtiger Faktor bei der Verfahrensgestaltung des Arbeitgebers sind, oder ob sie – zumindest bis zu einer bestimmten Höhe – vernachlässigt werden können. Darf der Arbeitgeber stets von einer vollen Anrechenbarkeit ausgehen, so wird er Nachteilsausgleichsansprüche kaum fürchten, soweit er sowieso Abfindungen im Rahmen eines Sozialplans vereinbart bzw. gewähren muss (Einigungsstellenspruch).

Die Ausgangssituation besteht darin, dass der Arbeitnehmer als Nachteilsausgleich grundsätzlich nicht mehr verlangen kann als den Ausgleich der ihm durch die Betriebsänderung entstandenen wirtschaftlichen Nachteile.[54] § 113 BetrVG hat sowohl eine Sanktions- als auch eine Ausgleichsfunktion.[55] Es handelt sich auch nach der Rechtsprechung des BAG jedenfalls nicht um eine rein bußgeldrechtliche Vorschrift mit Strafcharakter.[56] Vor dem Hintergrund dieser beiden Funktionen ist die Frage der Anrechnung zu beantworten.

Zu unterscheiden sind im Hinblick auf das Gemeinschaftsrecht zwei Konstellationen: Zum einen kann die Verletzung von Mitbestimmungsrechten im Sinne von § 113 Abs. 3 BetrVG einen Verstoß gegen die Massenentlassungsrichtlinie (98/59 EG) mit enthalten.[57] Dies ist zumindest stets dann der Fall, wenn die Betriebsänderung vollständig ohne Einbeziehung des Betriebsrats durchgeführt wird. Dann stellt sich die Frage, wie sich die richtlinienkonforme Auslegung des Gesetzes auf die Frage der Anrechnung auswirkt. Die MERL schreibt im Falle geplanter Massenentlassungen „Konsultationen“ mit den Arbeitnehmervertretern vor. Gegenstand der Konsultationen sollen die Vermeidung oder Beschränkung der Entlassungen sowie die Milderung der damit einhergehenden Folgen durch soziale Begleitmaßnahmen sein (Art. 2 Abs. 1, Abs. 2 MERL).

---

53 Zum Sonderproblem der Anrechnung bei Betriebsänderungen im gemeinsamen Betrieb Wißmann, FS ARGE Arbeitsrecht, S. 1037, 1053.

54 BAG v. 13.12.1978 – GS 1/77, AP Nr. 6 zu § 112 BetrVG 1972; Richardi/Annuß, § 112 Rn. 203.

55 GK/Oetker, § 113 Rn. 3.

56 BAG v. 16.5.2007 – 8 AZR 693/06, NZA 2007, 1296, 1300; zum Zweck von Sozialplanleistungen Willemsen, FS Bauer, 1119, 1121.

57 Zum Verhältnis von Gemeinschaftsrecht und deutschem Betriebsverfassungsrecht bei Massenentlassungen Clemenz, FS Bauer, S. 230.

Zum anderen können Mitbestimmungsrechte verletzt sein, ohne dass damit gleichzeitig ein Verstoß gegen die Massenentlassungsrichtlinie einhergeht. Dies sind die Fälle, bei denen es sich auswirkt, dass die Anforderungen der §§ 111 ff. BetrVG teilweise strenger sind als jene der Massenentlassungsrichtlinie. Unter Anderem enthält die nach Art. 2 Abs. 2 der Richtlinie vorgesehene Konsultationspflicht nicht die Verpflichtung, nach dem Scheitern der Verhandlungen einen unparteiischen Dritten (i.e. die Einigungsstelle) einzuschalten.[58] Hier lässt sich die Frage der Anrechnung ohne Berücksichtigung des Gemeinschaftsrechts beurteilen.

aa) Konstellationen ohne gemeinschaftsrechtliche Relevanz

Bevor auf gemeinschaftsrechtliche Fragestellungen eingegangen werden kann, ist zunächst die Grundkonstellation nach rein nationalem Recht zu untersuchen. Grundsätzlich sind mehrere Abstufungen denkbar: volle Anrechnung der Sozialplanabfindungen auf den Nachteilsausgleich (1),[59] teilweise Anrechnung (2) ab/bis zu einem gewissen Punkt (Erreichen der Sozialplan-Abfindung)[60] oder keine Anrechnung (3).

Dabei stützt die erstgenannte Ansicht vor allem den Ausgleichszweck der Nachteilsausgleichsansprüche, während die dritte Herangehensweise den Sanktionscharakter in den Vordergrund stellen würde. Neuere Stimmen in der Literatur betonen den Ausgleichscharakter und halten überwiegend eine volle Anrechnung für richtig.[61] Dabei wird stets vorausgesetzt, dass zum Zeitpunkt der gerichtlichen Entscheidung über die Nachteilsausgleichsansprüche ein Sozialplan bereits abgeschlossen ist.

Löwisch vertrat die Ansicht, dass zumindest eine teilweise Anrechnung stattfinden müsse.[62] Die vollständige Anrechnung hielt er für fehlerhaft, da mit den Nachteilsausgleichsansprüchen auch der ideelle Nachteil eines möglicherweise gar nicht notwendigen Arbeitsplatzverlustes abgegolten werden sollte. Diese

---

58 BAG v. 16.5.2007 – 8 AZR 693/06, NZA 2007, 1296; zu den Anforderungen der Konsultationen nach der Richtlinie Krieger/Ludwig, NZA 2010, 919.

59 So unter Anderem Richardi/Annuß, § 112 Rn. 203; Fitting, § 113 Rn. 32.

60 So noch Galperin/Löwisch § 113 Rn. 51; ähnlich LAG Hessen v. 17.2.2006 – 17 Sa 1305/05, BeckRS 2011, 65125: um sowohl Sanktions-, als auch Ausgleichszweck zu wahren, sei lediglich eine Verrechnung zur Hälfte des Nachteilsausgleichs vorzunehmen, wenn ein Verstoß gegen die MERL vorliege; die Entscheidung wurde jedoch vom BAG aufgehoben (Urteil v. 16.5.2007 – 8 AZR 693/06, NZA 2007, 1296), da das LAG fehlerhaft von einem Verstoß gegen die MERL ausgegangen sei.

61 Richardi/Annuß, § 112 Rn. 203; Fitting, § 113 Rn. 32.

62 Galperin/Löwisch § 113 Rn. 51.

stärker wertende und weniger auf einen mathematisch korrekten Ausgleich abstellende Argumentation wurde später nicht mehr aufgegriffen.

Der am weitesten gehende Ansatz, dass eine Anrechnung vollständig unzulässig sei, wird – auch angesichts der Rechtsprechung des BAG – nicht vertreten. *Kania* deutet eine solche Ansicht an, äußert sich jedoch nicht vertieft.[63] Dabei ist diese Herangehensweise mit Blick auf den Sanktionscharakter zumindest für Ausnahmesituationen durchaus nachvollziehbar. Schließlich führt die Anrechnung, und insbesondere die Teilanrechnung, zu einer unterschiedlichen Behandlung je nach Höhe der Sozialplan-Dotierung. Sind die im Sozialplan vorgesehenen Abfindungen besonders hoch, verringert sich oder entfällt die Sanktionswirkung des § 113 BetrVG. Bei näherer Betrachtung zeigt sich, dass dies gerade nicht sachgerecht ist: denn die besonders hoch dotierten Sozialpläne werden meist dort geschlossen, wo die betroffenen Arbeitnehmer besonders schutzwürdig sind (lange Betriebszugehörigkeit). Das Anrechnungsmodell führt jedoch dazu, dass gerade hinsichtlich der negativen Auswirkungen der Betriebsänderung auf diese Arbeitnehmer die Sanktionswirkung der Vorschrift besonders schwach ist. Anhand dieser Überlegung lässt sich erkennen, wie deutlich die Rechtsprechung des BAG den Schwerpunkt bei dem Ausgleichszweck der Nachteilsausgleichsansprüche, und nicht bei der Sanktionsfunktion sieht.

Die dogmatische Argumentation ist für die Planung der Vorgehensweise des Unternehmers jedoch weniger relevant als eine realistische Prognose, was von der Rechtsprechung zu erwarten ist. Zuletzt hat sich das BAG für nicht gemeinschaftsrechtsrelevante Fälle wieder eindeutig im Sinne einer vollen Anrechenbarkeit entschieden.[64] Ausdrücklich hat es sogar geäußert, es bestehe kein Anlass, von dieser Rechtsprechung abzuweichen.

Eine weitere Herangehensweise favorisiert *Oetker*:[65] das Gericht müsse im Rahmen der Festsetzung der Nachteilsausgleichsansprüche berücksichtigen, dass der Sozialplan das Interesse des Arbeitgebers an einer möglichst geringen finanziellen Belastung des Betriebs bereits mitberücksichtige und es deshalb geboten sei, den Betrag des Nachteilsausgleichsanspruchs höher anzusetzen als die jeweilige Sozialplan-Abfindung. Allerdings bleibt dabei unberücksichtig, dass der Festsetzung entsprechend § 10 KSchG nach dem Wortlaut Grenzen gesetzt sind. Zwar ist dem Gericht bei der Festsetzung ein Ermessensspielraum eingeräumt, jedoch kann in Einzelfällen die Lösung nach *Oetker* schon nicht möglich sein. Wenn die Sozialplan-Abfindung die Höchstgrenzen des § 10 KSchG er-

63 ErfK/Kania, § 113 Rn. 2.

64 BAG v. 16.5.2007 – 8 AZR 693/06, NZA 2007, 1296.

65 GK/Oetker, § 113 Rn. 100; Oetker, NZA 1998, 1193, 1198. Oetker spricht sich im Übrigen auch für die Teilanrechnung aus.

reicht, ist eine derartige Anpassung nicht mehr möglich, sodass der Sanktionszweck eingeschränkt bzw. ausgehebelt wird.[66] Allerdings wird dann dem Ausgleichszweck der Nachteilsausgleichsansprüche durch die hohen Abfindungen besonders deutlich Genüge getan sein. Jedoch verfolgt auch § 10 KSchG selbst einen Sanktionszweck, sodass eine hohe Festsetzung grundsätzlich mit dem Normzweck in Einklang steht.[67] Die Gerichte für Arbeitssachen sind im Rahmen von § 10 KSchG in der Festsetzung der Höhe frei, dürfen aber weder sachfremd noch willkürlich entscheiden. Sie müssen sich am Zweck der Abfindung orientieren.[68] Eine solche Rechtsprechung muss als Risiko bei der strategischen Planung berücksichtigt werden. Allerdings ist dies in der Praxis nur eingeschränkt relevant, da sich auch die Arbeitsgerichte und Landesarbeitsgerichte stärker am BAG orientieren, als an einzelnen Literaturmeinungen. Das BAG selbst hat lediglich einmal eine entsprechende Vorgehensweise angedeutet.[69]

Ist der Rechtsstreit über den Nachteilsausgleich entscheidungsreif, bevor ein Sozialplan erstellt wird, können (zukünftige) Zahlungen aus einem Sozialplan nicht konkret auf den Nachteilsausgleich angerechnet werden, da die Höhe der Sozialplanabfindung noch unklar ist.[70] Diese Konstellation wird sehr selten eintreten, kann aber dann vorkommen, wenn mit der Umsetzung der Betriebsänderung ohne ausreichende Interessenausgleichsverhandlungen und ohne Sozialplanabschluss begonnen wird. Dies sind die Fälle der Missachtungsstrategie sowie der irrtümlichen Übergehung von Mitbestimmungsrechten. Nur im ersteren Fall wird der Berater überhaupt strategische Erwägungen zur Mitbestimmung anstellen. Wird also eine konsequente Missachtungsstrategie verfolgt, muss sich der Unternehmer im Klaren sein, dass die spätere Vereinbarung eines Sozialplans unter Umständen den Vorteil der Anrechnung nicht mehr bietet.[71] Etwas anderes würde nur dann gelten, wenn die Anrechnung im Sozialplan gesondert vereinbart würde. Solche Vereinbarungen sind im Rahmen der Autonomie der Betriebsparteien grundsätzlich möglich.[72] Entsprechend kann auch die Einigungsstelle hierüber entscheiden.[73] Nach einer Ansicht ist aber die Vereinbarung der Reduzierung eines bereits vom Gericht zugesprochenen Nachteilsausgleichs

---

66 So auch Moll/Liebers, MAH Arbeitsrecht, § 54 Rn. 98.

67 Vgl. Löwisch/Spinner, § 10 Rn. 11.

68 Löwisch/Spinner, § 10 Rn. 10.

69 BAG v. 13.6.1989 – 1 AZR 819/87, NZA 1989, 894.

70 Küttner/Kania, Personalbuch, Nr. 321 Rn. 13; die Tenorierung eines allgemeinen „Anrechnungsvorbehalts“ würde der Vollstreckbarkeit des Titels entgegenstehen.

71 Vgl. Fitting, § 113 Rn. 33.

72 BAG v. 20.11.2001 – 1 AZR 97/01, NZA 2002, 992.

73 DKK/Däubler, § 112, 112a Rn. 60.

unzulässig.[74] Um spätere Überraschungen zu vermeiden, sollte der Unternehmer daher eine entsprechende Anrechnungsklausel im Sozialplan durchzusetzen versuchen, worauf sich der Betriebsrat allerdings nicht immer einlassen wird.

Zusätzlich ist es besonders schwierig, eine solche Klausel in den Verhandlungen durchzusetzen, wenn bereits über Nachteilsausgleichsansprüche entschieden wurde. Angesichts der Tatsache, dass in diesem Fall die Betriebsänderung bereits begonnen oder vollständig durchgeführt wurde, und daher dem Betriebsrat kein Gegenangebot hinsichtlich der Betriebsänderungsmodalitäten mehr gemacht werden kann, wird der Unternehmer dem Betriebsrat diese Klausel in den meisten Fällen nur durch die Höhe des Sozialplanvolumens „abkaufen“ können. Angesichts der möglichen Unzulässigkeit einer solchen Vereinbarung ist eine solche Vorgehensweise allerdings risikoreich.

bb) Konstellationen mit Berührung von Gemeinschaftsrecht

Im Anwendungsbereich des Gemeinschaftsrechts gilt hingegen ein strengerer Maßstab: Art. 2 der Richtlinie 98/59 EG verpflichtet den Arbeitgeber, vor einer geplanten Massenentlassung Konsultationen hierüber mit der Arbeitnehmervertretung durchzuführen.[75] Ein Verstoß gegen die Anforderungen der Richtlinie könnte zur Folge haben, dass eine Anrechnung von Sozialplanabfindungen auf den Nachteilsausgleich unzulässig wäre, wenn dadurch die Durchsetzung des Gemeinschaftsrechts gefährdet würde.

Die von der Richtlinie vorgeschriebenen Konsultationen sind jedoch bei weitem nicht so eng umgrenzt wie das Verfahren nach § 111 ff. BetrVG. Daher verbleibt den Mitgliedsstaaten bei der Umsetzung einiger Freiraum. Im Ergebnis geht die deutsche Umsetzung über die Anforderungen der Richtlinie deutlich hinaus und stellt strengere Anforderungen an die Mitbestimmung bei Massenentlassungen.[76]

Die letzte und gleichzeitig eindeutigste Entscheidung des EuGH zur Anrechnungsproblematik im Zusammenhang mit der Massenentlassungsrichtlinie erging im Jahr 1994.[77] Die einschlägige Literatur sowie die Rechtsprechung des

---

74 So jedenfalls Fitting, § 113 Rn. 33.

75 Vgl. auch Krieger/Ludwig, NZA 2010, 919. Zur Verletzung der Vorlagepflicht an den EuGH bei der Auslegung von § 17 KSchG, Art. 2 , 3, 4 MERL durch das BAG BVerfG v. 25.2.2010 – 1 BvR 230/09, NZA 2010, 439: der Sachverhalt betraf nicht die hier diskutierte Frage der Anrechnung, sondern den Zeitpunkt der Massenentlassungsanzeige; jedoch wird dort vom BVerfG die Offenheit der Rechtslage bei der MERL betont.

76 Von einer „Umsetzung“ kann nur im weiteren Sinne gesprochen werden. Tatsächlich existierten die entsprechenden Normen des BetrVG schon vor der Vorgängerrichtlinie 75/129 EWG. Eine Verschärfung war nicht notwendig.

77 EuGH, Urteil v. 8.6.1994 – C/383/92, Slg. I-02479, zur Vorgängerrichtlinie 75/129.

BAG zu dieser Frage orientiert sich stets an diesem Urteil. Inhaltlich bezog die Entscheidung sich allerdings auf die Rechtslage in Großbritannien und Nordirland, sodass für das Verfahren nach deutschem Recht nur bedingt Schlussfolgerungen gezogen werden können.

Eine der Kernaussagen der Entscheidung des EuGH ist, dass es den Mitgliedsstaaten mangels einer in der Richtlinie selbst verankerten Sanktionsregelung überlassen bleibt, Maßnahmen zur Gewährleistung der Gemeinschaftsrechtsgeltung zu treffen. Dabei macht er die Vorgabe, dass die Sanktionen gegen Richtlinienverstöße wirksam, verhältnismäßig und abschreckend sein müssen. Gleichzeitig müssen sie der Schwere nach den vergleichbaren Sanktionen bei Verstößen gegen nationales Recht entsprechen.

Nachteilsausgleichsansprüche gem. § 113 BetrVG sind derartige Sanktionen. Problematisch ist mit Blick auf die Rechtsprechung des EuGH jedoch, ob die Abschreckungswirkung trotz der Anrechnung ausreichend ist. Die entscheidende Passage der EuGH-Entscheidung lautete für die in Großbritannien geltende Regelung:

> „Eine Entschädigung, die teilweise mit verschiedenen Beträgen zusammenfällt, deren Zahlung ein Arbeitnehmer auf Grund des Arbeitsvertrages oder wegen Bruchs des Vertrages verlangen kann, kann nicht als hinreichend abschreckend für einen Arbeitgeber angesehen werden, der im Fall einer Massenentlassung seiner Pflicht zur Information und Konsultation der Arbeitnehmervertreter nach der Richtlinie 75/129 nicht nachkommt."

Die Entschädigung nach englischem Recht entspricht dem Nachteilsausgleich im Sinne von § 113 BetrVG. Die in der Entscheidung genannten „verschiedenen Beträge" sind jedoch keine Sozialplanabfindungen, sondern Abfindungen aus den Arbeitsverträgen selbst bzw. vertragliche Schadensersatzansprüche. Die entscheidende Frage für die Beurteilung der deutschen Rechtslage ist, ob die Vertragsschadensabfindungen nach englischem Recht mit Sozialplanabfindungen so vergleichbar sind, dass die Entscheidung des EuGH für letztere ebenfalls gelten muss. Dann wäre im Sinne einer richtlinienkonformen Auslegung eine Anrechnung nicht möglich.

Das BAG hat die Frage in jüngerer Zeit bereits zwei mal ausdrücklich offen gelassen.[78] In beiden Fällen hielt es einen Verstoß gegen die Massenentlassungsrichtlinie für nicht gegeben. Maßgeblich war in beiden Fällen, dass die Richtlinie – anders als das Betriebsverfassungsgesetz – nach dem Scheitern der Verhandlungen die Einschaltung eines unparteiischen Dritten (z.B. der Einigungsstelle) nicht vorschreibt. Auf eine Stellungnahme obiter dictum zur Frage, wie

---

78 BAG v. 20.11.2001 – 1 AZR 97/01, NZA 2002, 992; BAG v. 16.5.2007 – 8 AZR 693/06, NZA 2007, 1296.

die Rechtslage bei einem Verstoß gegen die Richtlinie einzuschätzen wäre, hat sich das BAG nicht eingelassen.

Auch hinsichtlich der gemeinschaftsrechtsrelevanten Konstellation gehen die Meinungen in der Literatur weit auseinander.[79] Ausführlich Stellung bezogen in dieser Frage haben zuletzt *Leuchten* und *Lipinski*.[80] Sie halten auch bei einem Verstoß gegen die Richtlinie eine Anrechnung für gemeinschaftsrechtskonform. Die Konstellation nach deutschem Recht unterscheide sich maßgeblich von der dem EuGH-Urteil zu Grunde liegenden Tatsachenbasis. Sozialplanansprüche seien nicht mit solchen Ansprüchen gleichzustellen, die der Arbeitnehmer auf Grund des Arbeitsvertrages oder wegen Vertragsbruch ohnehin verlangen kann. Der Sozialplananspruch sei kein „ohnehin"-Anspruch, sondern eine allein wegen der Beendigung des Arbeitsvertrages fällige Entschädigung für den Verlust des Arbeitsverhältnisses. Es handele sich vielmehr um eine anlässlich einer Betriebsänderung durch die Betriebsparteien neu geschaffene Rechtsgrundlage. Ohne es explizit auszusprechen, meinen die Verfasser damit wohl, dass mit dem Sozialplan gleichzeitig eine ausreichende Sanktion für die Verletzung von Mitbestimmungsrechten gegeben ist.

Allein die Unterschiede zum vom EuGH beurteilten englischen Recht begründen jedoch nicht die Zulässigkeit einer Anrechnung. *Leuchten* und *Lipinski* lassen außer Acht, dass sowohl die Entschädigungsansprüche nach englischem Recht als auch die Sozialplanansprüche nach deutschem Recht gleichermaßen dem Ausgleich der durch den Arbeitsplatzverlust entstandenen Nachteile dienen. Kernaussage der Entscheidung des EuGH war, dass die Anrechnung der Sanktion ihre praktische Wirksamkeit und ihren abschreckenden Charakter nehme. Zumindest für den Fall eines vor der Entscheidung über die Nachteilsausgleichsansprüche abgeschlossenen Sozialplans sind die Interessen gleichlaufend: dem Arbeitnehmer standen auf Grund der Betriebsänderung bereits Ansprüche zu, als über die Anrechnung zu entscheiden war. Auch schließt der Arbeitgeber den Sozialplan nicht mit der Intention der Entschädigung, sondern um seine Betriebsänderung durchführen zu können, also gleichsam um die Mitbestimmung „abzukaufen". Im Sinne des Gemeinschaftsrechts ist aber allein der Sanktionscharakter des Nachteilsausgleichs maßgeblich.[81]

---

79 Gegen die Anrechenbarkeit bei Verstoß gegen die Vorgaben der MERL bereits Oetker, NZA 1998, 1193, 1198; Richardi/Annuß, § 112 Rn. 203, unter Berufung auf das (vom BAG aufgehobene) Urteil des LAG Hessen v. 17.2.2006 – 17 Sa 1305/05, BeckRS 2011, 65125; für die volle Anrechnung ErfK/Kania, § 113 BetrVG Rn. 2 in Anschluss an Leuchten/Lipinski, NZA 2003, 1361, 1364; ohne Festlegung, jedoch den Sanktionscharakter des § 113 BetrVG betonend Hanau, NZA 1996, 841, 845.

80 Leuchten/Lipinski, NZA 2003, 1361, 1364.

81 Ähnlich – wenn auch etwas abgeschwächt – Wißmann, RdA 1998, 221, 227.

Wird der Sozialplan erst nach der Entscheidung über die Nachteilsausgleichsansprüche abgeschlossen, gibt es keinen Grund, den so vorgehenden Unternehmer zu privilegieren. Denn hier liegt ein im Sinne der Richtlinie noch sanktionswürdigeres Verhalten vor.

Im Ergebnis kann die vorliegende EuGH-Entscheidung daher keineswegs als Vorgabe gesehen werden, dass eine Anrechnung auch bei Verstoß gegen die Massenentlassungsrichtlinie zulässig sei. Sollte das BAG tatsächlich über die Anrechnung in gemeinschaftsrechtskonformer Auslegung zu entscheiden haben, ist eine Einschränkung der Anrechnungsmöglichkeiten nicht auszuschließen. Konsequenterweise wäre ein Vorabentscheidungsverfahren durchzuführen. Auf diese Konsequenzen muss sich der Unternehmer trotz der bisher überwiegend anrechnungsfreundlichen BAG-Rechtsprechung und Literatur gerade im Rahmen einer konfrontativen Strategie einstellen.

b) Berufsrechtliche Rüge

Das Verfolgen einer konfrontativen Strategie kann auch ein konfrontatives Vorgehen gegenüber dem gegnerischem Rechtsanwalt (hier: dem Rechtsanwalt des Betriebsrats) bedeuten. In diesem Zusammenhang ist zu untersuchen, inwiefern dem durch Berufsrecht Grenzen gesetzt werden.

§ 25 BORA bestimmt, dass ein Rechtsanwalt bei Berufsrechtsverstößen auf der Gegenseite den Kollegen darauf nur vertraulich hinweisen (mit anderen Worten: zur Ordnung rufen) darf, es sei denn die Interessen des eigenen Mandanten oder des Rechtsanwalts selbst erfordern eine Reaktion in anderer Weise. Dies schränkt die Möglichkeit ein, die Gegenseite bei berufsrechtswidrigem Verhalten in die Schranken zu weisen. Zwar ist das tatsächliche Vorkommen von solchen Verstößen in der Regel selten nachzuweisen, allerdings kann eine Rüge gegenüber der Gegenseite auch als strategisches Mittel genutzt werden, selbst wenn ein Verstoß letztlich nicht nachzuweisen ist.

Die Reichweite der Vorschrift ist jedoch umstritten, über die Vorgaben des § 25 BORA hinausgehende Rügemöglichkeiten lassen sich daher nicht kategorisch ausschließen. Teilweise wird vertreten, ein sich durch die offene Rüge unkollegial zeigender Rechtsanwalt höhle das Vertrauen in die Anwaltschaft aus.[82] Die Gegenansicht hält eine Geheimhaltung von Berufsrechtsverstößen mit Blick auf Art. 12 Abs. 1 GG nicht für die Funktionsfähigkeit der Rechtspflege erforderlich. Der Verbraucherschutz dürfe auch im anwaltlichen Berufsrecht nicht

82 Feuerich/Weyland § 26 BORA Rn. 1; dies entspricht auch der Intention des früheren § 19 Nr. RichtlRA, vgl. Lingenberg/Hummel/Zuck/Eich-Zuck, § 19 RichtlRA Rn. 1; Gaier/Wolf/Göcken/Zuck § 25 BORA Rn. 3.

„auf dem Altar einer falsch verstandenen Kollegialität" geopfert werden.[83] Richtigerweise muss davon ausgegangen werden, dass gerade auch die offene Kritik an berufsrechtswidrigem Verhalten sowohl der Allgemeinheit als auch der Anwaltschaft dient.[84]

Im Ergebnis ist die Ausnahmeregelung von § 25 Halbs. 2 BORA daher weit auszulegen, sodass mögliche Berufsrechtsverstöße auf der Gegenseite in den meisten Fällen auch offen gerügt werden können.

c) Reduzierte Kommunikation

Hauptmerkmal einer Konfrontationsstrategie ist die Reduzierung der Unterrichtung des Betriebsrats auf das absolut notwendige Maß. Die dahinter stehende Motivation liegt meist darin, dass ein schlecht informierter Betriebsrat als „einfacherer" Verhandlungsgegner angesehen wird. Ihre Grenzen findet eine solche Vorgehensweise in den Möglichkeiten des Betriebsrats, eine den gesetzlichen Anforderungen genügende Unterrichtung durchzusetzen. Meist hat der Unternehmer kein originäres Interesse daran, seine Pläne geheim zu halten (dies ist in der Regel aber bei Unternehmenstransaktionen der Fall). Die Geheimhaltungsabsichten des Arbeitgebers entstammen vielmehr eher der Überlegung, dass sich die Betriebsänderung auf diese Weise leichter durchsetzen lässt. Im Folgenden wird der Frage nachgegangen, inwiefern eine solche (Teil-) Strategie rechtlich umsetzbar, und ob sie tatsächlich gewinnbringend ist.

aa) Grenzen und Durchsetzbarkeit des Unterrichtungsanspruchs

Von erheblicher Bedeutung für den Unternehmer sind die Fragen, inwiefern der Betriebsrat seinen Unterrichtungsanspruch durchsetzen, und ob er dadurch gegebenenfalls sogar das Gesamtvorhaben zu Fall bringen kann.[85]

Zunächst muss der Unternehmer die Durchsetzungsmöglichkeiten des Betriebsrats kennen.[86] Darauf aufbauend ist aus Unternehmer-Sicht die Frage zu formulieren, was diesen Durchsetzungsmöglichkeiten entgegengehalten werden kann. Dabei ist im Blick zu behalten, dass die Verletzung von Beteiligungsrechten (und damit auch von Informationsrechten) des Betriebsrats im Anwendungsbereich von § 111 BetrVG nicht wie bei § 102 BetrVG zur individualrechtlichen Unwirksamkeit etwaiger im Rahmen der Betriebsänderung auszusprechender

83 So Kleine-Cosack, § 25 BORA.

84 So auch Gaier/Wolf/Göcken/Zuck, § 25 BORA Rn. 12.

85 Zu den Grenzen des Unterrichtungsanspruchs aus § 80 Abs. 2 BetrVG vgl. BAG v. 23.3.2010 – 1 ABR 81/08, AP Nr. 72 zu § 80 BetrVG 1972.

86 Zu diesen eingehend unten C.III.2.a).

Kündigungen führt.[87] Die einzige individualrechtliche Konsequenz einer Verletzung von Mitbestimmungsrechten bei Betriebsänderungen ist vom Gesetz in Form der Nachteilsausgleichsansprüche gem. § 113 BetrVG vorgesehen.

In kollektivrechtlicher Hinsicht stehen der Arbeitnehmerseite umfangreichere Instrumente zur Verfügung: neben der Durchsetzung des eigenen Unterrichtungsanspruchs des Betriebsrats kann auch der Wirtschaftsausschuss seine Informationsrechte durchsetzen. Zwar sieht das Gesetz keine zwingende Verknüpfung von Wirtschaftsausschuss-Information und Unterrichtung des Betriebsrats vor. Allerdings sind beide Gremien in der Praxis meist eng vernetzt, häufig sogar zum Teil personenidentisch besetzt. Daher kann der Wirtschaftsausschuss seinen Unterrichtungsanspruch gem. § 106 BetrVG nutzen, um der Arbeitnehmerseite weitere Handlungsmöglichkeiten zu eröffnen. Denn die Betriebsänderung wird fast immer einen Anknüpfungstatbestand im Sinne von § 106 Abs. 3 BetrVG liefern.[88] Insbesondere sind die Voraussetzungen von § 106 Abs. 3 Nr. 6 identisch mit dem Begriff der Betriebsstilllegung oder Betriebseinschränkung im Sinne von § 111 BetrVG.[89]

Zu bedenken ist weiterhin, dass eine doppelte Anrufung der Einigungsstelle droht: der Wirtschaftsausschuss hat die Möglichkeit, bei Verletzung seines Unterrichtungsanspruchs die Einigungsstelle anzurufen (§ 109 BetrVG). Es handelt sich dabei um ein eigenes Einigungsstellenverfahren zu den Informationsrechten des Wirtschaftsausschusses.[90] Die bewusste Einschränkung des Informationsflusses durch den Arbeitgeber kann das gesamte Verfahren komplexer und damit zeitaufwändiger machen.

bb) Besonderheiten im Konzern

In Konzernunternehmen kann eine Sonderkonstellation eintreten: um im Rahmen einer Konfrontationsstrategie den Umfang der Information gegenüber dem Betriebsrat möglichst gering zu halten, wird auf Arbeitgeberseite vereinzelt argumentiert, man sei überhaupt nicht der richtige Anspruchsgegner. Dies wird in Konzernunternehmen damit begründet, dass ein Beherrschungsverhältnis mit Unterordnung unter ein anderes Konzernunternehmen bzw. das Mutterunternehmen besteht.

Aus strategischer Sicht kann diese Vorgehensweise aber lediglich zu einer Verzögerung oder „Vernebelung" führen. Der Unterrichtungsanspruch des Be-

---

87 Fitting, § 111 Rn. 129.

88 Fitting, § 106 Rn. 35.

89 Fitting, § 106 Rn. 46.

90 Diese Möglichkeit hat der Betriebsrat dagegen nicht. Dem Wirtschaftsausschuss wiederum steht das arbeitsgerichtliche Beschlussverfahren nicht offen.

triebsrats kann damit nicht endgültig vereitelt werden. Denn letztlich müsste der Unterrichtungsanspruch in diesem Fall vom übergeordneten Konzernunternehmen erfüllt werden.

Nach der Rechtsprechung ist das herrschende Unternehmen in einer Konzernstruktur nicht mit dem Unternehmen im Sinne von § 111 BetrVG gleichzusetzen.[91] Das beherrschte Unternehmen kann sich gegenüber dem Betriebsrat daher nicht auf Unkenntnis oder Unzuständigkeit berufen.[92] Teilweise wird darüber hinausgehend sogar vertreten, dass auch die bei dem herrschenden Unternehmen vorhandenen Planungen dem Betriebsrat mitgeteilt werden müssen.[93] Eine Argumentation mit Konzernstrukturen kann daher dem Unterrichtungsanspruch des Betriebsrats nicht erfolgreich entgegengesetzt werden.

d) Mindestinhalt des Interessenausgleichs mit Blick auf § 113 BetrVG

Ein aus Arbeitgebersicht optimales Verhandlungsergebnis wäre ein Interessenausgleich, der inhaltlich das Konzept des Unternehmers vollständig widerspiegelt. Mit diesem Interessenausgleich hätte er seine Ziele umfassend durchgesetzt, ein Ausgleich der Interessen (mit den Anliegen der Arbeitnehmer) im Wortsinn wäre gar nicht erfolgt.[94] Insofern kann von einer Minimal-Einigung gesprochen werden. Ein Betriebsrat wird eine solche Einigung allerdings nur dann unterzeichnen, wenn er keinerlei Möglichkeit sieht, die Betriebsänderung anders zu gestalten, und wenn er dadurch eine Verbesserung des Sozialplans erreicht.

Für eine solche Konstellation hat *Hamm* die Frage aufgeworfen, ob ein solcher Interessenausgleich ausreichend ist, um Nachteilsausgleichsansprüche aus § 113 Abs. 3 BetrVG zu verhindern.[95] Nur wenn dies tatsächlich der Fall ist, wird der Abschluss einer derartigen Einigung für den Unternehmer überhaupt

91 BAG v. 15.1.1991 – 1 AZR 94/90, NZA 1991, 681.

92 Fitting, § 111 Rn. 104.

93 DKK/Däubler, § 111 Rn. 130.

94 So auch Hamm, Sozialplan, S. 52.

95 Hamm, Sozialplan, S. 52.

von Interesse sein.[96] Die Rechtsprechung ließ es bisher genügen, dass überhaupt irgendeine als „Interessenausgleich" betitelte Vereinbarung vorliegt.[97]

Nach einer Ansicht in der Literatur ist es zur Verhinderung von Nachteilsausgleichsansprüchen sogar ausreichend, wenn sich Arbeitgeber und Betriebsrat einig sind, dass die Durchführung weiterer Einigungsversuche zwecklos ist und deshalb von einer Anrufung der Einigungsstelle abgesehen werden kann.[98] Nach dieser sehr weitgehenden Ansicht wäre es konsequent, auch jegliche Form der tatsächlichen Einigung als ausreichenden Interessenausgleichsversuch zu werten. Dabei handelt es sich allerdings um eine sehr formalistische Sichtweise, die auf ihre Vereinbarkeit mit dem Gesetzeszweck zu untersuchen ist. Bei konträrer Auffassung, d.h. unter der Annahme, dass eine Minimal-Einigung zum Ausschluss von Nachteilsausgleichsansprüchen nicht ausreicht, wäre allerdings ein aus Arbeitgebersicht unbilliges Ergebnis die Folge. Denn er könnte nicht abschätzen, ob der Betriebsrat sich tatsächlich einigen will, oder ob er durch den wissentlichen Abschluss eines nicht ausreichenden Interessenausgleichs lediglich die Voraussetzungen für spätere – möglicherweise zusätzliche – Ansprüche der Arbeitnehmer schaffen will.

§ 113 BetrVG normiert nicht nur eine verschuldensunabhängige Sanktion für betriebsverfassungswidriges Verhalten,[99] sondern verfolgt auch einen Ausgleichszweck zu Gunsten der betroffenen Arbeitnehmer.[100] Ob eine Minimal-Einigung tatsächlich zur Erfüllung der Anforderungen des § 113 BetrVG ausreicht, ist daher in Ermangelung einschlägiger Rechtsprechung durch Auslegung des Gesetzes zu ermitteln. Die Ausgleichsfunktion der Vorschrift wurde bereits vom Gesetzgeber explizit vorgesehen[101] und von der Rechtsprechung bestä-

---

96 Dies ist allerdings nur eine auf die Frage der Nachteilsausgleichsansprüche verengte Sichtweise; geht es dem Unternehmer (wie in der Praxis überwiegend) vorrangig um die schnelle Durchführung der Maßnahme, und nur nachrangig um die Vermeidung von Nachteilsausgleichsansprüchen, werden die hier dargestellten Erwägungen keine maßgebliche Rolle spielen.

97 Der Schwerpunkt der zu erfüllenden Beteiligungspflicht liegt bei der Durchführung von Verhandlungen; der Abschluss einer Einigung ist nur das Ergebnis hiervon. In den Fällen, in denen die Verhandlungen bereits zu einer Einigung (gleich welcher Art) über den Interessenausgleich geführt haben, hat sich die Rechtsprechung bisher nicht mehr damit befasst, ob die Verhandlungen ausreichend waren. Dies wohl vor allem deshalb, da bei Vorliegen eines Interessenausgleichs die Wahrscheinlichkeit stark sinkt, dass Arbeitnehmer überhaupt Nachteilsausgleichsansprüche geltend machen.

98 So Richardi/Annuß, § 113 Rn. 30.

99 DKK/Däubler, § 113 Rn. 9.

100 Richardi/Annuß, § 113 Rn. 2.

101 BT-DS VI/1786, S. 55.

tigt.[102] Die Ansicht, es handele sich um eine reine Sanktionsnorm, wird – soweit ersichtlich – nicht vertreten.

Mit Blick auf die Sanktionsfunktion wäre es wenig zweckmäßig, einen Minimal-Interessenausgleich nicht ausreichen zu lassen. Denn es fällt letztlich in den Bereich der strategischen Verantwortung des Betriebsrats, ob er eine solche Einigung abschließt. Lässt sich der Betriebsrat auf eine solche Vereinbarung ein, kann dies dem Arbeitgeber nicht zum Nachteil gelangen. Ist der Betriebsrat also bereit, eine reine Minimal-Einigung zu unterzeichnen, so entfällt damit das Sanktionsbedürfnis gegenüber dem Arbeitgeber.

Dem Ausgleichszweck ist Genüge getan, wenn der Betriebsrat gleichzeitig Vorteile im Sozialplan aushandeln kann. In diesem Fall ist das betriebsverfassungsrechtliche Gleichgewicht wieder hergestellt, sodass kein zusätzlicher Eingriff – gleichsam von außen – mehr nötig ist. Gelingt es dem Betriebsrat nicht, als Gegenwert für sein Zugeständnis Sozialplan-Vorteile auszuhandeln, und unterzeichnet er den Interessenausgleich dennoch, kommt die Ausgleichsfunktion des § 113 BetrVG an ihre Grenzen. Denn Schutzzweck des Betriebsverfassungsgesetzes im Ganzen ist die Funktionsfähigkeit der Mitbestimmung. Nicht Aufgabe des Gesetzes ist es, einzelne Arbeitnehmer unabhängig von der Betriebsverfassung zu schützen – hierfür existieren eine Fülle anderer Vorschriften, allen voran das Kündigungsschutzgesetz. Lässt sich der Betriebsrat daher (strategisch schlecht beraten) auf einen aus Arbeitnehmersicht ungünstigen Interessenausgleich ein, ist dies dennoch ein Gebrauch – und damit auch Verbrauch – seiner gesetzlichen Mitbestimmungsrechte. Eine über die Intention des § 113 BetrVG hinausgehende Auslegung ist daher nicht angezeigt.

e) Ausweichen auf die individualrechtliche Ebene

Um den Verhandlungsdruck zu erhöhen, stellt sich für den Unternehmer die Frage, ob er bereits mit der Umsetzung von Einzelmaßnahmen beginnen kann, wenn diese nicht offensichtlich mit der Betriebsänderung in Zusammenhang stehen. Es handelt sich hierbei um eine sehr konfrontative Vorgehensweise, die das Verhältnis zum Betriebsrat deutlich verschlechtern kann. In Betracht kommen etwa Versetzungen und einzelne Kündigungen. Da es dem Unternehmer in solchen Konstellationen um die Wirkung der Maßnahme, nicht um die Maßnahme an sich geht, wird eine Kündigung, beispielsweise auch bei geringen Erfolgsaussichten im Kündigungsschutzprozess, als rein strategische Maßnahme ausgesprochen. Zwar ist auch hinsichtlich einer Individualmaßnahme die Mitbestimmung im Rahmen von § 99 oder 102 BetrVG zu beachten; allerdings kann es sich strategisch vorteilhaft auswirken, überhaupt mit einer konkreten Umset-

102 BAG v. 13.6.1989 – 1 AZR 819/87, AP Nr. Nr. 19 zu § 113 BetrVG.

zung zu beginnen, um den Verhandlungsdruck zu erhöhen. Eine solche Vorgehensweise ist sowohl im Hinblick auf das Gebot vertrauensvoller Zusammenarbeit als auch auf die §§ 119 und 121 BetrVG hoch problematisch, da sie eine bewusste Umgehung von Mitbestimmungsrechten darstellen kann. Dennoch soll nachfolgend auch untersucht werden, inwiefern sie überhaupt umsetzbar ist.

Es ist vor allem eine Frage der (nicht-) Nachweisbarkeit, ob eine bestimmte Einzelmaßnahme (z.B. Kündigung) im Zusammenhang zur Betriebsänderung steht. Würde die Einzelmaßnahme nachweislich im Zusammenhang mit der Betriebsänderung stehen, riskierte der Unternehmer damit eine Unterlassungsverfügung im einstweiligen Rechtsschutz, eine solche Strategie wäre wenig zielführend. Entscheidend ist also, eine tatsächlich auch ohne Bezug zur Betriebsänderung begründbare Individualmaßnahme (Kündigung/Versetzung) zu wählen. Nur dann lässt sich überhaupt begründen, dass die Maßnahme nicht zwingend im Zusammenhang zur Betriebsänderung steht und damit keine Mitbestimmungsrechte verletzt. Im Falle einer betriebsbedingten Kündigung ist dies jedoch besonders schwer zu realisieren. Personen- und verhaltensbedingte Kündigungen bieten hingegen den Vorteil, dass im Gegensatz zu Versetzungen und betriebsbedingten Kündigungen der Zusammenhang zur Betriebsänderung schwerer zu begründen ist, da schließlich ein von der Betriebsänderung unabhängiger Anknüpfungstatbestand existiert.

Nicht völlig außer Acht gelassen werden kann dabei das Gebot der vertrauensvollen Zusammenarbeit.[103] Aus diesem wird die Pflicht abgeleitet, alles zu unterlassen, was der Wahrnehmung von Mitbestimmungsrechten entgegensteht.[104] Aus dem Grundsatz der vertrauensvollen Zusammenarbeit lässt sich aber kein eigener Anspruch auf Unterlassung mitbestimmungswidriger Maßnahmen ableiten, soweit ein solcher nicht anderen Vorschriften entspringt.[105] Daher kann diesem allgemeinen Grundsatz in einer solchen Situation nicht mittels eigenständiger Sanktionen Geltung verschafft werden.

Allerdings stellt sich die Frage, ob sich der Betriebsrat einer Kündigung im Rahmen der Anhörung gem. § 102 BetrVG entgegenstellen kann mit der Begründung, die Kündigung sei Teil einer umfassenden Betriebsänderung und unterfalle somit dem Mitbestimmungsverfahren nach den §§ 111 ff. BetrVG. Dafür spricht, dass andernfalls bei entsprechender taktischer Gestaltung eine Aushebelung von Mitbestimmungsrechten droht. Dagegen spricht, dass für die Durchsetzung von Beteiligungsrechten im Bereich der §§ 111 ff. BetrVG eigene

---

103 Zu dessen Bedeutung in der Praxis Hampe, DB 2010, 1996; Rechtsprechungsüberblick bei Hunold, NZA-RR 2003, 169.

104 Fitting, § 2 Rn. 26; Hromadka/Maschmann, § 16 Rn. 103.

105 Vgl. Hromadka/Maschmann, § 16 Rn. 103.

Instrumente sowohl vom Gesetz (Nachteilsausgleichsansprüche) als auch von der Rechtsprechung (Unterlassungsanspruch) zur Verfügung gestellt werden. Bei näherer Betrachtung stellt sich allerdings heraus, dass diese Frage in der Praxis ohne Auswirkung bleiben muss. Bei der Anhörung im Rahmen von § 102 BetrVG kann der Betriebsrat einer Kündigung nur widersprechen sowie Bedenken gegen diese geltend machen. Der Widerspruch bzw. die Verweigerung der Zustimmung bewirkt jedoch nach dem Gesetz nicht die Unwirksamkeit der Kündigung, sondern wirkt sich lediglich auf die Weiterbeschäftigung bis zur Beendigung des Kündigungsschutzprozesses aus. Insofern ist es für den Unternehmer von geringerer Bedeutung, wie der Betriebsrat zur Kündigung steht. Problematischer für die individualrechtliche Durchsetzbarkeit einer Kündigung ist, dass eine fehlerhafte Anhörung des Betriebsrats droht. Denn der Arbeitgeber darf keinen Zusammenhang zur Betriebsänderung in der Betriebsratsanhörung herstellen, will er nicht einen Unterlassungsantrag riskieren. Gleichzeitig ist die Anhörung dann bereits fehlerhaft, was die Erfolgsaussichten einer eventuell erhobenen Kündigungsschutzklage sichert.

Die Kündigung ist nur dann wirksam, wenn sie im Sinne von § 1 KSchG sozial gerechtfertigt ist, und eben dieser Kündigungssachverhalt dem Betriebsrat auch mitgeteilt wurde. Aus nachträglicher Sicht muss der Kündigungsschutzprozess also unter völliger Außerachtlassung der Betriebsänderung geführt werden, da die damit zusammenhängenden Tatsachen in der Betriebsratsanhörung aus strategischen Gründen gerade nicht berücksichtigt wurden. Dass zumindest indirekt auch die geplante Betriebsänderung Auslöser war, ist unschädlich, solange der „betriebsänderungsfremde" Kündigungsgrund sich darlegen und beweisen lässt. Hierbei ist bei einer betriebsbedingten Kündigung auch eine entsprechende Sozialauswahl erforderlich.

Hat der Arbeitgeber gerade die Freistellung einzelner Arbeitnehmer aus strategischen Gründen zum Ziel, ist für ihn dennoch die Frage der Weiterbeschäftigungspflicht zu berücksichtigen. Allerdings ist für die Weiterbeschäftigungspflicht lediglich erforderlich, dass der Betriebsrat sich auf die in § 102 Abs. 3 BetrVG aufgeführten Gründe beruft, wobei dies nicht „einleuchtend" zu sein braucht.[106] Daher ist es letztlich nicht von Bedeutung, ob sich der Betriebsrat auf die Betriebsverfassungswidrigkeit der Maßnahme im Hinblick auf die Betriebsänderung berufen darf. Denn wenigstens pro forma wird er einen der Widerspruchsgründe des § 102 Abs. 3 BetrVG heranziehen, was aus Sicht des

106 Fitting, § 102 Rn. 106.

über die Weiterbeschäftigungspflicht entscheidenden Gerichtes ausreicht, solange der Widerspruch nicht offensichtlich unbegründet ist.[107]

Handelt es sich bei der durchzuführenden Einzelmaßnahme dagegen um einen nach § 99 BetrVG mitbestimmungspflichtigen Tatbestand,[108] ergeben sich weiter gehende Obstruktionsmöglichkeiten. Bedeutet die Maßnahme gleichzeitig einen Verstoß gegen die §§ 111 ff. BetrVG, kann sich daraus ein Zustimmungsverweigerungsgrund gem. § 99 Abs. 2 Nr. 1 BetrVG ergeben.[109] In diesen Fällen ist ein Ausweichen auf die individualrechtliche Ebene wenig Erfolg versprechend.

f) Vermittlung nach § 112 Abs. 2 BetrVG

Die Vermittlung durch den Vorstand der Bundesagentur für Arbeit ist in der Praxis kleinerer Betriebsänderungen bisher ein eher selten genutztes Instrument. Da die Bundesagentur jedoch gleichzeitig der zuständige Ansprechpartner bei Qualifizierungsmaßnahmen und Beschäftigungsgesellschaften ist,[110] kommt der Vermittlung in gesamtwirtschaftlich schwierigen Phasen eine steigende Bedeutung zu. Die Vermittlung ist für sich genommen ein konsensorientiertes Instrument. Für den konfrontativ vorgehenden Unternehmer stellt sich allerdings die Frage, ob er ein vom Betriebsrat initiiertes Vermittlungsverfahren abkürzen bzw. sich diesem entziehen kann. Darüber hinaus kann er ein Interesse daran haben, auch im Vermittlungsverfahren möglichst wenig Informationen herauszugeben. Daher ist zu untersuchen, ob sich der Arbeitgeber in einem vom Betriebsrat ausgelösten Vermittlungsverfahren überhaupt äußern muss, und was die Folgen einer unterbliebenen Einlassung sind.[111]

---

107 Ausreichend ist eine Begründung, die es als möglich erscheinen lässt, dass mit ihr ein gesetzlicher Widerspruchstatbestand geltend gemacht wird, wobei ein Mindestmaß an konkreter Argumentation zu verlangen ist, vgl. BAG v. 17.6.1999 – 2 AZR 608/98, NZA 1999, 1154; ErfK/Kania, § 102 BetrVG Rn. 15.

108 Hierunter fallen Einstellung, Eingruppierung, Umgruppierung und Versetzung, wobei letztere hier vorrangig in Betracht kommt.

109 Vgl. DKK/Kittner/Bachner § 99 Rn. 175, die allerdings darauf abstellen, in welchem Umfang der Arbeitgeber an der Maßnahme durch §§ 111, 112 BetrVG gehindert sei; dies ist jedoch irreführend, da die faktische „Hinderung“ des Arbeitgebers sich nur aus einem Unterlassungsanspruch ergeben könnte, der jedoch selbst höchst umstritten ist.

110 Relevant sind hier insbesondere Förderungen im Sinne von § 216a SGB III (Transfermaßnahmen); vgl. auch DKK/Däubler, § 112, 112a Rn. 4.

111 Grds. zu Vermittlungsverfahren und Einlassungszwang Bovensiepen, RdA 1975, 288; siehe auch unten C.III.2.f).

aa) Einlassungszwang

Fraglich ist zunächst, ob ein Einlassungszwang für den Arbeitgeber im Vermittlungsverfahren besteht. Das Gesetz sieht eine solche Verpflichtung nicht vor. Dies gilt jedenfalls dann, wenn nur eine Seite das Verfahren initiiert hat. Dennoch wird zum Teil aus dem Gebot der vertrauensvollen Zusammenarbeit eine Beteiligungspflicht hergeleitet.[112] Ein Verstoß hiergegen könne nach einer Ansicht sogar nach § 23 Abs. 2 und 3 BetrVG sanktioniert werden.[113] Von dieser grundsätzlichen Feststellung abgesehen besteht jedoch weniger Einigkeit in dieser Frage, als es auf den ersten Blick erscheinen mag.

Oetker scheint (etwas unklar) davon auszugehen, dass nur eine völlige Verweigerung der Mitwirkung unzulässig sei.[114] *Annuß* äußert sich hierzu ebenfalls nicht eindeutig.[115] Einerseits hält er eine Beteiligungspflicht auf Grund des Gebots der vertrauensvollen Zusammenarbeit für gegeben; andererseits geht er davon aus, dass die sofortige Anrufung der Einigungsstelle gleichfalls zulässig sei, da sich der Unternehmer nicht auf den Vermittlungsversuch einlassen müsse. Worin die Beteiligung – außer der Einlassung – bestehen soll, bleibt dabei unklar. Vermutlich soll damit (missverständlich) ausgedrückt werden, dass die Anrufung der Einigungsstelle durch die sich nicht auf die Vermittlung einlassende Partei als Beteiligung zu werten und damit ausreichend ist.[116] Teilweise wird eine solche Einlassungspflicht aus dem Gebot der vertrauensvollen Zusammenarbeit (§ 2 Abs. 1 BetrVG) abgeleitet.[117] Andere Stimmen in der Literatur lehnen eine Einlassungspflicht vollständig ab.[118]

Teilweise wird eine solche Einlassungspflicht aus dem Gebot der vertrauensvollen Zusammenarbeit (§ 2 Abs. 1 BetrVG) abgeleitet.[119] *Annuß* hält zwar

---

112 Fitting, § 112 , 112a Rn. 33; DKK/Däubler, § 112, 112a Rn. 4.

113 GK/Oetker § 112 Rn. 211.

114 GK/Oetker § 112 Rn. 211.

115 Richardi/Annuß, § 112 Rn. 220: „Ersucht nur ein Teil den Vorstand der Bundesagentur für Arbeit um Vermittlung, so besteht deshalb kein Einlassungszwang der anderen Seite. Aus dem Gebot der vertrauensvollen Zusammenarbeit ergibt sich aber, dass der andere Teil sich an einem derartigen Vermittlungsversuch beteiligen muss. Da er jedoch nicht verpflichtet ist, sich auf den Vermittlungsversuch einzulassen, kann er auch die Einigungsstelle anrufen, womit feststeht, dass der Vermittlungsversuch ergebnislos geblieben ist."

116 So wohl auch Bovensiepen, RdA 1975, 288, 290.

117 Fitting, §§ 112, 112a Rn. 33; HSWGN/Hess, § 112 Rn. 71; DKK/Däubler, § 112, 112a Rn. 4; einschränkend GK/Oetker, §§ 112, 112a Rn. 205.

118 Löwisch/Kaiser, § 112 Rn. 85.

119 Fitting, §§ 112, 112a Rn. 33; HSWGN/Hess, § 112 Rn. 71; DKK/Däubler, § 112, 112a Rn. 4; einschränkend GK/Oetker, §§ 112, 112a Rn. 205.

einen Einlassungszwang nicht für gegeben, leitet aus dem Gebot der vertrauensvollen Zusammenarbeit jedoch eine Pflicht zur Beteiligung am Vermittlungsversuch her.[120] Worin die Beteiligung – außer der Einlassung – bestehen soll, bleibt dabei unklar. Vermutlich soll damit – missverständlich – ausgedrückt werden, dass die Anrufung der Einigungsstelle durch die sich nicht auf die Vermittlung einlassende Partei als Beteiligung zu werten und damit ausreichend ist.[121] Andere Stimmen in der Literatur lehnen eine Einlassungspflicht vollständig ab.[122]

Überzeugender ist hier *Löwisch*, der vom Zweck der Vermittlung ausgeht: die besondere Sachkunde der Bundesagentur (damals noch des Landesarbeitsamts) im Hinblick auf Abhilfemaßnahmen bei Entlassungen sei überhaupt der Grund, warum diese Behörde mit der Vermittlungsaufgabe betraut werde. In Fällen, bei denen diese Sachkunde nicht zur Geltung komme (etwa bei reinen Änderungen von Betriebsabläufen) sei ein Einlassungszwang reiner Formalismus.[123]

Diese Ansicht ist konsequent, wenn der Schwerpunkt der Vermittlung im Bereich der von der Bundesagentur angebotenen Maßnahmen gesehen wird. Geht man hingegen von einem weitergehenden Vermittlungsauftrag aus, so entfällt die Grundlage dieser Argumentation. Der Gesetzeswortlaut stützt eine Auslegung, der Vorstand der Bundesagentur könne nur bezüglich Qualifizierungs- und Transfermaßnahmen vermitteln, nicht. Vielmehr geht die Vorschrift nach dem Wortlaut von einer allgemeinen Vermittlungsfunktion aus.

Andererseits existiert mit der Einigungsstelle bereits eine allgemeine Vermittlungsinstanz. Daher kann der Vermittlungsauftrag der Bundesagentur nicht völlig losgelöst von ihren sonstigen Aufgaben und Kompetenzen gesehen werden. Dies lässt sich auch aus der historischen Auslegung schließen: im BetrVG 1952 war noch allgemein von einer „Behörde" die Rede. Wäre es dem Gesetzgeber darum gegangen, lediglich eine weitere allgemeine Vermittlungsoption zu schaffen, hätte er es dabei belassen können. Mit der Konkretisierung auf den Präsidenten des Landesarbeitsamts (heute: der Vorstand der Bundesagentur für Arbeit) sollte ein Zusammenhang zu dessen Tätigkeit geschaffen werden. Dies

---

120 Richardi/Annuß, § 112 Rn. 220.

121 So wohl auch Bovensiepen, RdA 1975, 288, der feststellte, dass der Vermittlungsversuch meist nicht um den Arbeitsmarkt kreise (wovon der Vermittler eine besondere Kenntnis hätte), sondern letztlich nur eine zusätzliche „Einigungsstelle" sei. Er plädierte daher schon damals dafür, den Vermittlungsversuch durch eine gesetzlich geregelte fakultative Teilnahme des Vermittlers oder dessen Einsetzung als Einigungsstellenvorsitzenden zu ersetzen.

122 Löwisch/Kaiser, § 112 Rn. 85.

123 Galperin/Löwisch, § 112 Rn. 86.

ist auch im Hinblick auf die Möglichkeit der Einbeziehung der Bundesagentur in das Einigungsstellenverfahren gem. § 112 Abs. 2 S. 3 BetrVG überzeugend.[124]

Daher ist von einem Einlassungszwang überhaupt nur dann auszugehen, wenn Gegenstand der Vermittlung auch ein Angebot der Bundesagentur sein kann. Dies ist bei vielen Betriebsänderungen ausgeschlossen: Immer dann, wenn die Betriebsänderung nicht aus Personalabbaumaßnahmen besteht,[125] ist der Kompetenzbereich der Bundesagentur nicht betroffen. Betrifft die Betriebsänderung den Kompetenzbereich der Bundesagentur und geht von einer Betriebspartei ein Vermittlungsersuchen aus, erscheint es angemessen, zumindest einen eingeschränkten Einlassungszwang im Sinne einer Mindestäußerung anzunehmen, auf Grund derer der Vermittler die Zweckmäßigkeit einer weiteren Vermittlung beurteilen kann. Dies entspricht am ehesten dem Gesetzeswortlaut, wonach eine „Ergebnislosigkeit" des Vermittlungsverfahrens vorausgesetzt wird. Aus einer Situation, in der die Haltung einer Partei unklar ist (etwa weil überhaupt keine Äußerung erfolgt), kann nicht auf die Ergebnislosigkeit des Vermittlungsverfahrens geschlossen werden.

bb) Folgen bei unterbliebener Einlassung

Nur wenn ein Einlassungszwang besteht, kann aus der Nichteinlassung eine Konsequenz folgen. Verstößt also der Arbeitgeber gegen eine bestehende Einlassungspflicht, so wird hierdurch mangelnde Verhandlungsbereitschaft im Sinne von § 113 BetrVG dokumentiert, sodass ein Anknüpfungspunkt für Nachteilsausgleichsansprüche gesetzt ist. Weiterhin – und aus strategischer Sicht bedeutender – entsteht dadurch ein Hindernis auf dem Weg zur Einigungsstelle. Denn solange das Vermittlungsverfahren läuft, ist die Anrufung der Einigungsstelle nicht möglich.[126] Von einem laufenden Vermittlungsversuch kann jedoch dann nicht mehr die Rede sein, wenn eine Seite die Verhandlung verweigert und kein Einlassungszwang besteht.

g) Bewertung

In Fällen, bei denen ein Verstoß gegen die Massenentlassungsrichtlinie nicht gegeben ist, kann der Unternehmer bei seinen Planungen von einer Anrechenbarkeit der Sozialplanabfindungen auf die Nachteilsausgleichsansprüche ausgehen. Liegt hingegen ein Verstoß gegen die Richtlinie vor, muss mit der vollständigen Unzulässigkeit der Anrechnung gerechnet werden; die Rechtsfrage ist bis-

---

124 Galperin/Löwisch, § 112 Rn. 86.

125 Z.B. reine Umstrukturierungen von Betriebsabläufen im Sinne von § 111 S. 3 Nr. 4 BetrVG.

126 Fitting, § 112, 112a Rn. 33; siehe auch unten C.III.2.f).

lang offen und auch von der bisherigen EuGH-Rechtsprechung nicht entschieden. Da eine doppelte Ausgleichspflicht droht, muss der anwaltliche Berater in derartigen Fällen besondere Vorsicht walten lassen.

Die restriktive Informationspolitik als Konfrontationsstrategie ist kritisch zu bewerten. Der Unternehmer sollte sich stets die Frage stellen, was er sich mit einer frühzeitigen Unterrichtung vergibt.[127] Nur wenn das Zurückhalten von Informationen erhebliche Vorteile verspricht, kann diese Vorgehensweise die damit einhergehenden Risiken rechtfertigen. Da dem Betriebsrat verschiedene wirksame Durchsetzungsmittel zur Verfügung stehen, und er üblicherweise in diesem Bereich eines seiner „Hauptangriffsmittel" sieht, ist eine hochrestriktive Informationspolitik des Unternehmers auch im Hinblick auf die Ordnungswidrigkeitentatbestände als fragwürdig einzustufen.

Ein Minimal-Interessenausgleich ist aus Sicht des Arbeitgebers kein Risiko im Hinblick auf Nachteilsausgleichsansprüche, sowohl aus Sicht der Rechtsprechung als auch aus rein dogmatischer Sicht. Besteht die Möglichkeit, einen solchen abzuschließen, ist dies aus Sicht des Unternehmers daher empfehlenswert.

Flankierende personelle Einzelmaßnahmen bewegen sich hingegen außerhalb jeder betriebsverfassungsrechtlichen Legitimation, sind jedoch für sich betrachtet ein effizientes, wenn auch problematisches Mittel, um Druck auf Belegschaft und Betriebsrat auszuüben.

Negative Auswirkungen auf Grund einer verweigerten Einlassung während der Vermittlung durch den Vorstand der Bundesagentur für Arbeit sind nur dann zu befürchten, wenn ein Einlassungszwang bestand. Dies ist nur dann der Fall, wenn Gegenstand der Vermittlung Maßnahmen aus dem Kompetenzbereich der Bundesagentur sein können. Ist dies nicht der Fall, kann der Arbeitgeber die Mitwirkung am Vermittlungsversuch verweigern.

Eine konsequent konfrontative Strategie ist daher nur dann teilweise empfehlenswert, wenn die zu erwartenden strategischen Vorteile neben den aufgezeigten rechtlichen Risiken auch eine deutliche Verschlechterung des Verhandlungsklimas rechtfertigen. Eine punktuelle Verwendung konfrontativer Elemente hat sich dagegen in der Praxis bewährt, um ein Gegengewicht zur häufig gewählten Verzögerungsstrategie des Betriebsrats zu bilden.

127 Klar, Strategie und Taktik, Rn. 589.

2. Isolation

Unter Isolation soll im Folgenden die Erzeugung einer Konfliktlage verstanden werden, in der innerhalb der Belegschaft sowie zwischen Belegschaft und Betriebsrat kollidierende Interessenlagen entstehen. Ziel dieser Vorgehensweise ist es, die Effektivität der Betriebsratstätigkeit zu verringern und dadurch die unternehmerischen Ziele besser zu erreichen. Aufgrund der an sich bereits (im Hinblick auf das Gebot der vertrauensvollen Zusammenarbeit) problematischen Zielrichtung sind die Grenzen des Zulässigen besonders sorgfältig zu prüfen. Die Isolationsstrategie ist weniger offen konfrontativ, beruht jedoch ebenfalls auf einer der Mitbestimmung skeptisch gegenüberstehenden Grundhaltung und ist daher kritisch zu untersuchen.

a) Isolierung des Betriebsrats von der Belegschaft

Die Vorgehensweise zielt darauf ab, dem Betriebsrat die Unterstützung in der Belegschaft zu entziehen. Dies wird gerade im Zusammenhang mit Entlassungen dadurch erreicht, dass schon früh der Eindruck „vollendeter Tatsachen“ geschaffen wird. Die Strategie setzt auf verdeckte Konfrontation, während offen gegenüber dem Betriebsrat keine solche betrieben wird.

aa) Abgrenzung innerhalb der Belegschaft

Zielrichtung ist, eine Abgrenzung in „Betroffene“ und „Verschonte“ vorzunehmen. Arbeitnehmer, die auf Grund der ihnen vorliegenden Informationen ohnehin mit dem Verlust ihres Arbeitsplatzes rechnen müssen, sind weniger an Interessenausgleichsregelungen und mehr an der im Sozialplan vorgesehenen Höhe der ihnen zustehenden Abfindungen interessiert.

Auf der anderen Seite stehen diejenigen, denen signalisiert wurde, sie würden von der Betriebsänderung nicht negativ betroffen. Diese werden im Sinne der Unternehmenssubstanz an besonders hohen Abfindungen im Sozialplan nicht mehr interessiert sein. Dabei spielt auch eine Rolle, dass Mitarbeiter, die das Unternehmen verlassen, vom Betriebsrat weniger berücksichtigt werden als jene, die bleiben. Selbstverständlich wird dies kein Betriebsratsmitglied offen kommunizieren. Dennoch lässt sich – gerade bei nahenden Betriebsratsneuwahlen – nicht leugnen, dass das einzelne Mitglied an seiner Wiederwahl interessiert ist und dementsprechend seinen Blick auf die potentiellen Wähler richtet. Dies ist einer der Gründe, warum die Isolationsstrategie Erfolg haben kann.

bb) Frühzeitige Maßnahmen

Ziel des Arbeitgebers ist es, die Belegschaft möglichst überzeugend in zwei Gruppen zu spalten. Hierfür werden typischerweise mit einzelnen Arbeitnehmern Auswahlgespräche geführt. Inhalt können die Modalitäten des Ausscheidens sein. Das Führen einzelner Sondierungsgespräche ist nicht mitbestimmungspflichtig.[128] Obwohl die so getroffene Auswahl unter dem Vorbehalt bzw. im Widerspruch zu einer korrekten Sozialauswahl steht, werden die strategischen Wirkungen erreicht, solange der Betriebsrat nicht die Arbeitnehmer vom Gegenteil zu überzeugen vermag.[129]

Noch weiter geht die Maßnahme, wenn an die ausgewählten betroffenen Arbeitnehmer schon frühzeitig Abfindungsangebote gemacht werden.[130] Diese werden stets auch bei den übrigen Arbeitnehmern bekannt werden. Dies kann zur Folge haben, dass die Belegschaft Druck auf den Betriebsrat ausübt, möglichst schnell zu einer Einigung hinsichtlich des Sozialplans zu gelangen.

cc) Verhältnis von Sozialplan- und Aufhebungsvertrag-Abfindungen

Sozialplanabfindungen liegen erfahrungsgemäß höher als solche in Aufhebungsverträgen.[131] Dies ist jedoch Belegschaft und Betriebsrat häufig nicht bekannt. Der frühzeitige Abschluss einzelner Aufhebungsverträge mit entsprechend niedrigen Abfindungen kann daher zur Messlatte für spätere Sozialplanverhandlungen werden. Dabei ist entscheidend, dass der Abschluss von Aufhebungsverträgen im Gegensatz zu vorab ausgesprochenen Kündigungen weder einer Anhörung gem. § 102 BetrVG bedarf, noch als vorzeitige Umsetzung der Betriebsänderung einen Unterlassungsanspruch auslösen kann.[132]

---

128 So zuletzt ArbG Marburg v. 4.2.2011 – 2 BVGa 1/11 (noch unveröff.).

129 Göritz/Hase/Rupp, Handbuch Interessenausgleich, S. 114.

130 Vgl. Göritz/Hase/Rupp, S. 115.

131 Hierzu Göritz/Hase/Rupp, Handbuch Interessenausgleich, S. 116.

132 Hier besteht nach weitgehend einhelliger Literaturmeinung schon kein Mitbestimmungsrecht: Richardi/Thüsing, § 102 Rn. 21; Jaeger/Röder/Heckelmann-Jaeger, Kapitel 25 Rn. 13; Fitting, § 102 Rn. 15; GK/Raab, § 102, Rn. 25; Löwisch/Kaiser, § 102 Rn. 4; DKK/Kittner/Bachner, § 102 Rn. 19; zum mitbestimmungsfreien Ende des Arbeitsverhältnisses durch Zeitablauf sowie die Anfechtung des Arbeitsvertrags, vgl. DFL/Rieble § 102 BetrVG Rn. 5 und BAG v. 28.10.1986 – 1 ABR 16/85, NZA 1987, 530; vgl. auch LAG Schleswig-Holstein v. 20.7.2007 – 3 TaBVGa 23c/07, NZA-RR 2008, 244, wonach auch die Information des Arbeitgebers über das Bestehen von Abfindungsansprüchen bei Eigenkündigungen keine Durchführung der Betriebsänderung darstellt; ähnlich LAG Hessen v. 19.1.2010 – 4 TaBVGa 3/10, NZA-RR 2010, 187, zu Schulungsmaßnahmen.

b) Interessenspaltung zwischen verschiedenen Gremien

Eine besondere Konstellation ergibt sich bei Mehrbetriebsunternehmen, wenn die Betriebsänderung nur einen einzelnen Betrieb negativ betrifft. Hier wird der Unternehmer im Rahmen einer Isolationsstrategie versuchen, die Verhandlungen in den Gesamtbetriebsrat zu verlagern. Denn damit lässt sich eine Spaltung insofern herbeiführen, als Gesamtbetriebsratsmitglieder aus den nicht negativ betroffenen Betrieben sich sogar Vorteile (Sicherung/Stärkung des eigenen Standorts) aus der Betriebsänderung vorstellen können.[133] Dies ist allerdings nur Erfolg versprechend, wenn sich tatsächlich eine Zuständigkeit des Gesamtbetriebsrats argumentativ begründen lässt.[134]

c) Zugang des Betriebsrats zu externer Beratung

§ 111 Abs. 1 S. 2 BetrVG sieht bei Unternehmen mit mehr als 300 Arbeitnehmern das Recht des Betriebsrats auf Hinzuziehung eines Beraters vor.[135] Betriebsräte in Unternehmen mit weniger Beschäftigten können allerdings auch einen Berater konsultieren, die Rechtsgrundlage hierfür liegt dann jedoch in § 80 Abs. 3 BetrVG und stellt höhere Anforderungen als § 111 BetrVG. Des Weiteren spricht § 80 BetrVG nur von einem „Sachverständigen“, was im Vergleich zum Begriff des „Beraters“ enger ist.

In der Praxis entscheidend ist aber nicht nur das Recht auf Hinzuziehung eines Beraters selbst, sondern die Frage, ob der Unternehmer die daraus entstehenden Kosten zu tragen hat. Denn nur dann wird der Betriebsrat nicht nur die kostenneutrale Unterstützung eines Gewerkschaftsbeauftragten, sondern auch die kostenauslösenden Dienste eines Rechtsanwalts in Betracht ziehen.[136]

---

133 Vgl. Göritz/Hase/Rupp, Handbuch Interessenausgleich, S. 113; zu dieser in problematischer Weise gespaltenen Interessenlage auch Rieble, FS Bauer, 867.

134 Zur oft schwierigen Abgrenzung zwischen Einzelbetriebsrats- und Gesamtbetriebsratsratszuständigkeit ausführlich unten C.III.2.b), c) und C.III.3.b)aa).

135 Allgemein zur Regelung des § 111 S. 2 BetrVG Rose/Grimmer, DB 2003, 1790, unter Darlegung eines fragwürdigen Exklusivitätsverhältnisses zwischen § 111 und § 80 Abs. 3 BetrVG.

136 Zur als missbräuchlich empfundenen Sachverständigenbeauftragung und den Rücksichtnahmepflichten bei kostenauslösenden Maßnahmen Rieble/Klumpp/Gistel, Rechtsmißbrauch, Rn. 10 und 44. Zur Frage, ob der Rechtsanwalt unter den Begriff des Beraters im Sinne des § 111 BetrVG fällt Manske, FS ARGE Arbeitsrecht, S. 953, 957. Es kommen auch Wirtschaftsprüfer, Steuerberater oder Unternehmensberater in Betracht, vgl. Löwisch/Kaiser, § 111 Rn. 43; kritisch jedoch Röder/Baeck, Interessenausgleich, S. 9.

Außerhalb der Kostenfrage ist das Recht auf Hinzuziehung eines Beraters aus Sicht des Unternehmers auch deshalb relevant, da es hierdurch sehr häufig zu einer (taktisch gewollten) Verfahrensverzögerung kommt.[137] In engem Zusammenhang mit der Kostentragungspflicht stehen auch die Fragen zu Art und Umfang der Beratung.

aa) Erforderlichkeitsprüfung

In Unternehmen mit 300 oder weniger Arbeitnehmern hat der Betriebsrat nur dann ein Recht auf Hinzuziehung eines Beraters, wenn diese gem. § 80 Abs. 3 BetrVG zur ordnungsgemäßen Erfüllung seiner Aufgaben erforderlich ist und eine nähere Vereinbarung mit dem Arbeitgeber vorliegt.

Die Frage der Erforderlichkeit stellt sich aber nicht nur im Rahmen von § 80 Abs. 3 BetrVG, der sie explizit voraussetzt. Auch wenn § 111 S. 2 BetrVG die Erforderlichkeit nach seinem Wortlaut nicht zur Bedingung macht, kann daraus nicht geschlossen werden, dass der Betriebsrat auch ein Recht auf eine nicht erforderliche Beratung habe.[138]

Der Begründungsaufwand, soll die Nichterforderlichkeit behauptet werden, ist jedoch beträchtlich. Eine Betriebsänderung, die eine harte Auseinandersetzung über das Recht des Betriebsrats zur Hinzuziehung eines Beraters erfordert, wird meist von einer so großen Bedeutung sein, dass sie gleichzeitig die Erforderlichkeit mit sich bringt. Einen Anwendungsbereich für eine solche Auseinandersetzung gibt es jedoch: Verfolgt der Betriebsrat dauerhaft, d.h. auch in der Vergangenheit, eine sehr obstruktive Strategie, wird er möglicherweise auch bei geringfügigen Betriebsänderungen einen Berater hinzuziehen, schon um damit dem Unternehmer weiteren Widerstand entgegenzusetzen. Hier kann eine Auseinandersetzung über die Erforderlichkeit sinnvoll werden, um für die weitere Zusammenarbeit Klarheit zu schaffen.

bb) Beratungsanspruch im Kleinunternehmen

Im Kleinunternehmen wird sich der Unternehmer die Frage stellen, ob der Betriebsrat einen Anspruch auf Hinzuziehung eines Beraters aus einer anderen Rechtsgrundlage hat. Denn § 111 Abs. 1 S. 2 BetrVG ist auf sein Unternehmen nicht anwendbar. Außerhalb der Spezialnormen für Betriebsänderungen gibt § 80 Abs. 3 BetrVG dem Betriebsrat ein Recht auf Hinzuziehung eines Sachver-

---

137 Vgl. Röder/Baeck, Interessenausgleich, S. 9.

138 Ausführlich Oetker, NZA 2002, 465, 469; Däubler AuR 2001, 285, 286 ist der Ansicht, die Erforderlichkeit werde vom Gesetzgeber unterstellt; so auch DKK/Däubler, § 111 Rn. 135g, sowie Manske, FS ARGE Arbeitsrecht, S. 953, 957; a. A. Bauer, NZA 2001, 375, 376: die Rechtsprechung müsse korrigierend eingreifen; ähnlich Lingemann, NZA 2002, 934,939: betriebsinterner Sach-verstand sei vorrangig zu nutzen.

ständigen zur Unterstützung seiner Arbeit. § 111 Abs. 1 S. 2 und § 80 Abs. 3 sind jedoch keine sich gegenseitig ausschließenden Regelungen. Vielmehr dient § 111 Abs. 1 S. 2 der Beschleunigung des Verfahrens.[139] Daher gilt in den von § 111 Abs. 1 S. 2 nicht abgedeckten Fällen weiterhin die allgemeinere Regelung des § 80 Abs. 3.

Allerdings bestehen entscheidende Unterschiede zwischen den beiden Rechtsgrundlagen. Dies liegt unter Anderem an der Tatsache, dass für die Hinzuziehung nach § 80 BetrVG eine Einigung mit dem Arbeitgeber erforderlich ist. Dabei ist jedoch zu folgendes zu beachten: verweigert der Unternehmer sein Einverständnis, wird das Verhandlungsklima empfindlich gestört und eine Verlangsamung der Verhandlungen meist die Folge sein. Auch ist eine Verweigerung der Zustimmung ohne nachvollziehbaren Grund rechtlich und strategisch fragwürdig.

Ein erheblicher Unterschied besteht weiterhin in der Person des Beraters/Sachverständigen. Denn diese Begriffe sind nicht gleichzusetzen. Der Begriff des Sachverständigen ist deutlich enger als der des Beraters.[140] Zwar ist jeder außerbetriebliche Berater grundsätzlich Sachverständiger im Sinne des § 80 Abs. 3.[141] Dies gilt daher auch für Rechtsanwälte, von denen sich der Betriebsrat in Rechtsfragen beraten lässt, für die ihm eigene Kenntnisse fehlen.[142] Allerdings ist die anwaltliche Vertretung des Betriebsrats in Verhandlungen mit dem Arbeitgeber keine Sachverständigentätigkeit im Sinne der Vorschrift;[143] als typischem Interessenvertreter fehlt dem Anwalt die für einen Sachverständigen unabdingbare Neutralität. Gerade die Unterstützung während der Verhandlungen ist jedoch vom Betriebsrat meist gewünscht.

In Anbetracht der Tatsache, dass die Sonderregelung in § 111 BetrVG ausweislich der Regierungsbegründung nur der Verfahrensvereinfachung dient, nicht jedoch der Schaffung eines besonderen Beratungsrechts in Großunternehmen, lässt sich jedoch auch vertreten, dass im Rahmen von § 80 Abs. 3 BetrVG die Hinzuziehung nicht nur eines Sachverständigen im engeren Sine, sondern auch eines „Verfahrenssachverständigen“ zur Unterstützung des Betriebsrats in den Verhandlungen ermöglicht wird. Nach der Begründung der Bundesregierung ist die Sonderregelung in § 111 BetrVG einzig der Verfahrenseffizienz ge-

---

139 BT-DS 14/5741, S. 51, 52.

140 Eingehend Löwisch/Kaiser, § 80 Rn. 53, sowie Manske, FS ARGE Arbeitsrecht, S. 953, 957.

141 BAG v. 26.2.1992 – 7 ABR 51/90, NZA 1993, 86.

142 BAG v. 25.4.1978 – 6 ABR 9/75, AP Nr. 11 zu § 80 BetrVG 1972; BAG v. 14.2.1996 – 7 ABR 25/95, NZA 1996, 892.

143 Löwisch/Kaiser, § 80 Rn. 54 m. w. N.

schuldet.[144] Eine inhaltliche Differenzierung, worin die Sachverständigenleistung bestehen darf, findet nicht statt. Die Gesetzesbegründung spricht ohne Differenzierung gleichzeitig von „Beratern“ und „Sachverständigen“.[145] Die Ansicht, nur die Gutachtenerstattung, nicht aber die Verfahrensberatung durch Rechtsanwälte werde von § 80 gedeckt,[146] ist daher zumindest nach der BetrVG-Reform nicht mehr in dieser Konsequenz überzeugend. Die insoweit zitierte Rechtsprechung entstammt auch der Zeit vor der Reform.[147]

Aus der Intention des Gesetzgebers, mit der Neuregelung des Beratungsrechts in § 111 BetrVG das Verfahren zu beschleunigen, lässt sich kein Spezialitätsverhältnis zu § 80 Abs. 3 BetrVG dergestalt begründen, dass im Anwendungsbereich des § 111 eine Hinzuziehung nach § 80 ausscheide.[148] Mit anderen Worten: bei einer Betriebsänderung habe der Betriebsrat kein Recht auf Hinzuziehung eines Sachverständigen gem. § 80 Abs. 3 BetrVG.

Diese Argumentation verkennt den Generalklauselcharakter des § 80 Abs. 3, der den Beratungsanspruch des Betriebsrats nicht auf bestimmte Tatbestände eingrenzt. § 111 S. 2 ist lex specialis gegenüber der Generalnorm, jedoch nicht in einschränkender, sondern in erweiternder Weise.[149] Schließlich lässt sich weder dem Wortlaut des § 111 BetrVG, noch der systematischen Stellung, noch der gesetzgeberischen Intention die Rechtsfolge entnehmen, dass der Beratungsanspruch bei Betriebsänderungen geringer sei als in sonstigen Mitbestimmungsangelegenheiten. Zwar ließe sich hier das Argument anführen, dass der Mitbestimmungsumfang in wirtschaftlichen Angelegenheiten grundsätzlich schmaler sei als in anderen Bereichen, da die unternehmerische Handlungsfreiheit hier im Kern betroffen werde. Damit würden jedoch die Rechte des Betriebsrats in unzulässiger Weise doppelt eingeschränkt: einerseits wäre (zutreffend) schon der Umfang der Mitbestimmung beschränkt, andererseits würde deren Ausübung (unzutreffend) prozedural erschwert. Denn soweit in wirtschaftlichen Angelegenheiten Mitbestimmungsrechte gegeben sind, sind die Modalitäten bei deren Geltendmachung grundsätzlich stets gleich.

---

144 Kritisch gegenüber der Geeignetheit der Neuregelung zur Effizienzsteigerung Bauer, NZA 2001, 375, 377.

145 BT-DS 14/5741, S. 51, 52.

146 Löwisch/Kaiser, § 80 Rn. 54.

147 BAG v. 13.5.1998 – 7 ABR 65/96, NZA 1998, 900, 901; BAG v. 21.6.1989 – 7 ABR 78/87, NZA 1990, 107.

148 Zu diesem Ergebnis kommen aber (ohne vertiefte Begründung) Rose/Grimmer, DB 2003, 1790, 1791.

149 Dies verkennen Rose/Grimmer, DB 2003, 1790, 1791, die aus dem Spezialitätsverhältnis logisch unzulässig ein Exklusivitätsverhältnis ableiten.

Dennoch ist es – einerseits wegen der Verfahrenserleichterung für den Betriebsrat, andererseits wegen des bei § 111 (umstritten) größeren Beratungsumfangs – von Bedeutung, ob der 300-Arbeitnehmer-Schwellenwert überschritten wird.

cc) Schwellenwert des § 111 S. 2 BetrVG als feste Grenze

Die Auslegung des 300-Arbeitnehmer-Schwellenwerts in § 111 S. 2 BetrVG ist von erheblicher Bedeutung, da dessen Überschreiten die Möglichkeiten zur Begrenzung des Beratungsumfangs deutlich einschränkt. Im Gegensatz zu den meisten vergleichbaren Regelungen im BetrVG verzichtet das Gesetz an dieser Stelle auf den Zusatz „in der Regel". Bei reiner Wortlautauslegung ist der Anwendungsbereich daher nicht eröffnet, wenn zum maßgeblichen Zeitpunkt das Unternehmen nur genau 300 Arbeitnehmer zählt, selbst wenn es in der Vergangenheit meist darüber lag. Maßgeblicher Zeitpunkt ist dabei der Moment, in dem der Betriebsrat den Anspruch auf Hinzuziehung eines Beraters geltend macht.[150] In der bereits zitierten Gesetzesbegründung wird auf die Berechnung des Schwellenwerts nicht eingegangen. In der Literatur wird daher überwiegend vertreten, es handele sich um ein „Redaktionsversehen" des Gesetzgebers.[151] Dafür findet sich jedoch in der Entstehungsgeschichte kein Hinweis.[152]

Gegen eine Auslegung im Sinne eines Redaktionsversehens spricht auch, dass in § 111 Abs. 1 S. 1 BetrVG hinsichtlich der Anwendbarkeit des Gesamtverfahrens genau dieser Zusatz („in der Regel") sehr wohl vorhanden ist, der Gesetzgeber sich also an jener Stelle mit der Problematik der Berechnung eines Schwellenwerts auseinandergesetzt hat.[153] Zu beachten ist dabei, dass ein variabler Schwellenwert, wie er durch die Formulierung „in der Regel" festgesetzt wird, zu weiteren Auseinandersetzungen führen kann, da das Überschreiten eines solchen variablen Werts in der Praxis weniger eindeutig feststellbar ist. In Unternehmen mit schwankenden Arbeitnehmerzahlen zwischen etwa 280 und 320 kann ein Rechtsstreit schon über diese Frage entstehen.

Dies würde jedoch im Gegensatz zum eindeutigen Gesetzeszweck, der Verfahrensbeschleunigung, stehen.[154] Daher ist es überzeugender, von einem festen

---

150 GK/Oetker, § 111 Rn. 156.

151 GK/Oetker, § 111 Rn. 156; DKK/Däubler, § 111 Rn. 135b; Fitting, § 111 Rn. 118 ist sogar der Ansicht, der Redaktionsfehler sei „ersichtlich".

152 So auch Richardi/Annuß, § 111 Rn. 53.

153 Auch an anderer Stelle differenziert der Gesetzgeber zwischen „in der Regel" und einem starren Grenzwert: vgl. § 1 Abs. 1 S. 1, § 9 Abs. 1 S. 1 und S. 2, § 13 Abs. 1 S. 3 Nr. 1, § 14a Abs. 1 S. 1, § 106 Abs. 1 S. 1, § 110 Abs. 1 und Abs. 2, § 112a Abs. 1 S. Nr. 1 bis 4 BetrVG.

154 Vgl. BT-DS 14/5741, S. 51, 52.

Grenzwert auszugehen. Während für die Frage, ob überhaupt eine interessenausgleichsrelevante Betriebsänderung vorliegt, durchaus ein gewisser Auslegungsspielraum für die Rechtsprechung gewünscht ist, muss mit Blick auf den Effizienzgedanken des Gesetzgebers davon ausgegangen werden, dass im Sinne eines schnelleren Verfahrens auf eine „Handsteuerungsklausel“ verzichtet wurde. Damit bleibt es dem Rechtsanwender auch erspart, sich in eindeutigen Gegensatz zum Gesetzeswortlaut zu setzen.

Bei der Frage des Beratungsanspruchs des Betriebsrats kann der anwaltliche Berater des Unternehmers daher von der genauen Arbeitnehmerzahl ausgehen, ohne umfangreiche Wertungen und Schätzungen abgeben zu müssen. Liegt die Zahl der Arbeitnehmer zum Zeitpunkt des Hinzuziehungsverlangens des Betriebsrats bei genau 300 oder darunter, darf er davon ausgehen, dass der Anwendungsbereich von § 111 Abs. 1 S. 2 BetrVG nicht eröffnet ist.[155]

dd) Unterschreitung des Schwellenwerts durch einzelne Kündigungen

Der maßgebliche Zeitpunkt für die Berechnung des Schwellenwerts ist insofern besonders entscheidend, da er über die Frage entscheidet, ob der Schwellenwert künstlich beeinflusst werden kann.[156] Dies könnte durch Ausspruch einzelner Kündigungen erfolgen, wodurch die Zahl der Arbeitnehmer gesenkt wird. Voraussetzung hierfür ist zunächst, dass die Zahl vor dem Eingriff nur wenig über dem Schwellenwert liegt. Denn Entlassungen in großem Umfang nur mit dem Ziel der Schwellenwertunterschreitung werden schon aus unternehmerischer Sicht unsinnig sein; darüber hinaus bringen sie eigene mitbestimmungsrechtliche Implikationen mit sich. Nach dem oben Festgestellten kann jedoch ein einzelner Arbeitnehmer bereits den Unterschied ausmachen.

Nach der überwiegend vertretenen Ansicht ist für die Bestimmung der Schwellenwerterreichung der Zeitpunkt des Hinzuziehungsverlangens maßgeblich.[157] Eine weitere Ansicht hält hingegen den Zeitpunkt der Durchführung der Beratung selbst für entscheidend.[158] Dies wirkt sich jedoch in der Praxis kaum aus, da zwischen beiden Zeitpunkten kein nennenswerter Zeitraum liegt, wenn der Betriebsrat sein Hinzuziehungsverlangen direkt umsetzt und den gewünsch-

155 Da das Gesetz auf die Zahl der „Arbeitnehmer“, nicht auf die der „Arbeitsplätze/Stellen“ abstellt, sind in diesem Fall auch Teilzeitarbeitnehmer stets voll mitzuzählen; es kommt hier also der Maßstab „Head Count“, nicht der des „Full Time Equivalent“ (FTE) zur Anwendung.

156 Vgl. auch Richardi/Annuß, § 111 Rn. 53, der jedoch nicht eindeutig erkennen lässt, ob auch derartige Strategien oder nur zufällige Konstellationen gemeint sind.

157 Statt vieler Richardi/Annuß, § 111 Rn. 53.

158 Reich, § 111 Anm. 2.

ten Berater konsultiert. Lediglich die Klärung der Kostenfrage und die Anzeige gegenüber dem Arbeitgeber erfolgen zu einem merklich späteren Zeitpunkt.

Allerdings muss es für die Zahl der dem Unternehmen angehörenden Arbeitnehmer auf den rechtlichen Bestand ankommen, nicht auf den aktiv arbeitenden Anteil.[159] Andernfalls könnte mit rechtswidrigen Freistellungen oder auch durch Elternzeitregelungen und Ähnliches der Schwellenwert unzulässig manipuliert werden. Daher wirkt sich auch eine Kündigung, die zum Zeitpunkt des vom Betriebsrat geltend gemachten Hinzuziehungsverlangens zwar ausgesprochen, deren Frist jedoch noch nicht abgelaufen ist, nicht aus; maßgeblich ist der Beendigungszeitpunkt.

Bei kurzen Kündigungsfristen, besonders aber bei fristlosen Kündigungen, wirkt sich eine individualrechtliche Beendigungsmaßnahme auch in der Praxis auf den Schwellenwert aus. Gleichzeitig ist im Umfeld von gravierenden Betriebsänderungen verstärkt mit Vorkommnissen zu rechnen, die Anlass für eine außerordentliche Kündigung sein können.[160] Daher besteht für den Arbeitgeber in Einzelfällen die Möglichkeit, durch frühzeitige vereinzelte Kündigungen oder sonstige Beendigungen von Arbeitsverhältnissen den Personalbestand so zu reduzieren, dass eine Unterschreitung des Schwellenwerts eintrifft. Da der Beratungsanspruch aus § 111 S. 2 BetrVG weiter geht, vor allem aber leichter durchzusetzen ist als der nach § 80 Abs. 3 BetrVG, ist ein solches Vorgehen mit Vorteilen verbunden und kann daher aus strategischer Sicht im Einzelfall zu empfehlen sein. Voraussetzung ist dabei stets, dass die Einzelmaßnahme nicht offensichtlich rechtsunwirksam ist, damit sich der Arbeitgeber nicht dem Vorwurf des mitbestimmungswidrigen Verhaltens aussetzt. Die Konsequenzen davon wären je nach Sachverhalt Ordnungswidrigkeit oder Strafbarkeit und ein möglicher Unterlassungsanspruch des Betriebsrats.

ee) Umfang der Beratung bei § 111 BetrVG

Schon zu Beginn der Verhandlungen ist relevant, worauf sich der Beratungsanspruch bezieht, also worüber der hinzugezogene Sachverständige beraten darf, und daraus folgend auch, welche Kosten vom Unternehmer übernommen werden müssen. Kann der Betriebsrat nicht mit Erstattung bzw. Freistellung von Honoraransprüchen rechnen, wird er kostenauslösende Beratung nur zurückhal-

159 Andernfalls hätte auch eine Formulierung „aktive/tätige Arbeitnehmer" aufgenommen werden müssen. Eine solche Konstruktion ist der Arbeitsgesetzgebung allerdings fremd, wie auch die Rechtsprechung zu § 23 KSchG zeigt, vgl. BAG v. 31.1.1991 – 2 AZR 356/90, NZA 1991, 562.

160 Vgl. hierzu unten die Ausführungen zu „inoffizieller Eskalation" bei C.III.1.a).

tend oder gar nicht in Anspruch nehmen, jedenfalls wenn er eine entsprechende Kenntnis der Rechtslage hat.

Jedenfalls der nach § 111 BetrVG hinzugezogene Berater ist inhaltlich in seiner Tätigkeit auf die Betriebsänderung beschränkt. Dies folgt daraus, dass die Regelung nach der Gesetzesbegründung speziell auf den mit Betriebsänderungen häufig einhergehenden Personalabbau und weitere wesentliche Nachteile für die Arbeitnehmer zugeschnitten ist.[161]

Dem Gesetzeszweck entsprechend ist die Beratung auf die Bereiche beschränkt, die mit der Betriebsänderung in unmittelbarem Zusammenhang stehen.[162] In der Praxis ist dies jedoch äußerst schwer abzugrenzen. Auseinandersetzungen entstehen, wenn der Betriebsrats-Berater ohne vorherige Abstimmung mit dem Arbeitgeber auch den Wirtschaftsausschuss berät. Wirtschaftsausschuss und Betriebsrat arbeiten meist – schon wegen der teilweisen Personenidentität der Mitglieder – eng zusammen. Ohne eine ausreichende Unterrichtung des Wirtschaftsausschusses gem. § 106 BetrVG wird das Interessenausgleich- und Sozialplanverfahren daher keinen Fortgang finden. Aus diesem Grund wird die Unterrichtung des Wirtschaftsausschusses vom Betriebsrat gerne als zusätzlicher, vorverlagerter Schauplatz der Auseinandersetzungen genutzt. Insofern wird der Berater auch hierzu ohne weiteres hinzugezogen. Der Wirtschaftsausschuss ist jedoch kein Teil des Betriebsrats[163] – der Beratungsanspruch dehnt sich daher auf diesen nicht aus.[164] Hier bietet sich ein Anknüpfungspunkt, um aus Unternehmersicht das Ausmaß der Beratung (und damit deren Kosten) zu reduzieren.

ff) Auseinandersetzung über Kosten

Die Auseinandersetzung über die Kosten des Betriebsratsberaters findet auf verschiedenen Ebenen statt. Zum einen stellt sich die Frage der Kostenübernahme

161 BT-DS 15/5741, S. 52.

162 Rose/Grimmer, DB 2003, 1790.

163 Der Wirtschaftsausschuss wird zwar häufig als Hilfsorgan des Betriebsrats bezeichnet, vgl. Dachrodt/Engelbert, § 111 Rn. 51; daraus einen Beratungsanspruch abzuleiten wäre jedoch fehlerhaft. Denn der Wirtschaftsausschuss kann im Rahmen seiner Kompetenz stets nur Informations-Hilfsorgan, nie Verhandlungs-Hilfsorgan sein.

164 Wird der Berater des Betriebsrats ohne zusätzliche Vereinbarung auch im Rahmen von Wirtschaftsausschusssitzungen oder zur Beratung des Wirtschaftsausschusses tätig und stellt dies später in Rechnung, kann die Erfüllung solcher Forderungen verweigert werden; etwas anderes gilt nur, wenn der Arbeitgeber konkludent sein Einverständnis mit dem zusätzlichen Tätigwerden erklärt hat. An ein solches Einverständnis sind jedoch hohe Anforderungen zu stellen, da der Arbeitgeber grundsätzlich nicht davon ausgehen muss, dass er für die Beratung des Wirtschaftsausschusses Kosten zu tragen hat.

schon zu Anfang des Verfahrens, da der vom Betriebsrat hinzugezogene Berater vor Beginn seiner Tätigkeit die Honorarfrage geklärt wissen will.[165] Daher kann die Kostenfrage schon früh für die Strategie von Bedeutung sein. Zum anderen kann später eine Auseinandersetzung über bereits angefallene Kosten stattfinden. Dies wird häufig zu einem Zeitpunkt sein, an dem keine relevanten Entscheidungen hinsichtlich der Betriebsänderung mehr zu treffen sind, da die maßgeblichen Weichen schon gestellt wurden. Dennoch ist es für den Unternehmer während des Verfahrens von Bedeutung, den Ausgang einer solchen Auseinandersetzung abschätzen zu können, da die Kostenfrage für die zu treffenden Entscheidungen relevant ist. Denn der Unternehmer (und damit notwendigerweise auch dessen Berater) denkt grundsätzlich nicht in Kategorien wie „Sieg“ oder „Niederlage“ bei der Umsetzung seiner Pläne, sondern sucht nach einem unter Kostengesichtspunkten optimierten Ergebnis. Daher kann etwa ein inhaltlicher Kompromiss beim Interessenausgleich in Frage kommen, wenn die Alternative (weiteres Verhandeln) deutlich höhere Kosten mit sich bringt.

Weder in § 111 noch in § 80 BetrVG trifft das Gesetz eine Aussage über die Modalitäten der Vergütung des Beraters/Sachverständigen. Es wurde darauf verzichtet, die Regelung des § 76a Abs. 3 BetrVG zu übernehmen, nach der ein eigener Honoraranspruch gegen den Arbeitgeber entsteht.[166]

Nach einer Ansicht hat der Betriebsrat eine gesetzliche Vertretungsmacht, zwischen dem Berater und dem Arbeitgeber einen Geschäftsbesorgungsvertrag abzuschließen.[167] Eine solche Befugnis kann jedoch nur so weit gehen, wie der inhaltliche Anspruch auf Hinzuziehung eines Beraters reicht. Die Vertretungsbefugnis wäre auch in diesem Fall nicht grenzenlos, etwa hinsichtlich der Höhe einer Stundenhonorarvereinbarung. Diese Konstellation geht also davon aus, dass der Vertrag zwischen Berater und Arbeitgeber zustande kommt. Interessan-

165 Vgl. H/S-Hümmerich, Arbeitsrechtliches Mandat, 2. Aufl., § 2 Rn. 77 mit gutem Praxisbeispiel.

166 Nach BAG v. 21.6.1989 – 7 ABR 78/87, NZA 1990, 107 ist der Betriebsrat sogar berechtigt, einem Rechtsanwalt für die Wahrnehmung von Betriebsratsinteressen in der Einigungsstelle ein bestimmtes Honorar zuzusagen; allerdings besteht nach BAG v. 15.12.1978 – 6 ABR 93/77, AP Nr. 6 zu § 76 BetrVG 1972 das für den Honoraranspruch maßgebliche Rechtsverhältnis direkt zwischen Unternehmer und dem als Einigungsstellenbeisitzer tätig werdenden Rechtsanwalt. Der entscheidende Unterschied zum Tätigwerden des Rechtsanwalts als Berater des Betriebsrats außerhalb der Einigungsstelle liegt jedoch darin, dass die Einigungsstelle ein selbständiges betriebsverfassungsrechtliches Organ ist. Vgl. auch BAG v. 31.3.1998 – 7 ABR 25/98, NZA 2000, 556, wonach der Betriebsrat ein über die gesetzliche Vergütung hinausgehendes Honorar für die Vertretung in einem Beschlussverfahren nicht für erforderlich halten darf.

167 So etwa Löwisch/Kaiser, § 111 Rn. 45; unklar, jedoch wohl auch dieser Ansicht Reichold, NZA 2001, 857, 865.

te Nebenfolge einer solchen Konstruktion ist, dass hierdurch dem Berater auch Sorgfaltspflichten gegenüber dem Arbeitgeber entstehen. Eine schuldhaft falsche Beratung, die zu einem unbegründeten Widerstand des Betriebsrats gegen die Betriebsänderung führt, kann so Schadensersatzansprüche des Arbeitgebers gegen den Betriebsratsberater auslösen. Dies dem Berater des Betriebsrats ins Gedächtnis zu rufen, kann dazu dienen, unsachliche bzw. besonders konfrontative Strategien des Betriebsrats auf ein sachgemäßes Niveau zurückzuführen. Solche Pflichten ließen sich jedoch auch ohne eine direkte Vertragsbeziehung zwischen Berater und Unternehmer über die Figur des Vertrages mit Schutzwirkung zu Gunsten Dritter konstruieren.[168]

Nach anderer Ansicht kommt zwischen Betriebsrat selbst und dem Berater ein Vertrag zustande.[169] Diese Konstruktion ist allerdings schon im Hinblick auf die fehlende Rechtsfähigkeit des Betriebsrats wenig überzeugend.[170] Darüber kann auch eine (wie vom BAG angenommene) partielle Vermögensfähigkeit nicht hinweghelfen. Problematisch aus Sicht des Betriebsrats wäre überdies, dass der Berater seinen Honoraranspruch gegen den Betriebsrat durchsetzen könnte, selbst wenn keine Kostenübernahme durch den Arbeitgeber stattfindet.[171] Überzeugender ist daher, von einem zwischen Arbeitgeber und Berater

---

168 So auch Oetker, NZA 2002, 465, 472.

169 So zuletzt Schwab, FS Bauer, 1001, 1002 unter Berufung auf die Teilrechtsfähigkeit des Betriebsrats, sowie Oetker, NZA 2002, 465, 472; ohne nähere Auseinandersetzung Lingemann, NZA 2002, 934, 939, der an anderer Stelle (bei den Ausführungen zur Erforderlichkeit) von einem Vertrag zu Lasten Dritter spricht; unklar Däubler, AuR 2001, 285, 286, wonach „die Höhe der Vergütung zwischen Betriebsrat und Berater festgelegt werde“; ebenfalls nicht ganz eindeutig BAG v. 13.5.1998 – 7 ABR 65/96, NZA 1998, 900, wonach durch die Vereinbarung gem. § 80 Abs. 3 BetrVG ein gesetzliches Schuldverhältnis zwischen Betriebsrat und Arbeitgeber zustande komme, und der Sachverständige einen Zahlungsanspruch nur durch Abtretung des Freistellungsanspruchs durch den Betriebsrat erwerbe. Letzteres spricht deutlich dafür, dass das BAG in der Entscheidung von einem Vertrag zwischen Berater und Betriebsrat ausging; dies ist allerdings nicht ohne Weiteres auf die Rechtslage bei § 111 BetrVG übertragbar, da dieser eine Einigung zwischen Betriebsrat und Arbeitgeber über die Hinzuziehung des Beraters im Gegensatz zu § 80 Abs. 3 BetrVG gerade nicht vorsieht.

170 Nach der Rechtsprechung des BAG (Beschluss v. 24.10.2001 – 7 ABR 20/00, AP Nr. 71 zu § 40 BetrVG 1972) ist der Betriebsrat nicht rechtsfähig, jedoch partiell vermögensfähig; zu letzterem auch BAG v. 13.5.1998 – 7 ABR 65/96, NZA 1998, 900, 901.

171 Der Maßstab der Kostentragungspflicht für den Arbeitgeber ist nicht der gleiche wie der zur Frage, ob überhaupt ein Beratungsverhältnis zustande gekommen ist, vgl. Oetker, NZA 2002, 465, 472.

entstehenden Schuldverhältnis mittels Vertretung durch den Betriebsrat auszugehen.[172]

Im Ergebnis wirkt es sich jedoch kaum aus, ob der Betriebsrat selbst oder der Arbeitgeber als Vertragspartner des Beraters angesehen wird. Sowohl für die Frage der Erstattungsfähigkeit der Kosten als auch für eine eventuelle Schadensersatzpflicht bei Falschberatung ist die Konstruktion des Vertragsverhältnisses nicht maßgeblich. Hinsichtlich der Erstattungsfähigkeit gilt, dass diese nicht von der Konstruktion des Honorarschuldverhältnisses abhängt, sondern von der Erforderlichkeit gem. § 40 BetrVG und den Sonderregelungen in § 80 Abs. 3 und § 111 S. 2 BetrVG. Bei der Frage der Anwaltshaftung wird die Unterscheidung zwischen den verschiedenen Konstruktionen des Mandatsverhältnisses dadurch relativiert, dass diese jedenfalls aus dem Vertrag mit Schutzwirkung zu Gunsten Dritter folgt, wenn nicht schon ein Schuldverhältnis zwischen Berater und Arbeitgeber direkt angenommen wird.

Allerdings kann der Berater – sofern man nicht von einer direkten Vertragsbeziehung zum Unternehmer ausgeht – seinen Honoraranspruch gegen den Unternehmer erst dann geltend machen, wenn der Betriebsrat ihm den Anspruch auf Freistellung gegen den Arbeitgeber abgetreten hat. Dieser wandelt sich dadurch in einen Zahlungsanspruch des Beraters.[173] Dies betrifft jedoch lediglich den Ablauf, denn der Betriebsrat wird die Abtretung stets vornehmen, da aus seiner Sicht nichts dagegen spricht. Das Argument des Arbeitgebers, nicht Schuldner des Vergütungsanspruchs zu sein, bewirkt daher höchstens eine kurze Verzögerung.

Einigkeit besteht weitgehend darüber, dass – unabhängig von der Konstruktion des Vertragsverhältnisses – der Arbeitgeber nur im Rahmen der Verhältnismäßigkeit zur Kostenerstattung verpflichtet ist.[174] Ein weitergehender Erstattungsanspruch ist weder im Rahmen einer gesetzlichen Vertretungsmacht noch durch Annahme eines Freistellungsanspruchs zu begründen.[175] Die Verhältnismäßigkeit muss sowohl hinsichtlich der Vergütungsmodalitäten als auch hinsichtlich des betriebenen Aufwands gegeben sein. Letzteres wirkt sich nur im Rahmen einer Stundenhonorarvereinbarung aus, da bei Anwendbarkeit der gesetzlichen Gebührenregelung durch zusätzlichen Aufwand keine relevanten

---

172 Löwisch, BB 2001, 1790, 1797, unter Bezugnahme auf die Rechtslage bei der Vergütung der Einigungsstellenbeisitzer vor Inkrafttreten des § 76a BetrVG; zu letzterer BAG v. 15.12.1978 – 6 6 ABR 93/77, AP Nr. 6 zu § 76 BetrVG 1972 und BAG v. 13.1.1981 – 6 ABR 106/78, AP Nr. 8 zu § 76 BetrVG 1972.

173 BAG v. 10.2001 – 7 ABR 20/00, AP Nr. BetrVG 1972 § 40 Nr. 71.

174 Reichold, NZA 2001, 857, 865; Bauer, NZA 2001, 375, 376.

175 Oetker, NZA 2002, 465,472.

Mehrkosten entstehen.[176] Stundenhonorarvereinbarungen sind hingegen ein häufiger Streitpunkt.[177] Eine Honorarzusage, die zu einer höheren Vergütung als der gesetzlichen führt, darf der Betriebsrat nicht für erforderlich halten.[178] Dies galt jedenfalls bereits für § 80 Abs. 3 BetrVG, eine Sonderregelung ist dem mit dem Betriebsverfassungs-Reformgesetz im Jahr 2001 eingefügten § 111 Abs. 1 S. 2 BetrVG nicht zu entnehmen. Da dem Betriebsrat und dem hinzugezogenen Berater dies meist bekannt ist, wird eine solche Zusage vom Betriebsrat auch nicht gegeben. Vielmehr lässt sich der Berater die von ihm gewünschte Stundenhonorarvereinbarung vorab vom Arbeitgeber bestätigen. Um den Verhandlungsfrieden zu wahren und nicht bereits zu Anfang die Konfrontation zu suchen, wird in der Praxis eine solche Zusage oft gemacht, ohne genauer abzuwägen. Im Rahmen der hier untersuchten konfrontativen Strategie bietet es sich jedoch an, schon in dieser Frage der Auseinandersetzung nicht aus dem Weg zu gehen. Denn durch die Gestaltung der Betriebsratsberatervergütung können Weichen für die weitere Verhandlungsführung gestellt werden.

Die Vereinbarung eines Stundenhonorars kann dazu führen, dass sich die Verhandlungen in die Länge ziehen. Ein zügiges Verfahren liegt dann schon zumindest nicht mehr im Eigeninteresse des Beraters auf Betriebsratsseite. Gleichzeitig verstärkt sich so der Zeitdruck auf den Unternehmer, da mit zunehmender Dauer des Verfahrens erhebliche, jedoch schwer zu kalkulierende Mehrkosten anfallen. Dies spielt einer Verzögerungsstrategie des Betriebsrats in die Hände.

Der Berater auf Arbeitgeberseite muss sich daher die Frage stellen, ob dem Betriebsratsberater rechtssicher die Vereinbarung eines Stundenhonorars verwehrt werden kann. Ist dies der Fall, sollte beim Verfolgen einer konfrontativen Isolationsstrategie die zusätzliche Auseinandersetzung nicht gescheut werden, da die Vorteile hieraus beträchtlich sein können.

Für die Kostenerstattung eines in einem arbeitsgerichtlichen Beschlussverfahren aufgetretenen Beraters hat das BAG entschieden, dass der Betriebsrat im Hinblick auf das Interesse des Arbeitgebers an der Begrenzung seiner Kostenbelastung die Beauftragung eines Rechtsanwalts grundsätzlich auf Grundlage der gesetzlichen Vergütung vorzunehmen hat.[179] Allerdings wurde dies explizit mit der angemessenen Vergütung im Hinblick auf das in einem gerichtlichen Verfahren ausgebildete Wertfestsetzungsverfahren nach § 10 BRAGO (jetzt: § 11

176 Etwaige zusätzliche Abwesenheitsgelder und Ähnliches werden in der Regel im Verhältnis zu den Gesamtkosten eine Auseinandersetzung nicht lohnen.

177 Praxisbeispiel mit Schilderung der sich daraus ergebenden Auswirkungen im laufenden Verfahren bei H/S-Hümmerich, Arbeitsrechtliches Mandat, 2. Aufl., § 2 Rn. 77.

178 BAG v. 20.10.1999 – 7 ABR 25/98, NZA 2000, 556, 558; Bauer, NZA 2001, 375, 376.

179 BAG v. 20.10.1999 – 7 ABR 25/98, NZA 2000, 556, 558.

RVG) begründet. Ein solches findet jedoch im Rahmen von Interessenausgleichs- und Sozialplanverfahren nicht zwingend statt. Weder die Einigungsstelle noch die freien Verhandlungen bieten ein solches Wertfestsetzungsverfahren. Daher ist fraglich, ob diese Rechtsprechung auf die Beratung des Betriebsrats im Rahmen einer Betriebsänderung anwendbar ist. Es spricht nichts dafür, dass der neu eingeführte § 111 Abs. 1 S. 2 BetrVG über das Recht zur Hinzuziehung eines Beraters hinausgehend auch den Rahmen der Vergütungshöhe erweitern sollte. Hierzu ist in den Gesetzesmaterialien nichts zu finden. Die mit dem Betriebsverfassungs-Reformgesetz eingeführten Neuerungen bei § 111 führen grundsätzlich schon zu einer höheren Kostenbelastung des Arbeitgebers. Daher wäre es wenig überzeugend, die insofern offene Vorschrift so auszulegen, dass die nunmehr zusätzlich geschaffenen Beratungsmöglichkeiten auch noch umfangreicher vergütet werden könnten, als es im Rahmen der vor der Reform gegebenen Möglichkeiten üblich war.[180]

Sollte dennoch eine Stundenhonorarvereinbarung abgeschlossen werden, so kann der konfrontativ beratende Arbeitgeberanwalt frühzeitig darauf hinweisen, dass an die Stundenspezifikation bei der Rechnungsstellung hohe Anforderungen gestellt werden. Dabei hat der Auftraggeber das Recht, eine genaue Auflistung der abgerechneten Stunden zu verlangen. Mit der Ankündigung, dass von diesem Recht sorgfältig Gebrauch gemacht werde, kann dazu beigetragen werden, dass der Umfang der Tätigkeit im Rahmen des Vertretbaren bleibt. Als Gestaltungsmöglichkeit bietet sich hier eine Vereinbarung über regelmäßige Zwischenabrechnungen an. Einer solchen Regelung wird sich der Betriebsratsberater angesichts der damit für ihn verbundenen Vorteile kaum widersetzen, gleichzeitig wird damit jedoch eine Kontrolle des Umfangs der Beratung ermöglicht.

gg) Mehrbetriebsunternehmen und gemeinsamer Betrieb

Bei Unternehmen mit mehreren Betrieben sowie bei durch mehr als ein Unternehmen geführten Betrieben (gemeinsamer Betrieb) stellt sich die Frage, wie dort der Schwellenwert zu berechnen ist. Nach dem Wortlaut des § 111 Abs. 1 wird unzweideutig auf das Unternehmen, nicht auf den Betrieb abgestellt. Daher kommt Satz 2 auch dann zur Anwendung, wenn der betroffene Betrieb nur 300 oder weniger Arbeitnehmer hat, das Gesamtunternehmen jedoch mehr. Bevor eine Auseinandersetzung über das Überschreiten des Schwellenwerts begonnen wird, ist also eine Überprüfung der Arbeitnehmerzahl im gesamten Unternehmen unabdingbar. Die Regelung bringt jedoch auch mit sich, dass die Voraussetzungen von Satz 2 nicht erfüllt sind, wenn es sich um einen gemeinsamen Betrieb mehrerer Unternehmen handelt, die Betriebsänderung aber von einem

180 Lingemann, NZA 2002, 934, 939.

der beteiligten Unternehmen ausgeht, welches weniger als 301 Arbeitnehmer zählt. Dann ist von einem „Kleinunternehmen" auszugehen, auch wenn der gemeinsame Betrieb mehr als 300 Arbeitnehmer beschäftigt.[181]

d) Bewertung

Der Versuch, den Betriebsrat von der Belegschaft zu isolieren, indem gegenläufige Interessenlagen geschaffen werden, ist ein effektives Mittel um Druck in den Verhandlungen aufzubauen. Allerdings beinhaltet die Vorgehensweise ein erhebliches Konfliktpotential und verschlechtert mit Sicherheit die Verhandlungsatmosphäre. Besondere Vorsicht ist geboten, um nicht die Schwelle der Betriebsverfassungsrechtswidrigkeit mit entsprechenden Konsequenzen zu überschreiten.

Im Bereich des Anspruchs des Betriebsrats auf Hinzuziehung eines Beraters bzw. Sachverständigen bestehen nach der Reform des Jahres 2001 noch etliche offene Rechtsfragen. Anknüpfungspunkte zur Reduzierung des Beratungsumfangs sind daher gegeben. Da durch ausufernde Beratung des Betriebsrats das Verfahren zusätzlich in die Länge gezogen werden kann, ist die genaue Kontrolle des Beratungsumfangs nicht nur ein Mittel zur Kostenersparnis, sondern dient auch der effektiven Verfahrensgestaltung. Ein grundsätzliches Risiko besteht darin, dass sich durch derartige Bestrebungen des Arbeitgebers das Verhandlungsklima deutlich verschlechtern kann. Da sich die genannten Rechtsfragen jedoch erst spät (im Rahmen der Auseinandersetzung über die Kosten) auswirken, ist das Risiko des Unternehmers hier insgesamt als gering einzustufen. Nicht völlig außer Acht gelassen werden darf aber die Öffentlichkeitswirkung, die ein solcher Rechtsstreit erzeugt.[182] Auch wird immer dann, wenn der Anspruch des Betriebsrats relativ eindeutig ist, mit einer zusätzlichen Auseinandersetzung nur Zeit verloren. Im Hinblick auf ein funktionierendes Verhandlungsklima sollte daher auch immer die Frage gestellt werden, welcher Nachteil dadurch entsteht, dem Betriebsrat etwas zuzugestehen, worauf dieser ohnehin ein Recht hat.[183]

Im Hinblick auf die Kosten der Beratung sind besonders viele Rechtsfragen offen. Allerdings wird ein Streit über die Kosten meist nachträglich geführt und

---

181 Lingemann, NZA 2002, 934, 939; a.A. DKK/Däubler, § 111 Rn. 135b, der vom Wortlaut abweichend auf den Personalbestand des gemeinsamen Betriebes abstellen will; noch weiter gehend Oetker, NZA 2002, 465, 466, der sogar die Gesamtzahl der bei den am gemeinsamen Betrieb beteiligten Unternehmen für maßgeblich hält.

182 Die Öffentlichkeitswirkung ist gerade dann besonders negativ, wenn der Unternehmer selbst sich anwaltlich beraten lässt, dem Betriebsrat dies aber nicht zugestehen will.

183 Klar, Strategie und Taktik, Rn. 602.

bringt daher für das laufende Verfahren wenig strategische Vorteile – allerdings auch keine Verzögerung. Höchstens die Ankündigung, bestimmte Kosten nicht zu übernehmen, kann schon vorab von strategischem Nutzen sein. Der strategisch planende Arbeitgeberanwalt wird darüber hinaus schon für die nächste Betriebsänderung Rahmenbedingungen klären wollen, sodass eine Kostenauseinandersetzung auch im Nachhinein noch zweckmäßig sein kann. Hat der Arbeitgeber bereits das Einverständnis zu einer bestimmten Honorarvereinbarung erklärt, sind die verbleibenden Spielräume allerdings sehr gering.

3. Umgehung

Diese zeitlich sehr früh ansetzende Strategie besteht im Wesentlichen darin, den Anwendungsbereich der Mitbestimmungsrechte zu meiden. Besondere Relevanz hat sie bei der Übertragung von Unternehmen, Betrieben und Betriebsteilen. Dabei ist zu beachten, dass die Übertragung selbst grundsätzlich keine Betriebsänderung darstellt, also nicht den Anwendungsbereich der §§ 111 ff. BetrVG eröffnet.[184] Allerdings findet bei vielen Betriebsübergängen gem. § 613a BGB gleichzeitig auch eine mitbestimmungspflichtige Betriebsänderung statt. Ist also eine solche „transaktionslastige" Umstrukturierung geplant, ist auf Arbeitgeberseite genau zu bedenken, ob nicht eine stärkere Trennung von Betriebsänderung und Betriebsübergang die Mitbestimmungspflichtigkeit reduziert.

a) Betriebsänderungen bei „Share Deal" und „Asset Deal"

Viele Betriebsänderungen finden im Zuge von umfangreicheren Restrukturierungen statt. Dabei stellt sich die Frage, wie die Veräußerung des Unternehmens oder von Teilen davon sich auf die Mitbestimmung im Rahmen der §§ 111 ff BetrVG auswirkt.

Als „Share Deal" wird die Veräußerung und der Erwerb eines Unternehmens über die Gesellschaftsanteile bezeichnet. Er ist abzugrenzen vom „Asset Deal", der die Veräußerung und den Erwerb einzelner Unternehmensteile umschreibt.[185] Arbeitsrechtlich liegt ein entscheidender Unterschied zwischen den beiden Konstellationen darin, dass beim Asset Deal in der Regel ein Betriebsübergang gem. § 613a BGB stattfindet, während dies beim Share Deal nicht der Fall ist. Denn beim Share Deal bleibt das Unternehmen – und damit der Arbeitgeber – als Ganzes bestehen, es wechselt lediglich der Eigentümer.[186] Darin ist kein Übergang im Sinne von § 613a BGB zu sehen. Denn der Übergang im Sinne dieser Vorschrift bezieht sich auf den Betrieb. Der Betrieb bleibt jedoch beim alten Inhaber (dem Unternehmen), lediglich dessen Inhaber (der Gesellschafter) wechselt. Der Share Deal an sich ist daher vorliegend nicht relevant, lediglich

---

184 So BAG v. 4.12.1979 – 1 AZR 843/76, AP Nr. 6 zu § 111 BetrVG 1972; BAG v. 25.1.2000 – 1 ABR 1/99, NZA 2000, 1069; Matthes, NZA 2000, 1073; Richardi/Annuß, § 111 Rn. 124; a. A. DKK/Däubler, § 111 Rn. 102.

185 Zu Outsourcing als Betriebsänderung Lingemann/Göpfert, NZA 1997, 1325, sowie umfassend Römer, Interessenausgleich und Sozialplan bei Outsourcing und Auftragsneuvergabe; zu den (beschränkten) arbeitsrechtlichen Gestaltungsmöglichkeiten beim Asset Deal Hausch, BB 2008, 1392; zur Abgrenzung von Asset Deal und Share Deal Gaul, Unternehmensspaltung, § 3.

186 Willemsen/Hohenstatt/Schweibert/Seibt, Umstrukturierung und Übertragung, Kap. B Rn. 6.

die in dessen Umfeld üblicherweise stattfindenden Umstrukturierungsmaßnahmen können eine mitbestimmungspflichtige Betriebsänderung im Sinne von § 111 BetrVG darstellen.

Zu klären ist, ob im Rahmen einer Veräußerung im Wege des Asset Deals Mitbestimmungsverpflichtungen derart umgangen werden können, indem sie an den Erwerber „ausgelagert“ werden. Für solche Maßnahmen besteht allerdings nur ein enger Anwendungsbereich. Denn die Veräußerung des Unternehmens oder von Teilen davon wird immer nur dann stattfinden, wenn ein solches Vorhaben aus anderen, nicht mitbestimmungsrechtlichen Gründen, in Betracht gezogen wird. Eine Veräußerung, nur um Mitbestimmungsrechte auszulagern, ist auf den ersten Blick kein realistisches Szenario. In Betracht gezogen wird eine solche Maßnahme jedoch dann, wenn (aus nicht nur betriebsverfassungsrechtlichen Gründen) eine Veräußerung des Betriebes oder Betriebsteils an ein zuvor neu gegründetes Konzernunternehmen stattfindet, und gleichzeitig eine Verlagerung des betroffenen Betriebs (-teils) an einen anderen Standort (den des Erwerbers) geplant ist.

Auf der Seite des Veräußerers wird sich die Frage stellen, ob er eine im Rahmen der Umstrukturierung geplante Betriebsänderung noch durch die Mitbestimmung führen muss, oder ob er dies dem Übernehmer überlassen kann. Sieht er die Möglichkeit, Letzteres zu tun, wird er die Unterrichtung des Betriebsrats so weit wie möglich hinauszögern. Maßgeblicher Zeitpunkt ist derjenige der Umsetzungsreife.[187] Wurde eine mit der Veräußerung einhergehende Betriebsänderung bereits vor der Übergabe geplant und zur Umsetzungsreife gebracht, muss der Veräußerer die Unterrichtung und Beratung durchführen. Er kann sich dann der Mitbestimmung nicht mehr entziehen. Verschiedene Konstellationen kommen in Betracht.

Wird der Betrieb im Ganzen übertragen, bleibt der bestehende Betriebsrat im Amt; sein Mandat endet nicht durch einen Wechsel des Betriebsinhabers.

Handelt es sich hingegen um einen Teilbetriebsübergang, ist zu unterscheiden: besteht beim Erwerber ein Betrieb, in den der übergehende Teilbetrieb eingegliedert wird und hat dieser aufnehmende Betrieb bereits einen Betriebsrat, so bleibt der Betriebsrat des größeren Betriebes oder Betriebsteils im Amt und wird zuständig für den neuen zusammengeführten Betrieb, § 21a Abs. 2 BetrVG.[188] In der Regel ist dies ein Betriebsrat beim Erwerber. Der neu zuständige Betriebsrat muss gem. §§ 111 ff. BetrVG beteiligt werden; falls zuvor ein anderer

187 Freckmann/Imping, Interessenausgleich, S. 81.

188 Eingehend zu Verlegung und Zusammenschluss von Betrieben Wutschka, BB 2010, 825.

Betriebsrat einbezogen war, wird das neu zuständige Gremium Rechtsnachfolger im Verfahren.

Besteht beim Erwerber bzw. beim aufnehmenden Betrieb kein Betriebsrat, so behält der ursprünglich zuständige Betriebsrat des Veräußerers ein Übergangsmandat gem. § 21a Abs. 1 BetrVG. Ein betriebsratloser Zustand kann nur eintreten, wenn binnen sechs Monaten beim neu entstandenen Betrieb keine Wahl stattfindet. Diesen Zeitraum abzuwarten ist jedoch in der Regel keine sinnvolle strategische Option.

Eine weitere Konstellation kann darin liegen, dass nach dem Betriebsübergang ein gemeinsamer Betrieb mehrerer Unternehmen entsteht. Für diesen ist jedoch gem. § 1 Abs. 1 S. 2 BetrVG weiterhin ein einheitlicher Betriebsrat zuständig, für die Planung des Interessenausgleichsverfahrens ergeben sich hieraus keine strategischen Vorteile.

Vorteilhaft kann allerdings sein, dass eine Sozialauswahl bei späteren Kündigungen im Zusammenhang mit der Betriebsänderung nur beim neuen Inhaber durchzuführen ist. Ist der Erwerber eine neu gegründete Gesellschaft, stellt sich die Sozialauswahl als einfacher dar, da dort ausschließlich die übergegangenen Arbeitnehmer vorhanden sind. Dieser Vorteil entfällt jedoch, wenn von einem gemeinsamen Betrieb auszugehen ist, wenn also trotz Veräußerung der betriebsorganisatorische Zusammenhang (zunächst) erhalten bleibt und eine gemeinsame Leitungsmacht von Veräußerer und Erwerber ausgeübt wird. In diesem Fall ist die Sozialauswahl unternehmensübergreifend für den gemeinsamen Betrieb durchzuführen.[189] Ob ein gemeinsamer Betrieb anzunehmen ist, hängt von der Organisationsstruktur nach der Veräußerung ab.

Handelt es sich um eine Veräußerung an ein im Rahmen einer Umstrukturierung neu gegründetes Konzernunternehmen, kommt das Sozialplanprivileg für Gründungsunternehmen gem. § 112a Abs. 2 BetrVG nicht zur Anwendung, sodass sich hieraus kein strategischer Vorteil ableiten lässt.

b) Verdeckte oder offene Beratung

Die direkte Kommunikation mit der anderen Betriebspartei ist als Mittel zur Gewinnung von Informationen stets effektiver als die Korrespondenz mit dem Anwalt der Gegenseite. Denn Letzterem ist die Tragweite der zur Verfügung gestellten Informationen meist bewusster als einem in strategischer Hinsicht un-

---

189 Dies wird daraus abgeleitet, dass eine Vereinbarung der beteiligten Unternehmen angenommen wird, eine Sozialauswahl nach den gesetzlichen Grundsätzen – also betriebsbezogen – durchzuführen, vgl. BAG v. 13.6.1985 – 2 AZR 452/84, NZA 1986, 600; BAG v. 5.5.1994 – 2 AZR 917/93, NZA 1994, 1023; Löwisch/Spinner, § 1 Rn. 347. Zu den Voraussetzungen eines gemeinsamen Betriebes Löwisch/Spinner, § 17 Rn. 14.

erfahrenen Betriebsangehörigen, sodass er in der Regel einen eher restriktiven Umgang mit Informationen pflegt.[190]

Hier ist § 12 BORA zu beachten, der es dem Anwalt untersagt, unter Umgehung eines Kollegen, der sich bereits auf der Gegenseite angezeigt hatte, Kontakt zu dieser aufzunehmen. Da es also von Vorteil sein kann, direkt mit Betriebsangehörigen auf der Gegenseite zu kommunizieren, ist besonders bedeutsam, wann das Umgehungsverbot einsetzt. Allerdings ist es – aus anderen strategischen Erwägungen heraus – üblich, dass sowohl auf Betriebsrats- als auch auf Unternehmerseite der Anwalt zunächst „verdeckt" berät. Eine Verpflichtung zum offenen Auftritt besteht schließlich nicht.[191] Hat sich aber noch kein Anwalt angezeigt, besteht auch keine Verpflichtung, über diesen zu korrespondieren.

Eine Pflicht des den Arbeitgeber beratenden Anwalts, sein Tätigwerden zu einem bestimmten Zeitpunkt gegenüber dem Betriebsrat anzuzeigen, besteht nicht. Sieht sich der Betriebsrat auf Arbeitgeberseite einem Rechtsanwalt gegenüber, wird er kaum selbst auf die Hinzuziehung eines Beraters verzichten wollen. Insofern bietet es sich schon aus Kostengründen an, zunächst so lange als möglich die anwaltliche Beratung nicht offen zu legen. Auch lässt sich so zunächst vertrauensvoller zusammenarbeiten, wenn die Verhandlungen lediglich intern stattfinden: das Hinzuziehen von Beratern erzeugt schon subjektiv eher den Eindruck einer Konfrontation, als die rein interne Verhandlung. Sobald es jedoch für spätere Verfahren auf den Beweis des Umfangs der durchgeführten Verhandlungen ankommt,[192] ist es für den Arbeitgeberanwalt sinnvoll, an den Terminen teilzunehmen.

c) Vorgehen bei „nachträglicher" Betriebsrats-Wahl

Nur wenn ein Betriebsrat besteht, müssen Interessenausgleichs- und Sozialplanverhandlungen geführt werden. In einem betriebsratlosen Betrieb kann daher die

190 Dies gilt für die Beratung auf beiden Seiten; da der Unternehmer im Hinblick auf seine eigenen Planungen jedoch einen Informationsvorsprung hat, ist es gerade für den Anwalt auf Betriebsratsseite wichtig, schnell und zuverlässig (teilweise vertrauliche) Informationen des Unternehmers zu erlangen.

191 Literatur und Rechtsprechung äußern sich nicht zu dieser Frage. Eine entsprechende Anwaltspflicht ist jedoch gesetzlich nicht normiert und wäre auch mit der Berufsfreiheit im Sinne von Art. 12 GG kaum zu vereinbaren.

192 Dies kann etwa für das Rechtsschutzbedürfnis im Einigungsstellenbesetzungsverfahren gem. § 98 ArbGG oder in einer Auseinandersetzung über Nachteilsausgleichsansprüche gem. § 113 Abs. 3 BetrVG relevant sein.

nahende Betriebsänderung, wenn sie früh genug bekannt wird, zu einer „nachträglichen" bzw. „späten" Betriebsrats-Wahl führen.[193]

Im Rahmen einer Umgehungsstrategie stellen sich daher zwei Fragen: hat sich der Betriebsrat rechtzeitig konstituiert, um Mitbestimmungsrechte bei der aktuellen Betriebsänderung beanspruchen zu können? Und wenn dies der Fall ist, kann die Konstituierung auf dem Rechtswege rückgängig gemacht werden? Letzteres führt indes zu einem Maximum an Konfrontation.

aa) Maßgeblicher Zeitpunkt

Die Frage, welcher Betriebsrat (im Hinblick auf den Zeitpunkt seiner Wahl) Mitbestimmungsrechte geltend machen kann, ist umstritten. Ein geeigneter Ausgangspunkt für die Diskussion der Streitfrage ist der Vertrauensschutz des Unternehmers: er soll vor Durchführung einer geplanten Maßnahme kalkulieren können, welche finanziellen Belastungen auf ihn zukommen.[194] Dieser Ausgangspunkt führt in der Literatur zu unterschiedlichen Ergebnissen. *Däubler* schränkt diesen Vertrauensschutz ein, indem er (unter Berufung auf das Arbeitsgericht Reutlingen) die Ansicht vertritt, es bestehe kein Vertrauensschutz auf die Fortführung einer der Konzeption des Betriebsverfassungsgesetzes widersprechenden Praxis – betriebsratlose Betriebe seien vom Gesetz nicht gewollt.[195] Diese Einschränkung des Vertrauensschutzes könne dadurch ausgeglichen werden, dass die Sozialplanleistungen nach unten angepasst würden.[196] Dies überzeugt jedoch nicht. Denn finanzielle Belastungen liegen nicht nur in einem eventuell abzuschließenden Sozialplan (so wohl *Däubler*), sondern auch im Verfahren an sich (Beraterkosten, Zeitaufwand von Geschäfts-/Personalleitung und nicht freigestellten Betriebsratsmitgliedern).

---

193 Mit den Begriffen „nachträglich" oder „spät" soll hier der Zeitraum umschrieben werden, der nach dem Beginn der unternehmerischen Planung liegt. Bestand schon vor Beginn der ersten Planungen ein Betriebsrat, so kann kein Zweifel über die Anwendbarkeit des § 111 BetrVG entstehen.

194 BAG v. 20.4.1982 – 1 ABR 3/80, AP Nr. 15 zu § 112 BetrVG 1972: die Kalkulierbarkeit sei mit den schützenswerten Arbeitnehmerinteressen in eine Abwägung einzustellen; vgl. auch DKK/Däubler, § 111 Rn. 124.

195 DKK/Däubler, § 111 Rn. 124; ArbG Reutlingen v. 29.10.1998 – 3 (1) BV 7/98, AuR 1998, 492.

196 Durch wen diese ausgleichende Sozialplanbemessung stattzufinden habe, lässt Däubler offen. Eine solche „Korrektur" kommt jedoch nur durch einen von der Einigungsstelle vorgeschriebenen Sozialplan realistischerweise in Betracht. Dass die Betriebsparteien einvernehmlich zu einer solchen Lösung kommen, bleibt eine Wunschvorstellung: der Betriebsrat wird kaum seine Sozialplanforderungen deswegen reduzieren, weil er seine Legitimation auf Grund der späten Wahl in Frage stellt.

Einigkeit besteht weitgehend darüber, dass ein Betriebsrat, der erst während der Durchführung der Betriebsänderung gewählt wird, nicht mehr zu beteiligen ist.[197] Dies soll sogar dann gelten, wenn dem Unternehmer im Zeitpunkt seines Beschlusses bekannt war, dass ein Betriebsrat gewählt werden soll.[198] Letzteres lehnt *Däubler* ab: es komme nicht auf den Zeitpunkt der Wahl, sondern auf den der Bekanntmachung des Wahlausschreibens an. Ab diesem Zeitpunkt müsse der Unternehmer mit Mitbestimmungsrechten rechnen, sodass kein schützenswertes Vertrauen auf das Nichtvorliegen solcher Rechte bestehe.[199] Diese Ansicht ist jedoch abzulehnen, da sie zu einem vom Gesetz nicht vorgesehenen Schwebezustand während einer Übergangszeit führt: der Arbeitgeber wäre verpflichtet, Mitbestimmungsrechte zu wahren, es stünde zur Ausübung dieser Rechte jedoch gar kein Gremium bereit.

Offen ist jedoch bisher, ob der Betriebsrat zu beteiligen ist, wenn er zwar nach dem Entschluss zur Betriebsänderung, aber vor deren Beginn gebildet wird.[200] Das BAG hat sich zu dem Fragenkomplex zwar mehrfach geäußert, eine eindeutige Festlegung ist jedoch nicht zu erkennen.[201] Aus der Entscheidung vom 28.10.1992 (die für den konkreten Fall das Bestehen von Mitbestimmungsrechten verneint hat) lässt sich ein Hinweis entnehmen, dass anders zu entscheiden sei, wenn der Unternehmer nachweislich seine Planungen darauf gestützt hat, dass ein Betriebsrat gewählt werden würde, d.h. wenn die Konzeption der Betriebsänderung gerade dazu dient, noch vor Konstituierung des Betriebsrats bestimmte Maßnahmen mitbestimmungsfrei umzusetzen. In solchen Fällen einer „Mitbestimmungsverhinderungskonzeption“ würde es an einem schützenswerten Vertrauen fehlen, sodass vom Bestehen der Mitbestimmungsrechte auszugehen sei.[202] Gegen eine frühzeitige „Präklusion“ von Mitbestimmungsrechten lie-

---

197 BAG v. 20.4.1982 – 1 ABR 3/80, AP Nr. 15 zu § 112 BetrVG 1972; BAG v. 28.10.1992 – 10 ABR 75/91, AP Nr. 63 zu § 112 BetrVG 1972; DKK/Däubler, § 111 Rn. 124; Richardi/Annuß, § 111 Rn. 27; GK/Oetker, § 111 Rn. 23; Fitting, § 111 Rn. 34; MünchArbR/Matthes § 360 Rn. 8.

198 BAG v. 28.10.1992 – 10 ABR 75/91, AP Nr. 63 zu § 112 BetrVG 1972; Fitting, § 111 Rn. 24; ErfK/Kania § 111 Rn. 6.

199 DKK/Däubler, § 111 Rn. 125.

200 Vgl. Richardi/Annuß, § 111 Rn. 27.

201 BAG v. 20.4.1982, AP Nr. 15 zu § 112 BetrVG 1972; BAG v. 18.11.2003 – 1 AZR 30/03, NZA 2004, 220; die Frage musste im Beschluss vom 28.10.1992 (10 ABR 75/91, NZA 1993, 420) nicht entschieden werden, da im dort maßgeblichen Sachverhalt die Konstituierung des Betriebsrats erst nach Beginn der Betriebsänderung stattfand, lediglich die (nicht ausreichende) Kenntnis des Arbeitgebers von der geplanten Wahl bestand zu einem früheren Zeitpunkt.

202 BAG v. 28.10.1992 – 10 ABR 75/91, AP Nr. 63 zu § 112 BetrVG 1972, am Ende (d): die Sorgfalt, mit der das BAG diesen – mangels ausreichendem Sachvortrag eigentlich

ße sich in diesen Fällen auch folgendes anführen: vor Beginn der Betriebsänderung hat sich der Unternehmer meist noch nicht endgültig festgelegt. Die Kalkulierbarkeit für den Unternehmer sei daher kein schwer wiegendes Argument, er könne im Falle einer späten Betriebsratswahl vor Beginn der Betriebsänderung auch noch alternative Pläne unter Berücksichtigung eines Sozialplans machen.[203] Dies sei jedenfalls solange möglich, wie noch keine entscheidenden Dispositionen veranlasst wurden.[204]

Bisher war der Vertrauensschutz stets Ausgangspunkt zur Lösung der Rechtsfrage. Eine andere Herangehensweise besteht darin, die Intention des Arbeitgebers in die Wertung einzubeziehen. In diese Richtung deuten die Ausführungen am Ende der Entscheidung des BAG vom 28.10.1992:[205]

> „Wenn der Betriebsrat schließlich geltend macht, der Arbeitgeber habe sich zur Stilllegung des Betriebes erst entschlossen, nachdem er von der beabsichtigten Wahl eines Betriebsrats erfahren habe, und nur, um den aus der Wahl eines Betriebsrats sich ergebenden Schwierigkeiten und Bindungen zu entgehen, so sind Tatsachen, die eine solche Annahme rechtfertigen könnten, vom Betriebsrat nicht vorgetragen worden. (...) Es kann daher dahingestellt bleiben, ob in einem solchen Ausnahmefall Beteiligungsrechte des Betriebsrats an der Betriebsstilllegung auch dann gegeben sind, wenn der Betriebsrat erst nach Abschluß der Planung gewählt wird."

Vordergründig stellt das BAG auch dort auf die Kalkulierbarkeit ab. Dahinter steht jedoch die Wertung, dass dem Arbeitgeber, der bewusst Mitbestimmungsrechte zu umgehen sucht, weniger Freiraum zugestanden wird. Führt man diese Argumentation weiter, sind Mitbestimmungsrechte auch bei später Betriebsratswahl immer dann noch anzunehmen, wenn das Unternehmerkonzept der Umgehung von Mitbestimmungstatbeständen dient.

Den Ausführungen des BAG lassen sich jedoch zwei Einschränkungen entnehmen. Erstens trägt der Betriebsrat die volle Beweislast für derartige Bestrebungen des Arbeitgebers. Zweitens sind Mitbestimmungsrechte auch in einem derartigen Fall nur dann gegeben, wenn die Gestaltung der Betriebsänderung in der konkreten Form ausschließlich zum Zwecke der Umgehung von Mitbestim-

---

nicht relevanten – Punkt behandelt, deutet daraufhin, dass das Gericht dieser Argumentation einige Bedeutung beimisst.

203 So DKK/Däubler, § 111 Rn. 125.

204 Ähnlich auch Fitting, § 111 Rn. 34, der den Konflikt nach Beweislastgrundsätzen lösen will: es obliege dem Arbeitgeber darzulegen, dass der Entschluss zur Betriebsänderung schon vor Konstituierung des Betriebsrats gefasst wurde; a. A. Jaeger/Röder/Heckelmann-Röder/Baeck, Kapitel 28 Rn. 15; dagegen auch Löwisch/Kaiser, § 111 Rn. 8 – ohne nähere Begründung, jedoch unter Berufung auf die Entscheidung des BAG vom 20.4.1982.

205 BAG v. 28.10.1992 – 10 ABR 75/91, AP Nr. 63 zu § 112 BetrVG 1972.

mungsrechten erfolgte. Ist die Verhinderungsplanung nur ein Erwägungsgrund neben anderen und steht sie somit nicht im Zentrum der unternehmerischen Überlegungen, gilt weiter die Wahl des Betriebsrats als maßgeblicher Zeitpunkt.

Mit der Ausweitung der Rechtsprechung des BAG in der oben geschilderten Richtung ist allerdings eine schwer kontrollierbare Vorverlagerung verbunden. Auf den Zeitpunkt der Wahlbekanntmachung abzustellen entbehrt nicht einer gewissen Beliebigkeit. Schließlich wird die Kenntnis des Arbeitgebers von den Wahlplänen in der Praxis nicht stets mit der Wahlbekanntmachung einhergehen. Realistisch ist vielmehr eine noch frühere Kenntnisnahme über innerbetriebliche Informationskanäle. Dadurch droht eine zu frühe Einstufung des Arbeitgeberverhaltens als missbräuchlich.

Die Ausführungen des BAG im Beschluss vom 28.10.1992 sind auch im Kontext einer anderen Entscheidung zu sehen. Schon 1984 hatte es entschieden, dass den Arbeitgeber im Hinblick auf § 102 BetrVG für den Ausspruch einer Kündigung keine Wartepflicht bis zur Konstituierung eines Betriebsrats trifft.[206] Eine solche Wartepflicht ist daher nicht aus dem Gebot der vertrauensvollen Zusammenarbeit herzuleiten, zumal dieses Gebot erst mit Bestehen eines Betriebsrats in Kraft tritt.[207]

Die Frage, ob der nach Abschluss der Planung, aber vor Beginn der Betriebsänderung gewählte Betriebsrat noch gem. § 111 BetrVG beteiligt werden muss, lässt sich daher nur nach Tatsachenwürdigung und Abwägung im Einzelfall beantworten. Entscheidend ist dabei, wann der Entschluss zur Betriebsänderung nachweisbar gefasst wurde. Dies wird sich in der Praxis – ausreichende Dokumentation vorausgesetzt – leichter feststellen lassen, als eine dezidiert mitbestimmungsverhindernde Intention.

bb) Rechtsbehelfe gegen die „verspätete" Betriebsratswahl

Wird gegen wesentliche Verfahrensvorschriften verstoßen, ist die Betriebsratswahl gem. § 19 BetrVG anfechtbar.[208] Gerade bei einer eilig durchgeführten Wahl unterlaufen häufig Verfahrensfehler, die zur Anfechtbarkeit führen kön-

---

206 BAG v. 23.8.1984 – 6 AZR 520/82, AP Nr. 36 zu § 102 BetrVG 1972; so auch Löwisch/Kaiser, § 111 Rn. 8.

207 Erfasst wird das Verhältnis jeweils zwischen Arbeitgeber und den bestehenden Betriebsverfassungsorganen, nicht aber zwischen Arbeitgeber und den einzelnen Arbeitnehmern, vgl. HSWGN/Hess § 2 Rn. 23.

208 Zur strategischen/taktischen Bewertung der Wahlanfechtung im allgemeineren Zusammenhang (außerhalb des Interessenausgleichsverfahrens) eingehend Schrader/Straube, ArbR 2010, 159; Überblick zu den Rechtsbehelfen bei fehlerhafter Wahl bei Bonnani/Mückl, BB 2010, 437.

nen. Will der Unternehmer also die Wahl anfechten, wird sich meist auch ein Anfechtungsgrund finden.

In besonders gravierenden Fällen kommt auch der Abbruch der laufenden Wahl, durchgesetzt im einstweiligen Rechtsschutz, in Betracht.[209] Die Hürden hierfür sind hoch: teilweise verlangt die Rechtsprechung hierfür die Nichtigkeit der Wahl,[210] jedenfalls erforderlich ist aber die sichere Anfechtbarkeit als Voraussetzung.[211] Ersteres überzeugt nicht, da im Falle der Nichtigkeit die Wahl keine Wirkung entfaltet, ein Abbruch wäre daher schon nicht erforderlich. Allerdings wird der Eilantrag auf Abbruch der Wahl selbst nach der überzeugenderen Ansicht, wonach die sichere Anfechtbarkeit ausreicht, in den seltensten Fällen Erfolg haben. Denn die Glaubhaftmachung der Voraussetzungen einer sicheren Anfechtbarkeit und die Überzeugung des Gerichts von dieser Rechtsfolge sind in Anbetracht der Schwere des Eingriffs sehr schwierig.[212]

Die Wahlanfechtung wirkt nur für die Zukunft: Handlungen, die der Betriebsrat vor Rechtskraft der arbeitsgerichtlichen Entscheidung über die Anfechtung vorgenommen hat, bleiben daher rechtswirksam.[213] Überträgt man dies auf § 111 BetrVG, ist die Folge, dass ein lediglich anfechtbar gewählter Betriebsrat unterrichtet werden muss. Es ist mit ihm zu beraten und nötigenfalls die Einigungsstelle anzurufen. Unterbleibt dies, entstehen nicht nur Nachteilsausgleich-

---

209 Hierzu ausführlich Heider, NZA 2010, 488.

210 Für die Nichtigkeit der Wahl als Voraussetzung des Wahlabbruchs: LAG Niedersachsen v. 13.5.1998 – 13 TaBV 14/98, NZA-RR 1998, 545; LAG Hessen v. 28.1.2002 – 9 TaBV Ga 7/02, NZA-RR 2002, 424; LAG Nürnberg v. 13.3.2002 – 2 TaBV 13/02, BeckRS 2002, 40615; LAG Köln v. 8.5.2006 – 2 TaBV 22/06, BeckRS 2006, 43761; ErfK/Koch § 18 BetrVG Rn. 7.

211 Die sichere Anfechtbarkeit für ausreichend halten: LAG Niedersachsen v. 4.12.2003 – 16 TaBV 91/03, NZA-RR 2004, 197; LAG Hessen v. 17.2.2005 – 9 TaBVGa 28/05, BeckRS 2005, 42833; LAG Berlin v. 7.2.2006 – 4 TaBV 214/06, NZA 2006, 509; Nürnberg v. 30.3.2006 – 6 TaBV 19/06, BeckRS 2006, 41939; LAG Sachsen v. 19.4.2006 – 8 TaBV 10/06, BeckRS 2010, 68225; LAG München v. 18.7.2007 – 7 TaBV 79/07, BeckRS 2009, 67605; LAG Hessen v. 7.8.2008 – 9 TaBVGa 188/08, BeckRS 2008, 57688; Rieble/Triskatis, NZA 2006, 233; Veit/Wichert, DB 2006, 390; Bonnani/Mückl, BB 2010, 437.

212 Zu Recht kritisch gegenüber der gerichtlichen Praxis, einstweiligen Rechtsschutz auf Grund einer schwierigen Sach- und Rechtslage zu verweigern: Veit/Wichert, DB 2006, 390, 391.

213 BAG v. 13.3.1991 – 7 ABR 5/90, NZA 1991, 946; Löwisch/Kaiser, § 19 Rn. 14; Fitting, § 19 Rn. 49; DFL/Maschmann § 19 BetrVG Rn. 7. Schrader/Straube, ArbR 2010, 159, weisen deshalb zu Recht daraufhin, dass die Zusammenarbeit mit einem Betriebsrat, dessen Beseitigung parallel betrieben wird, höchst problematisch werden kann; sie gehen deshalb davon aus, dass aus diesem Grund häufig auf eine aussichtsreiche Anfechtung verzichtet wird.

sansprüche; auch der anfechtbar gewählte Betriebsrat kann im Wege des einstweiligen Rechtsschutzes die Unterlassung der Betriebsänderung verlangen (so man ihm diesen Anspruch grundsätzlich zugesteht,[214] was jedoch unabhängig von der Anfechtbarkeit der Wahl ist). Da über den Unterlassungsantrag regelmäßig deutlich früher entschieden wird als über die Wahlanfechtung, ist letztere aus strategischer Sicht kein Mittel, um Mitbestimmungsrechte eines in seiner Legitimation zweifelhaften Betriebsrates zu umgehen.

Etwas anderes gilt, wenn das Interessenausgleichsverfahren absehbar sehr lang dauern wird: dann kann die Entscheidung über die Wahlanfechtung noch vor Abschluss des Interessenausgleichsverfahrens ergehen,[215] was die Anfechtung auch aus praktisch-strategischer Sicht zweckmäßig macht. Im Übrigen ist bei Vorliegen von möglichen Anfechtungsgründen schon höchstvorsorglich die Anfechtung zu betreiben, es sei denn, dies wäre mit Blick auf die Verhandlungsatmosphäre und bei geringen Erfolgsaussichten der Anfechtung nicht gewünscht.

Neben der Anfechtbarkeit kann die Betriebsratswahl auch nichtig sein. Eine nichtige Wahl ist ohne weiteres, d. h. ohne Aufhebung durch eine gerichtliche Entscheidung, als rechtlich nicht vorhanden anzusehen.[216] Allerdings kommt die Nichtigkeit nur bei groben und offensichtlichen Verstößen in Betracht, da sonst der Zweck des Gesetzes, durch eine befristete Anfechtungsmöglichkeit für Rechtsklarheit zu sorgen, vereitelt würde.[217] Da die Nichtigkeit ex tunc wirkt, hat sie auf die Mitbestimmungsrechte bei Betriebsänderungen weit reichende Wirkung. Denn selbst nach vollständiger Umsetzung der Betriebsänderung unter Beteiligung des Betriebsrats könnte im Rahmen von Auseinandersetzungen um Nachteilsausgleichsansprüche festgestellt werden, dass ein Betriebsrat nicht rechtsgültig bestand. Damit wäre jedem Vortrag zu Verstößen gegen Mitbestimmungsrechte der Boden entzogen.

Liegen also Hinweise auf die Nichtigkeit einer späten Betriebsratswahl vor, stellt sich die Frage, zu welchem Zeitpunkt dies geltend gemacht werden soll. Die Auseinandersetzung hierüber zu einem frühen Zeitpunkt zu führen bietet den Vorteil, dass noch während des laufenden Verfahrens Klarheit gewonnen

---

214 Dazu noch unten B.IV. und C.V.

215 Realistischerweise muss mit einer Dauer des Anfechtungsverfahrens (meist über zwei Instanzen) von mindestens 10 Monaten bis zum rechtskräftigen Abschluss des Verfahrens gerechnet werden.

216 Fitting, § 19 Rn. 7 f.; Richardi/Thüsing, § 19 Rn. 72; ErfK/Eisemann § 19 BetrVG Rn. 16.

217 Richardi/Thüsing, § 19 Rn. 72 m. w. N.

werden kann.[218] Stellt sich heraus, dass die vorliegenden Verstöße nicht zur Nichtigkeit führen, ist gegebenenfalls hilfsweise eine Anfechtung durchführbar. Ergänzend kann die Nichtigkeit aber auch erst zu einem späten Zeitpunkt geltend gemacht werden. Dies wird sich immer dann anbieten, wenn die zur Nichtigkeit führenden Tatsachen erst später, also etwa während der laufenden Verhandlungen bekannt werden.

Verstöße gegen Wahlvorschriften führen in den seltensten Fällen zur Nichtigkeit.[219] Hierauf sollte eine Umgehungsstrategie daher nicht gestützt werden. In Betracht kommt jedoch die Nichtigkeit wegen Teilnahme von nicht wahlberechtigten Personen, sowie bei Verkennung des Betriebsbegriffs, d. h. wenn die Organisationseinheit, für die gewählt wird, kein Betrieb im Sinne des BetrVG ist.[220] In beiden Fällen hat das BAG jedoch ebenfalls nur zurückhaltend die Nichtigkeit angenommen.[221]

Fraglich ist, ob es einen Verstoß gegen das Gebot der vertrauensvollen Zusammenarbeit darstellt, in Kenntnis etwaiger Nichtigkeitsgründe zunächst abzuwarten, um dann erst am Ende der Verhandlungen über den Sozialplan oder sogar während der Auseinandersetzung um Nachteilsausgleichsansprüche darauf zurückzukommen. Dies kann jedoch schon deswegen nicht der Fall sein, da bei tatsächlich vorliegender Nichtigkeit der Wahl schon keinerlei Verpflichtung aus dem Gebot der vertrauensvollen Zusammenarbeit hergeleitet werden kann: schließlich ist rechtlich betrachtet schon kein Gremium vorhanden, dass sich darauf berufen könnte.

Weiterhin stellt sich die Frage, ob das Recht zur Geltendmachung der Nichtigkeit verwirkt werden kann, wenn der Arbeitgeber durch Verhandlungen mit dem Betriebsrat einen Vertrauensscheintatbestand setzt. Die Problematik der Verwirkung ist hoch umstritten. In der Literatur existieren zahlreiche Stimmen, die zumindest teilweise einen Vertrauensschutz zu Gunsten des Betriebsrats an-

---

218 Möglich wäre dies in einem arbeitsgerichtlichen Beschlussverfahren, vgl. ErfK/Eisemann § 19 BetrVG Rn. 16; DKK/Schneider § 19 Rn. 42; Fitting, § 19 Rn. 9.

219 Dazu müsste gegen die Grundsätze einer ordnungsgemäßen Wahl in so hohem Maße verstoßen werden, dass auch der Anschein einer dem Gesetz entsprechenden Wahl nicht mehr vorliegt: BAG v. 2.3.1955 – 1 ABR 19/54, AP Nr. 3 zu § 16 BetrVG; vgl. auch Richardi/Thüsing, § 19 Rn. 75.

220 Vgl. Richardi/Thüsing, § 19 Rn. 73; Römer, Outsourcing, S. 90.

221 BAG v. 28.11.1977 – 1 ABR 36/76, AP Nr. 6 zu § 19 BetrVG 1972 (Wahlbeteiligung von nicht wahlberechtigten Personen); einschränkend bei der Wahl durch nicht wahlberechtigte Leiharbeitnehmer im entleihenden Betrieb BAG v. 22.3.2000 – 7 ABR 34/98, NZA 2000, 1119; vgl. auch Richardi/Thüsing, § 19 Rn. 74 a. E.; zu Fehlern im Zusammenhang mit dem Betriebsbegriff BAG v. 9.2.1982 – 1 ABR 36/80, AP Nr. 24 zu § 118 BetrVG 1972; zurückhaltend jedoch u. A. BAG v. 1.2.1963 – 1 ABR 1/62, AP Nr. 5 zu § 3 BetrVG und BAG v. 14.11.2001 – 7 ABR 40/00, NZA 2002, 1231.

nehmen: Nach *Schaub* können zumindest aus etwaigen Betriebsvereinbarungen Rechte für die Arbeitnehmer erwachsen, wenn der Arbeitgeber die Nichtigkeit der Betriebsratswahl kannte.[222] Dies lässt sich auf Interessenausgleich und Sozialplan übertragen, allerdings dürfte schon fraglich sein, wann tatsächliche Kenntnis von der Nichtigkeit gegeben ist. Hier wäre zu differenzieren, ob nachvollziehbare Gründe für den Arbeitgeber dafür sprachen, mit der Geltendmachung der Nichtigkeit abzuwarten.

Schneider geht davon aus, dass einer späteren Berufung auf die Nichtigkeit der Wahl der Einwand der Arglist entgegenstehe, wenn der Arbeitgeber den Betriebsrat in Kenntnis der die Nichtigkeit auslösenden Umstände zuvor längere Zeit als rechtmäßige Betriebsvertretung anerkannt und als solche behandelt hat.[223]

Thüsing will dagegen dem Betriebsrat Vertrauensschutz nur dann gewähren, wenn auch der Arbeitgeber zunächst erkennbar von der Wirksamkeit der Wahl ausging, und auch nur insoweit, als die Betriebsratsmitglieder Ansprüche auf Lohnfortzahlung und Kostenersatz durch die Nichtigkeit der Wahl zu verlieren drohen.[224] Diese Argumentation verwehrt dem Arbeitgeber jedoch nicht die Berufung auf die Nichtigkeit, sondern schließt diese Einwendung nur aus, sofern deren Geltendmachung gegen das Verbot des venire contra factum proprium verstoßen würde.

Überzeugend gegen eine Vertrauensschutzlösung argumentiert *Schlochauer*: der Arbeitgeber könne – da zwingendes Recht – nicht darüber befinden, ob das gewählte Gremium ein Betriebsrat im Sinne des Gesetzes sei oder nicht. Daher könne auch seine Zustimmung zu einem nichtig gewählten Betriebsrat diesen nicht gesetzmäßig machen.[225]

Die – im Übrigen wenig begründeten – Stimmen zu Gunsten eines Vertrauensschutzes für den nichtig gewählten Betriebsrat stehen auch in eindeutigem Widerspruch zur Rechtsprechung des BAG:

> „Gesichtspunkte des Vertrauensschutzes greifen gegenüber Mängeln einer Betriebsratswahl, die so gravierend sind, dass sie deren Nichtigkeit zur Folge haben, nicht durch.“[226]

Damit stellt das BAG klar, dass die Grundsätze der Wahlnichtigkeit einem Vertrauensschutz konträr gegenüberstehen: wurde derart gravierend gegen Wahl-

222 Schaub, ArbRHdb, § 218 Nr. 2.

223 DKK/Schneider § 19 Rn. 44; so auch Fitting, § 19 Rn. 8.

224 Richardi/Thüsing, § 19 Rn. 77.

225 HSWGN/Schlochauer, § 19 Rn. 16.

226 BAG v.27.4.1976 – 1 AZR 482/75, AP Nr. 4 zu § 19 BetrVG 1972; ebenso BAG v. 21.7.2004 – 7 ABR 57/03, AP Nr. 15 zu § 4 BetrVG 1972.

grundsätze verstoßen, dass schon der Anschein einer gesetzmäßigen Wahl nicht mehr gegeben ist, so ist jeder Anknüpfungspunkt für ein schutzwürdiges Vertrauen von vornherein ausgeschlossen.

Rechtsfolge der Nichtigkeit ist, dass die Rechte des Betriebsrats aus den §§ 111 und 112 BetrVG nicht bestehen, also unter Anderem kein Unterlassungsanspruch geltend gemacht werden kann. Da keine Rechte eines (nicht bestehenden) Betriebsrats verletzt werden können, kann auch kein Nachteilsausgleichsanspruch der Arbeitnehmer aus § 113 BetrVG bestehen. Andere Sanktionen für die Verletzung von Mitbestimmungsrechen (Ordnungswidrigkeits- und Strafbarkeitstatbestände) entfallen ebenfalls.

Anders wäre es dann, wenn von einem Vertrauensschutz auszugehen wäre. Dies widerspricht jedoch der Systematik des Gesetzes. Denn durch das bestehende System sollen Unklarheiten gerade vermieden werden. Rechtssicherheit liegt im Interesse sowohl der Arbeitnehmer als auch des Arbeitgebers.[227] Leichtere Verstöße müssen im Wege der Anfechtung binnen der vorgeschriebenen Frist gerügt werden. Grobe Verstöße führen zur Nichtigkeit, die nicht nur unabhängig von der Geltendmachung, sondern auch unabhängig von subjektiven Tatbeständen ihre Wirkung entfalten soll. Denn die für die Annahme der Nichtigkeit erforderliche Offensichtlichkeit schließt aus, dass Vorsatz oder Kenntnis des Rechtsverstoßes auf irgendeiner Seite noch von Bedeutung sein könnten.

d) Schleichende Betriebsänderung

Als schleichende Betriebsänderung lässt sich eine Vorgehensweise bezeichnen, mit der durch schrittweise Umsetzung ein Konzept unterhalb der Schwelle gehalten wird, ab der die Maßnahme als Betriebsänderung anzusehen wäre. Dies kann bei strukturellen Änderungen bedeuten, dass Umstellungen in der Betriebsorganisation über einen längeren Zeitraum in kleinen Schritten vollzogen werden. Besteht ein Konzept in einem größeren Personalabbau, kommt die betriebsbedingte Kündigung von kleineren Gruppen oder einzelnen Arbeitnehmern über einen Zeitraum in Betracht, der länger als die für die Beurteilung einer Betriebsänderung übliche Zeitspanne ist. Derartige Vorgehensweisen bedeuten jedoch letztlich eine geplante Umgehung von Mitbestimmungsrechten, sodass sich die Frage stellt, wo die Grenze der Zulässigkeit verläuft und mit welchen Sanktionen der so handelnde Unternehmer rechnen muss.

Im Ergebnis sind nur zwei Lösungsansätze denkbar: entweder es handelt sich trotz der umgehenden Ausgestaltung um eine Betriebsänderung, dann sind die bekannten Sanktionen (Unterlassungsanspruch, Nachteilsausgleichsansprüche, Ordnungswidrigkeit, Strafbarkeit) die Folge. Oder aber die Vorgehensweise

227 Richardi/Thüsing, § 19 Rn. 72.

des Unternehmers hat zur Folge, dass eine Betriebsänderung nicht vorliegt. In diesem Fall sind keine Sanktionen erforderlich. Denn dann hat der Unternehmer von einer Gestaltungsfreiheit Gebrauch gemacht, die ihm die mitbestimmungsfreie Umsetzung ermöglicht.

Denkbar ist auch ein weiterer Ansatz: die Umgehung führt nicht dazu, dass eine Betriebsänderung angenommen werden kann. Sie ist aber dennoch als missbräuchlich einzustufen. Damit wäre die Vorgehensweise als Behinderung der Betriebsratsarbeit einzustufen und dementsprechend zu sanktionieren. Dieser Ansatz verkennt aber, dass die Regelungen der §§ 111 ff. BetrVG als speziellere Normen Vorrang haben. Eine Gestaltung, die zum Nichtvorliegen einer Betriebsänderung führt und gleichzeitig keine der subsidiären Beteiligungsrechte verletzt, kann nicht betriebsverfassungswidrig sein.

Allerdings handelt es sich weitgehend um eine Scheindiskussion. Denn immer wenn derartige Gestaltungsmöglichkeiten in Betracht gezogen werden, ist allein damit schon klar, dass eigentlich eine umfangreichere Maßnahme geplant ist. Maßgeblich für das Einsetzen von Beteiligungsrechten ist hinsichtlich § 111 BetrVG die Planung, nicht die spätere Umsetzung. Ist also eine umfangreichere Gesamtmaßnahme geplant, ist bereits der Anwendungsbereich der §§ 111 ff. BetrVG gegeben. Eine vorsätzlich durchgeführte schleichende Betriebsänderung wird daher immer die entsprechenden Mitbestimmungsrechte auslösen. Ob der Betriebsrat dann zu beteiligen ist, stellt sich damit lediglich als Frage der Nachweisbarkeit des Vorhandenseins eines Gesamtkonzepts dar. Eine Umgehungsstrategie in diesem Bereich müsste daher die Betriebsänderung langfristig planen, jedoch gleichzeitig effektiv verschleiern, dass es sich nicht nur um eine zufällige Anhäufung von unterhalb der Schwelle liegenden Einzelmaßnahmen handelt. Darin würde jedoch nicht nur ein Verstoß gegen das Gebot der vertrauensvollen Zusammenarbeit liegen, sondern unter Umständen auch ein solcher gegen § 119 Abs. 1 Nr. 2 BetrVG (Strafbarkeit) oder § 121 Abs. 1 i.V.m. § 111 BetrVG (Ordnungswidrigkeit), weshalb eine derartige Strategie keinesfalls empfohlen werden kann.

Daher kann eine schleichende Betriebsänderung nur ungeplant stattfinden. Eine nicht geplante Vorgehensweise ist jedoch stets auch strategielos, und kann damit nicht Gegenstand dieser Arbeit sein.

e) Missachtungsstrategie

Die Missachtungsstrategie ist ein Unterfall der Konfrontationsstrategie. Es handelt sich dabei um die völlige Außerachtlassung von Betriebsratsrechten. Eine solche Strategie wird jedoch nur bei einem völlig passiven Betriebsrat Erfolg haben können. Macht der Betriebsrat seine Rechte geltend, wird er gegenüber einer völligen Ignorierung durch den Arbeitgeber im Rechtsschutz Erfolg haben. In Beschlussverfahren sowie bei der Verteidigung gegen einstweilige Unterlassungsverfügungen wird der Arbeitgeber kaum Erfolgsaussichten haben, wenn er eine Berücksichtigung von Mitbestimmungsrechen nicht ansatzweise darstellen kann. Darüber hinaus droht die Haftung nach den bekannten Bußgeld- und Strafvorschriften.

Daher wird die Missachtungsstrategie in der Praxis kaum konsequent umgesetzt. Sie stellt vielmehr eine chronologische Vorstufe der konfrontativen Strategie dar. Auch unter Berücksichtigung der Anwaltshaftung ist davon dringend abzuraten, da das Empfehlen einer solchen Vorgehensweise offensichtlich fehlerhaft ist.[228]

f) Bewertung

Herzstück einer Umgehungsstrategie ist die Vorgehensweise bei einer späten Betriebsratswahl. Denn die Umgehung im Wege einer schleichenden Betriebsänderung kann nicht im Rahmen einer Strategie, sondern nur zufällig zum Erfolg führen.

Soll gegen eine Betriebsratswahl vorgegangen werden, ist zwischen Anfechtung und Feststellung der Nichtigkeit zu unterscheiden. Nur letztere wird im Hinblick auf das weiterlaufende Verfahren Erfolg bringen, da nur die Nichtigkeit das Bestehen eines Betriebsrats von Anfang an beseitigt. Die Anfechtung wirkt hingegen erst auf den Zeitpunkt der Rechtskraft der Entscheidung im Anfechtungsverfahren. Liegt diese vor, sind die wesentlichen Verfahrensschritte jedoch meist schon durchlaufen, sodass die Anfechtung keine entscheidenden Vorteile mehr bringt.

Hinsichtlich der Umgehung von Mitbestimmungsrechten zeigt die Analyse der möglichen Konstellationen, dass ein zu diesem Zweck erwogener Betriebsübergang keinen praxisrelevanten strategischen Vorteil bringt. Vielmehr können sich dadurch sogar weitere Risiken ergeben, da im Zusammenhang mit der Zuständigkeit der beteiligten Gremien (Übergangs-, Rest oder Vollmandat) zusätzliche entscheidende Fragen aufgeworfen werden.

Eine reine Missachtungsstrategie findet keine betriebsverfassungsrechtliche Grundlage und ist damit abzulehnen.

---

228 Denkbar ist in solchen Fällen unter Anderem die Haftung des Beraters für Schäden aus einer Verzögerung der Betriebsänderung (z.B. Verhinderung von Kündigungen durch Unterlassungsverfügung) sowie für Nachteilsausgleichsansprüche.

4. Beschleunigung als Abwehr einer Verzögerungsstrategie

Durch eine zeitlich straffe Umsetzung des Mitbestimmungsverfahrens sollen Kosten gespart und die Planungen möglichst unverändert umgesetzt werden. Typischerweise zur Anwendung kommt eine solche Vorgehensweise bei Personalabbaumaßnahmen (wegen der besonderen Bedeutung der Kündigungsfristen) als Gegenpol zur Verzögerungsstrategie des Betriebsrats.[229]

a) Unterrichtungsstrategie

Eine restriktive Unterrichtungspolitik wäre im Rahmen einer Beschleunigungsstrategie nicht zielführend, da Auseinandersetzungen über den Umfang der Unterrichtung das Vorhaben stets verlangsamen. Zweckmäßig ist es im Rahmen einer Beschleunigungsstrategie daher, den genauen Umfang der Unterrichtung vorab zu bestimmen und dann sofort in diesem Umfang zu unterrichten. Dies kann sogar so weit gehen, möglichst umfassend zu unterrichten, um zeitraubende Auseinandersetzungen zu vermeiden. Hier besteht allerdings die Gefahr, dass der Fortgang der Verhandlungen dadurch zunächst verzögert wird, da der Betriebsrat – zu Recht – ausreichend Zeit zum Verarbeiten der Informationsfülle beanspruchen wird. Empfehlenswert ist zur Beschleunigung des Verfahrens aus Arbeitgebersicht daher, den Betriebsrat im genauen Umfang seiner Informationswünsche zu unterrichten, soweit dies mit den sonstigen Interessen des Unternehmers in Einklang zu bringen ist.

Hier spielt auch das Verhältnis von Wirtschaftsausschuss- und Betriebsratsunterrichtung eine Rolle. Dabei ist die Frage zu stellen, ob es eine „Überleitung" der bereits dem Wirtschaftsausschuss gegebenen Informationen von Gesetzes wegen gibt, oder ob der Arbeitgeber hierbei auf das Wohlwollen von Wirtschaftsausschuss und Betriebsrat angewiesen. § 108 Abs. 4 BetrVG normiert eine gesetzliche Pflicht des Wirtschaftsausschusses, den Betriebsrat zu informieren. Offen ist allerdings die Rechtsfolge, wenn der Wirtschaftsausschuss dieser Pflicht nur unzureichend oder gar nicht nachkommt, und der Betriebsrat sich hierauf beruft. Insbesondere problematisch ist dies, wenn es bei der Besetzung der Gremien Überschneidungen gibt. Der Unternehmer wird sich jedoch im Zweifelsfall nicht darauf verlassen können, dass eine dem Wirtschaftsausschuss erteilte Unterrichtung stets auch als Kenntnisstand des Betriebsrates anzunehmen ist.[230] Daher ist zur konsequenten Vermeidung von Verzögerungen eine

229 Zu dieser unten C.III.2.

230 Hierzu ausführlich unten C.III.2.a), im Rahmen der Ausführungen zur Verzögerungsstrategie des Betriebsrats.

gleichzeitige Unterrichtung von Wirtschaftsausschuss und Betriebsrat erforderlich.

b) Einbindung weiterer Beteiligungsverfahren in den Interessenausgleich

Nicht der Beschleunigung des Interessenausgleichsabschlusses, jedoch jener der Betriebsänderung selbst dient die Integration weiterer Beteiligungsverfahren in den Interessenausgleich.[231] Geregelt werden kann beispielsweise, dass im Interessenausgleich bereits die Anhörung vor Kündigungen oder die Zustimmung zu Versetzungen enthalten ist, wobei die sogleich dargestellten vom BAG aufgestellten Anforderungen zu beachten sind.[232] Zum Zeitpunkt der Einigung über den Inhalt des Interessenausgleichs herrscht im Regelfall eine positive Verhandlungsatmosphäre. Diese sollte genutzt werden, um weitere Beteiligungsverfahren so weit wie möglich erfolgreich durchzuführen.[233]

Nach Abschluss eines Interessenausgleichs ist der Betriebsrat – anders als der Arbeitgeber – an diesen gebunden. Er darf sich bei der Ausübung seiner Mitbestimmungsrechte nicht in Widerspruch zum Interessenausgleich setzen.[234] Daher ist eine Anhörung nach § 102 BetrVG entbehrlich, wenn der Betriebsrat der entsprechenden Kündigung schon im Interessenausgleich zugestimmt hat, sodass es zweckmäßig ist, eine solche Zustimmung in den Interessenausgleich aufzunehmen. Die Wirksamkeit einer solchen Zustimmung hängt allerdings ebenfalls davon ab, dass der Betriebsrat vor deren Erteilung den erforderlichen Kenntnisstand hatte.[235]

Auch bei Vereinbarung einer Namensliste[236] nach § 1 Abs. 5 KSchG im Interessenausgleich gilt zwar keine Erleichterung für die Anhörung,[237] diese kann aber in die Interessenausgleichsverhandlungen integriert und im Interessenausgleich dokumentiert werden.[238] Für den Ablauf gilt, dass eine Namensliste auch

---

231 Hierzu Richardi/Annuß, § 112 Rn. 25; Galperin/Löwisch, § 112 Rn. 6; GK/Oetker, § 112, 112a Rn. 20; zu den Risiken einer Vermischung verschiedener Mitbestimmungstatbestände Bauer/Göpfert/Haußmann/Krieger, Umstrukturierung, 4 F Rn. 24.

232 Vgl. Matthes, FS Wlotzke S. 395.

233 So auch Klar, Strategie und Taktik, Rn. 607.

234 Löwisch/Kaiser, § 112 Rn. 9.

235 Das Gericht muss unabhängig von der im Interessenausgleich dokumentierten Bestätigung des Betriebsrats die Anhörung prüfen, vgl. BAG v. 28.8.2003 – 2 AZR 377/02, AP Nr. 134 zu § 102 BetrVG 1972 unter A.I.3.

236 Zu diesen ausführlich unten C.IV.4.

237 BAG v. 28.8.2003 – 2 AZR 377/02, AP Nr. 134 zu § 102 BetrVG 1972.

238 BAG v. 20.5.1999 – 2 AZR 532/98, NZA 1999, 1101; vgl. auch Fitting, §§ 112, 112a Rn. 21f.

dann noch mit dem Interessenausgleich aufgestellt werden kann, wenn bereits Kündigungen ausgesprochen wurden. Allerdings gelten die Rechtsfolgen von § 1 Abs. 5 KSchG dann nur für ab diesem Zeitpunkt ausgesprochene Kündigungen.[239]

Bei einem Interessenausgleich mit Namensliste ist jedoch im Sinne der Beschleunigung darauf zu achten, dass nicht nur die Anforderungen an den Interessenausgleich erfüllt werden. Denn für diesen selbst ist es nicht notwendig, Kündigungsfristen, dringende betriebliche Erfordernisse oder Erwägungen zur Sozialauswahl aufzunehmen.[240] Soll jedoch die Betriebsratsanhörung nach § 102 BetrVG in den Interessenausgleich integriert werden, sind sämtliche für die Anhörung erforderlichen Ausführungen im Interessenausgleich niederzulegen. Denn nur dann wird sich später die ordnungsgemäße Anhörung nachweisen lassen.[241] Da Interessenausgleich und Anhörung nach § 102 BetrVG auch in den Fällen des § 1 Abs. 5 KSchG systematisch nicht vereint sind, sondern dem Grundsatz nach weiterhin eigenständig bleiben, lässt sich aus der Tatsache, dass im Interessenausgleich eine Namensliste enthalten ist, keinerlei Vermutung in Richtung einer ordnungsgemäßen Anhörung herleiten.

c) Termingestaltung und Reaktion auf Verzögerungsmaßnahmen

Steht der Unternehmer einem auf Verzögerung ausgerichteten Betriebsrat gegenüber, begegnet ihm mit großer Wahrscheinlichkeit im Laufe der Verhandlungen das Phänomen, dass Betriebsratsmitglieder durch (möglicherweise nur behauptete) Krankheit oder Urlaub das Verhandlungstempo reduzieren, da sich dadurch oft nur schwer ein Termin für die nächste Verhandlungsrunde finden lässt, bzw. dieser weit in die Zukunft gelegt werden muss. Dabei handelt es sich um Gründe, die außerhalb der Betriebsänderung und außerhalb der Verhandlungen liegen. Im Sinne einer zügigen Umsetzung der geplanten Maßnahme wäre es daher zweckmäßig, diese Verhinderungsgründe nicht ohne weiteres hinzunehmen. Dies findet in der Praxis jedoch selten statt, was sich daran zeigt, dass kaum Rechtsprechung zu der Frage vorhanden ist, ob der Betriebsrat einen Anspruch darauf hat, in einer bestimmten Besetzung tätig zu werden.

---

239 Löwisch/Spinner, § 1 Rn. 411.

240 Löwisch/Spinner, § 1 Rn. 415.

241 Zwar bedarf es keiner weiteren Darlegung der Kündigungsgründe durch den Arbeitgeber in der Anhörung nach § 102 BetrVG, wenn der Betriebsrat bereits aus den Verhandlungen über den erforderlichen Kenntnisstand verfügte; die Beweislast hierfür liegt jedoch beim Arbeitgeber (BAG v. 28.8.2003 – 2 AZR 377/02, AP Nr. 134 zu § 102 BetrVG 1972).

Ist es rechtmäßig und damit durchsetzbar, den Betriebsrat auf zur Verfügung stehende Ersatzmitglieder zu verweisen, so lassen sich durch Urlaub, Krankheit oder sonstige Verhinderungsgründe entstehende Verfahrensverzögerungen vermeiden.

Das stellvertretende Ersatzmitglied rückt im Falle der zeitweiligen Verhinderung eines Betriebsratsmitglieds gem. § 25 Abs. 1 BetrVG unmittelbar Kraft Gesetzes nach. Es bedarf dazu weder eines Betriebsratsbeschlusses, noch einer Benachrichtigung durch den Vorsitzenden oder Annahmeerklärung des Ersatzmitglieds.[242] Daraus folgt, dass der Betriebsrat die Teilnahme an Verhandlungsterminen nicht mit der Begründung ablehnen kann, einzelne Mitglieder seien verhindert. Dies gilt jedenfalls so lange, wie noch Ersatzmitglieder zur Verfügung stehen. Zweifelhaft ist allerdings, ob ein solches Erzwingen von Terminen noch mit dem Grundsatz der vertrauensvollen Zusammenarbeit zu vereinbaren ist. Ein Verstoß dagegen könnte jedoch nur angenommen werden, wenn eine solche Vorgehensweise (Betriebsratsarbeit mit Ersatzmitgliedern) nicht ohnehin der Systematik des Gesetzes entspräche. Das Gebot der vertrauensvollen Zusammenarbeit hat daher hier keine eigenständige Bedeutung.

Darüber hinaus kann ein mehrfaches unberechtigtes Verweigern von Verhandlungsterminen ein Scheitern der Verhandlungen darstellen. Dies zumindest dann, wenn nur die Verhinderung von Mitgliedern, nicht etwa eine zu kurzfristige Einladung zu einem bestimmten Termin zur Terminablehnung führt. Hinsichtlich des Gebots der vertrauensvollen Zusammenarbeit gilt auch hier, dass ein Verstoß dann nicht gegeben sein kann, wenn nur die Systematik des Gesetzes umgesetzt wird. Das Betriebsverfassungsgesetz sieht keine zeitweilige Handlungsunfähigkeit des Betriebsrats bei Verhinderung von Mitgliedern vor. Das Nachrücken bzw. die Stellvertretung gem. § 25 BetrVG soll vielmehr eine ständige Handlungsfähigkeit des Gremiums gewährleisten. Daher kann kein Verstoß gegen das Gebot vertrauensvoller Zusammenarbeit angenommen werden. Lässt sich also der Betriebsrat trotz zur Verfügung stehender Ersatzmitglieder aus den oben geschilderten Gründen nicht auf Verhandlungstermine ein, kann darin ein Scheitern der Verhandlungen gesehen werden.

d) Frühe Anrufung der Einigungsstelle

Eines der maßgeblichsten Elemente im Rahmen einer Beschleunigungsstrategie ist die frühe Anrufung der Einigungsstelle.[243] Denn häufig wird schnell deutlich,

---

242 Vgl. GK/Oetker, § 25 Rn. 30; Fitting, § 25 Rn. 14, 15; Löwisch/Kaiser, § 25 Rn. 1; BAG v. 29.9.1983 – 2 AZR 212/82, AP Nr. 15 zu § 15 KSchG 1969.

243 Allgemein hierzu Moll/Liebers, MAH Arbeitsrecht, § 54 Rn. 61; zur Errichtung der Einigungsstelle umfassend Clemenz, FS ARGE Arbeitsrecht, S. 815.

dass eine Einigung in den freien Verhandlungen nicht zu erzielen ist. Darüber hinaus ist oft eine zeitnahe Durchführung der Betriebsänderung wichtiger als die genaue Umsetzung der ersten Planung, sodass ein leicht abweichendes Ergebnis in der Einigungsstelle (den vorab avisierten Sozialplan betreffend) in Kauf genommen werden kann. Handelt es sich gar um einen Fall, der – mangels wirtschaftlicher Nachteile für die betroffenen Arbeitnehmer – kaum oder nicht sozialplanpflichtig ist, hat der Unternehmer in der Einigungsstelle wenig zu befürchten. Denn ein Interessenausgleich ist in der Einigungsstelle nicht zu erzwingen.[244]

aa) Frühester Zeitpunkt

Nach § 112 Abs. 1 S. 2 BetrVG können sowohl Arbeitgeber als auch Betriebsrat die Einigungsstelle anrufen, wenn eine Einigung nicht zustande kommt, d.h. wenn die Verhandlungen gescheitert sind. Entscheidend ist daher, wann im Sinne der Vorschrift ein Scheitern angenommen werden kann.[245] Sollen die Verhandlungen möglichst zügig in die Einigungsstelle verlagert werden, kommt es also darauf an, die tatsächlichen Voraussetzungen des Scheiterns schnell und nachweisbar herbeizuführen. Dafür muss Klarheit über diese Voraussetzungen bestehen.

Höchstrichterliche Rechtsprechung hierzu existiert nicht. Eindeutig vom BAG entschieden wurde nur, dass im Hinblick auf den Nachteilsausgleich die Einschaltung der Einigungsstelle durch den Arbeitgeber erforderlich ist.[246] Ausreichende Verhandlungen im Sinne von § 113 BetrVG erfordern also stets das Durchlaufen des Einigungsstellenverfahrens.

Zweckmäßig ist es daher, die Frage auf zwei Ebenen zu untersuchen: Damit der Versuch einer Einigung als gescheitert angesehen werden kann, muss zum einen schon in ausreichendem Umfang verhandelt worden sein. Zum anderen muss eine ausreichende Information des Betriebsrats gegeben sein, denn dies ist die Voraussetzung für ernsthafte Verhandlungen. Um dem chronologischen Ablauf der Verhandlungen zu entsprechen, bietet sich jedoch eine Prüfung in umgekehrter Reihenfolge an. Denn zunächst ist für ausreichende Information zu sorgen, anschließend kann das Mindestmaß an freien Verhandlungen erfüllt werden.

244 Vgl. oben A. (Grundlagen zu Interessenausgleichs- und Sozialplanverhandlungen).

245 Umfassend zum Scheitern der Interessenausgleichsverhandlungen vor und in der Einigungsstelle Kania/Joppich, NZA 2005, 749.

246 BAG v. 18.12.1984 – 1 AZR 176/82, NZA 1985, 400; BAG v. 9.7.1985 – 1 AZR 323/83, NZA 1986, 100.

Zum Umfang der Unterrichtung gilt, dass das Mindestmaß an Information vor Anrufung der Einigungsstelle nicht dem insgesamt erforderlichen Unterrichtungsminimum entspricht. Denn auch während des Einigungsstellenverfahrens kann weitere Unterrichtung stattfinden.[247] Ein Scheitern der Verhandlungen setzt nicht voraus, dass der Betriebsrat bis ins Detail umfassend informiert wurde. Es kann Situationen geben, in denen schon anhand der bekannten Rahmenbedingungen der geplanten Betriebsänderung klar ist, dass eine Einigung in den freien Verhandlungen nicht erzielt werden kann. Dies wird meist dann der Fall sein, wenn der Betriebsrat zu erkennen gibt, dass er der geplanten Maßnahme unter keinen Umständen zustimmen wird. Dann kommt es ihm auch nicht auf die Einzelheiten der Umsetzung an. Ähnlich ist es, wenn der Betriebsrat jegliche Verhandlungen ablehnt. Denn dann ist unabhängig vom Stand der Information eine Einigung nicht möglich. Völlig auf eine Unterrichtung verzichtet werden kann jedoch auch in solchen Fällen nicht – ohne jegliche Information kann vom Betriebsrat weder die Teilnahme an Verhandlungsrunden noch eine grundsätzliche Aussage zu seiner Position erwartet werden. Dies folgt schon aus der einfachen Begriffslogik: verhandeln setzt stets eine eigene Position voraus. Eine eigene Position kann eine Partei jedoch nur haben, wenn sie zumindest in rudimentärer Form über den Verhandlungsgegenstand informiert ist. Als Leitlinie kann daher gelten, dass dem Betriebsrat mindestens die Informationen über die geplante Betriebsänderung vorliegen müssen, die ihn in die Lage versetzen, ob er in Verhandlungen eintreten will und mit welcher Grundhaltung.

Ist diese Voraussetzung erfüllt, stellt sich die Frage, wann ein Mindestmaß an Verhandlungen gegeben ist bzw. versucht wurde. Um dies zu ermitteln, werden in der Literatur zwei verschiedene Ansätze vertreten. Einerseits werden zeitliche Maßstäbe angesetzt. Eine bestimmte Anzahl an durchgeführten Verhandlungsrunden sowie die dafür benötigte Zeit sollen maßgeblich sein, wobei der Umfang nach den Eigenheiten der konkreten Betriebsänderung variieren könne.[248] Diese Ansicht orientiert sich an der früheren Regelung des § 113 Abs. 3 S. 2 und 3 BetrVG, nach der die Dauer der freien Verhandlungen auf maximal zwei Monate begrenzt war.[249] Genau diese Grenzlinie wird nunmehr auch in der

---

247 Zur Reihenfolge von Unterrichtung und Verhandlung eingehend unten C.III.2.e) [Durchsetzbarkeit einer strikten Trennung der Verhandlungsphasen].

248 Röder/Baeck, Interessenausgleich, S. 16, halten zwei bis vier Verhandlungsrunden und einen Zeitraum von zwei bis vier Wochen für ausreichend; Bauer hielt unter entsprechender Anwendung der Fristen aus § 17 KSchG „in der Regel" eine zweiwöchige Dauer für ausreichend (Betriebsänderungen, II.4.a)bb)).

249 Das Arbeitsrechtliche Beschäftigungsförderungsgesetz (BGBl. I S. 1476, in Kraft getreten am 1.10.1996) hatte in § 113 Abs. 3 BetrVG die Sätze 2 und 3 angefügt: „Der Unternehmer hat den Interessenausgleich versucht, wenn er den Betriebsrat gemäß § 111

Literatur nicht mehr herangezogen. Allerdings verkennen die Autoren, die weiterhin auf einen zeitlichen Maßstab abstellen, dass mit der Reform des BetrVG bewusst auf eine starre Regelung zu Gunsten einer freieren Verfahrensgestaltung verzichtet wurde.[250] Damit ist davon auszugehen, dass es stets einer Würdigung des Einzelfalles bedarf, um festzustellen, wann ausreichende Verhandlungen stattgefunden haben.

Eine andere Ansicht hält es daher für allein entscheidend, dass seitens des Arbeitgebers ernsthafte Verhandlungsbereitschaft über die von ihm vorgeschlagene Betriebsänderung bestand.[251] Daher sei es möglich, auf die Verhandlung über vom Betriebsrat vorgebrachte Alternativkonzepte zu verzichten. Letzteres würde eine erhebliche Verkürzung des Verfahrens vor Anrufung der Einigungsstelle bedeuten. Denn gerade das Vorbringen von deutlich abweichenden Alternativkonzepten führt zu erheblichen Verzögerungen. Schließlich müssen diese erst erarbeitet und dann – sofern sich der Unternehmer darauf einlässt – im Detail mit dem vom Unternehmer vorgelegten Konzept verglichen werden. Da ein solches Alternativkonzept zunächst vom Betriebsrat erstellt werden muss, stellt sich die Frage, innerhalb welcher Zeit der Betriebsrat sich zu Gesprächen bereitzufinden hat. Lässt sich hier keine Grenze einziehen, kann das Verfahren beliebig verschleppt werden, indem der Betriebsrat grundsätzliche Verhandlungsbereitschaft erklärt, jedoch gleichzeitig die Terminfindung torpediert oder mit Verweis auf die Erarbeitung eines Alternativkonzepts nach hinten verschiebt.

Nach *Göpfert/Krieger* liege die Grenze bei ein bis zwei Wochen.[252] Dies mag aus Arbeitgebersicht wünschenswert erscheinen, entspricht jedoch nicht der betrieblichen Realität. Ruft der Arbeitgeber nach ein oder zwei Wochen erfolgloser Verhandlungsaufforderung die Einigungsstelle an und erklärt sich der Betriebsrat sofort darauf zu Verhandlungen bereit mit der nicht ganz abwegigen Begründung, zuvor sei aus bestimmten sachlichen oder terminlichen Gründen kein Gespräch möglich gewesen, wird sich das Scheitern der Verhandlungen nur

---

Satz 1 beteiligt hat und nicht innerhalb von zwei Monaten nach Beginn der Beratungen ein Interessenausgleich nach § 112 Abs. 2 und 3 zustande gekommen ist. Wird innerhalb der Frist nach Satz 2 die Einigungsstelle angerufen, endet die Frist einen Monat nach Anrufung der Einigungsstelle, wenn dadurch die Frist nach Satz 2 überschritten wird." Die Ergänzung wurde durch das Arbeitsrechtliche Korrekturgesetz (BGBl. I S. 3843, 3850) mit Wirkung zum 1.1.1999 wieder rückgängig gemacht.

250 BT-DS 14/45, S. 17: „Dem Betriebsrat soll es wieder ermöglicht werden, mit dem Arbeitgeber Alternativen zur geplanten Betriebsänderung in einem Zeitraum zu beraten, der nach Umfang, Schwierigkeit und Tragweite der Umstrukturierung erforderlich ist, um zu sachgerechten Lösungen kommen zu können."

251 Göpfert/Krieger, NZA 2005, 254, 258.

252 Göpfert/Krieger, NZA 2005, 254, 258.

schlecht begründen lassen. Die von *Göpfert/Krieger* genannte Einwochenfrist ist daher in jedem Falle zu kurz. Allerdings sind die Risiken bei verfrühter Anrufung der Einigungsstelle überschaubar.[253]

Im Ergebnis kann der von *Göpfert/Krieger* vertretenen Ansicht insoweit gefolgt werden, als für die Anrufung der Einigungsstelle die Durchführung der wesentlichen Unterrichtung und der ernsthafte Versuch, über das unternehmerische Betriebsänderungskonzept zu verhandeln, ausreichend sind.[254] Dies jedoch schon dann anzunehmen, wenn der Betriebsrat nicht innerhalb von ein bis zwei Wochen für Gespräche zur Verfügung steht, würde die vom Gesetzgeber vorgesehene Prozedur in unzulässig generalisierender Weise verkürzen.

bb) Ständige Einigungsstelle

Ein weiterer Schritt zur Beschleunigung ist die Einrichtung einer ständigen Einigungsstelle auf Basis einer freiwilligen Betriebsvereinbarung gem. § 76 Abs. 1 S. 2 BetrVG. Verfolgt der Betriebsrat jedoch eine obstruktive Strategie, wird dies kaum auf Einverständnis stoßen.[255] In diesem Fall lässt sich die Einrichtung einer ständigen Einigungsstelle nur im Vorfeld einer Betriebsänderung durchführen, solange noch kein konkretes Konfliktpotential vorhanden ist. Ein solcher Weg bietet sich dem anwaltlichen Berater auf Arbeitgeberseite jedoch nur dann, wenn er im Rahmen eines Dauermandats tätig ist. Wird er hingegen erst zur Umsetzung der Betriebsänderung hinzugezogen, ist meist der Zeitpunkt der Unterrichtung des Betriebsrats erreicht. Ein Zurückhalten von Informationen, um noch vorab eine ständige Einigungsstelle einzurichten, wäre dann rechtswidrig. Dies wird der Betriebsrat auch rückblickend erkennen, sodass mit einer solchen Vorgehensweise schon zu einem frühen Zeitpunkt jedes Vertrauensverhältnis zerstört würde.

cc) Konsequenzen bei verfrühter Anrufung

Für das Verfahren selbst (d.h. abgesehen von drohenden Nachteilsausgleichsansprüchen) liegt das bedeutendste Risiko bei verfrühter Anrufung der Einigungsstelle im Bestellungsverfahren gem. § 98 ArbGG. Denn das hier erforderliche Rechtsschutzinteresse kann fehlen, wenn zuvor nicht ausreichend verhan-

253 Hierzu weiter unten bei cc).

254 So auch Clemenz, FS ARGE Arbeitsrecht, S. 815, 827.

255 Vgl. Rieble/Klumpp/Gistel, Rechtsmißbrauch, Rn. 108.

delt wurde. Davon kann jedoch nur in extremen Fällen, also dem nahezu völligen Fehlen eines ernsthaften Verhandlungsversuchs ausgegangen werden.[256]

Das Scheitern im Besetzungsverfahren mag für die Außendarstellung von Nachteil sein. Strategisch wäre es jedoch nur dann von Nachteil, wenn damit eine zusätzliche Verzögerung einherginge. Dies könnte vermieden werden, wenn vorsorglich während des laufenden Besetzungsverfahrens weiter zur Schaffung des Rechtsschutzinteresses beigetragen wird. Konkret würde dies bedeuten, weiterzuverhandeln, sodass nach dem Scheitern der ersten Einigungsstellenanrufung zumindest der zweite Versuch erfolgreich wäre. Eine solche Vorgehensweise enthält jedoch erhebliche Risiken: zum einen ist äußerst zweifelhaft, ob ein Betriebsrat, der gegen seinen Willen in die Einigungsstelle gezwungen werden soll, noch zu weiteren Verhandlungen bereit ist. Verweigert er diese mit Blick auf das laufende Einigungsstellenverfahren, kann ihm dies nicht vorgehalten werden, wenn der Arbeitgeber selbst die Einigungsstelle angerufen hat. Zum anderen ist das Weiterverhandeln hoch riskant, da damit die eigene Argumentation, die Verhandlungen seien gescheitert, unterminiert wird.

Allerdings kann der Betriebsrat das laufende Besetzungsverfahren auch nicht immer schon mit dem Vortrag verzögern, er sei nunmehr wieder zu Verhandlungen bereit. Denn sind die Verhandlungen tatsächlich gescheitert, ändert auch ein späteres Einlenken nichts mehr an der Zuständigkeit der Einigungsstelle. Anderenfalls hätte es der zunächst verhandlungsunwillige Teil in der Hand, das Einigungsstellenverfahren dauerhaft zu blockieren.[257] Wird die Einigungsstelle angerufen, ist sie grundsätzlich zuständig,[258] sodass das Verfahren durchgeführt wird. Stellt sich jedoch nachträglich heraus, dass das vorangegangene Verhandeln nicht ausreichend bis zum Scheitern betrieben wurde, drohen Nachteilsausgleichsansprüche aus § 113 BetrVG. Hier muss im Einzelfall abgewogen werden, ob die drohenden Nachteilsausgleichsansprüche die Vorteile eines schnellen Übergangs zur Einigungsstelle überwiegen.[259]

---

256 So auch Tschöpe, NZA 2004, 945, 946; vgl. auch Göpfert/Krieger, NZA 2005, 254, 258. Im Einzelnen zu Rechtsschutzbedürfnis und offensichtlicher Unzuständigkeit im Besetzungsverfahren siehe unten C.III.2.g).

257 LAG Baden-Württemberg v. 16.10.1991, 12 TaBV 10/91, NZA 1992, 186; betroffen war dort die Mitbestimmung nach § 87 BetrVG. Die Entscheidung ist jedoch auf die Interessenausgleichs-Einigungsstelle erst recht anzuwenden, da § 87 weiter reichende Mitbestimmungsrechte gewährt als § 111 BetrVG.

258 Zur offensichtlichen Unzuständigkeit ausführlicher unten C.III.2.g)aa).

259 Hier wird sich auch die Frage der Anrechenbarkeit stellen, vgl. oben B.II.1.a).

dd) *Einstweilige Verfügung zur vorläufigen Einigungsstellenbesetzung*

Die Besetzung der Einigungsstelle kann zu einer „wichtigen Quelle der Verzögerung“ werden.[260] Dies zu verhindern ist ein entscheidender Bestandteil jeder Beschleunigungsstrategie. Neben den allgemeinen Problemen der Einigungsstellenbesetzung, die weiter unten im Rahmen der Verzögerungsstrategie des Betriebsrats näher erörtert werden, stellt sich die Frage nach der Anwendbarkeit des einstweiligen Rechtsschutzes im Bereich von § 98 ArbGG. Das Gesetz sieht mit der entsprechenden Anwendung der §§ 80 bis 84 ArbGG sowie den verkürzten Einlassungs- und Ladungsfristen gem. § 98 Abs. 1 S. 4 verschiedene Regelungen zur Verfahrensbeschleunigung vor. Bezeichnenderweise enthält § 98 ArbGG jedoch keinen Verweis auf § 85, sodass eine einstweilige Verfügung zur vorläufigen Zwischenregelung der Einigungsstellenbesetzung nach der Gesetzesauslegung nicht in Betracht kommt.[261] Die Anwendbarkeit des einstweiligen Rechtsschutzes wird in der Rechtsprechung nur vereinzelt vertreten.[262]

Die Frage der Anwendung des einstweiligen Rechtsschutzes im Rahmen von § 98 ArbGG kann jedoch offen bleiben, da dieser angesichts der verkürzten Ladungsfristen keinen nennenswerten zeitlichen Vorteil brächte. Auch würden durch die nur vorläufige Besetzung der Einigungsstelle Unsicherheiten über die Fortwirkung des Verfahrensstands entstehen. Die Nutzung des einstweiligen Rechtsschutzes ist daher unabhängig von der rechtlichen Möglichkeit schon aus strategischer Sicht nicht zu empfehlen.

e) Klägerquote als strategischer Aspekt

Eine Überlegung, die aus Arbeitgebersicht für die Beschleunigungsstrategie noch wichtiger ist als die drohenden Nachteilsausgleichsansprüche, ist die Frage, wie viele der betroffenen Arbeitnehmer individualarbeitsrechtlich gegen die mit der Betriebsänderung einhergehenden Einzelmaßnahmen vorgehen werden. Denn dieser Anteil, der sich auch als Klägerquote im weiteren Sinne bezeichnen lässt, entscheidet über die tatsächlichen Kosten und die Geschwindigkeit der Umsetzung nach Abschluss von Interessenausgleich und Sozialplan. Dabei herrscht keine zwingende Wechselwirkung. Zwar schafft eine einvernehmliche Lösung auf Kollektivebene grundsätzlich eine gewisse Akzeptanz unter den Betroffenen. Sie ist jedoch keine Garantie dafür, dass die einzelnen Arbeitnehmer parallel zur Haltung des Betriebsrats sich mit den Folgen abfinden. In Konstellationen, die mit der oben geschilderten Isolationsstrategie besonders häufig ein-

260 Vertiefend zur Besetzung der Einigungsstelle unten C.III.2.g)bb).

261 So auch DFL/Friedrich, § 98 ArbGG Rn. 6; unklar, jedoch wohl gleicher Ansicht GMPM/Matthes, § 98 Rn. 18.

262 Vgl. LAG Düsseldorf v. 8.2.1991 – 15 TaBV 11/91, LAGE § 98 ArbGG 1979 Nr. 19.

hergehen, tritt eine Abweichung sogar typischerweise auf.[263] Ebenfalls ein starker Kontrast zwischen Betriebsrats- und Belegschaftshaltung ist dann zu erwarten, wenn der Betriebsrat während der Verhandlungen stark von externen Beratern beeinflusst wurde.[264] Denn letzteres kann zur Folge haben, dass der Betriebsrat Positionen vertritt, die für die übrige Belegschaft nicht mehr nachvollziehbar sind.

Die Klägerquote hängt entscheidend von Faktoren ab, die nicht im Wesen der Betriebsänderung liegen. Dies kann im Falle einer Kündigung die Aussicht auf eine anderweitige Stelle sein. Nicht zu unterschätzen als Faktor ist auch die Bereitschaft des einzelnen Arbeitnehmers zur Tragung eines Prozesskostenrisikos, sowie dessen grundsätzliche Haltung zu Rechtsstreitigkeiten.[265] Allerdings handelt es sich um „weiche“ Faktoren, die vorab nicht mit der erforderlichen Sicherheit abzuschätzen sind, auch weil hier kurzfristig Änderungen eintreten können. Die Klägerquote ist daher zwar ein Schätzwert der im Rahmen der Strategiebestimmung zu berücksichtigen ist, sie kann jedoch nicht zum alleinigen Maßstab gemacht werden.

f) Bewertung

Kommt es aus Arbeitgebersicht vor allem auf die Beschleunigung der Verhandlungen an, gibt es wirksame, teils in der Praxis nur sporadisch genutzte „Stellschrauben“, um das gewünschte Ziel besser zu erreichen. Dies sind vor allem die konsequente Einbindung weiterer in Betracht kommender Beteiligungsverfahren in den Interessenausgleich und das Gegensteuern bei betriebsratsseitigen „Terminproblemen“. Letzteres betreffend bietet sich die praktisch bisher weitgehend ungenutzte, aber vom Gesetz klar vorgegebene Möglichkeit, den Betriebsrat bei durch Abwesenheit einzelner Mitglieder verursachten Terminfindungsproblemen auf die zur Verfügung stehenden Ersatzmitglieder zu verweisen. Dies enthält zwar einiges Konfliktpotential, bei rechtzeitiger Ankündigung der Vorgehensweise kann darin jedoch kein Verstoß gegen den Grundsatz der vertrauensvollen Zusammenarbeit gesehen werden.

---

263 Zur Situation divergierender Interessenlagen von Betriebsrat und (Teilen der) Belegschaft siehe oben, B.II.2. a) und b).

264 Dies können insbesondere Gewerkschaftsvertreter, aber auch Anwälte oder Unternehmensberater sein.

265 Für die Bereitschaft, ein Kostenrisiko zu übernehmen, sind die Gewerkschaftszugehörigkeit sowie das Vorhandensein einer Rechtsschutzversicherung entscheidende Faktoren, da sie den Arbeitnehmer von diesem Risiko entlasten. Auf beides hat der Arbeitgeber keinen Einfluss.

Im Gegensatz zur gängigen Vorgehensweise ist gerade bei hohem Zeitdruck eine umfassende Unterrichtungsstrategie zu empfehlen, weil der Betriebsrat bei unzureichender Unterrichtung auf wirksame und zulässige Verzögerungsinstrumente zurückgreifen kann.

Hinsichtlich der Einigungsstelle bietet sich ebenfalls Optimierungspotential, sofern das Verfahren von Anfang an auf die Voraussetzungen einer zügigen Anrufung der Einigungsstelle hin geplant wird. Das Besetzungsverfahren selbst bietet jedoch über die vom Gesetz vorgesehenen verkürzten Fristen hinaus wenig Beschleunigungsmöglichkeiten.

III. Konsensorientierte Strategie

Eine vor allem auf Kooperation ausgerichtete Strategie geht davon aus, dass auch aus Unternehmersicht das beste Ergebnis durch weit reichende Berücksichtigung der Mitbestimmungsrechte erzielt wird. Daher wird versucht, innerhalb dieser Vorgabe ohne aggressive Maßnahmen die vorhandenen Spielräume optimal zu nutzen.

Durch Einbindung des Betriebsrats in die Betriebsänderung sollen Effizienz des Verfahrens und Akzeptanz unter den Arbeitnehmern erhöht werden. Eine im Konsens mit dem Betriebsrat geschaffene Vereinbarung stößt auch in der Umsetzung auf erheblich weniger Widerstand. Ist der Unternehmer auch in Zukunft auf eine funktionierende Zusammenarbeit vor allem mit dem Betriebsrat, aber auch mit den beteiligten Gewerkschaften angewiesen, spricht dies für die Wahl einer konsensorientierten Strategie. Denn auch wenn eine Maßnahme vollständig gegen den Willen des Betriebsrats durchsetzbar ist, können durch eine zu konfrontative Strategie Schäden für die Zukunft entstehen. In Anbetracht der Kosten, die durch Interessenausgleichs- und Sozialplanverfahren im Allgemeinen und die Einigungsstelle im Besonderen entstehen, ist ein auf Dauer akzeptables Verhältnis zwischen den Betriebsparteien nicht nur ein sozialer, sondern auch ein relevanter ökonomischer Faktor. Soll ein Betrieb vollständig stillgelegt werden, tritt dieser – und damit die Bedeutung einer konsensorientierten Strategie – jedoch in den Hintergrund.

1. Kommunikation und Unterrichtung

Grundlage der konsensorientierten Vorgehensweise ist die rechtzeitige Unterrichtung.[266] Bei Kapitalgesellschaften entsteht hier das Problem, dass der Entschluss zur Durchführung einer Betriebsänderung zwar grundsätzlich formell stattfinden muss, dieser jedoch (betriebsverfassungsrechtlich) noch nicht bindend hinsichtlich der genauen Umsetzung sein darf. Daher ist es erforderlich, dass Beschlüsse über die Durchführung von Betriebsänderungen stets unter dem Vorbehalt gefasst werden, dass die Verhandlungen mit dem Betriebsrat oder ein Einigungsstellenverfahren keine Änderungen dieses Beschlusses erfordern.[267]

Eine weitere Möglichkeit einer konsensorientierten Vorgehensweise besteht darin, durch (Über-) Erfüllung der Informationspflichten Vertrauen zu schaffen. Ein Nebeneffekt ist, dass dadurch dem Betriebsrat zusätzlicher Arbeitsaufwand verursacht wird. Im Idealfall führt dies dazu, dass keine Obstruktion betrieben

266 Zur Koordinierung der Unterrichtungsansprüche bei grenzüberschreitenden Sachverhalten Blanke/Rose, RdA 2008, 65.

267 Röder/Baeck, Interessenausgleich, S. 6.

wird, da der Betriebsrat mit der Auswertung der ihm zur Verfügung stehenden Informationen beschäftigt ist. Gleichzeitig hat dieser keinen Anlass, dem Arbeitgeber zu misstrauen, sodass ein konstruktives Verhandlungsklima erhalten bleibt.

Dennoch ist die Frage zu stellen, ob eine solche Vorgehensweise einen Verstoß gegen das Gebot vertrauensvoller Zusammenarbeit darstellt. Dagegen spricht, dass eine Erfüllung der Unterrichtungspflicht, mag sie im Umfang auch noch so überzogen sein, den gesetzlichen Pflichten entspricht. Allerdings stellt die Rechtsprechung auch Ansprüche an die Verständlichkeit einer Unterrichtung des Betriebsrats. Diese muss grundsätzlich umfassend und wahrheitsgemäß erfolgen. Sie muss nicht nur den Umfang und die zu erwartenden Ausführungen der Maßnahmen, sondern auch deren Gründe erkennen lassen.[268] Die Information muss für den Betriebsrat verständlich sein, woraus sich die Pflicht des Arbeitgebers zu einer überschaubaren, gegebenenfalls verständnisfördernd aufbereiteten Darstellung ergeben kann.[269]

Zur Erläuterungspflicht hat das BAG entschieden:

> „Der Betriebsrat begehrt vom Arbeitgeber umfangreiche Auskünfte über tatsächliche Gegebenheiten und Vorgänge im Betrieb. Zu diesen Auskünften ist der Arbeitgeber verpflichtet. Schon der Grundsatz der vertrauensvollen Zusammenarbeit erfordert es, dass der Arbeitgeber den Betriebsrat in einer Form unterrichtet, dass dieser die erhaltenen Informationen auch verstehen kann. Das mag angesichts der Schwierigkeit und Komplexität der Materie einen größeren Zeitaufwand, Wiederholungen und Einzelerklärungen erforderlich machen."[270]

Zwar gilt, dass der Unternehmer eine Auswahl der wichtigsten Vorgänge nach pflichtgemäßem Ermessen treffen muss bzw. kann.[271] Dies bezieht sich jedoch auf die Situation, in der der Unternehmer das Ausmaß der Information begrenzen will. Daraus lässt sich nicht ableiten, dass eine Auswahl aus der Informationsmasse zu treffen ist, um dem Betriebsrat die Übersicht zu erleichtern.

Umfassend ist die Unterrichtung nur dann, wenn der Betriebsrat alle Informationen erhält, die für eine sinnvolle Beratung erforderlich sind. Maßgeblich ist der Grundsatz der Informationsparität. Dies bedeutet, dass Unternehmer und Betriebsrat über die gleichen Informationen verfügen, also kein Informationsgefälle besteht.[272]

---

268 Richardi/Annuß, § 106 Rn. 25.

269 Jaeger/Röder/Heckelmann-Ziegler/Wolff, Kapitel 27, Rn. 48; Richardi/Annuß, § 106 Rn. 26.

270 BAG v. 17. März 1987 - 1 ABR 59/85, NZA 1987, 747.

271 HSWGN/Hess, § 106 Rn. 24.

272 Fitting, § 106 Rn. 23.

Aus diesen Grundsätzen zur Verständlichkeit der Unterrichtung lässt sich nicht ableiten, dass die Informationsflut auf ein übersichtliches Maß zu beschränken sei. Folge einer Übererfüllung der Unterrichtungspflicht wird jedoch sein, dass der Betriebsrat erheblich mehr Zeit benötigt, um Beratungstermine vorzubereiten, was zu einer Verzögerung des Verfahrens führt. Weiterhin ist damit zu rechnen, dass der Betriebsrat in einer solchen Situation auf externen Sachverstand zurückgreifen muss, um die ihm zur Verfügung stehenden Informationen auszuwerten. Letztlich führt diese von *Klar*[273] beschriebene Taktik nicht zu einer Steigerung der Verfahrenseffizienz. Vertrauen lässt sich hierdurch jedoch schaffen.

2. Projektbegleitende Ausschüsse

a) Beschreibung und Nutzen

Teil einer konsensorientierten Einbindungsstrategie kann darin bestehen, Betriebsratsmitglieder in projektbegleitende Ausschüsse einzubeziehen.[274] Dabei handelt es sich um im Betriebsverfassungsgesetz nicht vorgesehene Gremien, die vom Arbeitgeber eingesetzt werden und deren Mitglieder sowohl von Arbeitgeber- als auch von Arbeitnehmerseite stammen können. Inhaltlich handelt es sich aber nicht um eine Konfliktlösungs- oder Verhandlungsstelle im Sinne einer „vorgeschalteten Einigungsstelle“; Aufgabe der Ausschüsse ist vielmehr die Begleitung der inhaltlichen Gestaltung der Betriebsänderung.

b) Zustimmung zur Mitarbeit oder Zustimmung zur Sache

Aus Arbeitgebersicht besteht der Vorteil solcher Ausschüsse zunächst darin, dass ein Forum zur Planung der Betriebsänderung gemeinsam mit der Arbeitnehmerseite geschaffen wird, das frei von den taktisch geprägten Verhandlungsmechanismen der regulären Verhandlungsrunden ist. Denn in derartigen Ausschüssen werden keine Weichen für die Anrufung der Einigungsstelle oder in Bezug auf spätere Nachteilsausgleichsansprüche gestellt.

Zusätzlich bietet sich durch solche Ausschüsse die Möglichkeit, inhaltliche Gestaltungsentscheidungen zu treffen, die bei entsprechender Vereinbarung dann dem Betriebsrat zugerechnet werden. Dies hängt allerdings davon ab, ob der Betriebsrat einer solchen Vorgehensweise gegenüber offen ist. Stellt er von

273 Klar, Strategie und Taktik, Rn. 592.

274 Siehe hierzu auch Göritz/Hase/Rupp, Handbuch Interessenausgleich, S. 110; nicht gemeint sind der Betriebsausschuss gem. § 27 BetrVG und die weiteren Ausschüsse nach § 28 BetrVG.

vornherein klar, dass die Mitarbeit von Betriebsratsmitgliedern in diesen Gremien in keiner Weise eine Vorentscheidung für die spätere Beschlussfassung des Betriebsrats mit sich bringt, ist der Effizienzgewinn durch eine derartige Vorgehensweise gering. Dann droht die doppelte Diskussion von Einzelfragen.

c) Verhältnis zu gesetzlich normierten Mitbestimmungsrechten

Ob die Mitarbeit in projektbegleitenden Ausschüssen auf die gesetzlichen Mitbestimmungsrechte einen Einfluss hat, ist eine Frage der Dispositivität der Betriebsverfassung. Die Tätigkeit eines solchen Ausschusses könnte nur dann Mitbestimmungsrechte erschöpfend wahren, wenn der Betriebsrat diesem seine Rechte übertragen, d.h. gleichzeitig auf die eigene Rechtsausübung verzichten könnte. Entscheidend ist daher, ob ein (ggf. konkludenter) Verzicht des Betriebsrats auf Mitbestimmungsrechte möglich ist. Dies ist in Rechtsprechung und Literatur umstritten.[275] Die Diskussion spielt sich überwiegend im Anwendungsbereich von § 87 BetrVG ab; einer Übertragbarkeit auf die §§ 111 ff. BetrVG steht jedoch grundsätzlich nichts entgegen, vielmehr müsste hier mit Blick auf die fehlende Erzwingbarkeit sogar ein weiterer Beurteilungsmaßstab anzulegen sein.

Ein vollständiger („direkter“) Verzicht des Betriebsrats auf Mitbestimmungsrechte wird allgemein für unzulässig gehalten, was teilweise mit der Pflichtgebundenheit der Mitbestimmung als Auftrag für die Arbeitnehmer,[276] teilweise mit der Wortlautauslegung begründet wird.[277] Ein solcher Verzicht ist hier jedoch schon nicht erforderlich und damit auch nicht vertieft zu untersuchen. Bei der Verlagerung von Betriebsratskompetenzen auf projektbegleitende Ausschüsse findet vielmehr nur ein Teilverzicht insoweit statt, als an ein nicht im Gesetz vorgesehenes Organ Gestaltungsaufgaben und Informationsrechte abgegeben werden. Nach dem BAG können Entscheidungsrechte im Wege der Betriebsvereinbarung auf eine paritätisch besetzte Kommission übertragen werden, solange das Mitbestimmungsrecht dadurch nicht in seiner Substanz verletzt wird.[278] Zuletzt hat es diese Rechtsauffassung wie folgt konkretisiert:

---

275 Vgl. Joussen, RdA 2005, 31; Fitting, § 87 Rn. 6; Richardi, § 77 Rn. 178 ff zum Verzicht auf Rechte aus einer Betriebsvereinbarung; DKK/Klebe § 87 Rn. 39; DKK/Däubler, Einl. Rn. 75.

276 So schon Säcker/Oetker, RdA 1992, 16, 23.

277 Joussen, RdA 2005, 31, 36.

278 BAG v. 7.9.1956 – 1 AZR 646/54, BAGE 3, 207; BAG v. 26.7.1988 – 1 AZR 54/87, NZA 1989, 109; vgl. auch BAG v. 3.6.2003 – 1 AZR 349/02, NZA 2003, 1155; BAG v. 8.6.2004 – 1 ABR 4/03, NZA 2005, 227.

„(...) Durch eine solche Regelung darf das Mitbestimmungsrecht allerdings nicht in seiner Substanz beeinträchtigt werden. Der Betriebsrat kann sein Mitbestimmungsrecht deshalb nicht in der Weise ausüben, dass er dem Arbeitgeber das alleinige Gestaltungsrecht über den mitbestimmungspflichtigen Tatbestand eröffnet.“[279]

Daraus lässt sich entnehmen, dass die Substanz eines Mitbestimmungsrechts nicht verletzt ist, solange der Betriebsrat zumindest auch die Gestaltungshoheit behält. Für die Übertragbarkeit von Betriebsratskompetenzen auf projektbegleitende Ausschüsse im Interessenausgleichs- und Sozialplanverfahren lassen sich daraus zwei Schlussfolgerungen ziehen: die Unterrichtung im Ausschuss ist (nach Kompetenzübertragung) ausreichend, da davon die Substanz des Mitbestimmungsrechts noch nicht berührt sein kann. Die vollständige Übertragung von Mitbestimmungsrechten einschließlich der Befugnis zum Abschluss von Interessenausgleich oder Sozialplan ist hingegen nicht möglich; eine Teilübertragung (z.B. Vereinbarung von Eckpunkten) kommt je nach Einzelfall in Betracht.

Im Ergebnis besteht daher eine rechtlich bindende Wirkung solcher Vorabentscheidungen nur, wenn eine Zurechnung über einen ordnungsgemäßen Betriebsratsbeschluss möglich ist. Dies muss auch für die Erfüllung der Unterrichtungsansprüche gegenüber dem projektbegleitenden Ausschuss gelten.

3. Verhandeln im Mehrbetriebsunternehmen

In einem Unternehmen, das aus mehreren Betrieben besteht, können sich Besonderheiten für die Verhandlungsstrategie ergeben: die Betriebsänderung ist zwar ihrem Wesen nach immer auf den einzelnen Betrieb bezogen. Im Rahmen einer größeren Umstrukturierung können aber mehrere vergleichbare Betriebsänderungen in den unterschiedlichen Betrieben stattfinden. In diesem Fall ist zu untersuchen, ob eine Gesamtstrategie diesen Umstand gewinnbringend nutzen kann.

Dabei stellt sich die Frage, welches Gremium auf Arbeitnehmerseite richtiger Verhandlungspartner ist. Taktische Vorteile können sich ergeben, wenn statt mit den Betriebsräten auf Einzelbetriebsebene mit dem Gesamtbetriebsrat verhandelt wird.[280] Dies folgt aus der Tatsache, dass etwa bei Produktionsverlagerungen zwischen den Betrieben die Betriebsräte aus den negativ betroffenen Betrieben deutlich härter verhandeln werden als diejenigen aus den nicht oder gar

279 BAG v. 29.9.2004 – 5 AZR 559/03, NZA 2005, 184; obiter dictum bestätigt von BAG v. 8.6.2004 – 1 ABR 4/03, NZA 2005, 227, 231 (4.a)).

280 Dies kommt allerdings nur in Betracht, wenn eine Zuständigkeit des Gesamtbetriebsrats angenommen werden kann, hierzu unten C.III.2.b) sowie C.III.3.a)aa).

positiv betroffenen Betrieben.[281] Da sich der Gesamtbetriebsrat aus Mitgliedern der verschiedenen Betriebe zusammensetzt, wird er in der Regel eine gemäßigtere Position vertreten.

In einem Mehrbetriebsunternehmen ist die originäre Zuständigkeit des Gesamtbetriebsrats gem. § 50 Abs. 1 BetrVG dann gegeben, wenn die Betriebsänderung mindestens zwei Betriebe des Unternehmens betrifft und die Beteiligungsrechte nicht von den Einzelbetriebsräten wahrgenommen werden können, bzw. wenn eine zwingende sachliche Notwendigkeit für eine unternehmenseinheitliche Regelung besteht.

Eine zwingende sachliche Notwendigkeit liegt vor, wenn eine unterschiedliche Regelung der Angelegenheit sachlich oder rechtlich nicht zu rechtfertigen ist.[282] Es muss ein zwingendes – nicht jedoch unüberwindbares – Erfordernis einer betriebsübergreifenden Regelung bestehen.[283]

Wird hingegen mit Einzelbetriebsräten verhandelt, entsteht ein besonderes strategisches Element dadurch, dass Wechselwirkungen zwischen Interessenausgleichs- und Sozialplanabschlüssen in den einzelnen Betrieben zu beachten sind. Dies kann dafür sprechen, auf Einzelbetriebsebene zu verhandeln: die sich wechselseitig beeinflussenden Abschlüsse erhöhen vor allem den Druck auf die Betriebsräte, sodass das Verfahren beschleunigt wird. Denn der Abschluss eines Sozialplans in einem Betrieb kann dazu führen, dass ein höheres Sozialplanvolumen in einem anderen Betrieb aus Gründen der Gleichbehandlung schwer durchsetzbar wird. Umgekehrt kann ein bereits vereinbarter Sozialplan in einem anderen Betrieb Präzedenzwirkung im Sinne einer Korrektur nach oben entfalten, sodass der frühzeitige Abschluss bei einer sich auf mehrere Betriebe erstreckenden Betriebsänderung aus Unternehmersicht nur dann zweckmäßig ist, wenn damit keine „Erhöhungsspirale" in Gang gesetzt wird.

4. Die Normative Kraft des Faktischen

a) Strategische Schwerpunktsetzung in Verhandlungsrunden

Eine nicht konfrontative, jedoch unter Umständen höchst effektive Strategie setzt auf die von *Georg Jellinek* begrifflich geprägte „Normative Kraft des Faktischen".[284] Dabei wird in den Verhandlungen angestrebt, dass die Frage nach

281 So auch Göritz/Hase/Rupp, Handbuch Interessenausgleich, S. 113; wird etwa eines von mehreren Werken geschlossen, kann sich daraus für die verbleibenden Betriebe eine Erhöhung der Auslastung (und damit eine Zukunftssicherung) ergeben.

282 Vgl. Göritz/Hase/Rupp, Handbuch Interessenausgleich, S. 45.

283 BAG v. 18.10.1994 – 1 ABR 17/94, NZA 1995, 390; BAG v. 11.11.1998 – 4 ABR 40/97, NZA 1999, 1056; Fitting, § 50 Rn. 21; äußerst kritisch DKK/Trittin § 50 Rn. 24.

284 Siehe hierzu Jellinek, Allgemeine Staatslehre, S. 337 f.

den Details der Umsetzung die Grundsatzfrage verdrängt, ob die Maßnahme überhaupt durchgeführt werden soll. Gleichzeitig kann eine kooperative Verhandlungsführung beibehalten werden, was bei (in diesem Zusammenhang nicht mehr erforderlicher) offensiver Kommunikation der unternehmerischen Vorstellungen erschwert würde.

Klar steht einer solchen Strategie grundsätzlich skeptisch gegenüber. Er vertritt die Ansicht, es gebe keine Normative Kraft des Faktischen.[285] Dennoch schildert er, wie derartige Mechanismen funktionieren können. Gut nachvollziehbar ist, dass eine plumpe Überrumpelungstaktik, wie von *Klar* geschildert,[286] nicht zum Erfolg führen wird. Die Vorlage eines fertigen Konzepts mit ausformuliertem Entwurf von Interessenausgleich und Sozialplan zu Beginn der Verhandlungen mit der Aufforderung zur Unterschrift wird beim Betriebsrat eher zu Widerstand als zur sofortigen Leistung derselben führen. Dennoch ist jede Maßnahme zielführend, die die Diskussion über das „Ob" der Maßnahme zu Gunsten der Frage des „Wie" zurückdrängt. In diesem Zusammenhang kann es sinnvoll sein, frühzeitig in die Auseinandersetzung über die Gestaltung der Abfindungsformel einzusteigen.[287]

b) Auswirkungen frühzeitiger Vorlage von Entwürfen

Die frühzeitige ungefragte Ausarbeitung und Vorlage von Entwürfen für Interessenausgleich und Sozialplan kann in zweierlei Hinsicht zielführend sein. Zum einen ist es als Erfolg anzusehen, wenn dadurch die Verhandlungen beschleunigt werden und eine einvernehmliche Lösung gefunden werden kann, ohne übermäßig lange Auseinandersetzungen über die grundsätzliche Sinnhaftigkeit der Betriebsänderung führen zu müssen. Dies ist jedoch keine Rechtsfrage, sondern lediglich Ausdruck strategiebewussten Verhandelns.

Weiter stellt sich die Frage, ob durch die frühzeitige Ausarbeitung von Interessenausgleich- oder Sozialplanentwürfen auch im Rechtssinne vollendete Tatsachen geschaffen werden können. Denkbar wäre, dass die im späteren Verlauf angerufene Einigungsstelle durch die Inhalte der vorab geführten Verhandlungen in ihrem Ermessen eingeschränkt wird. Da im Wege des Einigungsstellenspruchs nur ein Sozialplan, nicht aber ein Interessenausgleich vorgegeben werden kann, ist eine Ermessenseinschränkung nur für Sozialplaninhalte überhaupt denkbar.

---

285 Klar, Strategie und Taktik, Rn. 597.

286 Klar, Strategie und Taktik, Rn. 588.

287 Klar, Strategie und Taktik, Rn. 610.

Die Einigungsstelle ist inhaltlich nicht an den Antrag eines Beteiligten gebunden.[288] Sie fasst ihre Beschlüsse unter angemessener Berücksichtigung der Belange des Betriebs und der betroffenen Arbeitnehmer nach billigem Ermessen (§ 76 Abs. 5 S. 3 BetrVG). Die Überschreitung dieses Entscheidungsrahmens kann gem. § 76 Abs. 5 S. 4 BetrVG binnen einer Zweiwochenfrist beim Arbeitsgericht geltend gemacht werden. Hiermit ist vom Gesetz die einzige Bindung der Einigungsstellenentscheidung festgeschrieben. Eine Festlegung durch im Vorfeld erfolgte Vorschlagsarbeit kann daher nur dann überhaupt entstehen, wenn das Verlassen des von den (Arbeitgeber-) Vorschlägen festgelegten Rahmens einen Ermessensfehler darstellen würde. Dies kann nach dem Wortlaut des Gesetzes nur dann der Fall sein, wenn die Belange einer Partei (hier des Arbeitgebers) nicht mehr angemessen berücksichtigt wären. Eine Bindungswirkung würde daher voraussetzen, dass nur eine Entscheidung im vordefinierten Rahmen die Belange des Arbeitgebers angemessen berücksichtigen würde. Das Kriterium „Inhalt der vorangegangenen Verhandlungen“ ist jedoch nicht geeignet, das Einigungsstellenermessen wesentlich einzuschränken. Denn die korrekte Ermessensausübung muss zu einem gerechten Ausgleich der unterschiedlichen Positionen führen. Ein solcher Ausgleich ist jedoch nur möglich, wenn er alle zur Verfügung stehenden Optionen einbezieht. Die Berücksichtigung der Belange des Arbeitgebers ist daher grundsätzlich nicht davon abhängig, ob sich die Entscheidung im Rahmen des von ihm selbst Vorgeschlagenen hält.

Etwas anderes kann nur in Extremfällen gelten. Aus dem Grundsatz der vertrauensvollen Zusammenarbeit lässt sich ableiten, dass die Belange des Arbeitgebers nicht mehr berücksichtigt wären, wenn in der Einigungsstelle anders entschieden würde, als er dies berechtigterweise erwarten durfte. Bleibt der Betriebsrat gegenüber den Vorschlägen des Arbeitgebers völlig passiv, oder beschränkt sich die Verhandlung allein auf die Vorschläge des Arbeitgebers, kann in Einzelfällen ein Vertrauensschutz zu Gunsten des Arbeitgebers angemessen sein. Dies kann dann der Fall sein, wenn ihm das Verhalten des Betriebsrats keinerlei Anlass gab, an den Grundzügen seiner Vorschläge zu zweifeln. Praktisch bedeutet dies, dass ein ausformulierter Entwurf vorliegen müsste, auf den der Betriebsrat auch nach längeren Verhandlungen und wiederholten Aufforderungen, Änderungen anzumelden, nicht reagiert hat. Gleichzeitig dürften auch keine nahe liegenden Optionen zur Verfügung stehen, auf die sich der Arbeitgeber einstellen müsste. In einem solchen Fall ließe sich eine Bindung des Einigungsstellen-Entscheidungsspielraums herleiten, wobei ein solcher Fall soweit ersichtlich bislang nicht Gegenstand obergerichtlicher Rechtsprechung war, sodass die

288 Richardi, § 76 Rn. 104; GK/Kreutz § 76 Rn. 95; Löwisch/Kaiser, § 76 Rn. 19; DKK/Berg § 76 Rn. 75.

Rechtssicherheit einer solchen Argumentation für die Praxis mit Zurückhaltung zu beurteilen ist.

5. Gestaltungsmöglichkeiten des Arbeitgebers bei der Beratung des Betriebsrats

Die in der Praxis in Unternehmen zum Teil vertretene polemische Haltung, der beste Betriebsratsberater sei der nicht existente, ist unzutreffend. Denn gerade ein erfahrener Arbeitnehmeranwalt, der aus Sicht des Arbeitgebers ein herausfordernder Kontrahent ist, kann zur Versachlichung des Verfahrens führen. Ist der Betriebsrat hingegen nicht oder unzureichend beraten, steigt auch die Wahrscheinlichkeit einer radikalen, wenn auch letztlich wenig zielführenden Obstruktionstaktik. Insofern sollte der Unternehmer zu Beginn der Betriebsänderungsplanung nicht nur die eigene Beratung organisieren, sondern auch die des Betriebsrats in geeignete Bahnen zu lenken versuchen. Wie bereits weiter oben gezeigt, ist dem Anspruch des Betriebsrats auf Hinzuziehung eines Beraters oft substantiell nichts entgegenzusetzen.[289] Wird dies festgestellt, kann die Chance genutzt werden, durch das Zugeständnis von Rechten, die dem Betriebsrat ohnehin zustehen, das Verhandlungsklima zu verbessern. Gleichzeitig kann versucht werden, Einfluss auf die Beraterwahl des Betriebsrats zu nehmen, auch wenn diesbezüglich kein Rechtsbehelf gegeben ist.

In Betracht kommt der frühzeitige Vorschlag eines bestimmten Beraters verbunden mit der Zusage, die Kosten für dessen Hinzuziehung zu übernehmen. Gleichzeitig kann hinsichtlich der vom Betriebsrat gewünschten Hinzuziehung eines anderen Beraters eine Auseinandersetzung über die Kosten geführt werden.

Insgesamt ist diese Strategie jedoch wenig konsensorientiert. Gleichzeitig ist der so vorgehende Unternehmer gezwungen, eine Kostenauseinandersetzung mit Scheinargumenten zu führen, da ein überzeugender Ansatz zur Verweigerung der Kostenübernahme für den vom Betriebsrat gewünschten Berater meist nicht zur Verfügung stehen wird.

6. Erkenntnisse aus der Verhandlungslehre

a) Einführung

Der Erfolg bei den Verhandlungen über eine Betriebsänderung kann wesentlich gesteigert werden, wenn die Grundlagen der Verhandlungslehre und des Ver-

289 Siehe oben B.II.2.c) [Zugang des Betriebsrats zu externer Beratung].

handlungsmanagements beachtet werden.[290] Das Fehlen solcher Kenntnisse führt in der Praxis häufig zum Scheitern der Verhandlungen, zu Eskalation oder jedenfalls zu für beide Seiten unbefriedigenden Ergebnissen.[291] Bewusstes Verhandlungsmanagement muss mit strategischer Kompetenz eng verbunden sein.[292] Jede inhaltliche Strategie schwächt sich selbst, wenn sie nicht durch kompetentes Verhandlungsmanagement getragen wird. Gerade die Struktur freier Verhandlungen, wie sie im Rahmen der §§ 111 ff. BetrVG vorgesehen ist, macht gutes Verhandlungsmanagement besonders wichtig. Dies gilt in ähnlicher Weise auch für die Einigungsstelle.

Dabei sollte es nicht um Manipulation gehen. Zwar erleichtert die Kenntnis bestimmter Mechanismen den kurzfristigen Weg zum Verhandlungserfolg. Die ungeübte Gegenseite kann durch Anwendung bestimmter Auslöser gegen ihren (tatsächlichen) Willen zu Ergebnissen gebracht werden, die sie eigentlich nicht wünscht. [293] Derartige manipulative Mechanismen („Machiavellismus") werden zwar nicht immer durchschaut. Doch auch der unerfahrene und nicht geschulte Verhandlungspartner wird erkennen, dass er dazu gebracht wurde, etwas zu tun was er zunächst nicht wollte. Hierdurch wird mittel- und langfristig jede Vertrauensbeziehung zerstört.[294]

In Kenntnis dieser Zusammenhänge muss der anwaltliche Berater den Einsatz von manipulativen Verhandlungsstrategien genau prüfen. Eine konsensorientierte Gesamtstrategie, die gerade im Hinblick auf das zukünftige Zusammenarbeiten im Betrieb gewählt wird, schließt derartige Vorgehensweisen aus.

b) Verhandlungsmethoden

Eine klare Verfahrensordnung ist wesentliche Voraussetzung für den Erfolg einer Verhandlung.[295] Ihr Fehlen führt schnell zum Scheitern.[296] Besteht keine

---

290 Zu Mediation im Betriebsverfassungsrecht - allerdings wenig konkret - Ehler, BB 2000, 978, 980; allgemein zu Mediation im Arbeitsrecht Budde, Mediation und Arbeitsrecht.

291 Vgl. H/S-Hümmerich, Arbeitsrechtliches Mandat, 2. Aufl., § 1 Rn. 23.

292 Haft/Schlieffen, Handbuch Mediation, § 4 Rn. 17.

293 Manipulationen basieren auf der Aktivierung von Verhaltensprogrammen in Situationen, in denen es nicht sachgerecht ist, diesen Alltagstheorien zu folgen; in Frage kommen Autoritätsprogramme, Beständigkeitsprogramme, Sympathieprogramme, Reziprozitätsprogramme oder Knappheitsprogramme. Beispiele bei Haft/Schlieffen, Handbuch Mediation, § 4 Rn. 38 und Bühring-Uhle/Eidenmüller/Nelle, S. 38 ff.

294 Haft/Schlieffen, Handbuch Mediation, § 4 Rn. 39.

295 Zu den Grundsätzen rationalen Verhandelns Haft, Verhandlung, S. 118; zur vorbereitenden Verfahrensfestlegung Duve/Eidenmüller/Hacke, S. 75 ff.; grundlegend Fisher/Patton, Harvard-Konzept.

Klarheit und Kenntnis über die Formen des Verhandelns, handelt es sich um intuitives Verhandeln. Dieses steht im Gegensatz zum rationalen Verhandeln und birgt unter Anderem den wesentlichen Nachteil, dass der Verhandelnde bewusst oder unbewusst in Positionsdenken verfällt.[297] Dadurch werden die Lösungsmöglichkeiten erheblich eingeschränkt.

aa) Basarmethode und Kompetitives Verhandeln

Kompetitives Verhandeln ist typisch für die Praxis vieler Sozialplanverhandlungen.[298] Es bedeutet, in maximalistischer Weise zunächst ein möglichst hohes bzw. niedriges Angebot zu machen, um im anschließenden Verhandlungsprozess selbst bei einigem Nachgeben noch ein optimales Ergebnis zu erzielen. Erfolg hat eine solche Verhandlungsstrategie immer dann, wenn die gegnerische Partei weniger kämpferisch ist.[299] Durch diese Vorgehensweise wird allerdings das Finden von alternativen Lösungsmöglichkeiten erschwert.

Das reine Feilschen um Maximalforderungen ist auch insofern unzweckmäßig, als dabei zusätzliche Verhandlungsgegenstände aus dem Blickfeld geraten oder gar nicht erst erkannt werden. Insbesondere die Einbeziehung von Namenslisten und Auswahlkriterien bei Kündigungen eröffnet zusätzlichen Spielraum, der vergeben wird, wenn diese Aspekte isoliert vom Gesamtkontext verhandelt werden, d. h. wenn keine Interaktion zwischen den Verhandlungsergebnissen etwa zum Thema Abfindungshöhe oder Gesamtvolumen einerseits und Namensliste andererseits zugelassen wird.[300]

Hamm empfiehlt, anfängliche Angebote immer so zu wählen, dass noch Spielraum ist, der Gegenseite nachzugeben.[301] Dabei handelt es sich um das klassische Modell der Basarmethode. Ob diese für die Praxis von Interessenausgleich- und Sozialplanverhandlungen tatsächlich angemessen ist, ist jedoch höchst fraglich.

Ein alternatives Modell kann darin bestehen, dass die jeweiligen Ausgangsforderungen begründet werden.[302] Damit würde das (unsachliche) Grundprinzip des kompetitiven Basarverhandelns ausgehebelt. Die Ausgangsposition kann nur noch bedingt dazu missbraucht werden, durch willkürliche Positionsverteilung

296 Ein Praxisbeispiel zeigt H/S-Hümmerich, Arbeitsrechtliches Mandat, 2. Aufl., § 2 Rn. 90.

297 Haft/Schlieffen, Handbuch Mediation, § 4 Rn. 5.

298 Göritz/Hase/Rupp, Handbuch Interessenausgleich, S. 352.

299 Vgl. H/S-Hümmerich, Arbeitsrechtliches Mandat, 2. Aufl., § 1 Rn. 107.

300 Hierzu auch unten C.IV.4.

301 Hamm, Sozialplan, S. 78.

302 Göritz/Hase/Rupp, Handbuch Interessenausgleich, S. 352; zu diesem alternativen Verhandlungsmodell ausführlich unten, C.IV.6.

Einfluss auf das Endergebnis zu nehmen. Dies sollte im Sinne einer konsensorientierten Verhandlungsführung beachtet werden.

bb) Strukturiert - kooperatives Verhandeln

Im Rahmen von strukturiert-kooperativen Verhandlungen vereinbaren die Parteien zu Beginn zunächst eine Verhandlungsstruktur.[303] Im Gegensatz zu Inhaltsfragen kommen Vereinbarungen über die Rahmenbedingungen des Verfahrens erfahrungsgemäß schneller zustande. Wesentliche Strukturbestandteile können das Durchführen einer Materialsammlung und die Vereinbarung einer Bearbeitungsreihenfolge hinsichtlich abzuarbeitender Einzelaspekte sein.[304] So kann auch der typische Fehler vermieden werden, die Verhandlungen mit dem schwierigsten und umstrittensten Punkt zu beginnen.[305]

7. Bewertung

Die Übererfüllung der Informationspflicht dient als vertrauensbildende Maßnahme. Ein betriebsverfassungswidriges Verhalten kann darin grundsätzlich nicht gesehen werden. Allerdings droht dadurch eine erheblich verfahrensverzögernde Wirkung.

Die Zurechnung von Ergebnissen aus projektbegleitenden Ausschüssen läuft nur über das Konstrukt des Verzichts auf Beteiligungsrechte und dies auch nur in Ausnahmefällen.

In Mehrbetriebsunternehmen ergeben sich Spielräume durch die mögliche Schaffung eines alternativen Verhandlungspartners in Gestalt des Gesamtbetriebsrats. Hierbei sind jedoch die Weichen besonders früh zu stellen und die strategischen Folgen genau abzuwägen, da auch für die Strategie nachteilige Konstellationen entstehen können.

Ein besonders effektives Instrument gerade im Rahmen einer konsensorientierten Strategie, die auf aggressive Mittel verzichten will, ist die gezielte Nutzung der „Normativen Kraft des Faktischen". Von der Rechtsprechung bisher wenig untersucht, jedoch in bestimmten Konstellationen gegeben ist eine Vorwirkung auf spätere Einigungsstellenverfahren. Das Ermessen der Einigungsstelle kann durch die Inhalte der vorab geführten Verhandlungen eingeschränkt sein.

Grundsätzlich für jede Strategieform relevant, besonders bedeutend jedoch im Rahmen einer konsensorientierten Strategie ist die Kenntnis und Umsetzung

---

303 H/S-Hümmerich, Arbeitsrechtliches Mandat, 2. Aufl., § 1 Rn. 58.

304 H/S-Hümmerich, Arbeitsrechtliches Mandat, 2. Aufl., § 1 Rn. 62 f.

305 H/S-Hümmerich, Arbeitsrechtliches Mandat, 2. Aufl., § 1 Rn. 68.

zumindest der Grundlagen des Verhandlungsmanagements. Gerade die vom Gesetz vorgesehene völlige Formfreiheit der Verhandlungen vor Anrufung der Einigungsstelle verdeutlicht dies.

IV. Rechtsschutz gegen Unterlassungsansprüche

1. Überblick

Die gravierendste Sanktion für die Verletzung von Mitbestimmungsrechten ist aus Sicht des Unternehmers weder der Nachteilsausgleich noch ein drohender Bußgeld- oder Straftatbestand. Denn ersterer ist durch die Möglichkeit der Anrechnung von Sozialplanabfindungen wenig einschüchternd und stellt letztlich einen kalkulierbaren Kostenpunkt der Maßnahme dar, wenn der Arbeitgeber grundsätzlich bereit ist, seine Planung unter Verstoß gegen Mitbestimmungsrechte umzusetzen.[306] Letztere sind meist schon nicht einschlägig, auch wird der Schritt der Anzeige gegen den Arbeitgeber aus nachvollziehbaren Gründen selten gegangen. Viel problematischer ist es aus Sicht des Unternehmens, wenn sich die Umsetzung der Betriebsänderung deutlich verzögert oder erschwert. Denn die damit verbundenen Kosten steigen schnell auf unkalkulierbare Weise.

Insofern ist der Anspruch des Betriebsrats auf Unterlassung der Betriebsänderung das schärfste Schwert in der Auseinandersetzung. Rechtlich ist er jedoch höchst umstritten.[307] Während das BAG zum Unterlassungsanspruch zur Verhinderung von mitbestimmungswidrigen Maßnahmen im Bereich von § 87 BetrVG eindeutig Stellung bezogen hat,[308] ist die Frage nach dem Unterlassungsanspruch zur Verhinderung mitbestimmungswidrig durchgeführter Betriebsänderungen offen.[309] Daher bieten sich hier Möglichkeiten, aber auch Risiken in der strategischen Gestaltung. Die Optionen sind jedoch auf Arbeitgeberseite auf Grund der passiven Rolle weniger weit gefächert als auf der Seite des Betriebsrats.

Als Ausgangspunkt ist anzunehmen, dass auch in Zukunft eine beachtliche Anzahl von Arbeits- und Landesarbeitsgerichten den Unterlassungsanspruch im einstweiligen Rechtsschutz zusprechen wird.

306 Zur Anrechnungsproblematik ausführlich oben B.II.1.a).

307 Grundlegend Richardi, FS Gitter, 407.

308 BAG v. 3.5.1994 – 1 ABR 24/93, NZA 1995, 40; hierzu eingehend Richardi, NZA 1995, 8.

309 Die Frage nach dem Bestehen eines Unterlassungsanspruchs stellt sich zuerst auf der Seite des Betriebsrates, der über die Einleitung eines entsprechenden Verfahrens entscheidet. Meinungsstand und argumentative Begründung zu diesem Fragenkomplex werden daher umfassender im Zweiten Teil aus der Perspektive des Betriebsratsanwalts dargestellt, siehe unten bei V. im Zweiten Teil.

2. Einflussnahmemöglichkeiten aus Arbeitgebersicht

a) Gerichtsstand

Da die Rechtsansichten zu den maßgeblichen Fragen je nach Region und teilweise auch nach Gericht oder gar Kammer entscheidend variieren, ist die Frage der örtlichen Zuständigkeit von größter Bedeutung für die strategische Planung. Bei Kenntnis der Rechtsprechung[310] der in Frage kommenden Gerichte stellt sich die Frage, ob durch eine Verschiebung des Gerichtsstands die Zuständigkeit eines „günstigeren" Gerichts erreicht werden kann. In Betracht kommen hierfür Gerichtsstandsvereinbarungen.

Das für den Erlass einer einstweiligen Verfügung zuständige Gericht ist das Gericht der Hauptsache, §§ 85 Abs. 2 S. 2 ArbGG, 937, 943 ZPO.[311] Damit gilt auch für das einstweilige Verfügungsverfahren der Gerichtsstand des Beschlussverfahrens. Der Gerichtsstand im arbeitsgerichtlichen Beschlussverfahren bestimmt sich nach § 82 ArbGG. Entscheidend ist, wo der fragliche Betrieb liegt. Diese Regelung ist zwingend und verdrängt die Vorschriften der ZPO über die örtliche Zuständigkeit, sodass eine andere örtliche Zuständigkeit weder durch Parteivereinbarung noch durch rügelose Einlassung begründet werden kann.[312] Dies gilt jedoch nur, solange nach § 82 ArbGG nur ein einziger Gerichtsstand in Frage kommt.

In Fällen, in denen unklar ist, ob ein Nebenbetrieb oder Betriebsteil als selbstständiger Betrieb anzusehen ist, oder wenn mehrere Betriebe einen einheitlichen Betrieb bilden, kommen verschiedene Gerichtsstände in Betracht.[313] In diesen Fällen kann eine ausschließliche Zuständigkeit eines Gerichts durch Parteivereinbarung festgelegt werden.[314] Eine solche Vereinbarung muss jedoch deutlich vor einer Auseinandersetzung über eine Betriebsänderung abgeschlossen werden, da während der laufenden Verhandlungen kaum eine diesbezügliche Abschlussbereitschaft des Betriebsrats vorhanden sein wird. Auch gilt eine Gerichtsstandsvereinbarung nur zwischen den Parteien, die sie abgeschlossen haben; eine Vereinbarung zwischen Arbeitgeber und Einzelbetriebsrat kann den

310 Diese Kenntnis ist selbstverständliche Voraussetzung einer angemessenen Beratung; zum Spektrum der Rechtsprechung detailliert unten C.V.

311 Vgl. GMPM/Matthes, § 85 Rn. 42.

312 GMPM/Matthes, § 82 Rn. 2.

313 Vgl. ErfK/Eisemann, § 82 ArbGG Rn. 1; eingehend GMPM/Matthes, § 82 Rn. 8, 9; zur Zuständigkeitsverteilung zwischen Einzel- und Gesamtbetriebsrat siehe unten C.III.b) aa) und cc).

314 Vgl. GMPM/Matthes, § 82 Rn. 2, der jedoch auf Grund der Ungewissheit über die möglichen Beteiligten eine solche Vereinbarung für in der Praxis wenig relevant hält; zu den Dispositionsmöglichkeiten im Individualarbeitsrecht Mävers, ArbRAktuell 2010, 87.

Gesamtbetriebsrat nicht daran hindern, an einem anderen Gerichtsstand einen Rechtsbehelf einzulegen. Dies gilt jedoch nur, wenn der Gesamtbetriebsrat tatsächlich zuständig ist, andernfalls wird der Antrag schon wegen der fehlenden Prozessführungsbefugnis des Antragstellers und unabhängig von der örtlichen Zuständigkeit des angerufenen Gerichts scheitern.

Eine Sonderkonstellation liegt vor, wenn der Gesamtbetriebsrat nach § 50 Abs. 2 BetrVG die Angelegenheit eines Einzelbetriebsrats geltend macht: in diesem Fall bestimmt sich die Zuständigkeit nicht nach dem Unternehmenssitz, sondern nach dem Gerichtsstand des betroffenen Betriebes.[315] Liegt eine Gerichtstandsvereinbarung zwischen Einzelbetriebsrat und Arbeitgeber vor, so ist auch der im Rahmen von § 50 Abs. 2 BetrVG handelnde Gesamtbetriebsrat daran gebunden. Denn andernfalls könnte der Einzelbetriebsrat sich der selbst auferlegten Bindung durch Beauftragung des Gesamtbetriebsrats entziehen. Eine Beauftragung des Gesamtbetriebsrats ist jedoch nur insoweit möglich, als der Betriebsrat selbst noch über seine Recht disponieren kann; eine bestehende Bindung wird daher „mitübertragen".

b) Schutzschriften

Der Nutzen der Hinterlegung von Schutzschriften zur Abwendung einer einstweiligen Verfügung auf Unterlassung ist umstritten.[316] Die Schutzschrift wird dem Betriebsrat in der Regel, jedoch nicht immer, nach dem Eingang von dessen Antrag zugestellt.[317] Dadurch erhält dieser die Gelegenheit, seinen Vortrag vor der mündlichen Verhandlung kurzfristig zu präzisieren und optimieren. In diesem Zusammenhang kann die Hinterlegung einer Schutzschrift sogar strategisch nachteilig sein.[318]

Geht man davon aus, dass die Entscheidung ohne mündliche Verhandlung auch ohne Vorliegen einer Schutzschrift nur die Ausnahme und nicht die Regel ist,[319] so relativiert sich der Nutzen der Schutzschrift ohnehin.

Im Hinblick auf das für den Anwalt geltende Gebot zur Beschreitung des sichersten Weges ist der Verzicht auf eine Schutschrift allerdings problematisch, da sonst in Extremfällen der Erlass einer einstweiligen Verfügung ohne mündliche Verhandlung droht. Unter diesem Gesichtspunkt sollte im Regelfall die Entscheidung zugunsten der Hinterlegung ausfallen.

315 Hierzu GMPM/Matthes, § 82 Rn. 9.

316 Grundsätzlich dazu Ehler, BB 2000, 978.

317 Manche Arbeitsgerichte stellen dem potentiellen Antragsteller die Schutzschrift direkt nach deren Eingang zu, andere überhaupt erst im Verhandlungstermin.

318 Bauer/Göpfert/Haußmann/Krieger, Umstrukturierung, 2 A Rn. 108.

319 So Bauer/Göpfert/Haußmann/Krieger, Umstrukturierung, 2 A Rn. 108.

3. Bewertung

Ob der Betriebsrat seine Mitbestimmungsrechte bei Betriebsänderungen im Wege einer einstweiligen Verfügung auf Unterlassung der Maßnahme durchsetzen kann, ist nach wie vor umstritten und höchstrichterlich ungeklärt.

Die Gestaltungsmöglichkeiten auf Arbeitgeberseite zur Vermeidung entsprechender Verfügungen sind äußerst beschränkt. Zwar sind Gerichtsstandsvereinbarungen grundsätzlich in (seltenen) Einzelkonstellationen möglich. Der Großteil der Betriebsänderungen wird davon jedoch schon nicht umfasst. Liegt eine solche Vereinbarung zwischen Betriebsrat und Arbeitgeber vor, ist daran allerdings auch der Gesamtbetriebsrat gebunden, wenn er nach Delegation für den Einzelbetriebsrat tätig wird.

Die Hinterlegung einer Schutzschrift kann zwar auch strategische Nachteile mit sich bringen, der Verzicht darauf birgt jedoch die größeren Risiken.

V. Sonderfall Tarifsozialplan – Abwehrstrategie

Gewerkschaftlich unterstützte Betriebsräte greifen zunehmend auf das Konstrukt Tarifsozialplan als Alternative bzw. Ergänzung zu Interessenausgleich und Sozialplan zurück. Der Unternehmer muss deshalb eine wirksame Strategie entwickeln, wie er mit derartigen Forderungen umgehen will.[320]

1. Wesen des Tarifsozialplans

Die Entscheidung über das Ob und Wie der Betriebsänderung gebührt grundsätzlich dem Arbeitgeber. Lediglich im Hinblick auf das Verfahren zur Verhandlung über einen Interessenausgleich hat der Betriebsrat Beteiligungsrechte. Dagegen bestehen weitergehende – teils erzwingbare – Mitbestimmungsrechte hinsichtlich der Folgen einer Betriebsänderung (Sozialplan). Diese Grundordnung wird durch die aktuelle Entwicklung zu Tarifsozialplänen verändert. Mit diesem Vehikel versuchen die Gewerkschaften, Einfluss auf die Modalitäten der Betriebsänderung zu nehmen. Zwar werden dem Wesen nach zunächst nur Forderungen aufgestellt, die in den Bereich typischer Sozialplanleistungen fallen; eigentliches Ziel ist in der Praxis häufig allerdings die Verhinderung oder zumindest Verzögerung der Betriebsänderung an sich. Da damit grundsätzlich der Weg zur Erstreikbarkeit eröffnet ist, werden die Forderungen meist extrem hoch angesetzt, sodass Ergebnis letztlich ein Arbeitskampf um die Betriebsänderung selbst ist. Denn ab einem gewissen Kostenniveau, vorgegeben durch die gewerkschaftlichen Forderungen, wird die Betriebsänderung entweder unmöglich oder unrentabel.

Tarifsozialpläne werden zwischen der tarifzuständigen Gewerkschaft auf Arbeitnehmerseite sowie zwischen dem zuständigen Arbeitgeberverband oder dem betroffenen Arbeitgeber selbst geschlossen.[321] Da häufig gleichzeitig noch mit dem Betriebsrat weiterverhandelt wird, besteht auch die Möglichkeit des Abschlusses einer einheitlichen Vereinbarung. Allerdings ist die Rechtsnatur solcher dreiseitiger Vereinbarungen umstritten.[322] Teilweise werden sie für unverbindlich gehalten, da sie vom Gesetz nicht vorgesehen seien.[323] Nach Ansicht des BAG ist die Rechtsnatur der Vereinbarung durch Auslegung zu ermitteln und kann im Zweifel zu Gunsten eines Tarifvertrags entschieden werden.[324] Dies wurde jedoch nur für den Sonderfall eines „Konsolidierungsvertrags“ entschie-

320 Hierzu Bauer/Krieger, NZA 2004, 1019 sowie Bayreuther, NZA 2007, 1017.

321 Bauer/Göpfert/Haußmann/Krieger, Umstrukturierung, 2 C Rn. 17.

322 Bauer/Göpfert/Haußmann/Krieger, Umstrukturierung, 2 C Rn. 19.

323 Löwisch/Rieble, Grundl. Rn. 70.

324 BAG v. 7.11.2000 – 1 AZR 175/00, NZA 2001, 727.

den. Vereinbarungen, die Elemente von Tarifvertrag, Betriebsvereinbarung, Interessenausgleich oder Sozialplan vermischen, seien dem entgegen im Zweifel, d.h. wenn der Rechtscharakter durch Auslegung nicht eindeutig zu ermitteln ist, als unwirksam einzustufen.[325] Hier ist also (auf beiden Seiten) Vorsicht geboten, da durch die Gesamtunwirksamkeit der Vereinbarung im Nachhinein eine völlig unberechenbare Situation eintritt.

Ein weiteres Problem ergibt sich bei der Geltung des Tarifsozialplans. Wäre er als Sozialplan anzusehen, so hätte er wie eine Betriebsvereinbarung gem. § 112 Abs. 1 S. 2 i.V.m § 77 Abs. 4 S. 1 BetrVG unmittelbare und zwingende Wirkung für alle im Betrieb beschäftigten Arbeitnehmer. Als Tarifvertrag hingegen kommt es auf die allgemeinen Grundsätze der Tarifbindung an. Bindungswirkung kann der Tarifsozialplan damit für die Arbeitnehmer nur über die Gewerkschaftszugehörigkeit oder Bezugnahmeklauseln im Arbeitsvertrag erlangen.[326] Denkbar ist also, dass ein Tarifsozialplan für einen Teil der Arbeitnehmer keine Geltung erlangt. Dies ist eine Erwägung, die auch für die strategische Planung des Betriebsrats nicht übersehen werden darf.[327]

Die Einbeziehung nicht gewerkschaftsangehöriger Arbeitnehmer in die Wirkungen des Tarifvertrags ist aus dogmatischer Sicht problematisch. Sie ist allenfalls als Vertrag zu Gunsten Dritter oder als reines Angebot auf Einbezug zu konstruieren.[328] Allerdings ist es im Zusammenhang mit Art. 9 Abs. 3 GG problematisch, die Gewerkschaft zu einem Agieren zu Gunsten von Nichtmitgliedern anzuhalten.[329] Eine andere Herangehensweise wäre die Regelung im Wege einer ergänzenden Vereinbarung auf Betriebsebene (in Gestalt einer Betriebsvereinbarung oder Regelungsabrede), oder in Interessenausgleich oder Sozialplan selbst.

Wird eine solche Regelung nicht getroffen, stellt sich die Frage, ob ein Verstoß gegen den betrieblichen Gleichbehandlungsgrundsatz entsteht, wenn einzelne Arbeitnehmer auf Grund ihrer fehlenden Gewerkschaftszugehörigkeit nicht von den Regelungen profitieren können. Einerseits ist die Andersbehandlung von gewerkschaftsangehörigen und damit tarifgebundenen Arbeitnehmern dem Tarifvertragsrecht immanent.[330] Andererseits hat der Gleichbehandlungs-

325 BAG v. 15.4.2008 – 1 AZR 86/07, NZA 2008, 1074.

326 Bauer/Göpfert/Haußmann/Krieger, Umstrukturierung, 2 C Rn. 20; die ebenfalls bestehende Möglichkeit der Allgemeinverbindlicherklärung ist praktisch nicht relevant.

327 Hierzu auch unten C.VI.

328 Vgl. Bayreuther, NZA 2007, 1017, 1022.

329 Bayreuther, NZA 2007, 1017, 1022, hält sogar einen Verstoß gegen Art. 9 Abs. 3 GG für gegeben, was jedoch im Hinblick auf die Freiwilligkeit der Vereinbarung zu weit geht.

330 Caspers, AR-Blattei SD 170.4, Rn. 61.

grundsatz beim Sozialplan durch dessen Erzwingbarkeit besondere Bedeutung; die Gewerkschaftszugehörigkeit als Differenzierungskriterium ist damit kaum in Einklang zu bringen.

Eine weitere Lösungsmöglichkeit bietet sich mit § 3 Abs. 2 TVG an: danach gelten tarifliche Regelungen über betriebliche und betriebsverfassungsrechtliche Fragen bei tarifgebundenen Arbeitgebern in allen Betrieben, unabhängig von der Tarifgebundenheit der Arbeitnehmer. Ob die Regelungen eines Tarifsozialplans hier einzuordnen sind, ist höchst fraglich und bisher in der Rechtsprechung noch nicht entschieden. Es ließe sich jedoch aus dem Zusammenhang zum Sozialplan, der als Regelung zu betriebsverfassungsrechtlichen Fragen eingeordnet werden könnte, herleiten.[331] Eine solche Interpretation kann jedoch keineswegs als rechtssicher und damit empfehlenswert angesehen werden.

Die strategische Bedeutung dieser Rechtsfragen relativiert sich jedoch bei näherer Betrachtung erheblich: die größte Bedeutung des Tarifsozialplans liegt in seiner Erstreikbarkeit, d.h. im dadurch ermöglichten Arbeitskampf. Dieser ist jedoch unabhängig davon, ob bzw. welche Arbeitnehmer später vom erkämpften Tarifvertrag profitieren. Denn die Teilnahme am Streik ist auch nicht organisierten Arbeitnehmern möglich.[332] Wenn also die Gewerkschaft einen umfassenden Arbeitskampf androhen oder gar durchführen kann, ist es für den Arbeitgeber nicht mehr entscheidend, ob das Streikergebnis für alle Arbeitnehmer oder nur einen Teil gilt; die negativen Folgen des Arbeitskampfes bestehen unabhängig davon. Allenfalls würde dies eine Rolle spielen, wenn der Organisationsgrad derart gering wäre, dass auch ein sehr hoch dotierter Tarifsozialplan absolut betrachtet nur geringe Kosten verursachen würde. Dies ist jedoch nur eine theoretische Variante: tatsächlich können (und werden) die nicht organisierten Arbeitnehmer in einer solchen Situation kurzfristig und in großer Zahl in die betreffende Gewerkschaft eintreten, sodass die obigen Erwägungen obsolet werden.[333] Auch ist zu bedenken, dass eine Geltung der Tarifsozialplanregelungen auch für nicht organisierte Arbeitnehmer über arbeitsvertragliche Bezugnahmeklauseln

331 Die Frage, ob der Sozialplan selbst unter § 3 Abs. 2 TVG fällt, stellt sich nicht, da er nicht die Qualität eines Tarifvertrags hat.

332 BAG v. 21.4.1971 – GS 1/68, AP Nr. 43 zu Art. 9 GG Arbeitskampf; BAG v. 22.3.1994 – 1 AZR 622/93, AP Nr. 130 zu Art. 9 GG Arbeitskampf; vgl. auch ErfK/Dieterich Art. 9 GG Rn. 160. Zwar wird die Streikberechtigung auch daraus abgeleitet, dass das Ergebnis des Arbeitskampfes auch den nicht organisierten faktisch zugute komme, was hier fraglich ist. Da jedoch jedenfalls die Möglichkeit besteht, vom Streikergebnis zu profitieren, muss dies zur Begründung der Streikberechtigung ausreichen.

333 Zum Anstieg des Organisationsgrads in Krisensituationen Lipinski/Reinhardt, BB 2008, 2234.

entstehen kann.[334] Daher kann und sollte die Reaktion auf Tarifsozialplanforderungen von Anfang so geplant werden, als ob alle Arbeitnehmer in den Tarifabschluss einzubeziehen wären.

2. Grundsätzliche Erstreikbarkeit

Die Erstreikbarkeit ist wesentlichstes Element der praktischen Bedeutung von Tarifsozialplänen.[335] Nur hierin liegt aus Arbeitnehmersicht ihr großer Vorteil gegenüber Interessenausgleich und regulärem Sozialplan. Am 24.4.2007 entschied das BAG, dass Gewerkschaften zu Streiks für einen Tarifvertrag aufrufen dürfen, der die wirtschaftlichen Nachteile aus einer Betriebsänderung ausgleichen oder mildern soll.[336] Die Regelungskompetenz der Tarifvertragsparteien werde durch die §§ 111 und 112 BetrVG nicht beschränkt, da Tarifvertrag und Sozialplan unterschiedliche, sich nicht überschneidende Regelungsebenen darstellten. Das Verfahren nach den §§ 111 ff. BetrVG einschließlich der Einigungsstelle habe keinen Vorrang vor Tarifverhandlungen und Arbeitskämpfen. Damit ist die grundsätzliche Zulässigkeit derartiger Streiks geklärt. Im Detail existieren jedoch noch Spielräume und offene Rechtsfragen.

a) Gestörte Kampfparität

In einer grundlegenden Entscheidung aus dem Jahre 1980 hatte das BAG festgehalten, dass die Rechtsordnung keiner Seite so starke Kampfmittel zur Verfügung stellen darf, dass dem sozialen Gegenspieler keine gleichwertige Verhandlungschance mehr bleibt.[337] Mit der Durchführung von Streikmaßnahmen während laufender Interessenausgleichs- und Sozialplanverhandlungen wird das Kräfteverhältnis zwischen Arbeitgeber und Gewerkschaft verschoben.[338] Viele Stimmen in der Literatur gehen von einer erheblichen Störung aus.[339] Seit der

334 Vgl. Bayreuther, NZA 2007, 1017, 1021, der darauf hinweist, dass diese Klauseln gerade bei tarifgebundenen Arbeitgebern „fast ausnahmslos“ im Vertragsbestand vorkommen.

335 Grundlegend zur Problematik Fischinger, Arbeitskämpfe, S. 102 ff., sowie Krause, Standortsicherung, S. 83 ff.

336 BAG v. 24.4.2007 – 1 AZR 252/06, NZA 2007, 987; grundlegend BVerfG v. 26.6.1991 – 1 BvR 779/85, NZA 1991, 809; zum Ganzen Reichold, BB 2004, 2814, 2816; kritisch zum „konturlosen“ Arbeitskampfrecht des BAG Otto, RdA 2010, 135.

337 BAG v. 22.12.1980 – 1 ABR 2/79, AP Nr. 70 zu Art. 9 GG Arbeitskampf.

338 Ausführlich Fischinger, NZA 2007, 310, 312.

339 Willemsen/Stamer, NZA 2007, 413, 414; Wank, RdA 2009, 1, 6; differenzierend Fischinger, NZA 2007, 310; dagegen Krause, Standortsicherung, S. 88; grundsätzlich zum

Entscheidung des BAG vom 24.4.2007 gilt jedoch bis auf weiteres, dass hieraus nicht per se die Rechtswidrigkeit der auf einen Tarifsozialplan abzielenden Arbeitskampfmaßnahmen folgt.

Ist die Arbeitskampfparität deutlich gestört, kann daraus die Rechtswidrigkeit eines Streiks folgen. Dementsprechend kann aus dem Argument der Kampfparität die Zulässigkeit bestimmter Gegenmaßnahmen abgeleitet werden (sogleich unten 4.). Damit markiert die Kampfparität eine Grenzlinie, deren Nichtüberschreitung die Zulässigkeit des Streiks bedingt. Um innerhalb dieser Grenzlinie zu bleiben, müssen dem Arbeitgeber bestimmte Werkzeuge zur Verteidigung seiner Position an die Hand gegeben werden.

b) Einflussnahme auf bestehende Tarifbindungen

Aus Arbeitgebersicht stellt sich die Frage, ob bestehende Tarifbindungen so beeinflusst werden können, dass sie eine Friedenspflicht gegenüber den Tarifsozialplanforderungen entfalten. Nach Beginn der Verhandlungen über die Betriebsänderung werden hier jedoch keine Möglichkeiten mehr bestehen, da der Verhandlungspartner zur Modifikation geltender oder zum Abschluss neuer Tarifverträge stets die Gewerkschaft sein wird, die einen Tarifsozialplan fordert. Die Gestaltung von die Friedenspflicht auslösenden Tarifverträgen stellt sich somit nicht als Frage im Rahmen der Betriebsänderung, sondern allenfalls mit einigem Abstand vorher. Im Rahmen der vorliegenden Untersuchung ist sie daher ohne Bedeutung.

c) Sperrwirkung der BetrVG-Vorschriften

Die Frage, ob die §§ 111 ff. BetrVG für die Tarifvertragsparteien eine Sperrwirkung entfalten, stellt sich als reine Rechtsfrage dar, die nicht beeinflussbar ist.[340] Die Kenntnis dieser Problematik ist jedoch für die Strategieplanung unabdingbar. Ausgangspunkt ist die Tarifautonomie aus Art. 9 Abs. 3 GG. Sie ist – im Gegensatz zu den Beteiligungsrechten aus der Betriebsverfassung – im Grundgesetz verankert. Daraus wird abgeleitet, dass der Tarifautonomie gegenüber betriebsverfassungsrechtlichen Regelungen der Vorrang gebühre.[341] Die Folge davon ist, dass ein laufendes Verfahren nach den §§ 111 ff. BetrVG nicht dem

---

Begriff der Kampfparität BVerfG v. 1.3.1979, BVerfGE 50, 290 („Mitbestimmungsurteil").

340 Überblick bei Bayreuther, NZA 2007, 1017, 1020; ausführlich Franzen, ZfA 2005, 315, 331.

341 Wank, RdA 2009, 1, 6; so auch bereits Franzen, ZfA 2005, 315, 333.

Abschluss eines Tarifsozialplans entgegenstehen kann.[342] Allerdings können sich beide Verfahren inhaltlich beeinflussen.[343]

Nach anderer Auffassung gebietet der Schutz der Betriebsratskompetenzen die Annahme einer Sperrwirkung der §§ 111 ff. BetrVG, mit der Folge der Rechtswidrigkeit von Tarifsozialplanstreiks.[344] Diese Ansichten stammen jedoch aus der Zeit vor der Tarifsozialplan-Grundsatzentscheidung des BAG vom 24.4.2007 und können einer Strategieplanung, die sich an der höchstrichterlichen Rechtsprechung orientieren muss, nicht zugrunde gelegt werden.

3. Einstweiliger Rechtsschutz auf Unterlassung des Arbeitskampfes

Ist ein Streik rechtswidrig, da er gegen die Grundsätze des Arbeitskampfrechts verstößt oder unverhältnismäßig geführt wird, kann der Arbeitgeber eine einstweilige Verfügung auf Unterlassung durchsetzen.[345]

a) Grenzen der Friedenspflicht

Auch beim Tarifsozialplan gilt, dass ein Streik im Ganzen rechtswidrig ist, wenn auch nur eine der Kampfforderungen in einem anwendbaren Tarifvertrag erkennbar abschließend geregelt ist.[346] In der hier gegebenen Sonderkonstellation ist die Frage, wann eine Kampfforderung bereits abschließend geregelt ist, weniger eindeutig beantwortbar als bei herkömmlichen Tarifverträgen. Nach dem *LAG Niedersachsen* kann schon ein bestehender Rationalisierungsschutztarifvertrag die Friedenspflicht auslösen.[347] *Bauer* und *Krieger* gehen noch weiter und halten auch Manteltarifverträge für entsprechende abschließende Regelungen, da dort bereits Bestimmungen über die Beendigung von Arbeitsverhältnissen enthalten seien.[348]

---

342 So bereits Fischinger, Arbeitskämpfe, S. 120 ff.; ähnlich Krause, Standortsicherung, S. 72 ff.

343 Wank, RdA 2009, 1, 6; Gaul, RdA 2008, 13; zeitlich parallel zur Tarifsozialplan-Grundsatzentscheidung des BAG Krause, Standortsicherung, S. 86.

344 Reichold, BB 2004, 2814; Rolfs/Clemens, NZA 2004, 410; Nicolai, RdA 2006, 33.

345 Hierzu Lipinski/Ferme, DB 2007, 1250, 1251, sowie Gaul, RdA 2008, 13.

346 Fischinger, NZA 2007, 310.

347 LAG Niedersachsen v. 2.6.2004, 7 Sa 819/04, NZA-RR 2005, 200; so auch Bayreuther, NZA 2007, 1017, 1020, jedenfalls soweit die Rationalisierungsschutzbestimmungen nicht lediglich unbedeutenden Umfangs seien; für eine Friedenspflicht durch Rationalisierungsschutzabkommen auch Lindemann/Dannhorn, BB 2008, 1226.

348 Bauer/Krieger, NZA 2004, 1019,1022; einschränkend Krause, Standortsicherung, S. 84.

Dabei ist jedoch eine Besonderheit zu beachten: im Sachverhalt, welcher der Tarifsozialplan-Grundsatzentscheidung des BAG zu Grunde lag, hatte die Gewerkschaft die kündigungsbezogenen Regelungen des Verbandstarifvertrags (hier: Kündigungsmodalitäten), die dem Streik hätten entgegenstehen können, rechtzeitig vor dessen Beginn gekündigt.[349] Der Fall zeigte, dass in der Praxis im Ernstfall zur Ermöglichung des Arbeitskampfs ein erheblicher „Preis" gezahlt wird, nämlich die vorübergehende Aufgabe von Schutzregeln, die für alle Arbeitnehmer tarifgebundener Unternehmen gelten. Im Zweifel wird also die Gewerkschaft die Friedenspflicht selbst beseitigen. Dies setzt allerdings voraus, dass die tariflichen Regelungen eine kurzfristige (Teil-) Kündigung überhaupt zulassen, was eher die Ausnahme ist.[350]

Gaul weist zu Recht daraufhin, dass die Friedenspflicht ohnehin nicht für neue bzw. andere Gewerkschaften gelte, die nicht Vertragspartner der bestehenden Tarifverträge sind.[351] Die aus bestehenden Tarifverträgen abzuleitende Friedenspflicht bietet daher aus Arbeitgebersicht keine ausreichende Sicherheit, um Tarifsozialplanarbeitskämpfe abzuwehren.

b) Ultima Ratio

Der Streik um einen Tarifsozialplan ist nur dann rechtmäßig, wenn ernsthafte Verhandlungen über einen Tarifsozialplan geführt wurden und diese gescheitert sind.[352] Er ist nur als ultima ratio zulässig.[353] Nach einer Ansicht ist ernsthaftes Verhandeln schon dann ausgeschlossen, wenn die Gewerkschaft das primäre Ziel der Verhinderung der Betriebsänderung verfolgt. Die Verhinderung der Betriebsänderung und der Abschluss eines Tarifsozialplans stünden in einem Exklusivitätsverhältnis, die Gewerkschaft könne nur über das Eine oder das Andere verhandeln.[354] Daher gelte ein Anscheinsbeweis für einen Verstoß gegen das ultima-ratio-Prinzip, wenn die Gewerkschaft beide Ziele zu verfolgen vorgibt. Dies sei aus dem Exklusivitätsverhältnis abzuleiten. Diese strenge Annahme eines Exklusivitätsverhältnisses überzeugt jedoch nicht, da durchaus gleichzeitig die Verhinderung der Maßnahme und – hilfsweise – die Milderung von deren Folgen angestrebt werden kann. Allein aus der Tatsache, dass auch die Verhin-

---

349 Vgl. BAG v. 24.4. 2007 – 1 AZR 252/06, NZA 2007, 987; hierzu auch Bayreuther, NZA 2007, 1017, 1019.

350 Vgl. Bayreuther, NZA 2007, 1017, 1020.

351 Gaul, RdA 2008, 13, 15 ff.

352 Vgl. BAG v. 21.6.1988 – 1 AZR 651/86, NZA 1988, 846.

353 Lipinski/Ferme, DB 2007, 1250, 1251.

354 Lipinski/Ferme, DB 2007, 1250, 1251.

derung der Betriebsänderung angestrebt wird, lässt sich das Fehlen ernsthafter Verhandlungen über den Tarifsozialplan nicht zwingend ableiten.

4. Weitere Reaktionsmöglichkeiten auf Unternehmerseite

a) Sofortige Vorhabensdurchführung bei suspendierter Mitbestimmung

Um die Kampfparität zu erhalten gilt, dass Betriebsänderungen dann nicht beteiligungspflichtig sind, wenn sie eine Arbeitskampfmaßnahme darstellen.[355] Dabei sind die Mitbestimmungspflichtigkeit der ursprünglich geplanten Betriebsänderung und die arbeitskampfbedingten betriebsbezogenen Maßnahmen strikt auseinander zu halten: arbeitskampfbedingte Produktionsunterbrechungen etwa sind schon begrifflich keine Betriebseinschränkungen. Sie fallen nicht unter § 111 BetrVG, da sie nicht einer unternehmerischen Planung entspringen, sondern dem Arbeitgeber aufgezwungen werden. Deswegen sind sie mitbestimmungsfrei.[356]

Nach der grundsätzlichen Rechtsprechung des BAG soll die Mitbestimmung auch während eines Arbeitskampfes für alle Maßnahmen unbeschränkt gelten, die keinen konkreten Bezug zum Arbeitskampfgeschehen aufweisen („arbeitskampfbezogene Auslegung“ der Beteiligungsrechte).[357] Allerdings wurde diese Rechtsprechung zu einer Zeit begründet, als das Rechtsproblem „Tarifsozialplan“ noch völlig unbekannt war. Auch die letzte Entscheidung in dieser Hinsicht[358] erging noch vor der Grundsatzentscheidung zur Erstreikbarkeit von Tarifsozialplänen. Im Umfeld einer Betriebsänderung, die Auslöser für einen Tarifsozialplan-Arbeitskampf ist, gibt es kaum Maßnahmen, die nicht im Bezug zum Arbeitskampfgeschehen stehen. Derartige nicht arbeitskampfrelevante Maßnahmen ließen sich überhaupt nur dann auffinden, wenn für die Arbeitskampfbezogenheit ausschließlich die „offiziellen“ Streikziele herangezogen

---

355 Richardi/Annuß, § 111 Rn. 31; Galperin/Löwisch, § 74 Rn. 13; zur Suspendierung von Mitbestimmungsrechten (insb.: § 99 BetrVG) im Tarifsozialplanarbeitskampf LAG Köln v. 13.8.2009 – 7 TaBV 116/08, NZA-RR 2010, 470.

356 Ähnlich GK/Oetker, § 111 Rn. 60; DKK/Däubler, § 111 Rn. 41; HSWGN/Hess § 111 Rn. 50.

357 BAG v. 14.2.1978 – 1 AZR 76/76, AP Nr. 58 zu Art. 9 GG Arbeitskampf; BAG v. 10.12.2002 – 1 ABR 7/02, NZA 2004, 223; zu Einschränkungen der Mitbestimmung schon vor Beginn des Arbeitskampfes BAG v. 10.2.1988 – 1 ABR 39/86, NZA 1988, 549.

358 BAG v. 10.12.2002 – 1 ABR 7/02, NZA 2004, 223.

würden. Selbst diese stehen überwiegend im Zusammenhang zu mitbestimmungsrelevanten Maßnahmen. Das eigentliche Streikziel, die Verhinderung der Betriebsänderung, steht jedoch stets in einem untrennbaren Zusammenhang zu den mitbestimmungsrelevanten Planungen (i.e.: die Planung der Betriebsänderung). Daher führt die „arbeitskampfbezogene Auslegung" der Beteiligungsrechte im Arbeitskampf um Tarifsozialpläne stets zur vollen Suspendierung der Mitbestimmungsrechte. Als Folge davon entfällt die Pflicht für den Arbeitgeber, einen Interessenausgleich zu verhandeln, sodass sowohl dem (umstrittenen) Unterlassungsanspruch des Betriebsrats als auch etwaigen Nachteilsausgleichsansprüchen der Arbeitnehmer gem. § 113 Abs. 3 BetrVG die Grundlage entzogen ist.

Folgt man diesem Ansatz, wäre eine mitbestimmungsfreie Umsetzung der Betriebsänderung mit Beginn des Arbeitskampfes stets möglich, wenn sie auf Grund des Arbeitskampfes Änderungen erfährt.[359] Jedenfalls aber muss es sich um gravierende Änderungen der geplanten Maßnahme insofern handeln, als die Betriebsänderung zeitlich deutlich früher – während des Arbeitskampfes – umgesetzt wird. Dies ist nur bei Stilllegungen möglich; für andere Betriebsänderungen, wie etwa Änderungen der Betriebsorganisation, kommt eine solche Vorgehensweise nicht in Betracht, da diese Maßnahmen während des Streiks nicht umsetzbar sind. Allerdings sind es gerade die (Teil-) Stilllegungen, die typischerweise zum Gegenstand eines Tarifsozialplanarbeitskampfes werden.[360] Umstritten ist, ob der Betriebsrat noch einen Anspruch auf nachträgliche Beteiligung gem. §§ 111 ff. BetrVG hat.[361] Kann die Betriebsänderung im Wesentlichen schon während des Arbeitskampfes mitbestimmungsfrei durchgeführt werden, ist die nachgelagerte Mitbestimmung strategisch wenig relevant.

Von erheblicher Bedeutung ist die Einhaltung der Anforderungen des § 17 KSchG, sofern es sich bei der Betriebsänderung um eine Massenentlassung handelt. Umstritten ist allerdings, ob das Konsultationsverfahren mit dem Betriebsrat gem. § 17 Abs. 2 KSchG durchzuführen ist. Nach Ansicht von *Lipinski* und *Ferme* ist dies nicht der Fall, da hinsichtlich des „Ob" der Durchführung der

359 Bauer/Göpfert/Haußmann/Krieger, Umstrukturierung, 2 C Rn. 45; Bauer/Krieger, NZA 2004, 1019, 1024; Richardi/Annuß, § 111 Rn. 31.

360 Dies zeigt schon die Leitentscheidung des BAG v. 24.4.2007 – 1 AZR 252/06, NZA 2007, 987: betroffen war eine Teilstilllegung des Kieler Standorts der Heidelberger Druckmaschinen AG, verbunden mit dem Abbau von 562 Arbeitsplätzen.

361 Für die Nachholung Caspers, AR-Blattei SD 170.4, Rn. 59, m.w.N.; für einen nachträglichen Abschluss lediglich des Sozialplans Lipinski/Ferme, DB 2007, 1250, 1252; vollständig gegen die Nachholung Bauer/Krieger, NZA 2004, 1019, 1024; jedenfalls aber dient der nachträglich erzwingbare Sozialplan nicht dem Ausgleich arbeitskampfbedingter Nachteile, vgl. Caspers, AR-Blattei SD 170.4, Rn. 59.

Maßnahme ein Gleichlauf gegeben sein müsse.[362] Dieses Argument scheint zunächst überzeugend, da die Beteiligungsrechte aus den §§ 111 ff. BetrVG sogar weiter gehen als die des § 17 KSchG. Dabei wird jedoch die soeben dargestellte Ausgangssituation übersehen: eine Suspendierung der Beteiligungsrechte im Arbeitskampf kennt die Massenentlassungsrichtlinie nicht. Insofern ist es sehr unwahrscheinlich, dass der EuGH einen Vorrang des Arbeitskampfes anerkennen würde. Ob eine Verletzung der Konsultationspflicht nach § 17 Abs. 2 KSchG zur Unwirksamkeit einer Kündigung führen kann, ist in der Rechtsprechung ungeklärt und in der Literatur umstritten.[363] Eine entsprechende Sanktion (Unwirksamkeit) ist in der Richtlinie zwar nicht vorgesehen. Daraus lässt sich jedoch nicht zwingend ableiten, dass die Konsultation keine Wirksamkeitsvoraussetzung ist. In Anbetracht der Entwicklung der Rechtsprechung zur Massenentlassung (insbesondere unter Berücksichtigung des erheblichen Richtungswechsels des BAG[364] nach Vorgaben des EuGH[365]) muss jedoch in Betracht gezogen werden, dass Kündigungen während des Arbeitskampfes trotz Suspendierung der Beteiligungsrechte aus dem Betriebsverfassungsgesetz wegen unterlassener Konsultation nach dem Kündigungsschutzgesetz unwirksam sind. Dafür spricht, dass eine andere Sanktion (Entlassungsentschädigung) nicht vorgesehen und auch nicht in § 17 KSchG hineinzulesen ist, sowie dass der Nachteilsausgleichsanspruch aus § 113 BetrVG nicht im Zusammenhang zur Konsultation bei Massenentlassungen steht, sondern regelungstechnisch nur gewissermaßen zufällig in vielen Fällen gleichzeitig entsteht.[366]

Zu beachten sind die gemeinschaftsrechtlichen Vorgaben auch im Hinblick auf Nachteilsausgleichsansprüche. Denn die EG-Massenentlassungsrichtlinie normiert zwar nicht die gleichen strengen Verfahrensvorgaben wie die

---

362 Lipinski/Ferme, DB 2007, 1250, 252 sowie Ferme/Lipinski, NZA 2006, 937, 942 f.

363 Vgl. DFL/Leschnig, § 17 KSchG Rn. 39; Reinhard, RdA 2007, 207; Wißmann, RdA 1998, 221, 226; für die Unwirksamkeit Clemenz, FS Bauer, S. 230, 238; eindeutig ablehnend gegenüber der Unwirksamkeitsfolge Bauer/Krieger/Powietzka, DB 2005, 445, 449. Zu den (auch über den arbeitsrechtlichen Bereich hinausgehenden) Informationspflichten bei der Massenentlassung Forst, NZA 2009, 294.

364 Vor der „Junk"-Entscheidung des EuGH hatte das BAG in gefestigter Rechtsprechung entschieden, dass die Massenentlassung vor der tatsächlichen Beendigung des Arbeitsverhältnisses, nicht vor der Kündigung, zu erstatten sei: BAG v. 13.4.2000 – 2 AZR 215/99, NZA 2001, 144 und BAG v. 18.9.2003 – 2 AZR 79/02, NZA 2004, 375. Nach der Vorgabe des EuGH entschied sich das BAG im Sinne einer richtlinienkonformen Auslegung des § 17 KSchG für die gegenteilige Ansicht, dass die Anzeige schon vor Ausspruch der Kündigung erfolgen müsse: BAG v. 23.3.2006 – 2 AZR 343/05, NZA 2006, 971, sowie BAG v. 13.7.2006 – 6 AZR 198/06, NZA 2007, 25.

365 EuGH v. 27.1.2005 „Junk", C-188/03, NZA 2005, 213.

366 Ähnlich Reinhard, RdA 2007, 207, 216.

§§ 111 ff. BetrVG. Eine Suspendierung der Beteiligungsrechte auf Grund von Arbeitskampfmaßnahmen ist ihr allerdings fremd. Soll die Betriebsänderung also im Zusammenhang mit dem Arbeitskampf vorgezogen werden, ist darauf zu achten, dass zumindest die Anforderungen der Richtlinie an die Beteiligung der Arbeitnehmervertretung eingehalten werden. Die Durchführung des Einigungsstellenverfahrens ist aber kein Erfordernis nach der Richtlinie. Wird gegen die Vorgaben der Richtlinie verstoßen, stellt dies die Anrechenbarkeit der Sozialplanabfindungen auf Nachteilsausgleichsansprüche in Frage. Nach der hier vertretenen Ansicht muss in einem solchen Fall damit gerechnet werden, dass die Anrechnung unzulässig ist;[367] damit drohen erhebliche finanzielle Mehrbelastungen.

Aus strategischer Sicht ist daher unbedingt zu empfehlen, entsprechende Beratungen trotz laufendem Arbeitskampf durchzuführen. Der andernfalls drohende Schaden steht in keinem Verhältnis zum relativ geringen Beratungsaufwand.

b) Aussperrung oder Einstellung der betrieblichen Tätigkeit

Als klassische Arbeitskampfmittel des Arbeitgebers kommen zunächst die Aussperrung sowie die vorübergehende Schließung des Betriebes in Betracht.[368] Bei der Aussperrung ist der Grundsatz der Verhältnismäßigkeit zu wahren, das heißt die Dauer sowie die Anzahl der ausgesperrten Arbeitnehmer müssen in einem angemessenen Verhältnis zur Anzahl der am Arbeitskampf teilnehmenden Arbeitnehmer stehen.[369] Weitere Voraussetzung ist eine eindeutige Erklärung gegenüber den Arbeitnehmern, die erkennen lässt, dass nicht bloß auf die als Folge des Streiks eingetretene Betriebsstörung reagiert wird.[370] Eine Angriffsaussperrung wird jedoch im Hinblick auf die ebenfalls mögliche Schließung des Betriebs für verzichtbar gehalten.[371]

Noch weiter als die Aussperrung geht die vorübergehende Schließung des bestreikten Betriebes oder Betriebsteils. Besteht die Betriebsänderung ohnehin aus einer (Teil-) Stilllegung, wird dies die naheliegendere Vorgehensweise sein. Die vorübergehende Schließung des bestreikten Betriebsteils ist nach der Rechtsprechung des BAG grundsätzlich zulässig.[372] Erforderlich ist hier die Mitteilung gegenüber den Arbeitnehmern, dass der bestreikte Betrieb für die Dauer des Arbeitskampfes nicht aufrechterhalten und die Arbeitsverhältnisse der be-

367 Vgl. oben B.II.1.a).

368 Zu den Grundlagen Kissel, Arbeitskampfrecht, §§ 51 bis 62.

369 Bauer/Göpfert/Haußmann/Krieger, Umstrukturierung, 2 C Rn. 52.

370 BAG v. 27.6.1995 – 1 AZR 1016/94, NZA 1996, 212.

371 Vgl. Gaul, RdA 2008, 13, 22.

372 BAG v. 22.3.1994 – 1 AZR 622/93, NZA 1994, 1097.

troffenen Arbeitnehmer suspendiert werden.[373] Die Einstellung der betrieblichen Tätigkeit für einen längeren Zeitraum wird jedoch nur dann ernsthaft in Betracht kommen, wenn die Betriebsänderung die (Teil-) Schließung des Betriebes zum Ziel hat. In allen anderen Fällen ist mit der vollständigen Betriebseinstellung ein Schaden verbunden, der mit den strategischen Vorteilen (Druckmittel im Arbeitskampf) nicht zu rechtfertigen ist.

c) Mehrarbeit, Fremdpersonaleinsatz und Auftragsauslagerung

aa) Möglichkeiten

Will oder kann der Arbeitgeber im Arbeitskampf nicht von der Möglichkeit der Schließung Gebrauch machen, muss er die Fortführung der Betriebstätigkeit trotz Ausfall der streikenden Arbeitnehmer gewährleisten. Das Weiterarbeiten mit nicht streikenden Arbeitnehmern ist hier die einfachste Möglichkeit,[374] allerdings allein keine taugliche Strategie. Denn zum einen wird die reduzierte Belegschaft meist schon nicht mehr zur Aufrechterhaltung der Betriebstätigkeit ausreichen. Zum anderen ist die Teilnahme am Streik auch nicht organisierten Arbeitnehmern erlaubt,[375] sodass gerade bei Betriebsänderungen, die mit harten Einschnitten verbunden sind, sich viele gewerkschaftsfreie Arbeitnehmer dem Streik anschließen, oder aber – in Erwartung etwaiger Tarifsozialplanleistungen – sogar der Gewerkschaft beitreten werden.

Steht eine ausreichende Zahl an nicht gewerkschaftsangehörigen, nicht streikenden Arbeitnehmern zur Verfügung, besteht bis zu einer gewissen Größenordnung die Möglichkeit, den arbeitskampfbedingten Produktivitätsausfall durch Mehrarbeit der arbeitswilligen Arbeitnehmer auszugleichen.

Zusätzlich bietet es sich an, den Betrieb durch das Hinzuziehen externer Kräfte aufrechtzuerhalten. Dies kann zum einen durch die Beschäftigung von Fremdpersonal (Zeitarbeiter u.a.), zum anderen durch das Auslagern von Aufträgen an andere Standorte oder Fremdunternehmen realisiert werden.

bb) Hindernisse

Bei der Mehrarbeit stellt sich die Frage, ob deren Anordnung mitbestimmungspflichtig ist. Grundsätzlich unterliegt die vorübergehende Verlängerung der betriebsüblichen Arbeitszeit gem. § 87 Abs. 1 Nr. 3 BetrVG der erzwingbaren Mitbestimmung. Doch auch hier ist von der Suspendierung der Mitbestim-

373 BAG v. 22.3.1994 – 1 AZR 622/93, NZA 1994, 1097.

374 Vgl. BAG v. 22.3.1994 – 1 AZR 622/93, NZA 1994, 1097, 1098.

375 BAG v. 22.3.1994 – 1 AZR 622/93, NZA 1994, 1097; ErfK/Dieterich Art. 9 GG Rn. 160.

mungsrechte auszugehen.[376] Dies umso mehr, als die Arbeitskampfbezogenheit in einem solchen Falle offensichtlich sein dürfte und im Bereich der erzwingbaren Mitbestimmung sonst dem Betriebsrat sogar die Verhinderung ermöglicht würde.

Die Beschäftigung von Fremdpersonal ist insofern problematisch, als damit weitere Mitbestimmungstatbestände gegeben sein können. Grundsätzlich ist der Einsatz von Leiharbeitnehmern gem. § 99 BetrVG als Einstellung mitbestimmungspflichtig.[377] Das gleiche gilt für die Abordnung von unternehmenseigenen Arbeitnehmern aus einem anderen Betrieb.[378] Auch die Auslagerung ganzer Betriebsabläufe, etwa die Fremdvergabe einzelner Produktionsschritte, kann mitbestimmungspflichtig sein, weil sich daraus meist auch interne Änderungen von Betriebsabläufen sowie im Personalbestand ergeben.[379] Allerdings ist die Beteiligung des Betriebsrats aus Gründen der Kampfparität einzuschränken,[380] da auch hier die arbeitskampfbedingte Suspendierung von Mitbestimmungsrechten stattfindet. Es ist daher jedenfalls ausreichend, wenn der Betriebsrat über die geplante Maßnahme informiert wird.[381]

Eine vorrangige Anwendbarkeit der §§ 111 ff. BetrVG ist ebenfalls nicht gegeben. Denn die Ausweichmaßnahme ist gerade nicht Bestandteil der geplanten Betriebsänderung.

Im Hinblick auf die möglichen Gegenmaßnahmen des Betriebsrats ist zu bedenken, dass der Unterlassungsanspruch bei § 87 BetrVG im Gegensatz zum Bereich des § 111 BetrVG weitestgehend anerkannt ist. Sollte sich die Ausweichmaßnahme doch als mitbestimmungspflichtig herausstellen, d.h. wenn die Beteiligungsrechte nicht auf Grund der Erhaltung der Kampfparität eingeschränkt sind, besteht ein erhebliches Risiko, mit der Ausweichmaßnahme zu scheitern.

Ist nicht von einer arbeitskampfbedingten Einschränkung der Mitbestimmungsrechte auszugehen, hat der Betriebsrat bei mitbestimmungspflichtigen Maßnahmen im Sinne von § 99 BetrVG ein – auf bestimmte Gründe beschränktes – Zustimmungsverweigerungsrecht.[382] Die Maßnahme kann daher ohne Zustimmung des Betriebsrats undurchführbar werden. Der Betriebsrat könnte sich etwa auf § 99 Abs. 2 Nr. 3 BetrVG (Besorgnis der Gefährdung von Arbeitsplätzen durch die mitbestimmungspflichtige Maßnahme) berufen. Zumindest indi-

376 BAG v. 24.4.1979 – 1 ABR 43/77, AP Nr. 63 zu Art. 9 GG Arbeitskampf.

377 Fitting, § 99 Rn. 53.

378 BAG v. 16.12.1986 – 1 ABR 52/85, NZA 1987, 424; Löwisch/Kaiser, § 99 Rn. 8.

379 Eingehend hierzu, jedoch ohne Bezug zum Arbeitskampf Römer, S. 118 ff.

380 Gaul, RdA 2008, 13, 23.

381 BAG v. 26.10.1971 – 1 AZR 113/68, AP Nr. 44 zu Art. 9 GG Arbeitskampf.

382 Relevant ist dies hier vor Allem bei Versetzungen und Einstellungen.

rekt kann eine Ausweichmaßnahme zu Kündigungen gegenüber den regulären Arbeitnehmern führen, da sie den Arbeitskampf zu Gunsten des Arbeitgebers beeinflusst und damit unter Umständen die Betriebsänderung ermöglicht. Zwar kann die Zustimmung gem. § 99 Abs. 4 BetrVG vom Arbeitsgericht ersetzt werden, jedoch wird der Rechtsschutz im Beschlussverfahren nicht rechtzeitig erreicht werden können.[383] In dringenden Fällen steht dem Arbeitgeber aber die Möglichkeit der vorläufigen Durchführung gem § 100 BetrVG offen; diese ist strategisch besonders vorteilhaft, da im Regelfall die Entscheidung über die Zulässigkeit der vorläufigen Durchführung nicht vor der Entscheidung über die Zustimmungsersetzung selbst ergeht.

d) Individualrechtliche Maßnahmen

Die Arbeitsniederlegung im Rahmen eines rechtswidrigen Streiks ist eine Vertragspflichtverletzung des Arbeitnehmers.[384] Darauf kann der Arbeitgeber grundsätzlich mit Abmahnungen, Kündigungen und Schadensersatzforderungen reagieren.[385] Diese können aber am fehlenden Verschulden des Arbeitnehmers scheitern.

Während die Abmahnung kein Verschulden des Arbeitnehmers voraussetzt,[386] ist ein solches für einen Schadensersatzanspruch sehr wohl Voraussetzung. Gleiches gilt für die Kündigung, da diese ein vorwerfbares vertragswidriges Verhalten voraussetzt.[387] Daher stellt sich die Frage, ob die Teilnahme am Streik dem Arbeitnehmer vorwerfbar ist, wenn die Gewerkschaft dazu aufgerufen hat. Maßgeblich kann dabei sein, ob der betroffene Arbeitnehmer der Gewerkschaft angehört. Denn das Argument, der Arbeitnehmer habe auf die Rechtmäßigkeit des Gewerkschaftsaufrufs vertraut und sei ihm deshalb gefolgt, ist deutlich schwächer, wenn der Aufruf (mangels Gewerkschaftszugehörigkeit) den Arbeitnehmer nicht betraf bzw. für ihn keinerlei Verbindlichkeit oder (Solidaritäts-) Verpflichtung bestand.

Nach dem BAG ist die Rechtswidrigkeit des Streiks dem Arbeitnehmer in der Regel nur vorzuhalten, wenn er positive Kenntnis davon hatte.[388] Ist dies

383 Bis zur rechtskräftigen Entscheidung über die Zustimmungsersetzung vergehen in der Regel etliche Monate.

384 Grundlegend Rieble/Klumpp/Gistel, Rechtsmißbrauch, Rn. 55, 57.

385 Zu Abmahnungen und Kündigung: BAG v. 21.4.1971 – GS 1/68, AP Nr. 43 zu Art. 9 GG Arbeitskampf; BAG v. 29.11.1983 – 1 AZR 469/82, NZA 1984, 34; zu Schadensersatzforderungen Gaul, RdA 2008, 13, 21, sowie Wank, RdA 2009, 1, 8.

386 BAG v. 7.9.1988 – 5 AZR 625/87, NZA 1989, 272; vgl. auch Küttner/Eisemann, Personalbuch, Abmahnung Rn. 4.

387 Löwisch/Spinner, § 1 Rn. 94.

388 BAG v. 29.11.1983 – 1 AZR 469/82, NZA 1984, 34.

nicht der Fall, nimmt das BAG einen unvermeidbaren Verbotsirrtum immer schon dann an, wenn ein Streik um Arbeits- und Wirtschaftsbedingungen geführt wird.[389] Aus Arbeitgebersicht wird daher empfohlen, die betroffenen Arbeitnehmer auf die Rechtswidrigkeit ihres Handelns und die daraus drohenden Konsequenzen hinzuweisen.[390]

Dies beantwortet jedoch nicht die Frage, ob die Arbeitnehmer damit die erforderliche Kenntnis von der Unzulässigkeit ihrer Arbeitsniederlegung haben. In diesem Zusammenhang stellt sich die Grundsatzfrage, ob eine Rechtsinformation des Arbeitgebers ein solches Gewicht hat, dass die Arbeitnehmer keine gegenteilige Ansicht mehr vertreten dürfen. Denn nur wenn dies der Fall wäre, könnte ein bloßer Hinweis des Arbeitgebers die Rechtslage zum Nachteil der Arbeitnehmer verändern. Letzteres zeigt, dass eine solche Rechtswirkung einer vom Arbeitgeber herausgegebenen Information stets nur mit Zurückhaltung anzunehmen sein kann. Denn die Argumentation, der Arbeitgeber schulde aus Vertrauensschutzgesichtspunkten bzw. aus dem Arbeitsverhältnis eine bestimmte Information, hilft hier nicht weiter: Gerade ein „zuviel" an Information kann gegen Vertragspflichten verstoßen, wenn die Antwort auf eine umstrittene Rechtsfrage einseitig kommuniziert wird und dadurch der Streik verhindert wird. Auch ist zu bedenken, dass hier offensichtlich gegenläufige Interessenlagen bestehen. Ein Verbotsirrtum kann daher durch eine Arbeitgeberinformation nur insoweit ausgeschlossen werden, als der Arbeitnehmer durch die Informationspolitik des Arbeitgebers bei verständiger Würdigung zumindest erhebliche Zweifel an der Rechtmäßigkeit des Arbeitskampfes haben musste.[391]

5. Bewertung

Zwei Grundstrategien zur Reaktion auf eine Tarifsozialplanforderung der Gewerkschaft sind denkbar. Die erste Strategie besteht darin, eine möglichst schnelle Einigung auf betrieblicher Ebene anzustreben. Hier gilt es jedoch zu untersuchen, welche „Bindungswirkung" die Einigung auf betrieblicher Ebene für die Tarifparteien hat. Denn allein die Annahme, dass die betriebliche Einigung aus der tariflichen Auseinandersetzung „den Druck herausnimmt",[392] ist für die Strategieplanung keine ausreichend sichere Basis. Auch besteht die Gefahr, dass die Gewerkschaft die betriebliche Einigung als Ausgangspunkt für

389 BAG v. 19.6.1973 – 1 AZR 521/72, AP Nr. 47 zu Art. 9 GG Arbeitskampf.

390 Gaul, RdA 2008, 13, 21.

391 Dies betrifft nur eingeschränkt die Grundsatzfrage der Erstreikbarkeit von Tarifsozialplänen, da diesbezüglich eine Einschätzung durch den Rechtslaien ohnehin nicht erwartet werden kann.

392 So Bauer/Göpfert/Haußmann/Krieger, Umstrukturierung, 2 C Rn. 41.

höhere Forderungen nimmt.[393] Eine Bindungswirkung der betrieblichen Einigung in dem Sinne, dass ein Arbeitskampf dadurch unzulässig würde, existiert nicht. Zwar wäre ein Streik unverhältnismäßig, der auf die tarifvertragliche Festschreibung von bereits vereinbarten Sozialplaninhalten abzielt. Es liegt jedoch in der Natur des Tarifsozialplan-Arbeitskampfes, dass die Forderungen grundsätzlich höher ansetzen als das im Rahmen von Sozialplänen übliche, schon um die Maßnahme an sich zu verhindern oder zu verzögern.

Die zweite Grundstrategie besteht darin, vorrangig die tarifliche Einigung anzustreben, da im Anschluss an eine solche eine „Orientierungsfunktion“ des Tarifsozialplans entsteht. Hier besteht jedoch das Risiko, dass der Betriebsrat versucht, den Tarifsozialplan als Ausgangspunkt für noch höhere Forderungen zu nutzen. In diesem Zusammenhang würde sich die Frage stellen, ob ein Spruch der Einigungsstelle, der über das Volumen des Tarifsozialplans hinausgeht, ermessensfehlerhaft ist.[394] Dies ist jedoch angesichts der typischen (exorbitanten) Tarifsozialplanforderungen ein rein theoretisches Problem. Sollte tatsächlich eine tarifliche Einigung zustande gekommen sein, die die Gewerkschaftsforderungen auch nur ansatzweise widerspiegelt, ist ein darüber hinausgehender Einigungsstellenspruch nahezu ausgeschlossen.

Nach diesen Überlegungen wird für die Entscheidung über die Abwehrstrategie bei Tarifsozialplanforderungen maßgeblich, welche Instrumente im konkreten Fall dem Arbeitgeber im Arbeitskampf zur Verfügung stehen: Ist wegen der Suspendierung der Mitbestimmungsrechte die sofortige (Teil-) Durchführung der Betriebsänderung möglich, dann kann und sollte ein harter Arbeitskampf geführt werden, um diesen (und damit die Suspendierung) zu verlängern. Gleichzeitig kann auf (rechtlich nicht erforderliche) Verhandlungen mit dem Betriebsrat zu Gunsten der Beschleunigung verzichtet werden. Vorsicht ist jedoch gerade hier bei Massenentlassungen geboten: Zumindest eine Minimal-Beteiligung im Sinne einer Konsultation gem. § 17 Abs. 2 KSchG sollte auch während des Arbeitskampfes durchgeführt werden. Kann hingegen der Arbeitskampf im Wege der einstweiligen Verfügung (etwa wegen Verstoßes gegen die Friedenspflicht) oder auf Individualebene (drohende Schadensersatzforderungen gegenüber Arbeitnehmern) eingedämmt werden, dann sollte die betriebliche Einigung forciert werden: denn diese ist unverzichtbar, wenn der Arbeitskampf abbricht.

Bestehen ausreichende Möglichkeiten, einen Arbeitskampf durchzustehen (Auslagerung, Weiterarbeiten), sollte schon aus Kostengründen die betriebliche der tariflichen Einigung vorgezogen werden; steht die betriebliche Einigung,

393 So auch Willemsen/Stamer, NZA 2007, 413, 417.

394 Vgl. Bauer/Göpfert/Haußmann/Krieger, Umstrukturierung, 2 C Rn. 43.

kann mit der Umsetzung begonnen werden, was den Arbeitskampf obsolet macht.

C. Strategien auf Betriebsratsseite

I. Zielsetzung und Rahmenbedingungen

Auf Betriebsratsseite ist die Wahl der richtigen Strategie besonders abhängig von der Art der Betriebsänderung. Der Betriebsrat hat die Möglichkeit, über den Interessenausgleich Einfluss auf den Unternehmenserfolg zu nehmen, daher empfiehlt sich (für beide Seiten) ein nicht nur „kontradiktorisches" Vorgehen, sondern die Nutzbarmachung der Kompetenz der Interessenvertretung.[395] Dabei ist der Begriff „Unternehmenserfolg" vielschichtig zu verstehen. Die kurzfristige Bilanzoptimierung ist aus Sicht der Arbeitnehmer kein anstrebenswertes Ziel. Langfristige Optimierung von Umsatz, Gewinn und Position im Wettbewerb führen jedoch zu Fortbestand und gegebenenfalls Wachstum des Unternehmens, was unmittelbar mit der Sicherheit der vorhandenen Arbeitsplätze zusammenhängt.

Anderes gilt in bestimmten – nicht seltenen – Sonderkonstellationen: gerade im Bereich von Private-Equity-geprägten Übernahmen und Umstrukturierungen werden gehäuft Betriebsänderungen durchgeführt, die nicht einer langfristigen Optimierung der Unternehmensleistung dienen, sondern der kurzfristigen Maximierung der Gewinnmöglichkeiten („Overleverage", "Superreturn", „Asset Stripping"). Letztlich werden hier Umstrukturierungen durchgeführt, die der Entziehung des Eigenkapitals dienen, Maßnahmen also, die nicht nur im Rahmen der konkreten Betriebsänderung, sondern auch auf einer zweiten Stufe, durch Verschlechterung der Zukunftsfähigkeit des Unternehmens, Arbeitsplätze gefährden.[396] In solchen Konstellationen muss es auch Aufgabe des Betriebsrats sein, objektiv unternehmensschädliche Betriebsänderungen zu verhindern, zu verzögern oder umzugestalten. Insofern rechtfertigen sich auch drastischere Strategien.

Die Rahmenbedingungen der Mandatsbearbeitung unterscheiden sich deutlich von der Beratung des Arbeitgebers. Da auf Betriebsratsseite nicht immer Ansprechpartner mit vertieften betriebsverfassungsrechtlichen oder betriebswirtschaftlichen Kenntnissen vorhanden sind, nimmt der Anwalt hier noch deutlicher als bei der Arbeitgeberberatung die Rolle des strategischen Planers ein.[397]

---

395 So Hamm, Sozialplan, S. 46; von einer solchen kooperativ-erfolgsorientierten Zusammenarbeit geht grundsätzlich auch das Betriebsverfassungsgesetz aus.

396 Vgl. Schneider, NZG 2007, 888.

397 Hierzu Klar, Strategie und Taktik, Rn. 612.

II. Separates oder verbundenes Verhandeln von Interessenausgleich und Sozialplan

Die Frage, ob Interessenausgleich und Sozialplan gemeinsam oder getrennt verhandelt und vereinbart werden, und in welcher Reihenfolge dies zu geschehen hat, ist in das strategische Ermessen der Betriebsparteien gestellt.[398] Eine ausdrückliche gesetzliche Festlegung besteht nicht. Zwar ließe sich argumentieren, Prämisse des Gesetzes sei das gemeinsame Verhandeln.[399] Dies lässt sich jedoch aus dem Wortlaut nicht zwingend ableiten. Eine getrennte Verhandlung ist rechtlich möglich und in der Praxis teilweise auch erforderlich.[400] Bei strenger Wortlautauslegung könnte aus dem Gesetz sogar eine Reihenfolge, und zwar Interessenausgleich vor Sozialplan, abgeleitet werden.[401] Durch diesen Freiraum, der letztlich auch dem Konzept der freien Verhandlungen geschuldet ist, entstehen verschiedene strategische Möglichkeiten. Für das gemeinsame Verhandeln spricht aus taktischer Sicht die Druckfunktion des Sozialplans, da dieser über die Einigungsstelle erzwungen werden kann. Dagegen spricht allerdings die Entwertung des Interessenausgleichs durch Fixierung auf den Sozialplan.

Prämisse des Gesetzgebers ist nach dem Wortlaut, dass Unternehmer und Betriebsrat die in § 111 S. 1 BetrVG vorgesehene Beratung so führen, dass eine Einigung über Interessenausgleich und Sozialplan zustande kommt.[402] Grundkonstellation ist daher zum einen die Einigung, zum anderen der Abschluss beider Vereinbarungen. Nicht aus dem Wortlaut ableiten lässt sich die Anforderung, beide Vereinbarungen müssten daher auch gemeinsam verhandelt und gleichzeitig abgeschlossen werden. Wäre dies vom Gesetzgeber gewünscht gewesen, so hätten nicht zwei verschiedene Vereinbarungen im Gesetz Erwähnung gefunden.[403] Vielmehr wäre es dann konsequent gewesen, sowohl die Bedingungen der Umsetzung der Betriebsänderung als auch den Ausgleich der den Arbeitnehmern entstehenden wirtschaftlichen Nachteile in einem einheitlichen Vertragswerk zu vereinbaren. Dass eine solche Regelung nicht normiert wurde,

398 Zu derartigen Erwägungen Göritz/Hase/Pankau/Röhricht/Rupp/Teppich, Handbuch Einigungsstelle, S. 57, sowie Wißmann, FS ARGE Arbeitsrecht, S. 1037.

399 So Wißmann, FS ARGE Arbeitsrecht, S. 1037, 1038 unter Verweis auf den Wortlaut des § 112 Abs. 3 BetrVG; ähnlich Fitting, §§ 112, 112a Rn. 45.

400 Vgl. Röder/Baeck, Interessenausgleich, S. 14.

401 In dieser Richtung, jedoch unklar: G/T/A/W/Ahmad, § 111 Rn. 9.

402 Löwisch/Kaiser, § 112 Rn. 85.

403 Wißmann, FS ARGE Arbeitsrecht, S. 1037, 1050, verweist zu Recht darauf, dass der Gesetzgeber in § 118 BetrVG sogar explizit eine Trennung zwischen Interessenausgleich und Sozialplan normiert hat.

spricht vielmehr für den Willen des Gesetzgebers eine separate und damit flexiblere Verhandlung zu ermöglichen.

Auch hinsichtlich der Reihenfolge des Abschlusses von Interessenausgleich und Sozialplan lässt sich dem Gesetz letztlich nichts Zwingendes entnehmen. Allein die Reihenfolge der Erwähnung in den jeweiligen Vorschriften für eine derartige Annahme heranzuziehen würde nicht überzeugen.

In diesem Zusammenhang stellt sich die Frage, ob der Betriebsrat die Zustimmung zum Interessenausgleich vom gleichzeitigen Abschluss eines Sozialplans abhängig machen kann.[404] Dies wird in der älteren Rechtsprechung und der Literatur weitgehend bejaht.[405] Bestünde ein solches Recht tatsächlich, würde sich dem Betriebsrat dadurch ein erhebliches Verzögerungs- und Druckpotential eröffnen.

Die Literatur stützt diese Ansicht auf zwei Entscheidungen des BAG aus den Jahren 1970 und 1974.[406] Diesen Entscheidungen ist die angenommene Rechtsfolge jedoch nicht mit der Klarheit zu entnehmen, die von der Literatur unterstellt wird. Eine Aussage, dass der Betriebsrat seine Zustimmung zu einem Interessenausgleich vor Abschluss des Sozialplans verweigern dürfe, ist gerade nicht enthalten. Die einschlägigste, jedoch nicht eindeutige Aussage hierzu lautet:

> „Selbst wenn der Betriebsrat im Unrecht gewesen wäre, als er seine Zustimmung zur Stillegung von der Bewilligung der Abfindungen durch die Beklagte abhängig machte, so könnte daraus noch nicht der Schluß gezogen werden, er habe der Stillegung zugestimmt. Wer nur unter einer Bedingung zustimmt, mag diese berechtigt sein oder nicht, stimmt eben nicht, jedenfalls nicht eindeutig zu; (...)"[407]

Die Frage der Zulässigkeit der Zustimmungsverweigerung hat das BAG damit gerade offen gelassen. Lediglich über die Rechtsfolge einer solchen Zustimmungsverweigerung hat es eindeutig entschieden: Selbst eine unzulässige Zu-

404 Zur Klarstellung: die Durchführung der Betriebsänderung ist nicht daran geknüpft, dass der Betriebsrat seine Zustimmung bzw. sein Einverständnis zu einem Interessenausgleich gibt. Hierzu ist lediglich der Versuch einer Einigung erforderlich. Die diskutierte Frage betrifft jedoch die Konstellation, dass der Betriebsrat die Mitwirkung an Verhandlungen an den Sozialplanabschluss knüpft, bzw. dass er einen Interessenausgleich bedingt unterzeichnet.

405 BAG v. 20.11.1970 – 1 AZR 408/69, AP Nr. 7 zu § 72 BetrVG; Röder/Baeck, Interessenausgleich, S. 13 f.; Richardi/Annuß, § 112 Rn. 24; Galperin/Löwisch, § 112 Rn. 8; MünchArbR/Matthes, § 360 Rn. 11; GK/Oetker, §§ 112, 112a Rn. 29; dagegen a. A. HSWGN/Hess § 112 Rn. 16.

406 Vgl. Richardi/Annuß, § 112 Rn. 24; Bezug genommen wird auf BAG v. 20.11.1970 – 1 AZR 408/69, AP Nr. 7 zu § 72 BetrVG sowie BAG v. 17.9.1974 – 1 AZR 16/74, AP Nr. 1 zu § 113 BetrVG 1972.

407 BAG v. 20.11.1970 – 1 AZR 408/69, AP Nr. 7 zu § 72 BetrVG.

stimmungsverweigerung würde nicht dazu führen, dass von einem Zustandekommen des Interessenausgleichs ausgegangen werden kann. Diese Schlussfolgerung ist jedoch von anderer Qualität als die Aussage, eine Zustimmungsverweigerung sei unter diesen Umständen grundsätzlich zulässig. Denn die Zulässigkeit der Zustimmungsverweigerung hat zur Folge, dass der Weg zur Einigungsstelle versperrt ist. Denn solange der Betriebsrat rechtmäßig die Einigung über den Interessenausgleich an den Abschluss des Sozialplans knüpft, kann nicht von einem Scheitern der Verhandlungen ausgegangen werden. Vielmehr müsste dann über den Sozialplan weiterverhandelt werden; eine Anrufung der Einigungsstelle nur hinsichtlich des Interessenausgleichs wäre nicht möglich.

Teilweise wird differenziert: macht der Betriebsrat gegen die Betriebsänderung an sich Einwendungen geltend und ist nur im Zusammenhang mit dem Sozialplanabschluss bereit, von diesen abzusehen, dürfe er die Zustimmung verweigern. Würde hingegen nur aus taktischen Gründen mit dem Vorwand der Erforderlichkeit eines Sozialplans die Zustimmung zur Maßnahme an sich verweigert, sei ein Mitbestimmungsstreit nur noch hinsichtlich des Sozialplans vorhanden. Der Unternehmer könne in diesem Fall die Betriebsänderung durchführen.[408] Damit wird jedoch eine Rechtsfolge konstruiert, die mit der Systematik der §§ 111 ff. BetrVG nicht in Einklang zu bringen ist. Ein fingiertes Einverständnis zum Interessenausgleich kennt das Betriebsverfassungsgesetz nicht. Ist eine Einigung nicht möglich, gibt es einen klar vorgegebenen Weg: Über die Einigungsstelle ist die Einigung zu suchen, nur dort kann das endgültige Scheitern der Verhandlungen festgestellt werden. Auch geht diese Rechtsansicht an der Praxis vorbei: Der Nachweis, dass der Betriebsrat keine sachlichen Einwendungen gegen die Betriebsänderung an sich mehr habe, ist kaum zu führen. Nach außen hin wird jeder sachgerecht beratene Betriebsrat stets auch inhaltliche Einwände gegen die Gestaltung der Maßnahme geltend machen. Die Frage, ob der Betriebsrat seine Haltung zum Interessenausgleich zwingend an einen Sozialplanabschluss knüpfen darf, ist daher weiterhin ungeklärt, auch wenn nach der BAG-Rechtsprechung einiges dagegen spricht. Eine solche Vorgehensweise, die zu Lasten einer echten Verhandlungsbereitschaft ginge, ist daher nicht empfehlenswert.

Drohende Fallen dürfen nicht außer Acht gelassen werden. Ein unnötig früher Abschluss eines Interessenausgleichs nimmt dem Betriebsrat ebenso wie ein frühes Scheitern der Verhandlungen Material zum Verhandeln. Teilweise wird es sogar zum „obersten Gebot" erklärt, niemals einen Sozialplan zu unterschreiben, bevor nicht der Interessenausgleich „unter Dach und Fach" sei.[409] Dies des-

408 So Richardi/Annuß, § 112 Rn. 25.

409 So Hamm, Sozialplan, S. 51.

halb, da nach Abschluss eines Sozialplans die Verhandlungen über einen Interessenausgleich nur noch mit wenig Engagement geführt werden. Die Verzögerung des Interessenausgleichs könne aber auch genutzt werden, um die Bereitschaft des Arbeitgebers, Mittel für den Sozialplan aufzuwenden, zu erhöhen.

Erhebliche Auswirkungen auf die Entscheidung zur separaten oder gemeinsamen Verhandlung von Interessenausgleich und Sozialplan hat die Frage, ob das Recht auf Hinzuziehung eines Beraters nur dem Interessenausgleichsverfahren zuzuordnen ist und sich nicht auf die Verhandlungen über den Sozialplan erstreckt, oder ob ein allgemeinerer Beratungsanspruch besteht, d.h. auch im Rahmen der Sozialplanverhandlungen.[410] Ersteres wird aus der systematischen Stellung der Regelung beim Interessenausgleich geschlossen.[411] Daraus wird der Schluss gezogen, dass das Recht auf Hinzuziehung eines Beraters gem. § 111 Abs. 1 S. 2 BetrVG mit dem Scheitern des Interessenausgleichs vor der Einigungsstelle ende.[412] Diese Ansicht ist jedoch zu eng an der Systematik orientiert und lässt sich unter Beachtung der gesetzgeberischen Intention gerade nicht auf die Gesetzesbegründung stützen.[413] Dort wird hinsichtlich der Hinzuziehung nicht zwischen den beiden Verfahrensabschnitten unterschieden, sondern einheitlich auf die Betriebsänderung („Umstrukturierung") bzw. auf die „Beteiligungsrechte" abgestellt:

> „Unternehmensumstrukturierungen erfolgen (...) immer häufiger und sind (...) schneller zu planen und umzusetzen. Da es dabei oft um hochkomplizierte Fragestellungen geht, kann der Betriebsrat seine Beteiligungsrechte in der Regel nicht ohne fremden Sachverstand ausüben."[414]

Dabei handelt es sich um eine Begründung zu einer Änderung des § 111, in dem weder der Interessenausgleich noch der Sozialplan wörtlich genannt werden. Eine starke Abgrenzung zwischen Interessenausgleich und Sozialplan ist für die §§ 111 ff. BetrVG auch gerade nicht typisch; vielmehr sind die Normen von zahlreichen regelungstechnischen Überschneidungen geprägt. Im Übrigen wäre es aus teleologischer Sicht auch inkonsequent, dem Betriebsrat ausschließlich dort einen Beratungsanspruch zukommen zu lassen, wo er kein erzwingbares Mitbestimmungsrecht hat und ihm im Bereich seines größeren Einflusses keinen Berater zuzugestehen.

Eine Stellungnahme der Rechtsprechung zu dieser Frage liegt soweit ersichtlich nicht vor. Daher muss der Berater des Betriebsrats im Auge behalten,

410 Hierzu Manske, FS ARGE Arbeitsrecht, S. 953, 955.
411 Oetker, NZA 2002, 465, 469; Rose/Grimmer, DB 2003, 1790, 1795.
412 Rieble/Klumpp/Gistel, Rechtsmißbrauch, Rn. 51.
413 Ähnlich Manske, FS ARGE Arbeitsrecht, S. 953, 955, 956.
414 BT-DS 14/5741, S. 51.

dass bei einer separaten frühen Vereinbarung eines Interessenausgleichs oder dem Scheitern der Verhandlungen hierüber in der Einigungsstelle der Anspruch des Betriebsrats auf Hinzuziehung eines Beraters entfallen kann. Der Betriebsrat würde dann auf die Situation nach § 80 Abs. 3 BetrVG zurückfallen. In diesem Verfahrensstadium dürfte es äußerst schwer sein, eine Einigung mit dem Arbeitgeber über die Ausstattung des Betriebsrats mit rechtlicher Expertise zu finden. Diese Erwägungen sprechen aus Sicht des Betriebsrats deutlich dafür, Interessenausgleich und Sozialplan stets eng verknüpft zu verhandeln, damit weder eine einvernehmliche noch eine streitige Beendigung des Verfahrens für einen einzelnen Gegenstand – und damit das Entfallen des Beratungsanspruches – möglich ist.

III. Konfrontative Strategien

1. Eskalation

In einem besonders aufgeheizten und emotional sowie ideologisch aufgeladenen Betriebsklima werden gehäuft radikale Maßnahmen mit hoher Außenwirkung genutzt, um den Unternehmer unter Druck zu setzen.[415] Hier erlangt das Verhältnis zwischen Betriebsrat und Arbeitgeber besondere Bedeutung. Wählt der Betriebsrat eine Strategie der bewussten Eskalation, stellt sich die Frage nach dem Missbrauch von betriebsverfassungsrechtlichen Positionen.[416] Nur wenn diesbezüglich Klarheit herrscht, können die nachfolgend beschriebenen Vorgehensweisen in Betracht kommen.

Dabei darf die Diskussion nicht in eine allgemeine Billigkeitsprüfung umschlagen, vielmehr geht es nur um Ausnahmefälle, in denen die bewusste Zweckentfremdung eines Rechts zu verhindern bzw. zu sanktionieren ist. Eine solche Zweckentfremdung ist im Betriebsverfassungsrecht als Verstoß gegen § 2 Abs. 1 BetrVG unzulässig.[417] Zu beachten ist dabei jedoch auch, dass die betriebliche Mitbestimmung schon dem Grunde nach dazu angelegt ist, den Arbeitgeber in der Umsetzung seiner Vorstellungen einzuschränken;[418] die Wurzel der Auseinandersetzung bringt das Betriebsverfassungsrecht gewissermaßen selbst mit.

---

415 Allgemein Kappes, Mitbestimmung als Waffe, DB 1997, 277; zum Verhältnis zwischen Betriebsrat und Gewerkschaften und dessen Auswirkung auf die Betriebsratsarbeit Krause, RdA 2009, 129.

416 Grundsätzlich hierzu Rieble/Klumpp/Gistel, Rechtsmißbrauch, sowie allgemein Staudinger-Looschelders/Olzen § 242 Rn. 215.

417 Richardi, § 2 Rn. 19.

418 So auch Rieble/Klumpp/Gistel, Rechtsmißbrauch, Rn. 15.

Ein weiterer zu beachtender Grundsatz ist, dass ausgehend von einer grundrechtlich abgesicherten Unternehmerfreiheit Mitbestimmungsrechte immer nur dort gegeben sind, wo sie gesetzlich ausdrücklich normiert sind. Für das Verfahren nach §§ 111 ff. BetrVG folgt daraus, dass zwar Verhandlungen über das „Ob" und „Wie" der Maßnahme zu führen sind, die letztendliche Entscheidungsmacht für die Betriebsänderung aber beim Unternehmer verbleibt. *Rieble/Klumpp/Gistel* vertreten daher den Standpunkt, dass alles was nicht auf Verhandlung, sondern auf Verzögerung und damit im Kern auf eine Verhinderung der unternehmerischen Maßnahme durch Zeitablauf gerichtet ist, potentiell rechtsmissbräuchlich sei.[419] Dabei ist auch das grundlegende Ungleichgewicht zu beachten, dass durch die erzwingbare Mitbestimmung entsteht: Der Unternehmer kann seine Maßnahme nicht ohne den Betriebsrat durchsetzen, der Betriebsrat kann jedoch ohne die Maßnahme des Unternehmers leben (jedenfalls kurz- bis mittelfristig, langfristig kann die Wettbewerbsfähigkeit des Unternehmens durch eine Blockadestrategie in Frage gestellt werden). Eine solch erzwungene Verhandlungssituation kann einen Anreiz bieten, Mitbestimmungs- und Mitwirkungsrechte missbräuchlich einzusetzen,[420] weshalb aus dieser Machtverteilung teilweise Rücksichtnahmepflichten des Betriebsrats abgeleitet werden.[421]

Jedoch ist diese Struktur im Bereich von § 111 BetrVG weniger stark ausgeprägt, da hier im Gegensatz zu § 87 BetrVG bei Scheitern der Verhandlungen die Umsetzung der Maßnahme auch ohne den Betriebsrat möglich ist. Lediglich der Sozialplan ist erzwingbar, dies spielt jedoch im Hinblick auf die dann mitbestimmungsfreie Ausgestaltung der Betriebsänderung nur eine untergeordnete Rolle.[422] Daher ist als Ausgangspunkt der Untersuchung festzuhalten, dass im Bereich von § 111 BetrVG an die Annahme eines rechtsmissbräuchlichen Verhaltens des Betriebsrats erhöhte Anforderungen zu stellen sind.

a) „Inoffizielle Eskalation"

Als inoffizielle Eskalation lassen sich die nachfolgend beschriebenen Vorgehensweisen insofern bezeichnen, als mit ihnen die Auseinandersetzung in Bereichen geführt wird, die nicht oder nur am Rande nach der Systematik des BetrVG im Verfahren nach den §§ 111 ff. BetrVG einen Platz haben. Dennoch – oder

419 Rieble/Klumpp/Gistel, Rechtsmißbrauch, Rn. 21.

420 Rieble/Klumpp/Gistel, Rechtsmißbrauch, Rn. 31.

421 Rieble/Klumpp/Gistel, Rechtsmißbrauch, Rn. 32.

422 Etwas anderes gilt im Problemfeld Tarifsozialplan, wo über die Erstreikbarkeit von Sozialplanforderungen eine Einflussnahme auf die Betriebsänderung an sich stattfindet; hierzu unten C.VI.

gerade deshalb – finden sich in diesem Bereich besonders effektive Optionen zur Gestaltung der Auseinandersetzung.

aa) Einbeziehung der Öffentlichkeit über die Medien

Die Einbeziehung der Medien in die betriebliche Auseinandersetzung kann erheblichen Druck auf den Unternehmer ausüben, gerade wenn das Unternehmen auf eine positive Außendarstellung angewiesen ist.[423] Die Äußerung von Betriebsratsmitgliedern gegenüber der Presse fällt grundsätzlich unter die Meinungsfreiheit aus Art. 5 Abs. 1 GG und ist damit zulässig.[424] Hinsichtlich der Meinungsfreiheit ist die Eröffnung des Schutzbereichs nach strenger Grundrechtsdogmatik insofern problematisch, als sich die Stellungnahmen des Betriebsrats teilweise auf die Kundgabe von Tatsachen beschränken. Die Äußerung von Tatsachen fällt bei strenger Betrachtungsweise nicht unter den Begriff der Meinungsäußerung.[425] Allerdings ist eine saubere Trennung gerade im Bereich des stark ideologiegeprägten Betriebsverfassungsrechts oft schon nicht möglich, da allein die Art und Weise der Berichterstattung über Fakten indirekt eine Meinungsdarstellung vermitteln kann.[426] Daher sind auch faktengeprägte Betriebsratsäußerungen in den Schutzbereich der Meinungsfreiheit einzubeziehen.[427]

Grenzen bilden die betriebsverfassungsrechtlichten Pflichten aus § 74 Abs. 2 BetrVG (Wahrung des Betriebsfriedens; parteipolitische Betätigung[428]) und § 79 BetrVG (Geheimhaltungspflichten). Ob eine strategische Verlagerung der Auseinandersetzung in die Medien ausschließlich zur Erhöhung des Drucks auf

423 Umfassend zu Betriebsrat und Öffentlichkeitsarbeit: Simitis/Kreuder, NZA 1992, 1009; Müller-Boruttau, NZA 1996, 1071; zur Drohung mit Veröffentlichungen und daraus entstehenden Schäden auch Rieble/Klumpp/Gistel, Rechtsmißbrauch, Rn. 8, 11, 53; allgemein zur Bedeutung der Außenwirkung von Umstrukturierungsmaßnahmen Willemsen/Hohenstatt/Schweibert/Seibt, Umstrukturierung und Übertragung, Kap. B Rn. 127.

424 Vgl. ErfK/Dieterich, Art. 5 GG Rn. 40; Bauer/Göpfert/Haußmann/Krieger, Umstrukturierung, 4 F Rn. 11.

425 Vgl. ErfK/Dieterich, Art. 5 GG Rn. 6, 7; zur Abgrenzung Sachs/Bethge, Art. 5 Rn. 27; Schmidt-Bleibtreu/Hofmann/Hopfauf/Kannengießer, Art. 5 Rn. 3; von Münch/Kunig/Wendt, Art. 5 Rn. 10.

426 Müller-Boruttau, NZA 1996, 1071, 1072; auch das BVerfG selbst hält allgemein eine zu strikte Trennung von Meinungsäußerung und Tatsachenbehauptung nicht für zielführend: BVerfG v. 9.10.1991 – 1 BvR 1555/88, NJW 1992, 1439.

427 Vgl. auch zur Abgrenzung von Meinung und Bericht Maunz/Dürig/Herzog, Art. 5 Rn. 51.

428 Zur Einschränkung parteipolitischer Betätigung Müller-Boruttau, NZA 1996, 1071, 1074, der jedoch eine viel zu weite Auslegung vornimmt: im Ergebnis sei jede allgemeinpolitische Betätigung auch eine parteipolitische; eine solche Auslegung kann jedoch nicht mehr als grundrechtskonform bezeichnet werden.

den Arbeitgeber als Störung des Betriebsfriedens anzusehen und damit unzulässig ist, ist äußerst fraglich.[429]

Bei näherer Auseinandersetzung mit der Entscheidung vom 22.7.1980 zur Öffentlichkeitsarbeit des Betriebsrats zeigt sich, dass das BAG eine strategische Öffentlichkeitsarbeit keineswegs in dieser Allgemeinheit als Störung des Betriebsfriedens ansieht. Eine solche Aussage lässt sich dem Beschluss nicht entnehmen. Das BAG hat den Unterlassungsantrag in jener Entscheidung sogar abgewiesen und zwar auf Grund eines nicht ausreichend konkreten Antrags. Daraus lässt sich schließen, dass jedenfalls nicht jede Öffentlichkeitsarbeit den Betriebsfrieden stört. Die Tatsache, dass das BAG in den Gründen von einer Störung des Betriebsfriedens ausgeht, ist vielmehr den im dortigen Verfahren relevanten Eigenheiten des Sachverhalts geschuldet, insbesondere der Intensität und Ausdrucksweise der dortigen öffentlichen Auseinandersetzung.

Eine Leitlinie der Rechtsprechung, wann eine grundsätzlich im Rahmen der Meinungsfreiheit zulässige Öffentlichkeitsarbeit des Betriebsrats in eine Störung des Betriebsfriedens umschlägt und damit unzulässig wird, ist daher noch nicht vorhanden.[430] Die zur Öffentlichkeitsarbeit des Betriebsrats ergangenen Entscheidungen befassen sich kaum mit der Kernfrage, wo die inhaltliche Grenze zulässiger Öffentlichkeitsarbeit verläuft. Meist hat sich das BAG damit begnügt, Modalitäten der Öffentlichkeitsarbeit zu beurteilen.[431]

Simitis/Kreuder weisen auf den wichtigen Grundsatz hin, dass die Regelung einer anderweitigen Prozedur zur Konfliktlösung, wie sie etwa die Einigungsstelle oder das arbeitsgerichtliche Beschlussverfahren darstellen, dem Betriebsrat nicht das Recht nehme, seine Vorstellungen und Forderungen auch außerhalb dieses geregelten Verfahrensbereichs zum Ausdruck zu bringen.[432] Die gesetzlich geregelten Verfahren zur Beilegung von Meinungsverschiedenheiten hätten

---

429 So aber ErfK/Kania § 74 BetrVG Rn. 20 unter Verweis auf BAG v. 22.7.1980 – 6 ABR 5/78, AP Nr. 3 zu § 74 BetrVG 1972.

430 Zur Austragung von Meinungsverschiedenheiten der Betriebsparteien über die Presse siehe auch Wiese, FS 50 Jahre BAG, S. 1125, 1145.

431 Zum Zugang von Journalisten zum Betriebsratsbüro BAG v. 18.9.1991 – 7 ABR 63/90, NZA 1992, 315; zur Internetnutzung des Betriebsrats, jedoch lediglich im Hinblick auf Informationsbeschaffung BAG v. 20.1.2010 – 7 ABR 79/08, NZA 2010, 709; zur Nutzung des unternehmensinternen Intranets zum Zwecke der Veröffentlichung von Informationen und Beiträgen BAG v. 3.9.2003 – 7 ABR 12/03, NZA 2004, 278; zur betriebsratseigenen Homepage LAG Rheinland-Pfalz v. 14.5.3003 – 2 TaBV 40/03, NZA-RR 2004, 310; Einrichtung einer eigenen Betriebsratshomepage als Verstoß gegen das Gebot der vertrauensvollen Zusammenarbeit: ArbG Paderborn v. 29.1.1998 – 1 BV 35/97, DB 1998, 678.

432 Simitis/Kreuder, NZA 1992, 1009, 1011.

daher weder eine vorrangige noch eine ausschließende Stellung gegenüber dem Gang in die Öffentlichkeit.[433]

Aus einer Entscheidung des LAG Köln wird abgeleitet, die Mitbestimmung setze ein Informationsgleichgewicht voraus.[434] Dies bezog sich allerdings nur auf die „passive Information", d.h. den Kenntnisstand der Betriebsparteien und die Mittel der Informationsbeschaffung. Hieraus lässt sich jedoch kein Anspruch auf gleichberechtigte Öffentlichkeitsarbeit ableiten.

Dieterich hält den Betriebsrat zwar für umfassend berechtigt zur Durchführung eigener Öffentlichkeitsarbeit, Schranke hierfür sei jedoch wiederum die Wahrung des Betriebsfriedens.[435] Damit ist letztlich keine konkrete Aussage getroffen, da der Abwägung zwischen Meinungsfreiheit und Betriebsfrieden gerade ausgewichen wird.

Nach Ansicht des Verfassers wird der Betriebsfrieden daher nur dann gestört, wenn durch die jeweilige Maßnahme eine relative Verschlechterung des Verhältnisses zwischen Arbeitgeber, Betriebsrat und Arbeitnehmern verursacht wird. In einem bereits deutlich eskalierten Umfeld bzw. bei einer stark konfrontativen Vorgehensweise einer der beiden Betriebsparteien ist die Schwelle einer Störung des Betriebsfriedens höher anzusetzen. Ist der Betriebsfrieden – wie häufig vorzufinden – bereits erheblich gestört, wäre es unverhältnismäßig unter Berufung auf ein tatsächlich nicht mehr schützbares Rechtsgut die Meinungsfreiheit einzuschränken. Allerdings ist zu differenzieren, aus wessen Sphäre die bereits vorhandene Störung des Betriebsfriedens stammt. Hat der Betriebsrat selbst schon den Betriebsfrieden beeinträchtigt, ist bei der Beurteilung der Öffentlichkeitsarbeit ein engerer Maßstab anzusetzen, als wenn das gestörte Betriebsklima maßgeblich auf den Arbeitgeber zurückgeht.

bb) Wilder Streik, Betriebsblockaden und Flashmob

Gemeint sind hier nicht Streiks im Zusammenhang mit Tarifsozialplänen, die typischerweise von Gewerkschaftsseite akribisch vorbereitet werden und daher soweit wie möglich die formalen Zulässigkeitsvoraussetzungen erfüllen.[436] „Wilde" – d.h. nicht gewerkschaftlich organisierte – Streiks zur Standorterhaltung sind in den letzten Jahren wiederholt und mit erheblicher Medienpräsenz

433 Simitis/Kreuder, NZA 1992, 1009, 1013; a. A. Wiese, FS 50 Jahre BAG, 1125, 1131.

434 LAG Köln v. 10.1.1992 – 12 TaBV 52/91, NZA 1992, 519; Simitis/Kreuder, NZA 1992, 1009, 1013.

435 ErfK/Dieterich, Art. 5 GG Rn. 40.

436 Zu diesen Arbeitskämpfen siehe oben B.V. sowie unten C.VI.

durchgeführt worden, etwa bei DaimlerChrysler und Opel.[437] Betriebsblockaden und Betriebsbesetzungen sind grundsätzlich unzulässig[438] und können den Tatbestand der Nötigung erfüllen.[439] Derartige Maßnahmen sind daher auch bei einer möglichst konfrontativen Strategie schon aus Haftungsgesichtspunkten nicht zu empfehlen.

Die aktuelle Entwicklung der Rechtsprechung des BAG zeigt jedoch, dass die Grenzen zu arbeitskampfrechtlich zulässigen Maßnahmen fließend sind. Insbesondere hat das BAG mit der Flashmob-Entscheidung Möglichkeiten des Arbeitskampfes eröffnet, die nach der bisherigen Dogmatik des Arbeitskampfrechts kaum denkbar waren.[440] Derartige Aktionen müssen gewerkschaftlich organisiert sein, der Betriebsrat selbst darf schon wegen § 74 Abs. 2 S. 1 BetrVG nicht zu Arbeitskampfmaßnahmen greifen; dabei ist der Begriff des Arbeitskampfes im Sinne der Vorschrift weit auszulegen.[441]

Im zu Grunde liegenden Sachverhalt hatte eine Gewerkschaft streikbegleitend eine Aktion in einem Einzelhandelsgeschäft durchgeführt bzw. zu dieser aufgerufen, bei der (auch) betriebsfremde Personen in einem Ladengeschäft Chaos verursachten und den Geschäftsbetrieb kurzzeitig für 45 bis 60 Minuten zum Erliegen brachten.[442] Nach dem BAG sind derartige Aktionen nicht generell unzulässig. Der damit verbundene Eingriff in den eingerichteten und ausgeübten Gewerbebetrieb könne aus arbeitskampfrechtlichen Erwägungen gerechtfertigt

---

437 Ausführlich Rieble, RdA 2005, 200; Maaß, ArbRAktuell 2009, 151; siehe auch Rieble/Klumpp/Gistel, Rechtsmißbrauch, Rn. 55; zur Rechtfertigung wilder Streiks im Ausnahmefall Franzen, ZfA 2005, 315, 348.

438 BAG v. 21.6.1988 – 1 AZR 653/86, NZA 1988, 884; schon die bloße Teilnahme (ohne Führungsrolle) von Betriebsratsmitgliedern an einem wilden Streik stellt auch einen Verstoß gegen § 74 Abs. 2 S. 1 BetrVG dar, Caspers, AR-Blattei SD 170.4, Rn. 16.

439 Bauer/Göpfert/Haußmann/Krieger, Umstrukturierung, 4 F Rn. 38; zur Strafbarkeit rechtswidriger Arbeitsniederlegung Rieble/Klumpp/Gistel, Rechtsmißbrauch, Rn. 112; Löwisch/Krauß, Arbeitsrecht und Strafrecht, in: Löwisch, Arbeitskampf- und Schlichtungsrecht, S. 436; Wirtschaftsstaatsanwaltschaft Stuttgart, Verfügung v. 5.8.2005, 140 Js 113356/04, zit. nach Rieble/Klumpp/Gistel, Rechtsmißbrauch, Rn. 112.

440 BAG v. 22.9.2009 – 1 AZR 972/08, NZA 2009, 1347; als „Flashmob" wird ein kurzer, scheinbar spontaner Menschenauflauf in der Öffentlichkeit bezeichnet, bei dem sich die Teilnehmer typischerweise nicht persönlich kennen und ungewöhnliche Aktionen ausführen.

441 Caspers, AR-Blattei SD 170.4, Rn. 4; Betriebsratsmitglieder sind aber grundsätzlich nicht daran gehindert, in ihrer Eigenschaft als Arbeitnehmer an derartigen Aktionen teilzunehmen, vgl. Caspers, a.a.O., Rn. 7.

442 Eine detaillierte Darstellung des Sachverhalts findet sich im bei NZA 2009, 1347 wiedergegebenen Urteilstatbestand.

sein, wenn dem Arbeitgeber wirksame Verteidigungsmöglichkeiten zur Verfügung stünden.

Die Entscheidung wird in der Literatur zu Recht äußerst deutlich kritisiert.[443] Ob diese Rechtsprechung – gegebenenfalls auch vor dem Bundesverfassungsgericht – Bestand haben wird, ist fraglich.[444] Problematisch ist, dass die Entscheidung im Ergebnis ein gewerkschaftliches Fremdschädigungsrecht etabliert,[445] dass die Anonymität der Aktionsteilnehmer ein erhebliches Exzessrisiko mit sich bringt,[446] sowie dass Rechtspositionen völlig unbeteiligter Dritter (Kunden, nicht streikende Arbeitnehmer) beeinträchtigt werden können. Das BAG hat zwar festgehalten, dass die Maßnahme nur dann gerechtfertigt sei, wenn dem Arbeitgeber wirksame Verteidigungsmöglichkeiten zur Verfügung stünden. Die im Anschluss in der Entscheidung dargestellten Verteidigungsmittel erfüllen aber diesen Anspruch bei realistischer Betrachtung gerade nicht; sie sind vielmehr untauglich.[447]

Mit Blick auf die drohenden Haftungsrisiken sind Flashmob-Maßnahmen nur mit großer Vorsicht in Betracht zu ziehen. Geplante Aktionen sollten sich dabei so eng wie möglich an den vom BAG entschiedenen Fällen orientieren. Zwar kann auch dadurch nicht garantiert werden, dass eine spätere Entscheidung über die Rechtmäßigkeit positiv ausfallen wird;[448] jedoch ist eine Haftung – sowohl des Anwalts, als auch des Arbeitnehmers – dann nur schwer zu begründen, wenn sich die Entscheidung zur Durchführung einer bestimmten Maßnahme auf

---

443 Säcker, NJW 2010, 1115, 1118 spricht von „Urteilen aus einer anderen Welt", die das „Arbeitsrecht als Kampf der Unterdrückten gegen eine als ungerecht empfundene kapitalbestimmte Wirtschaftsordnung" inszenierten; Rieble, NZA 2008, 796, 799 fürchtet die Untergrabung allgemeiner Rechtsprinzipien; Rüthers, NZA 2010, 6, 12 sieht ein „Panorama bedenklicher Orientierungsschwäche"; Krieger/Günther, NZA 2010, 20, 23 halten die Rechtsprechung des Ersten Senats für „realitätsfern"; Otto, RdA 2010, 135, 145, hält die Ausführungen des BAG teilweise für zynisch, die Einstufung der Betriebsschließung als Gegenmittel mache „nicht den geringsten Sinn", es sei zu hoffen, dass die gegen das Urteil eingelegte Verfassungsbeschwerde das BAG auf den richtigen Weg zurückführe.

444 So auch Krieger/Günther, NZA 2010, 20, 23; eingelegt wurde eine Verfassungsbeschwerde vom Einzelhandelsverband HDE, zu deren Erfolgsaussichten Rüthers/Höpfner, Anmerkung zu BAG v. 22.9.2009 – 1 AZR 972/08, JZ 2010, 261, 264, sowie eingehend zum konkreten Prüfungsmaßstab des Bundesverfassungsgerichts Fischer, RdA 2011, 50.

445 Überzeugend Maaß, ArbRAktuell 2009, 151.

446 Vgl. Rieble, NZA 2008, 796, 798.

447 Eingehend Otto, RdA 2010, 135, 145.

448 Zu Rechtsweg und Gerichtsstand für Rechtsmittel gegen Flashmob-Aktionen Löwisch/Beck, NZA 2010, 857.

einen möglichst gut vergleichbaren Präzedenzfall stützte. Dabei verbleibt allerdings das Risiko der Haftung für zurechenbare Exzesse, die in Flashmob-Situationen bei realistischer Betrachtung stets nahe liegen.

Zu bedenken ist bei alledem, dass die vom BAG in der Entscheidung vom 22.9.2009 als rechtmäßig erachtete Flashmob-Aktion streikbegleitend, d.h. im Rahmen eines regulären Arbeitskampfes stattfand. Flashmob als Unterstützungsmaßnahme zu wilden Streiks, oder gar als ganz eigenständige Maßnahme, lässt sich daher auch mit dem BAG nicht rechtfertigen, wenn davon Beeinträchtigungen geschützter Arbeitgeberinteressen verbunden sind.[449] Mit der steigenden Bedeutung von Tarifsozialplan-Arbeitskämpfen gewinnt die Problematik jedoch auch und gerade im Anwendungsbereich der §§ 111 ff. BetrVG an Gewicht.

cc) Verlängerte Betriebsversammlungen und Spontanversammlungen

Als weniger aggressives, jedoch ähnlich wirkungsvolles Mittel wie wilde Streiks können Betriebsversammlungen organisiert werden, die durch ihre lange Dauer und die Terminierung während der Arbeitszeiten zu einer faktischen Arbeitsniederlegung führen. Dabei wird es sich dem Wesen nach meist um außerordentliche Betriebsversammlungen gem. § 43 Abs. 3 BetrVG handeln. Diese finden gem. § 44 Abs. 2 BetrVG nur mit Zustimmung des Arbeitgebers während der Arbeitszeit statt. Die Durchführung während der Arbeitszeit ist jedoch Voraussetzung für die strategische Wirkung einer Betriebsversammlung. Daher muss zunächst die Durchführung während der Arbeitszeit ermöglicht werden, wobei eine Zustimmung des Arbeitgebers nicht zu erwarten und auch nicht erzwingbar ist. Folge einer zustimmungslos während der Arbeitszeit durchgeführten außerordentlichen Betriebsversammlung ist der Verlust von Lohnansprüchen der teilnehmenden Arbeitnehmer.[450]

Eine Möglichkeit ist hier die Durchführung der besonderen Betriebsversammlung als regelmäßige Betriebsversammlung im Sinne von § 43 Abs. 1 S. 1 BetrVG. Dies ist möglich, wenn die vierteljährliche Betriebsversammlung noch aussteht. Insofern sollte bei anstehenden Interessenausgleichs- und Sozialplanverhandlungen die vierteljährliche Betriebsversammlung so weit wie möglich hinausgeschoben werden, um sie gegebenenfalls noch taktisch einsetzen zu

449 Nicht beeinträchtigende Aktionen bedürfen ohnehin keiner Rechtfertigung.

450 Löwisch/Kaiser, § 44 Rn. 14; dies gelte jedoch nicht, wenn die Arbeitnehmer auf Grund des Verhaltens des Arbeitgebers davon ausgehen durften, dieser werde die Versammlung billigen.

können. Die genaue Einhaltung eines Zwischenraums von drei Monaten ist nicht erforderlich.[451]

Die zweite Möglichkeit ist die Durchführung einer zweiten Betriebsversammlung je Kalenderhalbjahr gem. § 43 Abs. 1 S. 4 BetrVG. Diese kann einberufen werden, wenn sie aus besonderen Gründen zweckmäßig erscheint. Hierüber hat der Betriebsrat nach pflichtgemäßem Ermessen mit einem weiten Spielraum zu beschließen.[452] Diese besonderen Gründe können dann gegeben sein, wenn der Betriebsrat die Arbeitnehmer aus wichtigem Anlass über gewichtige betriebliche Vorgänge, deren Behandlung nicht mehr bis zur nächsten ordentlichen Betriebsversammlung aufgeschoben werden kann, informieren will.[453] Nach dem BAG sind besondere Gründe im Sinne der Vorschrift dann gegeben, wenn die Angelegenheit so bedeutend und dringend ist, dass ein sorgfältig amtierender Betriebsrat unter Berücksichtigung der konkreten Situation im Betrieb die Einberufung einer weiteren Betriebsversammlung für sinnvoll und angemessen halten darf.[454] Dies wird bei einer hart geführten Auseinandersetzung über eine einschneidende Betriebsänderung stets der Fall sein, weil umfangreiche und deutliche Eingriffe in Arbeitnehmerinteressen im Raum stehen, zu deren Verarbeitung gründliche Information und Austausch innerhalb der Belegschaft von Nöten sind.

Dabei stellt sich die Frage, wann die Grenze zum Rechtsmissbrauch überschritten wird, wenn die angegebenen Gründe für die Einberufung einer Betriebsversammlung möglicherweise nur vorgeschoben sind.

Rieble/Klumpp/Gistel vertreten die Ansicht, dass Rechtsmissbrauch vorliege, wenn bewusst normzweckwidrige Bedenken vorgebracht würden.[455] Allerdings müssen auch diese Autoren dies insofern relativieren, als nicht jede „etwas weit hergeholte" Begründung schon rechtsmissbräuchlich sei.

Dies erscheint zunächst überzeugend in Anbetracht der Tatsache, dass der Betriebsrat nicht dazu berufen ist, beliebige Vorteile für die Arbeitnehmer durchzusetzen.[456] Jedoch ist diese Argumentation bei genauerer Analyse wenig tragfähig. Hierzu ist die Voraussetzung für Rechtsmissbrauch, nämlich das „Vorbringen bewusst normzweckwidriger Bedenken", in zweierlei Weise zu

451 Vgl. Richardi/Annuß, § 43 Rn. 3; Fitting, § 43 Rn. 8; HSWGN/Worzalla, § 43 Rn. 7f.

452 BAG v. 23.10.1991 – 7 AZR 249/90, NZA 1992, 557.

453 DKK/Berg, § 43 Rn. 11.

454 BAG v. 23.10.1991 – 7 AZR 249/90, NZA 1992, 557.

455 Rieble/Klumpp/Gistel, Rechtsmißbrauch, Rn. 66, dort allerdings im Rahmen der normzweckwidrigen Zustimmungsverweigerung.

456 Vgl. dazu Gentz, NZA 2004, 1011, 1012: es gehe nicht generell um einen unbestimmten und unlimitierten Arbeitnehmerschutz, sondern um Arbeitnehmerinteressen in dem gesetzlich jeweils umschriebenen Sachbereich.

betrachten: Handelt es sich (1.) um die explizite Äußerung normzweckwidriger Argumente? Oder sind (2.) die vorgebrachten Argumente zwar bewusst normzweckwidrig, werden jedoch so nicht geäußert, sondern hinter normzweckkonformen Bedenken versteckt?

Im ersteren Fall wird ein Rechtsmissbrauch in der Praxis fast nie erkennbar, da ein richtig beratener Betriebsrat nicht äußern wird, dass die angesetzte Betriebsversammlung lediglich der Verzögerung dient. Er wird ohnehin nur in seltenen Fällen überhaupt dieser Ansicht sein.

Im zweiten Fall wäre Rechtsmissbrauch dann erkennbar, wenn trotz anderweitiger offizieller Begründung die tatsächliche Motivation mit dem Normzweck nicht in Einklang zu bringen wäre. Rechtsmissbrauch könnte dann jedoch nur angenommen werden, wenn diese nicht mit dem Betriebsverfassungsgesetz in Einklang zu bringende Motivation objektiv vorhanden und auch nachweisbar wäre. An die Nachweisbarkeit ist deshalb anzuknüpfen, da andernfalls mit der reinen Behauptung einer rechtsmissbräuchlichen Motivation die Berechtigung des Betriebsrats zur Durchführung der von ihm geplanten Aktion in Abrede gestellt werden könnte.

Bei der Organisation von Betriebsversammlungen hat der Betriebsrat deren Umfang grundsätzlich nach der Erforderlichkeit zu bemessen.[457] Das Merkmal der Erforderlichkeit ist jedoch nicht geeignet, die Länge von Betriebsversammlungen allgemein einzuschränken. Um nicht dagegen zu verstoßen, ist lediglich die Planung einer umfangreichen Tagesordnung vorzunehmen, die nicht offensichtlich missbräuchlich ist. Nach dem *LAG Baden-Württemberg* darf eine Betriebsversammlung nach den Umständen des Einzelfalles auch am Folgetag fortgesetzt werden.[458] Die Beschränkung auf eine bestimmte Höchstdauer durch den Arbeitgeber ist nach dem *LAG Saarbrücken* unzulässig.[459]

Teilweise wird auch vertreten, der Betriebsrat habe bei der Einberufung und Abhaltung der Betriebsversammlungen ein aus § 2 Abs. 1 BetrVG abgeleitetes Gebot der Sparsamkeit zu beachten.[460] Dies kann jedoch keinen Einschränkungsmaßstab darstellen. Zum einen ist das Sparsamkeitsgebot vor allem auf die Modalitäten der Durchführung (z.B. Kosten eines angemieteten Versammlungsraumes), weniger auf die Kosten durch Arbeitsausfall, bezogen. Zum anderen würde dadurch über finanzielle Erwägungen eine nicht vorgesehene Reglementierung der Betriebsratstätigkeit eingeführt. Denn die Frage, ob und in welchem Umfang eine Betriebsversammlung erforderlich ist, stellt sich nie als Frage der

457 Richardi/Annuß, § 44 Rn. 21.

458 LAG Baden-Württemberg v. 12.12.1985 – 14 TaBV 22/85, AiB 1986, 67.

459 LAG Saarbrücken v. 21.12.1960 – Ta 6/58, AP Nr. 2 zu § 43 BetrVG; Richardi/Annuß, § 44 Rn. 21.

460 Vgl. Rieble/Klumpp/Gistel, Rechtsmißbrauch, Rn. 43 ff. m. w. N.

Kosten, sondern stets anhand der Kriterien der §§ 44 ff. BetrVG. Auch kann allein das Sparsamkeitsgebot der Durchführung von Betriebsversammlungen während der Arbeitszeit nicht entgegenstehen, wenn diese unter Nutzung der gesetzlichen Möglichkeiten angesetzt werden. Gerade im Umfeld einschneidender Betriebsänderungen muss das Gebot der Sparsamkeit gegenüber einer effektiven Wahrung von Arbeitnehmer- und Mitbestimmungsrechten in den Hintergrund treten.

Für Betriebsversammlungen im Arbeitskampf gilt, dass diese grundsätzlich zulässig sind, wobei sowohl streikende als auch nicht streikende Arbeitnehmer daran teilnehmen können.[461] Allerdings bringt die Betriebsversammlung hier keinen strategischen Mehrwert, wenn ohnehin bereits Streiks geplant sind bzw. stattfinden. Denn eine Teilnahmepflicht des einzelnen Arbeitnehmers an der Betriebsversammlung besteht nicht.[462] Daher können auch über die Betriebsversammlung arbeitskampfunwillige Arbeitnehmer nicht durch den Betriebsrat in die Kampfmaßnahmen eingebunden werden. Das Abhalten von Betriebsversammlungen ist auch nicht erforderlich um streikwillige, jedoch nicht organisierte Arbeitnehmer in den Arbeitskampf einzubinden. Denn einerseits können diese kurzfristig in die entsprechende Gewerkschaft eintreten,[463] andererseits sind auch nicht oder anders organisierte Arbeitnehmer berechtigt, am Streik teilzunehmen.[464]

b) Ordnungswidrigkeiten- oder Strafanzeige

Eine weitere konfrontative Vorgehensweise ist das Erstatten einer Ordnungswidrigkeiten- oder gar Strafanzeige gegen den Arbeitgeber wegen betriebsverfas-

461 BAG v. 5.5.1987 – 1 AZR 292/85, NZA 1987, 853; Löwisch/Kaiser, § 44 Rn. 15.

462 Löwisch/Kaiser, § 42 Rn. 4.

463 Vgl. exemplarisch § 7 der ver.di-Satzung in der Fassung vom 17.6.2009:
„1. Die Mitgliedschaft wird durch Abgabe einer schriftlichen Beitrittserklärung an die Bezirksverwaltung erworben (…). 2. Der zuständige Bezirksvorstand (…) kann den Beitritt innerhalb von sechs Wochen nach Eingang der Beitrittserklärung ablehnen. (…) 3. Die Mitgliedschaft beginnt mit dem Ersten des Monats, der auf den Zugang der Beitrittserklärung beim zuständigen Bezirk folgt."
Zwar entsteht der Anspruch auf Streikgeld meist erst nach einer Wartezeit (IG-Metall: drei Monate, s. § 23 der Satzung; ver.di: ein Monat, s. § 11 der Arbeitskampfrichtlinie). Dies wird jedoch einer gewerkschaftlichen Strategie kein Hindernis sein; so regelt etwa § 11 Nr. 3 der ver.di-Arbeitskampfrichtlinie:
„Grundsätzlich besteht ein Anspruch auf Streikunterstützung nach einmonatigem Bestehen der Mitgliedschaft. Die Streikunterstützung kann im organisationspolitischen Interesse bereits zu einem früheren Zeitpunkt gezahlt werden."

464 BAG v. 22.3.1994 – 1 AZR 622/93, NZA 1994, 1097.

sungsrechtlicher Verstöße.[465] Da die Begehung einer Ordnungswidrigkeit einerseits in der Praxis relativ betrachtet der häufigere Fall ist, andererseits hier die subjektive Schwelle zur Anzeige etwas niedriger ist, soll eine solche Anzeige nachfolgend zuerst untersucht werden. Im Kontext des Interessenausgleichsverfahrens ist vor Allem die in § 121 Abs. 1 BetrVG sanktionierte Verletzung der Auskunftspflicht aus § 111 BetrVG relevant.

Auf Arbeitgeberseite wird häufig behauptet, man lasse sich von einem (drohenden) Ordnungswidrigkeitenverfahren wenig beeindrucken.[466] Dies bedeutet jedoch nicht, dass bei tatsächlicher Umsetzung der Anzeige diese Ungerührtheit wirklich bestehen bliebe. *Growe* hält diese Außendarstellung für „eine der großen kollektiven Schauspielerleistungen der Nachkriegszeit".[467] Die Wirkung eines Ordnungswidrigkeitenverfahrens ist aus zwei verschiedenen Perspektiven zu betrachten: erstens der finanzielle Aspekt, zweitens die Außenwirkung.

Hinsichtlich des finanziellen Aspekts ist zu bedenken, dass ein verhängtes Bußgeld bei rein betriebswirtschaftlicher Betrachtungsweise nur ein Kostenfaktor von vielen im Rahmen der Betriebsänderung ist. § 121 Abs. 2 BetrVG begrenzt die Bußgeldhöhe für jeden Einzelfall auf 10.000 €. Damit liegt die drohende Bußgeldhöhe in den meisten Fällen unter Anderem deutlich unter den zu erwartenden Anwaltskosten allein einer Seite. Auch gegenüber den durch die Einigungsstelle entstehenden Kosten ist der Betrag als eher gering anzusehen. Erst recht gilt dies bei Gegenüberstellung mit den Kosten, die durch eine verzögerte Durchführung der Betriebsänderung entstehen können oder jenen, die spiegelbildlich durch eine beschleunigte Durchführung der Maßnahme eingespart werden können.[468]

Die Höhe eines drohenden Bußgeldes ist daher nur in den wenigsten Fällen geeignet, eine abschreckende Wirkung zu erzielen. Dies kann auch dem Gesetzgeber bei Einführung der Regelung nicht entgangen sein. Daher sieht die überzeugendste Auslegung der Norm den Schwerpunkt der gesetzgeberischen Inten-

---

465 Zur Bedeutung der §§ 119 und 121 BetrVG vertieft Krumm-Mauermann, Rechtsgüterschutz; Le Friant, Verantwortung des Arbeitgebers, S. 22 ff.; Wahsner/Borgaes, Rechtsbruch, insb. S. 105 ff.; vgl. auch DKK/Trümner, 121 Rn. 3; vgl. auch BAG v. 5.10.2010 – 1 ABR 71/09, NZA 2011, 174, wonach das Arbeitsgericht für den Fall der nicht ordnungsgemäßen Durchführung einer Betriebsvereinbarung über die Androhung eines Ordnungsgeldes von bis zu 10.000 € hinaus keine Ordnungshaft (bei Nichtzahlung) verhängen darf.

466 Zur (geringen) Bedeutung des Arbeitsstraf und ordnungswidrigkeitenrechts Reinecke, AuR 1997, 139.

467 Growe, Ordnungswidrigkeitenverfahren, S. 21.

468 Hierzu ein Rechenbeispiel: Geht es um die Entlassung von 30 Arbeitnehmern, die durchschnittlich je 3000 € an Lohnkosten darstellen, kostet eine zweimonatige Verzögerung allein wegen der späteren Kündigungszeitpunkte bereits 180.000 €.

tion im Bereich der mit der Außenwirkung einhergehenden Disziplinierungsfunktion.[469] Andernfalls wäre eine Regelung erforderlich gewesen, die entweder eine höhere Bußgeldgrenze vorsieht, oder aber ein der Höhe nach vollständig ins Ermessen der Verwaltungsbehörde gestelltes Bußgeld ermöglicht. Letzteres würde dem Wesen nach der Abschöpfung eines (betriebsverfassungs-) rechtswidrigen Gewinns nahe kommen. Eine solche Regelung wäre aber mit der Prämisse des Gesetzes, dass die Betriebsänderung grundsätzlich im alleinigen Entscheidungsbereich des Unternehmers liegt, nur schwer zu vereinbaren, denn damit würde im Ergebnis eine verwaltungsrechtliche Kontrolle unternehmerischer Entscheidungen etabliert. Im Übrigen wäre eine nach oben unbegrenzte ermessensabhängige Bußgeldnorm auch mit Blick auf das strafrechtliche Analogieverbot sowie das verfassungsrechtliche Bestimmtheitsgebot problematisch.

Weitaus größere Bedeutung hat daher der mit der Öffentlichkeitswirkung zusammenhängende Disziplinierungseffekt.[470] Dabei ist nicht nur die allgemeine, sondern gerade auch die innerbetriebliche Öffentlichkeit gemeint. Hier ist von besonderer Bedeutung, dass die Führungsentscheidungen, die zur Sanktion führen, nicht immer auf oberster Stufe getroffen werden. Ist beispielsweise die Personalabteilung federführend bei einer Betriebsänderung, müssen sich die beteiligten Führungskräfte im Falle der Verhängung einer Geldbuße vor der nächst höheren Führungsebene (z.B. Geschäftsführung, Vorstand) rechtfertigen. In der Praxis gilt es die konkret maßgeblichen Verantwortungsstrukturen und die beteiligten Personen einzuschätzen. Die geschilderten Überlegungen ermöglichen eine Prognose, wie Erfolg versprechend und damit sinnvoll die Einleitung eines Ordnungswidrigkeitenverfahrens oder die Drohung damit sind.

Ein noch radikalerer Schritt ist die Erstattung einer Strafanzeige wegen eines Verstoßes gem. § 119 BetrVG. Im Rahmen einer ausgeprägten arbeitgeberseitigen Konfrontationsstrategie und einer entsprechend konfrontativen Reaktionsstrategie des Betriebsrats kann es hierfür einen Anwendungsbereich geben. Bei einer ausgeprägt mitbestimmungsfeindlichen Strategie des Arbeitgeberanwalts muss sich dieser über die Risiken in Form der Straftatbestände des Betriebsverfassungsgesetzes bewusst sein. Nicht nur eine verhängte Sanktion selbst, sondern auch der daraus resultierende Reputationsschaden und nicht zuletzt berufsrechtliche Sanktionen[471] können zu erheblichen Beeinträchtigungen führen. Da-

469 So auch DKK/Trümner, § 121 Rn. 3, 4.

470 Selbst bei geringer praktischer Bedeutung im Sinne von tatsächlich erfolgten Anzeigen liegt die Hauptrelevanz der Vorschrift in der Generalprävention; so auch Müller-Guggenberger/Bieneck/
Blessing, § 35 Rn. 4.

471 Nach §§ 113 Abs. 2, 114 BRAO können Verstöße gegen Berufspflichten mit Sanktionen von der einfachen Warnung, über Verweis, Geldbuße, einem temporären oder sach-

her kann auch bereits das Ankündigen einer Anzeige mäßigende Wirkung haben.

§ 119 BetrVG stellt Handlungen unter Strafe, die die betriebliche Mitbestimmung beeinträchtigen könnten.[472] Das Gesetz differenziert nach drei Bereichen: Störung, Beeinträchtigung oder Verhinderung der Wahlen (§ 119 Abs. 1 Nr. 1 BetrVG),[473] Behinderung der Tätigkeit von Mitbestimmungsorganen (§ 119 Abs. 1 Nr. 2 BetrVG) und Benachteiligung oder Begünstigung von einzelnen Organmitgliedern (§ 119 Abs. 1 Nr. 3 BetrVG).

Im Rahmen der vorliegenden Untersuchung ist vor allem die zweite Variante von Interesse. Störungen im ersten Bereich (Wahlmanipulation) kommen nur am Rande in Betracht und zwar beim Vorgehen gegen einen „verspätet“ gewählten Betriebsrat.[474] Allerdings besteht kein Strafbarkeitsrisiko, solange nur die gesetzlich zur Verfügung stehenden Rechtsmittel genutzt werden.

Störungen im dritten Bereich (Einwirkung auf einzelne Organmitglieder) sind zwar gerade in den häufig von Zeitdruck und zwischenmenschlichen Turbulenzen geprägten Interessenausgleichsverhandlungen denkbar, wenn der Unternehmer sich hieraus einen schnellen Verhandlungserfolg verspricht. Allerdings sind in diesem Bereich die Grenzen rechtmäßigen Verhaltens relativ klar abgesteckt, sodass sich der anwaltliche Berater auf Unternehmerseite im Normalfall nicht in den Bereich der Strafbarkeit bewegen wird.

Die Frage, ob eine bestimmte Strategie schon eine strafbare Behinderung der Amtstätigkeit im Sinne von § 119 Abs. 1 Nr. 2 BetrVG darstellt, hat daher hier die größte Relevanz. Allerdings sind Maßnahmen, die der Arbeitgeber gegen Kompetenzüberschreitungen des Betriebsrats unternimmt, schon tatbestand-

---

lich beschränkten Tätigkeitsverbot bis zur Ausschließung aus der Rechtsanwaltschaft belegt werden.

472 Allgemein zum strafrechtlichen Schutz der betrieblichen Mitbestimmung: Dannecker, FS Gitter, 167; Reinecke, AuR 1997, 139; Schlünder, Rechtsfolgen der Mißachtung, 186 ff.; Krumm-Mauermann, Rechtsgüterschutz, insbesondere instruktiv zur Dunkelziffer S. 53 f.; Galperin/Löwisch, Vorbem. vor § 119, Rn. 1; Kaiser, FS Bauer, 515, hält eine engere Formulierung der Straftatbestände für erforderlich, um ihnen mehr Durchschlagskraft zu verleihen.

473 Zur Auslegung des Tatbestands aus strafrechtlicher Perspektive ausführlich BGH v. 13.9.2010 – 1 StR 220/09, NJW 2011, 88 (Siemens/AUB); zum erstinstanzlichen Urteil eingehend Kudlich, FS Stöckel, 93, 106 ff. Die Entscheidung zeigt, dass § 119 BetrVG allein kaum erhebliche Sanktionen bewirkt: zwar hat der BGH einen Verstoß gegen § 119 angenommen, verurteilt wurde der Angeklagte jedoch wegen Betruges und Steuerhinterziehung. Der Verstoß gegen § 119 erlangte jedoch als Vorfrage bei der Prüfung des Untreuetatbestandes sowie für die Frage des Abzugsverbotes gem. § 4 Abs. 5 Nr. 10 EStG (rechtswidrige Zuwendungen) erhebliche Bedeutung.

474 Siehe hierzu unten B.II.3.c).

lich nicht als Behinderung oder Beeinträchtigung einzuordnen;[475] bei gesetzwidrigen Konstituierungsvorgängen von Betriebsräten können daher Maßnahmen ergriffen werden, ohne sofort den Tatbestand des § 119 BetrVG Abs. 1 Nr. 1 oder 2 BetrVG zu verwirklichen.

Die Frage nach der Strafbarkeit speziell des Rechtsanwalts in Interessenausgleich- und Sozialplanverfahren ist in der Literatur weitgehend unbeachtet. Einigkeit herrscht jedoch darüber, dass sich die Strafdrohung nicht nur gegen Betriebsangehörige, sondern auch gegen außerhalb des Betriebs stehende Personen richtet.[476] Genannt werden diesbezüglich Beauftragte von Gewerkschaften und Arbeitgeberverbänden.[477] Gerade für den Rechtsanwalt als Organ der Rechtspflege muss die Vorschrift also erst recht gelten.

Die entscheidenden Fragen stellen sich hier daher nicht im Hinblick auf den Anwendungsbereich, sondern bei der Zurechnung. Maßgeblich wird stets sein, ob für eine rechtswidrige Maßnahme letztlich der Anwalt haftet, oder ob der umsetzende Unternehmer vorrangig verantwortlich ist.[478] Dabei ist zu bedenken, dass eine eigenhändige Begehung nicht erforderlich ist. Vielmehr kommt grundsätzlich jede Tatform, also Täterschaft im Sinne des Strafgesetzbuches, aber vor allem auch Anstiftung und Beihilfe in Betracht.[479] Allerdings sind weder der Versuch noch fahrlässige Begehung unter Strafe gestellt.[480] Zumindest aber über die Tatform der Anstiftung droht dem Berater des Unternehmers ein Strafbarkeitsrisiko, wenn die verfolgte Strategie die tatbestandlichen Voraussetzungen des § 119 BetrVG erfüllt.

Allerdings darf die Wahrscheinlichkeit einer Tatbestandsverwirklichung nicht überbewertet werden. Allein die pflichtwidrige Versäumung, den Betriebsrat zu beteiligen, erfüllt mangels Vorsatzes die Tatbestandsvoraussetzungen

---

475 Vgl. Dannecker, FS Gitter, 182.

476 Fitting, § 119 Rn. 1; Richardi/Annuß, § 119 Rn. 4; nach HSWGN/Hess § 119 Rn. 4 kommt als Täter jedermann, der nicht selbst Organmitglied ist, in Betracht; ebenso Löwisch/Kaiser, § 119 Rn. 1; Dannecker spricht im Zusammenhang von § 121 BetrVG von einem „Sonderdelikt", ohne jedoch klarzustellen, ob er damit eine eigenhändige Begehung durch den Arbeitgeber voraussetzt; als Differenzierungskriterium wird die Bevollmächtigung durch den Arbeitgeber herangezogen (FS Gitter, S. 167, 186).

477 LAG Düsseldorf v. 12.8.1993 – 14 TaBV 54/93, LAGE § 40 BetrVG 1972 Nr. 42; Richardi/Annuß, § 119 Rn. 4.

478 Diesem kann mangels eigener vertiefter Kenntnisse der betriebsverfassungsrechtlichen Pflichten kein Vorsatz bei eigenständigem Handeln angelastet werden.

479 Richardi/Annuß, § 119 Rn. 8; Dannecker hält jede Vorsatzform, also sogar dolus eventualis, für ausreichend; allerdings sei dies durch eine einschränkende Auslegung, orientiert an der Schwere der Beeinträchtigung, zu korrigieren (FS Gitter, 167, 182).

480 Richardi/Annuß, § 119 Rn. 7; Löwisch/Kaiser, § 119 Rn. 1; Fitting, § 119 Rn. 10.

nicht.[481] Erforderlich ist vielmehr das bewusste „Beiseiteschieben".[482] Diese etwas unscharfe Formulierung geht auf die Rechtsprechung des BAG zurück.[483] Hilfreich bei der Abgrenzung ist die gesetzessystematische Auslegung: aus § 121 BetrVG ergibt sich, dass die Verletzung der wichtigsten Aufklärungs- und Auskunftspflichten nur als Ordnungswidrigkeit, also gerade nicht als Straftat anzusehen ist.[484] Damit ist eine Strafbarkeit durch Verletzung von Informationspflichten jedoch nicht gänzlich auszuschließen. Vielmehr kann aus der Gesetzessystematik auch abgeleitet werden, dass die Sanktionen aus § 121 BetrVG die Schwere der entsprechenden Verstöße hervorheben sollen. Eine besonders schwere und vorsätzliche Verletzung von Informationspflichten, die darüber hinaus auch als „bewusstes Beiseiteschieben" des Betriebsrats zu verstehen ist, könnte dann immer noch unter § 119 BetrVG fallen. Insofern kann es keinen strafrechtlichen „Freibrief" für Informationspflichtverletzungen geben, ein realistisch anzeigewürdiges Vorgehen wäre jedoch ein äußerst seltener Ausnahmefall.

c) Bewertung

Bei der Öffentlichkeitsarbeit des Betriebsrats sind die Grenzen des Zulässigen weniger eng als in der Literatur überwiegend vertreten. Hier ist aus Sicht des Betriebsratsberaters Spielraum für eine aggressive Vorgehensweise; die Fortbildung und Präzisierung der Rechtsprechung kann hier vorangetrieben werden.

Wilde Streiks, Betriebsbesetzungen und -blockaden sind unzulässig. Wegen der damit einhergehenden drohenden Schäden für den Arbeitgeber ist schon aus Haftungsgesichtspunkten nicht zu solchen Strategien zu raten. Hinsichtlich der vom BAG nunmehr als zulässige Arbeitskampfform anerkannten Flashmob-Aktionen ist erhöhte Vorsicht bei der Einschätzung geboten, da auf den uneingeschränkten Fortbestand dieser Rechtsprechung nicht vollständig vertraut werden sollte und auch eine Generalisierung über die entschiedenen Präzedenzfälle hinaus problematisch ist.

Betriebsversammlungen können als strategisches Werkzeug genutzt werden, um sonst unzulässige Maßnahmen durchzuführen. Dabei muss ein Weg gefunden werden, um besondere – d.h. faktisch außerordentliche – Betriebsversammlungen während der Arbeitszeit stattfinden zu lassen.

---

481 Leuchten/Lipinski, NZA 2003, 1361, 1363.

482 Löwisch/Kaiser, § 119 Rn. 3; Richardi/Annuß, § 119 Rn. 21.

483 BAG v. 20.9.1957 – 1 AZR 136/56, NJW 1958, 37.

484 Richardi/Annuß, § 119 Rn. 21.

Die strategische Bedeutung eines Ordnungswidrigkeitenverfahrens liegt vor allem in der Außenwirkung, die rein wirtschaftliche Bedeutung einer Geldbuße gem. § 121 BetrVG ist auf Grund der absolut begrenzten Höhe gering. Die Straftatbestände des § 119 BetrVG haben in der Praxis wenig Relevanz, sodass eine entsprechende Anzeige bei der Strategieplanung keine nennenswerte Bedeutung hat.

Der anwaltliche Berater hat die dringende Pflicht, den Betriebsrat bzw. dessen Mitglieder vor einer Haftung zu bewahren; er darf daher nicht zu Eskalationsmaßnahmen raten, die Strafbarkeit oder Schadensersatzhaftung mit sich bringen. Das Risiko der Erfüllung von Straftatbeständen (Nötigung, Erpressung) durch einzelne Betriebsratsmitglieder im Rahmen von Betriebsblockaden oder wilden Streiks ist theoretisch gegeben; meist wird eine Strafverfolgung jedoch schon an der fehlenden Verwerflichkeit scheitern.[485] Eine Schadensersatzforderung gegen den Betriebsrat oder ein einzelnes Mitglied ist in der Praxis kaum realistisch durchsetzbar: der Betriebsrat selbst als Gremium ist schon weder delikts- noch vermögensfähig.[486] Dem einzelnen Mitglied wird ein eigenes Verschulden bei mehrheitlich (gegebenenfalls geheim) abgestimmten Beschlüssen nur schwer nachzuweisen sein;[487] dies umso weniger, wenn man im Gleichlauf mit § 23 BetrVG mindestens grobe Fahrlässigkeit verlangt.[488]

Insgesamt zeigt sich, dass die Eskalationsstrategie zielführend vor allem punktuell einzusetzen ist. Bei sorgfältiger Planung ist das Arsenal zulässiger Maßnahmen zwar überraschend umfangreich. Da die Grenzen des rechtlich Zulässigen schnell erreicht sind, ist für den beratenden Anwalt zur Haftungsvermeidung aber besondere Vorsicht geboten. Eine rein auf Eskalation aufbauende Strategie führt ohnehin nicht nur zum möglichen Kontrollverlust, sondern verschließt auch den Weg zu vorteilhaften Verhandlungen. Gewinnbringend ist die Eskalation also nur dann, wenn stets das langfristige Ziel und der Wechsel zu konsensorientierterem Vorgehen im Auge behalten werden.

---

485 So jedenfalls die Wirtschaftsstaatsanwaltschaft Stuttgart, Verfügung v. 5.8.2005, 140 Js 113356/04, zit. nach Rieble/Klumpp/Gistel, Rechtsmißbrauch, Rn. 112.

486 Eingehend hierzu Schwab, FS Bauer, 1001, 1004.

487 Dem Grunde nach wird eine Haftung der einzelnen Betriebsratsmitglieder überwiegend sehr wohl angenommen: statt vieler Schwab, FS Bauer, 1001, 1004.

488 Richardi/Thüsing, vor § 26 Rn. 14; Belling, Haftung des Betriebsrats, S. 358; Rieble/Klumpp/Gistel, Rechtsmißbrauch, Rn. 117; Schwab, FS Bauer, 1001, 1005, leitet dies auch aus dem Vergleich zur allgemeinen Arbeitnehmerhaftung ab, was jedoch insofern nicht völlig überzeugt, als eine Arbeitnehmerhaftung im Einzelfall gerade auch bei einfacher („mittlerer“) Fahrlässigkeit gegeben sein kann.

2. Verzögerung

Verzögerung ist die bekannteste und am weitesten verbreitete Betriebsratsstrategie bei Interessenausgleich- und Sozialplanverhandlungen.[489] Durch die Herauszögerung der Betriebsänderung soll der Unternehmer mittels steigender Kosten unter Druck gesetzt werden. Die Strategie erreicht allerdings ihre Grenzen, wenn durch die Verzögerung nur noch das Sozialplanvolumen verringert wird. In solchen Fällen, d.h. wenn ein „Totalschaden" (etwa die Gesamtstilllegung des betroffenen Betriebs) zu befürchten steht, ist eine Anwendung dieser Strategie nicht mehr sinnvoll.

a) Durchsetzung der Informationsrechte

Im Rahmen einer Verzögerungsstrategie bietet es sich im Rahmen des rechtlich zulässigen an, bestehende Verfahrensrechte extensiv zu nutzen.[490] Gerade Informationsrechte sind hier aus vielen Gründen geeignet:

- bei nicht ausreichender Unterrichtung drohen dem Unternehmer Unterlassungsansprüche und Nachteilsausgleich;

- die Erfüllung der Informationsansprüche ist teilweise mit erheblichem Arbeitsaufwand für die Arbeitgeberseite verbunden;

- die Grenze einer ausreichenden Unterrichtung ist ex ante schwer zu beurteilen;

- weitere Verzögerungen werden durch mehrmalige Ergänzungs- und Erläuterungswünsche verursacht, wobei diese Ergänzungserfordernisse oft erst im laufenden Verfahren entstehen und dadurch nicht vorausschauend erfüllt werden können.

Während der Wirtschaftsausschuss seinen Unterrichtungsanspruch über § 109 BetrVG in der Einigungsstelle durchsetzen kann, muss der Betriebsrat auf das Beschlussverfahren zurückgreifen. Teilweise wird auch vertreten, der Betriebsrat könne seine Unterrichtungsrechte im Verfahren der einstweiligen Verfügung durchsetzen.[491] Aus Sicht des eine Verzögerung anstrebenden Betriebsrats ist zu erwägen, welches Verfahren die strategisch bessere Wahl ist. Ebenso kommt in Betracht, beide Verfahren zu betreiben, d. h. für Wirtschaftsausschuss und Betriebsrat unabhängig voneinander Informationsansprüche geltend zu ma-

489 Vgl. Rieble/Klumpp/Gistel, Rechtsmißbrauch, Rn. 12: in der dort durchgeführten statistischen Erhebung wurde eine „Verzögerungstaktik" mit 51% am häufigsten als missbräuchlich empfundene Betriebsratsvorgehensweise genannt.

490 Hierzu auch Göritz/Hase/Rupp, Handbuch Interessenausgleich, S. 163.

491 Richardi/Annuß, § 111 Rn. 171.

chen. Das Einigungsstellenverfahren zur Durchsetzung des Unterrichtungsanspruchs des Wirtschaftsausschusses hat jedoch keine aufschiebende Wirkung im rechtlichen Sinne. Denn die Unterrichtung des Wirtschaftsausschusses ist keine zwingende Voraussetzung im Bereich des § 111 BetrVG. Andernfalls hätte eine ausdrückliche Verknüpfung von Betriebsratsunterrichtung und Wirtschaftsausschussunterrichtung im Wortlaut des § 111 BetrVG geregelt werden müssen. Dies wäre jedoch zusätzlich deshalb problematisch, da die Beteiligungsrechte aus § 111 grundsätzlich betriebsbezogen sind, während der Wirtschaftsausschuss stets unternehmensweit agiert. Ungeachtet der nicht gegebenen aufschiebenden Wirkung werden durch ein solches Einigungsstellenverfahren erhebliche Kosten verursacht, die vom Unternehmer zu tragen sind.

Allerdings hat der Wirtschaftsausschuss selbst keinen Anspruch auf Rechtsberatung.[492] Daher sind die Kosten, die durch rechtliche Beratung des Wirtschaftsausschusses entstehen (vorbehaltlich einer anderweitigen Vereinbarung) nicht erstattungsfähig. Führt der Wirtschaftsausschuss daher langwierige Auseinandersetzungen um seine Unterrichtung, so läuft er Gefahr, die hierdurch entstehenden Kosten selbst tragen zu müssen, oder aber der anwaltliche Berater kann seinen Honoraranspruch letztlich gegenüber keiner der Betriebsparteien durchsetzen. Die oben diskutierte Frage, ob das schuldrechtliche Mandatsverhältnis mit Betriebsrat oder Arbeitgeber zustande kommt,[493] spielt hier keine Rolle, da ein Schuldverhältnis mit dem Arbeitgeber nicht in Betracht kommt, wenn dieser keine Verpflichtung (und damit keinen Grund) hatte, ein Mandatsverhältnis einzugehen. Im Zweifel wird eine Erstattung von Anwaltskosten des Betriebsrats durch den Arbeitgeber hier nicht stattfinden. Anderes gilt für die Kosten im Rahmen der Einigungsstelle, wo die allgemeinen Regelungen gelten.

Ein weiteres (verzögerungsrelevantes) Verfahren ist dann zu führen, wenn die Zuständigkeit des Wirtschaftsausschusses streitig ist. Hierüber entscheidet nicht die Einigungsstelle, vielmehr ist die Auseinandersetzung im Wege des arbeitsgerichtlichen Beschlussverfahrens zu führen.[494]

Für die Rolle des Wirtschaftsausschusses im Bereich einer Verzögerungsstrategie ist die wichtigste Frage, ob eine aufschiebende Wirkung für das übrige Interessenausgleichs- und Sozialplanverfahren besteht. Eine solche ist, wie soeben festgestellt, aus dem Gesetz nicht herzuleiten. Sie entsteht jedoch faktisch dann, wenn der Arbeitgeber lediglich den Wirtschaftsausschuss unterrichtet und darauf vertraut, dass dieser die Informationen gem. § 106 Abs. 1 S. 2 BetrVG an den Betriebsrat weitergibt. Dies führt dazu, dass eine faktisch aufschiebende

492 Siehe hierzu oben B.II.2.c)ee).
493 Dazu oben B.II.2.c)ff).
494 Richardi/Annuß, § 109 Rn. 5.

Wirkung entsteht, wenn der Wirtschaftsausschuss den Betriebsrat nicht bzw. erst nach vollständiger Sammlung der Informationen unterrichtet. Zwar hat der Wirtschaftsausschuss gem. § 106 Abs. 1 S. 2 BetrVG die Aufgabe, den Betriebsrat über die ihm vorliegenden Informationen zu unterrichten; verstärkt wird diese Verpflichtung durch § 108 Abs. 4 BetrVG.[495] Wurde der Wirtschaftsausschuss aber vom Gesamtbetriebsrat gebildet, hat er eine Unterrichtungsverpflichtung nur diesem gegenüber.[496] Erkennt der Arbeitgeber zu spät, dass die Unterrichtung des Wirtschaftsausschusses keine zwingende Unterrichtungswirkung gegenüber dem Betriebsrat hat, verliert er im Anschluss viel Zeit durch die nunmehr verspätet stattfindende Unterrichtung des Betriebsrats. Im Rahmen einer Verzögerungsstrategie hat der Betriebsrat daher kein Interesse, ein derart fehlerhaftes Unterrichtungskonzept durch frühzeitiges Geltendmachen eigener Unterrichtungsansprüche zu korrigieren.

Beharrt der Betriebsrat dann später auf seinem Unterrichtungsanspruch, kann ihm Rechtsmissbrauch nicht vorgeworfen werden. Denn Pflichtverletzungen des Wirtschaftsausschusses sind ihm nicht zurechenbar, erst recht nicht, wenn dieser nicht Hilfsorgan des Betriebsrats, sondern des Gesamtbetriebsrats ist. Auch eine Zurechnung des Kenntnisstandes bei (teilweise) personenidentischer Besetzung der beiden Gremien ist nicht möglich, da eine Unterrichtungsverpflichtung für einzelne Mitglieder nicht besteht; nach dem Gesetz obliegt die Erfüllung betriebsverfassungsrechtlicher Pflichten stets dem Gremium an sich, nicht dessen Mitgliedern.

b) Vorausschauendes Verhandeln

Bei der Wahl seiner Verhandlungsstrategie sollte der Betriebsrat im Auge behalten, dass sich jeder Vorgang im Laufe der Verhandlungen auf das Entstehen von Nachteilsausgleichsansprüchen auswirken kann. Zwar ist der Nachteilsausgleich aus Arbeitnehmersicht stets nur ein Mittel „zweiter Wahl", das vorrangige Ziel ist eine möglichst „schadensbegrenzende" Gestaltung der Betriebsänderung. Dennoch sollte der Betriebsrat alles vermeiden, was ohne Not den Nachteilsausgleichsanspruch entfallen lässt. Daher sollte es Ziel des Betriebsrats sein, Verhandlungen überhaupt nur dann zu führen, wenn und soweit ein positives Ergebnis erzielbar ist. Sieht der Betriebsrat hingegen keinerlei positive Gestaltungsmöglichkeiten, muss er die Alternative erwägen, „nachteilsausgleichssichernd" zu verhandeln. Dies bedeutet, dass er alles unterlassen muss, was mögliche vom Arbeitgeber verursachte Beteiligungsdefizite ausgleicht bzw. auf eine Korrektur hinwirkt.

495 Vgl. hierzu Löwisch/Kaiser, § 106 Rn. 16, § 108 Rn. 16.

496 Löwisch/Kaiser, § 106 Rn. 16.

Die nachfolgend diskutierten Aspekte sind zwar nicht Bestandteil einer Verzögerungsstrategie im engeren Sinn. Sie sind jedoch gerade hier relevant, da eine übermäßige Verzögerung aus Betriebsratssicht nicht zu unverhältnismäßigen Nachteilen (etwa: Verlust der Nachteilsausgleichsansprüche) führen darf. Dies droht beispielsweise dann, wenn der Betriebsrat zum Zweck der Verzögerung umfangreiche Auseinandersetzungen über Zuständigkeitsfragen führt, und damit die hierin liegenden Nachteilsausgleichsmöglichkeiten für die einzelnen Arbeitnehmer zunichte macht.

aa) Zuständigkeitsfragen und Wahl des Verhandlungspartners

Bei der Wahl des richtigen Verhandlungspartners auf Arbeitnehmerseite werden durch den Arbeitgeber schon frühzeitig entscheidende Weichen für spätere Nachteilsausgleichsansprüche gestellt.[497] Diesbezüglich können die beteiligten Gremien auf Arbeitnehmerseite mit ihrer Reaktion die spätere Rechtslage erheblich beeinflussen. Dies könnte etwa durch eine Strategie umgesetzt werden, die durch ein „unauffälliges" Behandeln der Zuständigkeitsfrage den Arbeitgeber in die Verhandlung mit einem unzuständigen Gremium laufen lässt.

Teilt der Arbeitgeber mit, er halte einen bestimmten Verhandlungspartner (z.B. den Gesamtbetriebsrat) für unzuständig, sollten die entsprechenden Gremiumsmitglieder bei weiteren Verhandlungen nicht anwesend sein; andernfalls drohen die durchgeführten Verhandlungen trotz zunächst in Abrede gestellter Zuständigkeit im Nachhinein als ausreichend angesehen zu werden, womit Nachteilsausgleichsansprüchen die Grundlage entzogen wird.

Zur Rechtslage bei Zweifeln über die zuständige Arbeitnehmervertretung hat sich das BAG im Jahre 1996 grundlegend und umfassend geäußert:[498]

> Nach dieser Entscheidung muss der Arbeitgeber die in Betracht kommenden Arbeitnehmervertretungen zur Klärung der Zuständigkeitsfrage auffordern. Tut er dies nicht, hat er – wenn sich sein Verhandlungspartner nachträglich als unzuständig herausstellt – die Konsequenzen im Hinblick auf die Nachteilsausgleichsansprüche zu tragen. Eindeutig komme es bei der fehlerhaften Einschätzung der Zuständigkeit auf

497 Eingehend zu Zuständigkeitsfragen Schmitt-Rolfes, FS 50 Jahre BAG, 1081, 1083; zur Arbeitgeberstrategie bei unklarer Zuständigkeit Willemsen/Hohenstatt/Schweibert/Seibt, Umstrukturierung und Übertragung, Kap. C Rn. 320; zu den Rechtsfolgen eines unter Verstoß gegen zwingende Organisationsvorgaben des BetrVG errichteten Gesamtbetriebsrats BAG v. 17.3.2010 – 7 AZR 706/08, NZA 2010, 1144; zum nicht gegebenen Anspruch des örtlichen Betriebsrats auf Durchführung eines Konzernsozialplans BAG v. 18.5.2010 – 1 ABR 6/09, NZA 2010, 1433.

498 BAG v. 24.1.1996 – 1 AZR 542/95, NZA 1996, 1107.

ein Verschulden nicht an, entscheidend sei allein das objektiv betriebsverfassungswidrige Verhalten.[499]

Allerdings werden die Pflichten des Arbeitgebers eingeschränkt, indem es zur Abwendung von Nachteilsausgleichsansprüchen als ausreichend angesehen wird, wenn der Arbeitgeber in geeigneter Weise versucht, den richtigen Verhandlungspartner zu finden; dazu müsse der Arbeitgeber alles ihm Zumutbare unternehmen. Eine gerichtliche Klärung wird jedoch grundsätzlich nicht gefordert.[500]

Jedoch treffe auch den Betriebsrat die Verantwortung, aktiv zu werden, wenn Zweifel über die Zuständigkeit entstehen. Die Einigung zwischen Gesamtbetriebsrat und Einzelbetriebsrat über die Zuständigkeit des Einzelbetriebsrats ist zwar rechtlich nicht bindend, führt jedoch dazu, dass die geführten Verhandlungen als ausreichend im Sinne des § 113 BetrVG angesehen werden.

Äußert der Arbeitgeber aber, mit einem bestimmten Gremium nicht verhandeln zu wollen, da er dieses für unzuständig erachtet, lässt sich aus dem Gebot der vertrauensvollen Zusammenarbeit nicht die Pflicht des abgelehnten Gremiums ableiten, weiter auf die Berücksichtigung seines Beteiligungsrechts hinzuwirken. In solchen Konstellationen geht das BAG von einer Risikoübernahme durch den Arbeitgeber aus.

Die Entscheidung ist insoweit eindeutig, als das BAG aus der Tatsache, dass der Gesamtbetriebsrat trotz offener Zuständigkeitsfrage nach der Ablehnung durch den Arbeitgeber nicht weiter auf seiner Beteiligung beharrte, keinerlei Argumentation dahin gehend ableitet, dass das übergangene Betriebsverfassungsorgan (bzw. analog die einzelnen Arbeitnehmer) sich auf seine fehlende Beteiligung nicht mehr berufen könnte. Die im gleichen Urteil zuvor getroffene Aussage, das sich zu Unrecht übergangen fühlende Gremium müsse selbst initiativ werden, ist damit weitgehend relativiert.

Für die strategische Planung lässt sich daraus folgern, dass Zweifel im Hinblick auf die Zuständigkeit des verhandelnden Gremiums nur dann geäußert werden sollten, wenn tatsächlich geplant ist, die Klärung der Zuständigkeitsfrage konsequent zu verfolgen. In allen anderen Fällen muss zweierlei beachtet werden: Zum einen sollte jede Äußerung über Zweifel an der Zuständigkeit vermieden werden, da hieraus im Nachhinein eine Verpflichtung zur Ergreifung der Initiative abgeleitet werden könnte. Zum anderen sollte auch kein Beschluss über Zuständigkeit zwischen Gesamtbetriebsrat und Einzelbetriebsrat herbeige-

---

499 So auch schon BAG v. 29.11.1983 – 1 AZR 523/82, AP Nr. 10 zu § 113 BetrVG 1972; vgl. auch Röder/Baeck, Interessenausgleich, S. 3.

500 BAG v. 24.1.1996 – 1 AZR 542/95, NZA 1996, 1107, 1109, II.1.b).

führt werden, da eine solche Einigung das Berufen auf die Unzuständigkeit faktisch ausschließt.[501]

Die Strategie, durch ein „unauffälliges" Behandeln der Zuständigkeitsfrage den Arbeitgeber in die Verhandlung mit einem unzuständigen Gremium laufen zu lassen, kann daher nach der grundlegenden BAG-Entscheidung nicht als missbräuchlich oder als Verstoß gegen das Gebot vertrauensvoller Zusammenarbeit angesehen werden.[502]

Einer solchen strategischen Konstellation wäre jedoch in einigen Anwendungsfällen die Grundlage entzogen, wenn davon auszugehen wäre, dass bei Untätigkeit eines originär zuständigen Gesamtbetriebsrats die Zuständigkeit wieder an den Einzelbetriebsrat zurückfiele. Denn dann wäre automatisch der Einzelbetriebsrat der richtige Verhandlungspartner, wenn der zu Unrecht übergangene Gesamtbetriebsrat sich aus den Verhandlungen vollständig zurückzöge.

Diese Rechtsfrage ist in der Literatur umstritten und in der Rechtsprechung bisher nicht eindeutig entschieden. In weiter zurückliegenden Entscheidungen hat das BAG eine subsidiäre Zuständigkeit des Gesamtbetriebsrats angenommen,[503] andererseits aber klargestellt, dass sich die originären Zuständigkeiten von Einzel- und Gesamtbetriebsrat gegenseitig ausschließen.[504] Zuletzt äußerte es sich deutlich in Richtung einer „Primärzuständigkeit" des Einzelbetriebsrats, ohne jedoch die Frage des Zuständigkeitsrückfalls bei Untätigkeit des Gesamtbetriebsrats zu beantworten.[505]

Die Literatur geht überwiegend nicht von einem Zuständigkeitsrückfall aus, mehrheitlich wird die Theorie der „Zuständigkeitstrennung" vertreten.[506] Zwar ist *Trittin* grundsätzlich zuzustimmen, dass die zwingende Errichtung eines Gesamtbetriebsrats Mitbestimmungslücken schließen und nicht neue erzeugen sol-

---

501 Entweder ist dann von einer Beauftragung gem. § 50 Abs. 2 BetrVG auszugehen, oder die (eigentlich fehlerhafte) Einigung auf die Zuständigkeit des Einzelbetriebsrats führt dazu, dass das Verhandeln mit diesem für den Arbeitgeber als ausreichend anzusehen ist, vgl. BAG v. 24.1.1996 – 1 AZR 542/95, NZA 1996, 1107, 1109, II.1.b); Richardi/Annuß, § 50 Rn. 48, weist jedoch zu Recht darauf hin, dass die Beauftragung an formelle Voraussetzungen gebunden ist, sodass der Arbeitgeber möglicherweise einer Fehleinschätzung unterliegt, die ihm jedoch nicht vorgehalten werden kann.

502 Vgl. auch Wißmann, FS ARGE Arbeitsrecht, S. 1037, 1042, der die Initiativlast des Arbeitgebers zur Klärung der Zuständigkeitsfrage aus dem Gesetzeswortlaut ableitet.

503 BAG v. 30.4.1981 – 6 ABR 59/78, AP Nr. 12 zu § 99 BetrVG 1972.

504 BAG v. 6.4.1976 – 1 ABR 27/74, AP Nr. 2 zu § 50 BetrVG 1972.

505 BAG v. 18.10.1994 – 1 ABR 17/94, NZA 1995, 390.

506 Für die Zuständigkeitstrennung Richardi/Annuß, § 50 Rn. 46 f.; Fitting, § 50 Rn. 10; Löwisch/Kaiser, § 50 Rn. 10; HSWGN/Glock, § 50 Rn. 5; GK/Kreutz, § 50 Rn. 17; Galperin/Löwisch, § 50 Rn. 3, 21; Röder/Gragert, DB 1996, 1674, 1675; für eine strenge Auslegung der Primärzuständigkeit des Einzelbetriebsrats DKK/Trittin § 50 Rn. 12.

le.[507] Allerdings ist diese „Optimierung der Mitbestimmung" (im Sinne einer einheitlichen Regelung) gerade in die Hände des Gesamtbetriebsrats gelegt. Der Gesetzeszweck, unternehmenseinheitliche Mitbestimmungslösungen zu ermöglichen, würde weitestgehend konterkariert, wenn der Gesamtbetriebsrat durch einfaches Untätigbleiben diese Zuständigkeitsverteilung aufheben könnte. Es darf auch nicht übersehen werden, dass der Gesamtbetriebsrat kein völlig von den Einzelbetriebsräten entkoppeltes Organ ist, welches unabhängig von diesen (motiviert durch eine unterschiedliche Interessenlage) völlig andere Ziele verfolgen könnte. Vielmehr setzt sich der Gesamtbetriebsrat aus Mitgliedern der Einzelbetriebsräte, somit auch grundsätzlich aus Mitgliedern des betroffenen Einzelbetriebsrats zusammen. Auch entspricht es nicht der Regelungssystematik des BetrVG, dass bei Untätigbleiben eines Mitbestimmungsorgans dessen Aufgaben auf eine andere Stelle übertragen würden. Es wäre beispielsweise auch undenkbar, dass die Aufgaben des Betriebsrats im Bereich von § 99 oder 102 BetrVG hilfsweise von einzelnen Arbeitnehmern übernommen würden. Vielmehr gilt dort stets Schweigen als Zustimmung.[508]

Der untätig bleibende Gesamtbetriebsrat kann also davon ausgehen, dass eine hilfsweise Zuständigkeit des Einzelbetriebsrates nicht begründet wird.

bb) Rechtsfolgen bei Unzuständigkeit des Verhandlungspartners

Wird der Interessenausgleich zwischen dem Arbeitgeber und einem objektiv unzuständigen Gremium verhandelt oder gar geschlossen, stellt sich die Frage, wie sich dies auf den Unterlassungsanspruch des tatsächlich zuständigen Gremiums auswirkt, also ob das übergangene Gremium dennoch einen Unterlassungsanspruch durchsetzen kann. Dies hätte eine besonders starke Verzögerungswirkung. Entscheidend ist dabei, dass es unabhängig von der Wirksamkeit der mit dem unzuständigen Gremium abgeschlossenen Vereinbarung an Verhandlungen mit dem richtigen Verhandlungspartner fehlt.[509]

---

507 Vgl. DKK/Trittin § 50 Rn. 12.

508 Vgl. § 99 Abs. 3 S. 2, § 102 Abs. 2 S. 2 BetrVG; eine Ausnahme ist die fehlende Zustimmung des Betriebsrats zur Kündigung oder mandatsgefährdenden Versetzung von Betriebsratsmitgliedern (§ 103 BetrVG): bei diesem besonders gravierenden Eingriff gibt es keine fingierte Zustimmung.

509 Die Unwirksamkeit aufgrund mangelnder Zuständigkeit wird in der Literatur zu Interessenausgleich und Sozialplan – soweit ersichtlich – nicht diskutiert, Göritz/Hase/Rupp, Handbuch Interessenausgleich, S. 46, stellen jedoch klar, dass keine Bindungswirkung einer geschlossenen Vereinbarung für das nicht beteiligte Gremium besteht. Die Nichtigkeit oder Unwirksamkeit eines Rechtsaktes auf Grund der Unzuständigkeit seines Autors ist eine typische Rechtsfolge im öffentlichen Recht (vgl. § 44 Abs. 2 Nr. 3 VwVfG), die aus der durch das Grundgesetz geschützten Allgemeinen Handlungsfrei-

Sofern bereits eine Einigung vorhanden ist, könnte es dem Antragsteller am Rechtsschutzinteresse fehlen. Zwar hat der Antragsteller (das übergangene Gremium) selbst an der Vereinbarung nicht mitgewirkt; auch dient der Unterlassungsanspruch nicht einem Selbstzweck, sondern soll die Durchsetzung bestehender Mitbestimmungsrechte gewährleisten. Die Mitbestimmungsrechte ihrerseits dienen der Wahrung von Arbeitnehmerrechten. Eine Rechtsbehelf zur Durchsetzung solcher Rechte wäre dann nicht mehr erforderlich, wenn sie bereits gesichert sind. Arbeitgeber und Betriebsrat oder Gesamtbetriebsrat sind an eine durch sie abgeschlossene Vereinbarung gebunden, unabhängig ob auf Arbeitnehmerseite das unterzeichnende Gremium tatsächlich zuständig war oder nicht. Denn ein nachträgliches Berufen des Arbeitgebers auf die fehlende Zuständigkeit wäre einerseits selbstwidersprüchlich und würde andererseits an der zwischen den Vertragsparteien bestehenden Verbindlichkeit auch nichts ändern. Weder der Arbeitgeber noch das unzuständige Gremium sind jedoch dazu berufen, über die ordnungsgemäße Wahrung der Arbeitnehmerrechte zu entscheiden. Dies ist vielmehr die originäre Aufgabe des zuständigen Mitbestimmungsorgans. Das Verhandeln des Arbeitgebers mit einem unzuständigen Gremium beseitigt daher nicht das Rechtsschutzinteresse des zuständigen Gremiums im einstweiligen Rechtsschutz.

Die Geltendmachung von Unterlassungsansprüchen durch das übergangene Gremium könnte sich allerdings als rechtsmissbräuchlich erweisen, wenn der Arbeitgeber zwar mit dem falschen Gremium verhandelte, jedoch im Verlauf der Verhandlungen Auseinandersetzungen über die Zuständigkeit stattgefunden hatten. Dabei sind zwei Konstellationen denkbar: entweder hat das zuständige Gremium zwar die Problematik erkannt, aber geschwiegen (Konstellation 1), oder aber das eigentlich zuständige Gremium hat im Rahmen der Auseinandersetzung über die Zuständigkeit den Arbeitgeber in die falsche Richtung beeinflusst (Konstellation 2).

Vorliegend relevant sind dabei nur Sachverhalte, in denen dem zuständigen Gremium die richtige Zuständigkeitsverteilung bewusst war. Nur dann kann es sich überhaupt um eine Strategie handeln. Von Rechtsmissbrauch kann dann gesprochen werden, wenn es sich um die bewusste Zweckentfremdung einer Rechtsausübung handelt.[510] Im Betriebsverfassungsrecht ist dies dann der Fall, wenn der Betriebsrat seine formale Rechtsstellung in grob unbilliger Weise nutzt und dadurch entgegen der gesetzlichen Aufgabenzuordnung in den Kernbereich

heit folgt. Das Verhältnis zwischen Arbeitgeber und Betriebsrat („Betriebsverhältnis") ist jedoch privatrechtlicher (schuldrechtlicher) Natur, vgl. Evers, Unterlassungsansprüche, S. 86 f. sowie ausführlich Wenderoth, Unterlassungsanspruch, S. 8 ff.

510 Rieble/Klumpp/Gistel, Rechtsmißbrauch, Rn. 14.

der unternehmerischen Entscheidung eingreift.[511] Hier geht es konkret um eine nachgelagerte Rechtsausübung (Berufung auf die Unzuständigkeit), die maßgebliche Handlung findet zu einem früheren Zeitpunkt statt und zwar dann, wenn trotz Kenntnis kein Hinweis auf die korrekte Zuständigkeitsverteilung erfolgt (Konstellation 1), oder wenn der Arbeitgeber in Richtung des Verhandelns mit dem unzuständigen Gremium beeinflusst wird (Konstellation 2).

Rechtsmissbräuchlich könnte die Berufung auf die Unzuständigkeit in Konstellation 1 sein, wenn zuvor eine Pflicht zum Hinweis bestanden hätte, das Schweigen also zu missbilligen war. Eine solche Hinweispflicht hat das BAG zwar angenommen, jedoch für den Fall relativiert, dass der Arbeitgeber die Beteiligung des an sich zuständigen Gremiums ablehnt.[512] Die Annahme der Rechtsmissbräuchlichkeit würde erfordern, dass der antragstellende Betriebsrat zuvor ein nachweislich hohes Maß an Gewissheit über die Zuständigkeitsverteilung hatte, was in derartig komplexen Situationen, bei denen der Arbeitgeber von einer unzutreffenden Betriebsratszuständigkeit ausgeht, praktisch nie der Fall sein wird.

Die Geltendmachung einer vorher bewusst (mit) herbeigeführten Unzuständigkeit (Konstellation 2) hingegen ist ein Fall des Rechtsmissbrauchs. Der Nachweis der entsprechenden Kenntnis und Absicht des Betriebsrats wird jedoch in der Regel ebenfalls nicht zu erbringen sein, insbesondere nicht im summarischen Verfahren.

Im Ergebnis führt das Verhandeln oder der Abschluss eines Interessenausgleichs durch ein unzuständiges Gremium nicht dazu, dass ein Unterlassungsanspruch des übergangenen Organs ausgeschlossen wäre. Eine darauf aufbauende Verzögerungsstrategie kann Erfolg haben.

c) Gleichzeitiges Verhandeln mit verschiedenen Gremien

Weitere strategische Gestaltungsmöglichkeiten könnten sich durch die Verhandlung von Interessenausgleich und Sozialplan mit jeweils unterschiedlichen Gremien ergeben.[513] Bei Interessenausgleich und Sozialplan handelt es sich nicht um dieselbe Angelegenheit im Sinne von § 50 Abs. 1 S. 1 BetrVG, weshalb auch das BAG grundsätzlich eine Aufteilung für zulässig hält.[514] Die Aufteilung

511 Rieble/Klumpp/Gistel, Rechtsmißbrauch, Rn. 62.

512 BAG v. 24.1.1996 – 1 AZR 542/95, NZA 1996, 1107.

513 Dies kann insbesondere auch bei der Vereinbarung einer Namensliste gem. § 1 Abs. 5 S. 1 KSchG möglich sein; zu den diesbezüglichen Zuständigkeitsfragen Ohlendorf/Salamon, NZA 2006, 131.

514 BAG v. 3.5.3006 – 1 ABR 15/05, NZA 2007, 1245.

der Zuständigkeiten führt zwangsläufig zu einer komplexeren Verhandlungssituation und damit indirekt zur Verfahrensverzögerung.[515]

Dazu müssten Interessenausgleich und Sozialplan unterschiedliche Interessenkreise berühren. Inhaltlich ist eine Aufspaltung denkbar, wenn die Betriebsänderung zwar betriebsübergreifend konzipiert ist (und damit in den Zuständigkeitsbereich des Gesamtbetriebsrats oder des Konzernbetriebsrats fällt), wirtschaftliche Nachteile aus der Betriebsänderung jedoch nur Arbeitnehmer eines einzelnen Betriebes betreffen.[516] Dann ließe es sich begründen, hinsichtlich des Sozialplans die Zuständigkeit eines Einzelbetriebsrats anzunehmen.[517] Schließlich sieht das Gesetz nicht zwingend eine gemeinsame Verhandlung von Interessenausgleich und Sozialplan vor.[518]

Eine Auftrennung der Zuständigkeiten ist jedoch nur dann gewinnbringend, wenn sich hieraus erweiterte strategische Möglichkeiten ergeben. Hier stellt sich die Frage, ob die Verhandlungsposition bei Gesamtbetriebsrat oder Einzelbetriebsrat stärker ist. Der Gesamtbetriebsrat mag zwar gegenüber dem Unternehmer grundsätzlich das größere Gewicht haben, allerdings hat der Einzelbetriebsrat meist den stärkeren Rückhalt in der Belegschaft, da die von ihm vertretenen Arbeitnehmer geschlossener von der Betriebsänderung betroffen sind. Die Zugeständnisse, die der Arbeitgeber dem Gesamtbetriebsrat hinsichtlich der von der Maßnahme weniger betroffenen Arbeitnehmern macht, nützen der Belegschaft im primär betroffenen Betrieb wenig. Daher sollte der Einzelbetriebsrat auf einer selbständigen Verhandlungsposition beharren, wenn die Voraussetzungen für eine Aufteilung der Verhandlungsgegenstände gegeben sind. Dies sollte der Einzelbetriebsrat frühzeitig prüfen, da sonst die Schaffung vollendeter Tatsachen droht.

Auch lässt sich die Verhandlungsposition der Arbeitnehmerseite dadurch stärken, dass in einem solchen Fall Gesamtbetriebsrat und Einzelbetriebsrat (ggf. auch mehrere Einzelbetriebsräte) an den Verhandlungsrunden teilnehmen. Dadurch steigt die Gesamtkompetenz des Verhandlungsteams, gleichzeitig steigen jedoch auch die Kosten für den Arbeitgeber (möglicher Anspruch auf

515 Zur strategischen Komponente der Zuständigkeitsverteilung Rieble, FS Bauer, 867, 868.

516 Zu den Zuständigkeitsfragen im Konzern eingehend Rieble, FS Bauer, 867, 870 ff.

517 Ähnlich Rieble, FS Bauer, 857, 870; die gleichzeitige Zuständigkeit zweier Gremien (Gesamtbetriebsrat und Einzelbetriebsrat) für den selben Gesamtkomplex (Betriebsänderung) ist ein Sonderfall und eine Ausnahme vom strikten Grundsatz der Zuständigkeitstrennung, wie er zuletzt in BAG v. 14.11.2006 – 1 ABR 4/06, NZA 2007, 399, geäußert wurde.

518 Hierzu oben C.II.

Rechtsberatung jeweils der einzelnen Gremien)[519] und die Organisation von Verhandlungsrunden wird – ganz im Sinne einer Verzögerungsstrategie – erheblich komplizierter, da die Termine mit einer größeren Anzahl von Teilnehmern abgestimmt werden müssen.

d) Strategische Terminplanung und Berufsrecht

Eine der verbreitetsten Verzögerungsmethoden ist das Vorschieben von „Terminschwierigkeiten", insbesondere durch den anwaltlichen Berater des Betriebsrats. Eine solche Vorgehensweise soll hier aus berufsrechtlicher Sicht untersucht werden.

Gem. § 53 BRAO muss der Rechtsanwalt für seine Vertretung sorgen, wenn er länger als eine Woche an der Berufsausübung gehindert ist oder sich länger als eine Woche von seiner Kanzlei entfernen will. Damit ist die anwaltliche Erreichbarkeitspflicht normiert; es lässt sich jedoch hieraus keine strikte Präsenzpflicht herauslesen. Insbesondere ist damit nicht festgelegt, dass innerhalb des Wochenzeitraums der Anwalt für einen konkreten Termin zur Verfügung stehen müsse.[520] Übt also ein Anwalt seinen Beruf aus und befindet sich im weiteren Sinne in seiner Kanzlei, erfüllt er damit seine berufsrechtliche Pflicht. Es kann dann von ihm nicht verlangt werden, innerhalb des Wochenzeitraums spätestens für ein bestimmtes Mandat zur Verfügung zu stehen.

Behauptet der Rechtsanwalt hingegen eine längere Krankheit oder einen längeren Urlaub, um damit eine Verzögerung der Terminfindung zu bewirken, kann von ihm gefordert werden, für das laufende Mandat einen Vertreter zu bestimmen.[521] Auf eine entsprechende Aufforderung hin wird im Zweifel eher eine

---

519 Ob der Gesamtbetriebsrat Anspruch auf Hinzuziehung eines weiteren Beraters hat, wenn ein solcher dem Einzelbetriebsrat bereits zur Verfügung steht, ist eine bisher offene Frage. In der Literatur gilt zumindest hinsichtlich sonstiger Ausstattung des Betriebsrats die einhellige Meinung, dass der Gesamtbetriebsrat zunächst auf die Mittel (d.h. analog auch auf den Berater) des Einzelbetriebsrats zurückgreifen muss und nur dann eine eigene Ausstattung verlangen kann, wenn ersteres nicht ausreichend ist, vgl. Fitting, § 51 Rn. 48; HSWGN/Glock § 51 Rn. 62, 64; DKK/Trittin § 51 Rn. 55; ErfK/Eisemann § 51 BetrVG Rn. 8, jedoch unklar im Verweis auf § 80 Abs. 3 BetrVG, ob dies als speziellere Regelung gegenüber dem Vorangestellten zu verstehen sei.

520 Hierzu Kleine-Cosack § 53 Rn. 1 sowie Gaier/Wolf/Göcken/Tauchert, § 53 BRAO Rn. 8f.: die Vertretungsregelung diene nicht der Verdoppelung der Arbeitskraft des Rechtsanwalts, weshalb die Wahrnehmung einer Vielzahl auswärtiger Termine über einen längeren Zeitraum kein Verhinderungsfall sei.

521 Siehe § 53 Abs. 5 BRAO: „In den Fällen des Absatzes 1 kann die Rechtsanwaltskammer den Vertreter von Amts wegen bestellen, wenn der Rechtsanwalt es unterlassen hat, eine Maßnahme nach Absatz 2 Satz 1 zu treffen oder die Bestellung eines Vertreters nach Absatz 2 Satz 3 zu beantragen. Der Vertreter soll jedoch erst bestellt werden, wenn

Beschleunigung der Terminfindung als die Bestellung eines Vertreters stattfinden. Schließlich ist es mit den Interessen sowohl des Anwalts als auch des Mandanten kaum zu vereinbaren, während laufender Verhandlungen kurzfristig einen Vertreter einzuführen.

In diesem Zusammenhang ist die mit anwaltlichen Terminschwierigkeiten (plötzliche Krankheit, Urlaub, keine freien Termine) begründete Verzögerungsstrategie auch auf ihre Vereinbarkeit mit einer etwaig bestehenden Wahrheitspflicht zu untersuchen. Berufsrechtlich ist die Wahrheitspflicht bei § 43a Abs. 3 S. 2 BRAO zu verorten, mithin als ein Unterfall des Sachlichkeitsgebots. Dabei handelt es sich um eine der verbliebenen wenigen Generalklauseln zur Formulierung von allgemeinen Ansprüchen an die anwaltliche Tätigkeit. Sie verbietet dem Anwalt unsachliches Verhalten, wobei Absatz 2 dieses genauer definiert.[522] Relevant für die Beratung im Rahmen einer Betriebsänderung ist vor allem der daraus abgeleitete Anspruch an wahrheitsgemäße Äußerungen. Die darüber hinaus ebenfalls verbotenen herabsetzenden Äußerungen bzw. strafbaren Beleidigungen sind für das kollektive Arbeitsrecht kaum praxisrelevant.

Verfahrensrechtlich ist die Wahrheitspflicht in § 138 Abs. 1 ZPO normiert; allerdings nur im Rahmen des zivilprozessualen – und damit auch des arbeitsgerichtlichen – Verfahrens. Bei strenger Betrachtung könnte die taktische Einbringung von „Terminschwierigkeiten" als Verstoß gegen eine sehr weit gehende berufsrechtliche Wahrheitspflicht, abgeleitet aus § 43a BRAO, angesehen werden. Ein Verstoß wäre dann anzunehmen, wenn aus § 43a BRAO auch das Verbot unzutreffender Aussagen zu Verfahrensfragen abzuleiten wäre. Eine solche Auslegung geht jedoch zu weit.

Im Rahmen der Verhandlungen stellt sich die Frage, ob das Verbot der bewusst unwahren Tatsachenbehauptung berührt werden kann. Denkbar ist dies zunächst in vielerlei Hinsicht. Schon der Wahrheitsgehalt der im Rahmen einer Verzögerungstaktik häufigen Behauptung, bei der Terminabsprache bestünden bestimmte Hindernisse bzw. in einem bestimmten Zeitraum sei kein Termin möglich, ist oft fraglich. Auch die Behauptung, einen bereits vereinbarten Verhandlungstermin wegen Krankheit oder aus anderen vorgetragenen Gründen nicht wahrnehmen zu können, kann den Eindruck erwecken, sie sei nur der Stra-

---

der Rechtsanwalt vorher aufgefordert worden ist, den Vertreter selbst zu bestellen oder einen Antrag nach Absatz 2 Satz 3 einzureichen, und die ihm hierfür gesetzte Frist fruchtlos verstrichen ist. (…)".

522 § 43a Abs. 3 BRAO: „Der Rechtsanwalt darf sich bei seiner Berufsausübung nicht unsachlich verhalten. Unsachlich ist insbesondere ein Verhalten, bei dem es sich um die bewußte Verbreitung von Unwahrheiten oder solche herabsetzenden Äußerungen handelt, zu denen andere Beteiligte oder der Verfahrensverlauf keinen Anlaß gegeben haben."

tegie geschuldet. Allerdings ist die Pflicht des Rechtsanwalts zur Wahrheit im Licht der durch Art. 12 Abs. 1 GG geschützten Berufsfreiheit und des Verhältnismäßigkeitsgrundsatzes zu sehen.[523]

Eindeutig verstößt daher nur ein die §§ 185 ff. StGB (Beleidigung, Üble Nachrede, Verleumdung) verletzendes Verhalten das Sachlichkeitsgebot. Dies wird im Bereich der Beratung bei Betriebsänderungen jedoch kaum der Fall sein. Im Übrigen ist ein Verstoß gegen § 43a BRAO nur in Ausnahmefällen nach sorgfältiger teleologischer und verfassungsrechtlicher Prüfung anzunehmen.[524] Die bewusste Verbreitung unzutreffender Rechtsauffassungen etwa zählt nicht dazu.[525] Bei Tatsachenaussagen ist ein Verstoß dann ausgeschlossen, wenn der Rechtsanwalt die von ihm aufgestellte Behauptung nur möglicherweise für falsch hält.[526] Erforderlich ist also direkter Vorsatz.[527]

Da direkter Vorsatz selten vorliegen und noch seltener nachweisbar sein wird, ist die Praxisrelevanz von § 43a BRAO im hier untersuchten Bereich äußerst gering. Dabei ist auch zu beachten, dass Verhandlungen immer mit dem schrittweisen Abändern von Positionen auf beiden Seiten verbunden sind. Eine strikte Wahrheitspflicht in dem Sinne, dass jede Seite von Anfang an ihre endgültige Position offenbaren müsste, wäre der vom Betriebsverfassungsgesetz vorgesehenen Verhandlungssystematik abträglich. Kompromisse wären damit kaum mehr möglich.[528]

Eine allumfassende Pflicht des Rechtsanwalts zur Wahrheit wäre unter Berücksichtigung der Funktion des Rechtsanwalts als Vertreter seines Mandanten, mithin (auch) als einseitiger Interessenvertreter, mit der durch Art. 12 GG geschützten Berufsfreiheit kaum zu vereinbaren.[529] Eine solche Verpflichtung würde nicht nur jede Strategie, sondern auch in weiten Teilen das Berufsbild an sich obsolet werden lassen. Der Zivilprozess müsste dann konsequenterweise in einen Amtsermittlungsprozess ohne Parteivertreter umgestaltet werden. Die entsprechende Anwendung der prozessualen Wahrheitspflicht aus § 138 ZPO ist auch unstimmig: Diese Pflicht dient einem möglichst hohen Grad an Wahrhaf-

---

523 Kleine-Cosack § 43a Rn. 70.

524 Vgl. Kleine-Cosack § 43a Rn. 70, der aus § 3 BRAO (Stellung als Berater und Vertreter) die Verpflichtung zu einer „zwangsläufig in ihrer Objektivität eingeschränkten“ und von einer „gewissen Einseitigkeit“ geprägten Wahrheitssuche ableitet.

525 Feuerich/Weyland § 43a Rn. 39.

526 Henssler/Prütting-Eylmann § 43a Rn. 108.

527 Zu den Vorsatzformen Fischer, § 15 Rn. 5 ff. sowie Schönke/Schröder/Cramer/Sternberg-Lieben, § 15 Rn. 64.

528 Konsequent hält Gaier/Wolf/Göcken/Zuck § 43a Rn. 53 die „kleine Unsachlichkeit“ für zulässig.

529 Ausführlich und überzeugend Kleine-Cosack § 43a Rn. 65ff.

tigkeit bei der Aufklärung des dem Rechtsstreit zu Grunde liegenden Sachverhalts und steht in engem Grundsatz zum Beibringungsgrundsatz.[530] Sie dient also gerade nicht einer vollständigen Objektivität und Transparenz in Verfahrensfragen.[531] Für die Einhaltung von Verfahrensvorschriften und die Prüfung von diesbezüglich relevanten Voraussetzungen ist das Gericht – nicht etwa die gegnerische Partei – zuständig. Dort gilt nicht der Beibringungsgrundsatz, sondern teilweise die Amtsermittlung bzw. freie Beweiswürdigung nach Glaubhaftmachung.[532]

Die Verhandlungssituation im kollektiven Arbeitsrecht ist zwar kein Gerichtsprozess, allerdings müssen die im Prozess geltenden Rahmenbedingungen und Beschränkungen einer anwaltlichen Wahrheits- bzw. Sachlichkeitspflicht aus Gründen der Argumentationslogik auch für die Verhandlungssituationen des kollektiven Arbeitsrechts gelten.[533] Die bekannten „Terminschwierigkeiten" sind daher jedenfalls aus berufsrechtlicher Sicht unter Berücksichtigung der berufs- und verfahrensrechtlichen Wahrheitspflicht nicht zu beanstanden, solange dadurch (insbesondere durch eine bewusste Täuschung) nicht ein Straftatbestand (etwa § 263 StGB) verwirklicht wird. In Grenzfällen kann die (Vor-)Täuschung auch haftungsbegründend für Schadensersatzansprüche des Arbeitgebers sein; dies wird in der Regel jedoch an fehlender Kausalität scheitern, da dem Unternehmer typischerweise der taktische Hintergrund bewusst ist, er sich jedoch dennoch nicht in der Lage sieht oder Willens ist, einen Termin zu erzwingen. Insgesamt ist die Wahl eines solchen taktischen Mittels mit Vorsicht zu prüfen.

e) Durchsetzbarkeit einer strikten Trennung der Verhandlungsphasen

Als Mittel der Verzögerung kommt auf Seite des Betriebsrats das Beharren auf einer strikten Trennung der einzelnen Phasen Unterrichtung und Beratung/Verhandlung in Betracht. Dies ist insofern ein wirksames Verzögerungsmittel, als häufig im Rahmen der Beratung oder Verhandlung neue Aspekte in Erscheinung treten, die zuvor nicht Gegenstand der Unterrichtung waren. In ei-

530 Vgl. Prütting/Gehrlein, § 138 Rn. 2.

531 Wäre dies der Fall, müsste im Zivilprozess bei jedem Terminverlegungs- oder Fristverlängerungsgesuch genau geprüft werden, ob die zur Begründung vorgebrachte temporäre Arbeitsüberlastung oder Urlaubsabwesenheit wirklich in beachtlicher Weise gegeben ist – das Beispiel zeigt die Absurdität der Überlegung.

532 Vgl. Prütting/Gehrlein § 227 Rn. 2.

533 Es handelt sich um ein Argument a maiore ad minus bzw. um einen Erst-Recht-Schluss: Wenn bestimmte Einschränkungen im deutlich stärker regulierten Kontext des Prozesses nicht gelten, muss im freieren Kontext außergerichtlicher Verhandlungen (erst recht) ein flexiblerer Maßstab gelten.

ner solchen Situation bestehen zwei Handlungsmöglichkeiten: entweder wird die erforderliche Unterrichtung während der weiterlaufenden Verhandlungen nachgeholt, oder die Verhandlungen werden ausgesetzt, um die ergänzende Unterrichtung zu ermöglichen. Letzteres – begründet mit einem Anspruch auf strikte Trennung von Unterrichtung und Verhandlung – ist die einer Verzögerungsstrategie zuträglichere Variante.

Nach der im Gesetz verankerten Systematik lassen sich verschiedene Phasen unterscheiden. Explizit in § 111 BetrVG erwähnt werden Unterrichtung und Beratung. Eine weitere wesentliche Phase ist die Verhandlung über Interessenausgleich und Sozialplan. Auch wenn die Verhandlung in den §§ 111 bis 113 BetrVG wörtlich nur am Rande genannt wird, stellt sie eine der entscheidenden – wenn nicht die entscheidendste – Phase dar.

Teilweise wird auch nach drei Phasen unterschieden: Unterrichtung, Beratung und Verhandlung.[534] Allerdings bleibt unklar, worin der Unterschied zwischen „Beratung" und „Verhandlung" liegen soll. Im Folgenden wird daher von einer Unterscheidung in zwei Grundphasen ausgegangen, Unterrichtung und Beratung/Verhandlung.

Der Wortlaut der Vorschriften lässt eine Auslegung, die Unterrichtung habe stets vorab und getrennt von der Verhandlung stattzufinden, nicht zu. Dafür spräche allein die Reihenfolge der Nennung in § 111 Abs. 1 S. 1 BetrVG. Daraus ein Trennungsgebot abzuleiten widerspräche aber der gesetzlichen Prämisse, die Gestaltung der Mitbestimmung bei Betriebsänderungen weitgehend in das Ermessen der Betriebsparteien zu stellen; nicht umsonst handelt es sich um freie Verhandlungen, die in ihrem Ablauf keinem vorgegebenen Muster folgen müssen.

Zwar setzt eine Beratung über die geplante Betriebsänderung einen ausreichenden Informationsstand voraus. Es wäre jedoch ein Widerspruch zur vom Gesetzgeber vorgesehenen Verfahrensbeschleunigung,[535] wollte man eine in die Verhandlungsrunden integrierte Ergänzung der Informationen unterbinden. Mit der gesetzlichen Vorgabe lässt sich daher keine strikte Trennung von Unterrichtungs- und Beratungsphase begründen.

Die Phasentrennung kann jedoch faktisch unter Ausnutzung der vorhandenen Instrumente herbeigeführt werden. Dies geschieht dadurch, dass die Unterrichtungsansprüche konsequent durchgesetzt werden.[536] Dadurch entsteht zwar keine aufschiebende Wirkung im Rechtssinne. Jedoch werden einerseits Kapazitäten der Arbeitgeberseite gebunden, andererseits ist der Weg in die Einigungs-

534 Röder/Baeck, Interessenausgleich, S. 17.

535 Vgl. BT-DS 14/5741, S. 51, 52.

536 Zu den Einzelheiten der Durchsetzung siehe oben a).

stelle so lange versperrt, wie berechtigte Ansprüche auf Vervollständigung der Unterrichtung geltend gemacht werden. In der Praxis wird so ein Weiterverhandeln ohne abschließende Information unmöglich. Die Grenze dieser Strategie ist allerdings erreicht, wenn die Voraussetzungen zur Anrufung der Einigungsstelle bereits gegeben sind, d.h. sobald eine ausreichende Informationslage besteht.[537]

f) Vermittlungsversuch nur bei gemeinsamer Anrufung?

Gem. § 112 Abs. 2 BetrVG kann nach dem Scheitern eines innerbetrieblichen Interessenausgleichs der Vorstand der Bundesagentur für Arbeit angerufen und um Vermittlung ersucht werden. Solange dieses Vermittlungsverfahren läuft, ist die Anrufung der Einigungsstelle nicht möglich.[538] Damit eignet sich der Vermittlungsversuch als weiteres Verzögerungsmittel.[539] Nach dem Gesetzeswortlaut ist auch die Anrufung durch nur eine Partei möglich, auch dann muss der Vorstand der BA die Vermittlung verpflichtend durchführen.[540] Allerdings wird der Vermittlungsversuch nur von kurzer Dauer (und damit wenig verzögerungsrelevant) sein, wenn eine Partei sich nicht äußert. Daher ist fraglich, ob auch bei einseitiger Anrufung eine Einlassungspflicht der anderen Partei besteht.

Aus Sicht des Betriebsrats stellt sich die strategische Abwägung wie folgt dar: Wäre die Einlassung verpflichtend, könnten bei deren Unterbleiben Nachteilsausgleichsansprüche entstehen.[541] Soweit ersichtlich hat sich die Rechtsprechung zu einem solchen Fall noch nicht geäußert. Im Hinblick auf die einem Einlassungszwang sehr kritisch gegenüberstehende Literatur sind die Erfolgsaussichten jedoch höchst fraglich. Dennoch kann die Strategie im Einzelfall einen Versuch wert sein, da es sich bislang um eine offene Rechtsfrage handelt. Im Bereich der Ausgestaltung des Grundsatzes der vertrauensvollen Zusammenarbeit ist Raum für verschiedene Interpretationen. Kritisch zu sehen ist jedoch die hier letztendlich angestrebte Ableitung von Individualansprüchen aus einem kollektivrechtlichen Grundsatz.[542]

---

537 Hierzu oben II.3.e) im Ersten Teil sowie ausführlich Göpfert/Krieger, NZA 2005, 254.

538 GK/Oetker, §§ 112, 112a Rn. 205; Fitting, § 112, 112a Rn. 33.

539 Zum Einlassungszwang im Vermittlungsverfahren und den Auswirkungen auf etwaige Nachteilsausgleichsansprüche aus der strategischen Perspektive des Arbeitgebers siehe oben B.II.1.f).

540 Eine verpflichtend gemeinsame Anrufung des Vorstands der Bundesagentur für Arbeit sieht hingegen § 121 InsO vor.

541 Siehe hierzu auch oben B.II.1.f).

542 Grundsätzlich zum Verhältnis von kollektivem und Individualarbeitsrecht bei der Durchsetzung von Mitbestimmungsrechten Wiebauer, Kollektiv- oder individualrechtliche Sicherung der Mitbestimmung.

Die nachträgliche Geltendmachung von Nachteilsausgleichsansprüchen führt allerdings nicht zur Verfahrensverzögerung, sondern ist eine Durchsetzung von Arbeitnehmerrechten. Eine Verzögerung lässt sich jedoch in diesem Zusammenhang trotzdem herbeiführen, indem das Risiko von Nachteilsausgleichsansprüchen offen angesprochen wird. Allein die hierauf erforderliche Rechtsprüfung und Risikoabschätzung kann Zeit in Anspruch nehmen.

Selbst wenn die Einlassung nicht als verpflichtend angesehen wird, kann hierüber eine Auseinandersetzung im laufenden Vermittlungsverfahren geführt werden. Ausweg für den Arbeitgeber ist dann nur die Anrufung der Einigungsstelle. Möglicherweise ist diese unzuständig, solange der Vermittlungsversuch noch läuft. Auch wenn dies – wie nachfolgend dargestellt – eher fraglich ist, kann die Argumentation dort (unter Verweis auf ein laufendes Vermittlungsverfahren) angeführt werden. Die Auseinandersetzung hierüber verzögert dann das Einigungsstellenverfahren.

g) Einigungsstelle

Gem. § 112 Abs. 2 S. 2 BetrVG kann jede Betriebspartei einzeln bei Scheitern der freien Verhandlungen oder des Vermittlungsversuchs gem. Abs. 2 S. 1 die Einigungsstelle anrufen. Im Rahmen der Errichtung der Einigungsstelle ergeben sich für den mit einer Verzögerungstaktik arbeitenden Betriebsrat verschiedene Anknüpfungspunkte.

aa) Offensichtliche Unzuständigkeit nach § 98 ArbGG

Die offensichtliche Unzuständigkeit der Einigungsstelle kann zu erheblichen Verfahrensverzögerungen führen. Kann keine Einigung über die Bestellung der Einigungsstelle erzielt werden, muss ein Beschlussverfahren nach § 98 ArbGG durchgeführt werden. Der Vorsitzende Richter kann dort nicht nur über die Person des Einigungsstellenvorsitzenden und die Zahl der Beisitzer, sondern auch über die grundsätzliche Zuständigkeit der Einigungsstelle jedenfalls dann entscheiden, wenn diese offensichtlich unzuständig ist (§ 98 Abs. 1, S. 1, 2 ArbGG).[543] Gegen die Entscheidung des Vorsitzenden im Bestellungsverfahren findet die Beschwerde an das LAG statt (§ 98 Abs. 2 S. 1 ArbGG), welche innerhalb einer Frist von zwei Wochen einzulegen und gleichzeitig zu begründen ist; Wiedereinsetzung kann bei Fristversäumnis möglich sein.[544] Ein Rechtsmittel gegen die Entscheidung des Landesarbeitsgerichts findet gem. § 98 Abs. 2 S. 4 ArbGG nicht statt. Allein die Einlegung der Beschwerde, Ausnutzung der

543 Vgl. GMPM/Matthes § 98 Rn. 6.

544 GMPM/Matthes, § 98 Rn. 38.

Zweiwochenfrist und die Verfahrensdauer der Beschwerdeinstanz können jedoch schon zu erheblicher Verzögerung führen.

In Fortführung der oben dargestellten Verzögerungsanknüpfungspunkte stellt sich die Frage, ob die offensichtliche Unzuständigkeit der Einigungsstelle im Sinne von § 98 ArbGG damit begründet werden kann, dass noch ein – bisher nur einseitig betriebenes – Vermittlungsverfahren anhängig ist. Wie oben festgestellt, kann in (seltenen) Einzelfällen ein eingeschränkter Einlassungszwang im Sinne einer Mindestäußerung bestehen;[545] in diesen Fällen steht das noch laufende Vermittlungsverfahren einer Zuständigkeit der Einigungsstelle entgegen.[546]

Der Versuch einer Einigung vorab ist nicht verpflichtend im engeren Sinne.[547] Das Scheitern der freien Verhandlungen ist lediglich insofern eine Voraussetzung für die Anrufung der Einigungsstelle, als bei zu früher Anrufung die vom Arbeitgeber unternommenen Beratungsversuche als unzureichend im Hinblick auf Nachteilsausgleichsansprüche und Unterlassungsanspruch gewertet werden können.[548]

Nicht Voraussetzung ist das Scheitern der Verhandlungen für die Errichtung der Einigungsstelle an sich.[549] Dies lässt sich auch nicht aus dem Wortlaut des § 112 Abs. 2 S. 2 BetrVG ableiten; denn dort heißt es explizit „erfolgt kein Vermittlungsersuchen oder bleibt der Vermittlungsversuch ergebnislos". Aus letzterem lässt sich nicht schließen, dass zwingend umfangreiche Verhandlungen stattgefunden haben müssen. Wenn ein Vermittlungsversuch schon ganz unterbleiben darf, kann das einseitig gebliebene Vermittlungsersuchen den Übergang zur Einigungsstelle erst recht nicht verhindern. Eine Ausnahme gilt in den oben dargestellten Sonderfällen.[550]

Anerkannt als Grund einer offensichtlichen Unzuständigkeit ist weiterhin die Geltendmachung eines Mitbestimmungsrechts durch ein unzuständiges Gremium.[551] Hier besteht erhebliches Verzögerungspotential, da die rechtskräf-

---

545 Siehe oben B.II.1.f)aa).

546 A. A. Clemenz, FS ARGE Arbeitsrecht, S. 815, 828.

547 LAG Berlin v. 25.2.1981 – TaBV 1/87, zit. in Göritz/Hase/Pankau/Röhricht/Rupp/Teppich, Handbuch Einigungsstelle, S. 227; LAG Baden-Württemberg v. 16.10.1991 – 12 TaBV 10/91, NZA 1992, 186; ähnlich Clemenz, FS ARGE Arbeitsrecht, S. 815, 826, für den Fall der zielgerichteten Verzögerung.

548 Göpfert/Krieger, NZA 2005, 254, 255.

549 Tschöpe, NZA 2004, 945, 946.

550 Siehe oben B.II.f).

551 GMPM/Matthes, § 98 Rn. 9; LAG Frankfurt v. 15.6.1984 – 14/5 TaBV 8/84, NZA 1985, 33; LAG Düsseldorf v. 21.8.1987 – 9 TaBV 132/86, NZA 1988, 211; LAG Düsseldorf v. 4.3.1992 – 5 TaBV 116/91, NZA 1992, 613; LAG Nürnberg v. 29.9.1989 – 4 TaBV 40/89, NZA 1990, 503; LAG Nürnberg v. 21.9.1992 – 7 TaBV 29/92,

tige Feststellung der Unzuständigkeit unweigerlich dazu führt, dass Unterrichtung und Beratung erneut vollständig mit dem zuständigen Gremium durchgeführt werden müssen.

Die Fragen der Zuständigkeit der Einigungsstelle sind im Bestellungsverfahren nur am Maßstab der Offensichtlichkeit zu beurteilen, § 98 Abs. 1 S. 2 ArbGG. Ist die Offensichtlichkeit nicht gegeben, kann im Bestellungsverfahren gem. § 98 ArbGG der Antrag dennoch als unzulässig wegen fehlender Beteiligtenfähigkeit des Gesamtbetriebsrats bzw. Einzelbetriebsrats zurückgewiesen werden.[552]

Die Geltendmachung der Unzuständigkeit des verhandelnden Gremiums kollidiert allerdings mit den oben geschilderten zuständigkeitsorientierten Verhandlungsstrategien.[553] Denn diese basieren darauf, dass der Unternehmer unwissentlich das vollständige Verfahren mit dem unzuständigen Gremium durchführt, sodass Nachteilsausgleichsansprüche entstehen. Wird hingegen die Frage der Zuständigkeit zwischen Gesamtbetriebsrat und Einzelbetriebsrat schon bei der Errichtung der Einigungsstelle abschließend geklärt, sind die geschilderten Strategien nicht mehr möglich. Der Unternehmer wird nach Klärung im Bestellungsverfahren die Mitbestimmungsrechte des richtigen Gremiums wahren. Dann allerdings können keine Nachteilsausgleichsansprüche wegen Unzuständigkeit mehr beansprucht werden. Daher ist hier eine Abwägung durchzuführen: wenn Verzögerung höchste Priorität hat, kann sich das bisher unzuständig verhandelnde Gremium an dieser Stelle wirkungsvoll, jedoch auch endgültig „aus dem Spiel" nehmen.

In Extremfällen kann sich ein Argument gegen die Besetzung der Einigungsstelle aus der fehlenden Unterrichtung ergeben. Hat der Arbeitgeber seine Unterrichtungspflicht nicht in ausreichender Weise erfüllt, kann ihm das Rechtsschutzbedürfnis für die Bestellung der Einigungsstelle fehlen. Zwar werden vorausgegangene Verhandlungen im Allgemeinen nicht als Voraussetzung für ein Rechtsschutzbedürfnis angesehen,[554] im Interessenausgleichsverfahren liegt jedoch eine Sonderkonstellation vor: das Recht des Betriebsrats ist ohnehin auf Unterrichtung und Beratung beschränkt, eine erzwingbare Mitbestimmung steht

NZA 1993, 281. Ein weiterer Grund für die Unzuständigkeit der Einigungsstelle ist das Nichtvorliegen eines zwingend mitbestimmungspflichtigen Tatbestands (hier: einer Betriebsänderung im Sinne von § 111); dass dieser vom Betriebsrat schon aus strategischen Gründen nicht angeführt werden sollte, liegt auf der Hand.

552 LAG Hamburg v. 2.11.1988 – H 4 TaBv 6/88, BB 1989, 916; das LAG vertrat hier einen sehr weiten Maßstab der Offensichtlichkeit, der sich nicht auf die Zuständigkeit im engeren Sinne beschränkte.

553 Vgl. oben b) aa) und bb).

554 Vgl. Tschöpe, NZA 2004, 945.

ihm nicht zu. Daher kommt der Absicherung des Unterrichtungs- und Beratungsanspruchs mehr Bedeutung zu als bei der erzwingbaren Mitbestimmung nach § 87 BetrVG. Es ist folgerichtig, den Verhandlungen außerhalb der Einigungsstelle ein geringeres Gewicht zuzumessen, wenn im Einigungsstellenverfahren ohnehin ein Konsens gefunden werden muss. Dies gilt aber für den Interessenausgleich nicht, sodass es der Arbeitgeber in der Hand hat, das Einigungsstellenverfahren schnell im Sinne des Scheiterns zu beenden. Daher ist es angemessen, in gravierenden Fällen fehlender Unterrichtung davon auszugehen, dass die Basis für Beratungen völlig fehlt. Hat der Arbeitgeber selbst eine Situation herbeigeführt, in der mangels Informationsgrundlage dem Betriebsrat eine echte Beratung oder Verhandlung nicht möglich ist, so ist es auch gerechtfertigt, ihm das Rechtsschutzbedürfnis für ein Verfahren gem. § 98 ArbGG abzusprechen.

bb) Besetzung als „wichtige Quelle der Verzögerung“

Die Besetzung der Einigungsstelle ist ein typischer Schauplatz von Verzögerungsmaßnahmen.[555] Auseinandersetzungen können sowohl über die Zahl der Beisitzer als auch über die Person des Vorsitzenden geführt werden.

Bei der Zahl der Beisitzer ist aus Betriebsratssicht eine höhere Anzahl empfehlenswert (breitere Qualifikation, Möglichkeit interne und externe Beisitzer zu benennen, Kosten für Arbeitgeber).[556] In der Rechtsprechung wird verbreitet von einer ausreichenden Regelbesetzung von je zwei Beisitzern ausgegangen.[557] In besonders einfachen bzw. schwierigen Fällen könne nach unten oder nach oben abgewichen werden. Aus Kosten- und Effizienzgründen (Beschleunigung) wird der Arbeitgeber meist so wenige Beisitzer wie möglich anstreben, daher an der Regelbesetzung mit zwei Beisitzern festhalten wollen. Dem kann der Betriebsrat im Rahmen einer Verzögerungsstrategie mit zwei Zielen entgegentreten: einerseits weil die Besetzung mit mehr als zwei Beisitzern ihm Vorteile bringt (s. oben), andererseits weil die Auseinandersetzung über die Beisitzerzahl der Verzögerung dient.

Hinsichtlich der Person des Vorsitzenden kann fehlende fachliche Geeignetheit geltend gemacht werden. Regelmäßig werden hier jedoch Arbeitsrichter vorgeschlagen, sodass das Argument der fehlenden fachlichen Eignung nicht verfängt. Weiterhin kann schon bei der Auswahl des Vorsitzenden die Besorgnis einer möglichen Befangenheit vorgebracht werden. Hierüber entscheidet dann das Arbeitsgericht im Beschlussverfahren gem. § 98 ArbGG. Gegen die vom Vorsitzenden der Kammer getroffene Entscheidung findet die Beschwerde an

555 Hierzu Freckmann/Imping, Interessenausgleich, S. 93.

556 Göritz/Hase/Pankau/Röhricht/Rupp/Teppich, Handbuch Einigungsstelle, S. 88ff.

557 Vgl. LAG Hamm v. 8.4.1987 – 12 TaBV 17/87, NZA 1988, 210.

das LAG statt (§ 98 Abs. 2 ArbGG). Die Einlegungs- und Begründungsfrist beträgt lediglich zwei Wochen und ist nicht verlängerbar.[558] Die Verzögerungsmöglichkeiten sind hier also begrenzt. Zwar kann bei Versäumung der Frist Wiedereinsetzung gewährt werden,[559] die strategische Versäumung der Beschwerde- bzw. Begründungsfrist aus Verzögerungsgesichtspunkten kann jedoch keine Wiedereinsetzung begründen.

cc) Ablehnungsantrag wegen Befangenheit

Als weiteres Verzögerungsmittel kommt der Befangenheitsantrag gegen den Einigungsstellenvorsitzenden in Betracht. Befangenheitsanträge in der Einigungsstelle kommen in der Praxis selten vor.[560] Eine noch konsequentere Nutzung des Befangenheitsantrags als Verzögerungsinstrument würde den Anwendungsbereich jedoch deutlich erweitern.

Die lange Zeit umstrittene Frage, in welchem Verfahren über einen solchen Antrag zu entscheiden sei, ist nunmehr höchstrichterlich geklärt. Der früher vertretenen Ansicht, über den Antrag entscheide die Einigungsstelle selbst in zwei Abstimmungen, wobei der Vorsitzende an der zweiten Abstimmung teilnehme,[561] ist das BAG mit seiner Entscheidung vom 11.9.2001 deutlich entgegengetreten.[562] Damit verdeutlicht es seinen schon mit einer Entscheidung im Jahr 1995 eingeschlagenen Lösungsweg,[563] nach dem das Verfahren bei Befangenheitsanträgen gegen den Einigungsstellenvorsitzenden konsequent aus der analogen Anwendung der ZPO-Normen zur Schiedsgerichtsbarkeit (§§ 1036, 1037 ZPO) folge.

Danach entscheidet die Einigungsstelle selbst (ohne Mitwirkung des abgelehnten Vorsitzenden) über den Befangenheitsantrag, sofern nicht der Vorsitzende schon vorher sein Amt freiwillig niederlegt. Kommt es – wegen des zu erwartenden Stimmengleichgewichts – zu keiner positiven Entscheidung (Abstimmungspatt wird als Zurückweisung des Antrags gewertet),[564] kann das Ar-

558 GMPM/Matthes, § 98 Rn. 38.

559 ErfK/Eisemann ArbGG § 98 Rn. 7; GMPM/Matthes, § 98 Rn. 38.

560 Vgl. Bertelsmann, NZA 1996, 234; Bauer/Diller, DB 1996, 137, die den Befangenheitsantrag sogar als „ungenutzte taktische Waffe“ bezeichnen.

561 So noch Bauer/Diller, DB 1996, 137.

562 BAG v. 11.9.2001 – 1 ABR 5/01, NZA 2002, 572; ähnlich bereits LAG Köln v. 11.7.2001 – 8 TaBV 4/01, NZA-RR 2002, 270; vgl. auch Caspers, Kommentar zu BAG v. 11.9.2001 – 1 ABR 4/01, BB 2002, 578 sowie Eisemann, FS ARGE Arbeitsrecht, S. 837, 851.

563 BAG v. 9.5.1995 – 1 ABR 56/94, NZA 1996, 156.

564 Vgl. Fitting, § 76 Rn. 28.

beitsgericht angerufen werden. Zu einer zweiten Abstimmung in der Einigungsstelle unter Mitwirkung des Vorsitzenden kommt es nicht.[565]

Allerdings kann die Einigungsstelle entscheiden, das Verfahren auch während der gerichtlichen Entscheidung über die Befangenheitsablehnung weiterzuführen. Bei der Entscheidung, das Verfahren einstweilen weiterzuführen, wirkt der abgelehnte Einigungsstellenvorsitzende mit (vgl. Wortlaut des § 1037 Abs. 3 S. 2 ZPO).[566] Daraus folgt, dass mit der gerichtlichen Entscheidung über die Befangenheit keine erzwingbare Verzögerung einhergeht.

Zwar kann im Anschluss eine Anfechtung des Einigungsstellenspruchs (§ 76 Abs. 5 S. 4 BetrVG) wegen der Befangenheit des Vorsitzenden stattfinden.[567] Aber auch dies hätte keine aufschiebende Wirkung. Eine verzögernde Wirkung könnte insofern angenommen werden, als ein abgeschlossenes Einigungsstellenverfahren dann möglicherweise nicht vorliegt und wiederholt werden müsste, um Nachteilsausgleichsansprüche auszuschließen. Daher stellt sich die Frage, ob das „fehlerhafte" Einigungsstellenverfahren die Pflicht des Arbeitgebers zur Verhandlung über einen Interessenausgleich in ausreichender Weise erfüllt.

Das Arbeitsgericht kann nur die Rechtsunwirksamkeit des Einigungsstellenspruchs feststellen, es kann ihn nicht aufheben;[568] damit ist der Einigungsstellenspruch zumindest im Zeitpunkt seines Zustandekommens als rechtsgültig anzusehen. Ein Einigungsstellenspruch kommt aber nur hinsichtlich des (erzwingbaren) Sozialplans in Betracht; das Einigungsstellenverfahren hierzu hat jedoch keine verzögernde Wirkung, da der Arbeitgeber zur Vermeidung von Nachteilsausgleichsansprüchen nur das Interessenausgleichsverfahren abschließend durchlaufen haben muss.

Hinsichtlich des allein verzögerungsrelevanten Einigungsstellenverfahrens für den Interessenausgleich kommt es auf dessen Ergebnis nicht an; maßgeblich ist allein die Frage, ob das Verfahren den Anforderungen des § 113 BetrVG genügt. Da das Gesetz selbst (§ 1037 Abs. 3 ZPO) das einstweilige Fortführen des

565 So auch BAG v. 29.1.2002 – 1 ABR 18/01, AP Nr. 19 zu § 76 BetrVG 1972 Einigungsstelle; a. A. noch Bauer/Diller, DB 1996, 137, 142.

566 Das BAG geht diesbezüglich von einer Anwendung des § 1037 Abs. 3 S. 2 ZPO ohne das doppelte Abstimmungsverfahren des § 76 BetrVG aus (Beschluss v. 11.9.2001 – 1 ABR 5/01, NZA 2002, 572, 574); vgl. auch Bauer/Diller, DB 1996, 137; nach HB Einigungsstelle S. 115, 116 sei über die Weiterführung des Verfahrens zweimal abzustimmen, wobei der Vorsitzende erst an der zweiten Abstimmung teilnehmen könne (im Ergebnis wird dies jedoch in der Praxis zu keiner stärkeren Verzögerung führen).

567 Nach BAG v. 11.9.2001 – 1 ABR 5/01, NZA 2002, 572, jedenfalls dann, wenn eine Überprüfung des Ablehnungsgesuchs nach § 1037 Abs. 2 ZPO nicht möglich war.

568 BAG 30.10.1979 – 1 ABR 112/77, AP Nr. 9 zu § 112 BetrVG 1972; Richardi, § 76 Rn. 135.

Einigungsstellenverfahrens trotz anhängigem Befangenheitsantrag vorsieht, muss auch diese Einigungsstelle als ausreichend angesehen werden.

Die sich ebenfalls stellende Frage der Rechtsmissbräuchlichkeit eines Befangenheitsantrags ist letztlich nur ein Scheinproblem: Rechtsmissbrauch ist grundsätzlich nur dann anzunehmen, wenn das Verfahrensrecht offensichtlich nur zum Zwecke der Verzögerung eingesetzt wird. Gerade in diesen Fällen wird jedoch die Einigungsstelle einstweilen das Verfahren gem. § 1037 Abs. 3 S. 2 ZPO fortsetzen, sodass ein möglicherweise rechtsmissbräuchliches Vorgehen schon keine Wirkung hervorruft.

h) Ausnahmefall: Beschleunigungsstrategie des Betriebsrats

In besonderen Fällen ist von einer Verzögerungsstrategie auf Betriebsratsseite abzuraten. Beabsichtigt die Arbeitgeberseite, schon vor vollständiger Berücksichtigung der Mitbestimmungsrechte vollendete Tatsachen zu schaffen, wird ihr mit einer vom Betriebsrat verursachten Verzögerung nur in die Hände gespielt.[569] Gleiches gilt, wenn ein Interessenausgleich bereits abgeschlossen wurde. Steht nur noch der Sozialplan zur Diskussion, gerät der Betriebsrat mit fortschreitender Zeit unter den Druck der Belegschaft (die den Wunsch nach klaren Verhältnissen hat), zügig zu einem Abschluss zu kommen. Unter diesen Voraussetzungen ist ein aus Sicht des Betriebsrats ungünstigeres Verhandlungsergebnis wahrscheinlich. Auch verliert der Betriebsrat Verhandlungspositionen, da der Unternehmer mit der Umsetzung der Betriebsänderung beginnen kann, ohne Nachteilsausgleichsansprüche oder Unterlassungsanträge befürchten zu müssen. In einer solchen Situation sind alle verzögernden Maßnahmen (s. o.) zu vermeiden; stattdessen sollte auf eine Beschleunigung des Verfahrens hingewirkt werden.

i) Bewertung

Gerade im Rahmen einer Verzögerungsstrategie stellt sich die Frage des Rechtsmissbrauchs in besonderer Weise. An verschiedenen Stellen lässt sich, wenn der Arbeitgeber unter Zeitdruck steht, durch prozedurale Maßnahmen auf das materielle Ergebnis einwirken; daher ist eine solche Strategie häufig anzutreffen. Rechtsmissbrauch kann dann nicht behauptet werden, wenn die Geltendmachung bestehender Rechte zwar (auch) der Verzögerung dient, aber mit dieser gleichzeitig berechtigte Interessen verfolgt werden. Das Verfolgen einer bestimmten Verfahrensstrategie ist nicht grundsätzlich unzulässig, entscheidend ist stets, welche Intention dahinter steht. Verzögerung kann gerade als Gegenpol

569 Göritz/Hase/Pankau/Röhricht/Rupp/Teppich, Handbuch Einigungsstelle, S. 81.

zu betriebsverfassungsfeindlich motivierter Beschleunigung nicht nur zulässig, sondern im Sinne der Waffengleichheit auch geboten sein.[570] Besteht tatsächlich ein Informationsdefizit, ist die Rechtsmissbräuchlichkeit der Durchsetzung von Unterrichtungsrechten ausgeschlossen.

Jedoch ist eine Verzögerungsstrategie nicht immer sinnvoll: andere zielführende Strategien können dadurch beeinträchtigt werden, weshalb hier eine Abwägung im Einzelfall geboten ist. Eine Verzögerung durch Nicht-Verhinderung von Verfahrensfehlern des Arbeitgebers ist dem Betriebsrat nicht vorwerfbar; eine Pflicht zur Mithilfe bei der Wahrnehmung von Interessen des Arbeitgebers hat er nicht.

Anwaltliches Berufsrecht steht der Umsetzung der dargestellten Strategien nur in seltenen Ausnahmefällen entgegen, ohne dass dies von einer in Grenzfällen möglichen zivil- und strafrechtlichen Haftung befreien könnte.

Verzögerungsmaßnahmen im Zusammenhang mit dem Vermittlungsverfahren gem. § 112 Abs. 2 S. 1 BetrVG sind hingegen als grenzwertig anzusehen, da hier die Rechtslage eindeutig im Sinne eines nur fakultativen Verfahrensbestandteils ist. Dagegen wird der Versuch, Verzögerungen durch Befangenheitsanträge in der Einigungsstelle zu erzeugen, bei konsequenter Anwendung der schiedsgerichtlichen ZPO-Normen ins Leere laufen.

Zusammenfassend ist festzuhalten, dass die häufig vertretene Position, Verzögerungsstrategien seien dem Betriebsrat als unsachliche Verfahrensführung vorwerfbar, angesichts der hier gefundenen Ergebnisse in ihrer Pauschalität nicht überzeugt.

570 Anders wohl noch Belling, Haftung des Betriebsrats, S. 327, wonach der Betriebsrat stets die pflichtgemäße Wahrnehmung seiner Befugnisse „ohne schuldhafte Verzögerung“ schuldet; jede Form von Obstruktion sei dem Betriebsrat verboten; zu letzterem Witt, Kooperationsmaxime, S. 126 ff.

3. Notfallstrategie

Bei Nichtbestehen eines Betriebsrats oder sehr deutlichem Konfrontationskurs des Unternehmers sind für den Berater auf Arbeitnehmerseite besondere Vorgehensweisen erforderlich; dabei steht er meist unter erheblichem Zeitdruck. Die hier unter dem Oberbegriff „Notfallstrategie" dargestellten Überlegungen stellen somit auch einen Gegenpol zur oben geschilderten „Umgehungsstrategie" auf Arbeitgeberseite dar.[571]

a) Nachträgliche Betriebsratswahl

Gerade bei der gravierendsten Form der Betriebsänderung, der Betriebsschließung oder Betriebsstilllegung, ist das Vorhandensein eines Betriebsrats im Hinblick auf den Kündigungsschutz (§§ 102 BetrVG, 17 KSchG) entscheidend. Daher liegt es in einem betriebsratlosen Betrieb nahe, zügig eine Wahl durchzuführen, wenn eine einschneidende Betriebsänderung absehbar wird. Zum frühestmöglichen Zeitpunkt der Geltendmachung von Beteiligungsrechten eines neu gewählten Betriebsrats kann auf die oben gemachten Ausführungen verwiesen werden.[572] Auch zum Sonderfall der Bildung des Betriebsrats nach Entschluss zur Betriebsänderung aber vor Beginn der Umsetzung kann auf die obigen Ausführungen verwiesen werden.[573] Als maßgeblich wurde dort vor allem der Vertrauensschutz des Unternehmers herausgearbeitet. Daher muss auf Arbeitnehmerseite angestrebt werden, einen solchen nicht entstehen zu lassen. Dafür ist zum einen eine möglichst frühe Wahlbekanntmachung durchzuführen. Zum anderen sollte schon zuvor (in dokumentierbarer Weise) der Arbeitgeber über die Wahlabsichten in Kenntnis gesetzt werden.

b) Ausweichstrategien

aa) Ausweichen auf den Gesamtbetriebsrat

Ist eine Wahl nicht mehr rechtzeitig möglich, oder stellt sich diese als nichtig heraus, stellt sich die Frage, ob ein existierender Gesamtbetriebsrat die Beteiligungsrechte im einzelnen Betrieb wahrnehmen kann.[574] Gem. § 50 Abs. 1 S. 1 Halbs. 2 BetrVG erstreckt sich die Zuständigkeit des Gesamtbetriebsrats auch auf betriebsratlose Betriebe, soweit der Gesamtbetriebsrat originär zuständig ist.

571 Dazu oben B.II.3.

572 Siehe oben B.II.3.c) im Ersten Teil.

573 Vgl. auch Richardi/Annuß, § 111 Rn. 27.

574 Hierzu auch Lingemann, NZA 2002, 938 sowie eingehend zu den Zuständigkeiten des Gesamtbetriebsrats Salamon, RdA 2008, 24.

Bei Betriebsänderungen, die an sich schon in die Zuständigkeit des Gesamtbetriebsrats fallen, ist daher kein „Ausweichen" notwendig.

Kritisch ist die Konstellation, wenn nur ein betriebsratloser Betrieb von der Betriebsänderung betroffen ist, während ein Gesamtbetriebsrat existiert. Diese Variante ist häufiger, als sie auf den ersten Blick erscheint: typisch ist dies für Einzelhandelsunternehmen, deren Filialen einzelne Betriebe darstellen.[575] Ein Gesamtbetriebsrat existiert häufig, gerade in den kleineren Filialen kommt es dagegen regelmäßig nicht zu Betriebsratswahlen.

Das zwingende Erfordernis einer betriebsübergreifenden Regelung als Voraussetzung der originären Zuständigkeit des Gesamtbetriebsrats ist jeweils bei Interessenausgleich und Sozialplan gesondert zu prüfen; aus der Zuständigkeit des Gesamtbetriebsrats für den Interessenausgleich folgt nicht zwingend dessen Zuständigkeit für den Sozialplan.[576] Im Falle einer Betriebsschließung, etwa der Schließung einer einzelnen Filiale, sind die Nachteile im Sinne der Sozialplanpflichtigkeit nur einzelbetriebsbezogen; daraus folgt jedoch nicht zwingend, dass die Konzeption der Betriebsänderung ebenfalls nur einzelbetriebsbezogen ist. Selbst bei Schließung nur einer einzelnen Filiale kann hinter der Maßnahme ein betriebsübergreifendes Konzept stehen, etwa die Konzentration auf Filialen mit einer bestimmten Mindestfläche. Dann stellt sich die Betriebsänderung nicht als isolierte Einzelmaßnahme, sondern als Einzelfolge eines Gesamtkonzepts dar.

Strategische Möglichkeiten ergeben sich weiterhin bei einer beweislastorientierten Herangehensweise. Diese gründet darauf, dass bei einem Unternehmen mit mehreren Einzelbetrieben einschneidendere Betriebsänderungen nahe legen, dass sie in einem unternehmerischen Gesamtzusammenhang stehen. Insbesondere Stilllegungen und Schließungen lassen sich kaum nur betriebsbezogen betrachten, die Auswirkungen auf das Gesamtunternehmen müssen vom Unternehmer stets berücksichtigt werden. Im Streitfall, etwa im Rahmen des einstweiligen Rechtsschutzes, obliegt es nach den allgemeinen Grundsätzen zunächst dem jeweiligen „Anspruchsteller", die Voraussetzungen seines Rechts darzulegen und zu beweisen.[577] Mit den oben dargestellten allgemeinen Erwägungen ist jedoch zumindest eine erste Vermutung der Gesamtbetriebsratszuständigkeit zu begründen. Von den unternehmerischen Planungen hat im Detail nur der Arbeit-

575 Weitere Beispiele bei Wißmann, FS ARGE Arbeitsrecht, S. 1037, 1042.

576 BAG v. 11.12.2001 – 1 AZR 193/01, NZA 2002, 688; nach BAG v. 15.1.2002 – 1 ABR 10/01, NZA 2002, 988 begründet auch der wirtschaftliche Zwang zur Sanierung des Gesamtunternehmens nicht schon eine Zuständigkeit des Gesamtbetriebsrats.

577 Zwar gilt im Beschlussverfahren der Grundsatz der Amtsermittlung gem. § 83 Abs. 1 S. 1 ArbGG, dies befreit den Antragsteller jedoch nicht von der Obliegenheit eines ausreichenden Sachvortrags.

geber Kenntnis. Daher ist es in Anwendung der allgemeinen Grundsätze der Beweislastverteilung sachgemäß, die Darlegungslast auf zweiter Stufe dem Arbeitgeber aufzuerlegen. Dieser hat dann darzulegen, dass die geplante/durchgeführte Maßnahme ausschließlich einzelbetriebsbezogen wirkt.

Prozessual wirkt sich eine solche Herangehensweise an verschiedenen Punkten aus. Zum Einen im einstweiligen Verfügungsverfahren bei der Geltendmachung eines Unterlassungsanspruchs durch den Betriebsrat, was aus strategischer Sicht das größte Gewicht hat. Zum Anderen im Klageverfahren des einzelnen Arbeitnehmers um Nachteilsausgleichsansprüche gem. § 113 BetrVG;[578] gerade hier ist die Veränderung der Beweislastverteilung in Anlehnung an § 1 Abs. 2 S. 4 KSchG angemessen. In einem Ordnungswidrigkeiten- oder Strafverfahren nach den §§ 119, 121 BetrVG gilt dagegen der Grundsatz der Amtsermittlung, auf Darlegungs- und Beweislastfragen kommt es dort nicht an.

Radikalstes Mittel wäre das Geltendmachen von Beteiligungsrechten im Rechtswege trotz offensichtlicher Unzuständigkeit des Gesamtbetriebsrats. Das Geltendmachen offensichtlich nicht bestehender Rechte kann nicht als Rechtsmissbrauch eingestuft werden, da ein solcher immer zuerst überhaupt das Bestehen eines Rechts voraussetzt; stattdessen könnte es sich um „Rechtsanmaßung“ handeln.[579] Doch auch bei relativ eindeutigen Rechtsfragen kann dem Vertreter einer abweichenden Ansicht nicht mit Billigkeitserwägungen verwehrt werden, diese im Rechtswege nachprüfen zu lassen. Schließlich trägt grundsätzlich jede Partei das Risiko von Rechtsbehelfen ohne Erfolgsaussichten (insbesondere das Kostenrisiko) selbst. Allerdings gilt hier die Besonderheit, dass bei betriebsverfassungsrechtlichen Auseinandersetzungen das Kostenrisiko weit überwiegend auf einer Seite (der des Arbeitgebers) liegt, da der Betriebsrat/Gesamtbetriebsrat/Wirtschaftsausschuss einen Anspruch auf Tragung der für seine Amtsführung erforderlichen Kosten hat. Diese Kostenverteilung ist jedoch dem Betriebsverfassungsrecht immanent, damit lässt sich schon grundsätzlich nicht die Unzulässigkeit einer bestimmten Rechtsverfolgungsmaßnahme des Mitbestimmungsorgans begründen.

Dennoch kann eine solche Strategie nur dann in Betracht gezogen werden, wenn sie nicht entweder für den vertretenen Gesamtbetriebsrat oder den Rechtsanwalt selbst ein eigenes Kostenrisiko auslöst. Der Kostentragungsanspruch leitet sich aus § 40 BetrVG ab. Er besteht allerdings nicht uneingeschränkt. Der Arbeitgeber muss die Kosten nur übernehmen, wenn der Antragsteller die Füh-

578 Individualarbeitsrechtliche Auseinandersetzungen finden im Urteilsverfahren gem. § 46 Abs. 1 ArbGG und damit nach dem Beibringungsgrundsatz statt.

579 Zur Differenzierung Rieble/Klumpp/Gistel, Rechtsmißbrauch, Rn. 33.

rung des Rechtsstreits für erforderlich halten konnte,[580] bzw. wenn eine Rechtsfrage ungeklärt und die Rechtsauffassung des Betriebsrats hierzu vertretbar ist.[581] Nach dem BAG ist die Kostentragungspflicht abzulehnen, wenn die Rechtsverfolgung mutwillig oder von vornherein offensichtlich aussichtslos ist.[582] Das *LAG Hamm* konkretisierte diese Grundsätze insofern, dass auch die Führung eines Rechtsstreits über Fragen, die durch eine gefestigte Rechtsprechung höchstrichterlich entschieden sind, keine Kostentragungspflicht des Arbeitgebers begründet.[583] Diese enge Auslegung ist jedoch abzulehnen, da auf diese Weise dem Betriebsrat die Möglichkeit genommen wäre, durch einen neuen Rechtsstreit zu einer bekannten Frage eine Änderung der höchstrichterlichen Rechtsprechung anzustoßen.[584]

Ob der Arbeitgeber die gesamten Kosten eines vom Gesamtbetriebsrat betriebenen Rechtsstreits trotz deutlich erkennbarer Unzuständigkeit des Gremiums zu tragen hat, ist in der Praxis eine Frage des Einzelfalles. Je nach konkretem Sachverhalt kann die Rechtsverfolgung mutwillig, offensichtlich aussichtslos oder nicht erforderlich sein. Hierüber wird jedoch stets erst im Nachhinein entschieden,[585] zunächst wird der Unternehmer mit einem Kostenrisiko rechnen müssen.

Selbst wenn den Arbeitgeber keine Kostenerstattungspflicht treffen sollte, steht ihm mit dem jeweiligen Gremium keine zahlungsfähiger bzw. zahlungskräftiger Kostenschuldner gegenüber. Eine praktisch erfolgreiche Abwälzung der ihm selbst entstandenen Kosten auf das Mitbestimmungsgremium wird ihm nur dann gelingen, wenn er einen Schadensersatzanspruch gegen einzelne Mitglieder des Gremiums oder dessen Rechtsberater hat. Ersteres wird jedoch in den seltensten Fällen der Fall sein, da ein Verschulden wegen Führung offensichtlich aussichtsloser Rechtsstreitigkeiten gegenüber einem Rechtslaien kaum zu begründen ist. Auch gegenüber dem Rechtsberater des Gremiums ist eine Haftung kaum durchsetzbar, da hierfür der Beweis einer positiven Kenntnis des Beraters von der offensichtlichen Aussichtslosigkeit eines Rechtsbehelfs zu führen wäre.[586] Im Ergebnis bleibt also festzuhalten, dass außer in absoluten Aus-

580 BAG v. 19.4.1989 – 7 ABR 6/88, NZA 1990, 233.

581 BAG v. 25.8.2004 – 7 ABR 60/03, NZA 2005, 168.

582 BAG v. 3.4.1979 – 6 ABR 64/76, AP Nr. 1 zu § 13 BetrVG 1972; BAG v. 16.10.1986 – 6 ABR 2/85, NZA 1987, 753; BAG v. 19.4.1989 – 7 ABR 6/88, NZA 1990, 233; DKK/Wedde, § 40 Rn. 25 m. w. N.

583 LAG Hamm v. 4.12.1985 – 3 TaBV 119/85, NZA 1986, 337.

584 So auch DKK/Wedde, § 40 Rn. 25.

585 Vgl. Richardi/Thüsing, § 41 Rn. 89.

586 Allein die fahrlässige oder bewusst risikofreudige Verfolgung eines aussichtslosen Rechtsbehelfs reicht zur Begründung eines Haftungsanspruches des Unternehmers nicht

nahmefällen das Kostenrisiko betriebsverfassungsrechtlicher Rechtsstreite beim Arbeitgeber liegt. Damit kann auch in eher aussichtslosen Situationen erwogen werden, Beteiligungsrechte des Gesamtbetriebsrats für einen betriebsratlosen Betrieb geltend zu machen.

bb) Ausweichen auf den Wirtschaftsausschuss

Existiert im von der Betriebsänderung betroffenen Betrieb kein Betriebsrat und lässt sich auch keine originäre Zuständigkeit des Gesamtbetriebsrats begründen, kann dem Wirtschaftsausschuss eine tragende Rolle bei der Wahrnehmung eines Mindestmaßes an Beteiligungsrechten zukommen: Gem. § 107 Abs. 2 S. 2 BetrVG werden die Mitglieder des Wirtschaftsausschusses vom Gesamtbetriebsrat bestimmt, sofern ein solcher besteht. Daher kann ein Wirtschaftsausschuss auch dann vorhanden sein, wenn in einzelnen Betrieben kein Betriebsrat vorhanden ist. Der Zuständigkeitsbereich des Wirtschaftsausschusses kann unabhängig davon eröffnet sein, ob sich die Zuständigkeit des Gesamtbetriebsrats konstruieren lässt. Denn er ist in Unternehmen mit Gesamtbetriebsrat dessen Hilfsorgan, im Übrigen ein Hilfsorgan des Betriebsrats, der den Wirtschaftsausschuss errichtet hat.[587] Aus dieser flexiblen Zuordnung folgt, dass der Beratungs- und Unterrichtungsanspruch des Wirtschaftsausschusses nicht an einen Betrieb gekoppelt ist, sondern unternehmensweit gilt. Der Wirtschaftsausschuss hat gem. §§ 106, 109 BetrVG einen – notfalls im Wege der Einigungsstelle durchsetzbaren – Unterrichtungsanspruch. Dieser kann genutzt werden, um für die Arbeitnehmerseite Informationen zu erlangen, sowie zur Bindung von Kräften der Arbeitgeberseite und Erzeugung einer Verzögerung. Eine aufschiebende Wirkung im rechtlichen Sinne hat die Unterrichtung des Wirtschaftsausschusses nicht.[588] Eine dennoch eintretende Verzögerung kann aber unter Anderem den nötigen Aufschub bewirken, bis sich ein spät gewählter Betriebsrat konstituiert hat, welcher dann jedenfalls noch die im Folgenden dargestellten Möglichkeiten zur Geltendmachung sonstiger Mitbestimmungsrechte hat.

Um Unklarheiten auszuräumen hat der Gesetzgeber mit Wirkung zum 19.8.2008 in § 106 Abs. 3 BetrVG die Ziffer 9a eingefügt sowie die vollständig neue Norm § 109a BetrVG geschaffen. Damit ist klargestellt, dass auch bei Veräußerungen der Wirtschaftsausschuss zu unterrichten ist.

---

aus, da den Rechtsberater des Betriebsrats nur letzterem gegenüber eine Pflicht zur „Beschreitung des sichersten Weges“ trifft.

587 Löwisch/Kaiser, § 106 Rn. 1.

588 Hierzu bereits oben C.III.2.a).

cc) Ausweichen auf sonstige Mitbestimmungsrechte

Wird ein Betriebsrat für Interessenausgleichs- und Sozialplanverhandlungen zu spät gewählt, kann er sich dennoch rechtzeitig zur Mitbestimmung bei Einzelmaßnahmen konstituiert haben. Denn während es bei § 111 BetrVG auf den Zeitpunkt des Abschlusses der ersten umfassenden unternehmerischen Planung ankommt, ist etwa bei § 102 BetrVG (Anhörung vor Kündigungen) der Zeitpunkt vor Ausspruch der Kündigung maßgeblich. Dieser liegt jedoch gerade bei komplexeren Betriebsänderungen deutlich später. Gleiches gilt bei der Mitbestimmung im Rahmen der §§ 87 (soziale Angelegenheiten) und 99 BetrVG (personelle Einzelmaßnahmen). Insbesondere Versetzungen kommen sowohl bei Betriebsschließungen als auch bei weniger einschneidenden Betriebsänderungen vor. Weitere typische mitbestimmungspflichtige Maßnahmen, die im Zusammenhang mit Betriebsänderungen relevant werden können, sind Änderungen im Bereich der Arbeitszeiten (§ 87 Abs. 1 Nr. 2 und 3) und die Einführung von Gruppenarbeit (§ 87 Abs. 1 Nr. 13).

Während im Anwendungsbereich des § 87 BetrVG die Mitbestimmung im Wege der Einigungsstelle erzwingbar ist, muss bei § 99 der Arbeitgeber die fehlende Zustimmung des Betriebsrats im Beschlussverfahren ersetzen lassen. Insofern stehen auch hier noch durchsetzungsstarke Mitbestimmungsinstrumente zur Verfügung. Eine Wechselwirkung zwischen Interessenausgleich und Mitbestimmung im Einzelfall nach den genannten Normen gibt es nicht von Gesetzes wegen. Sie wird vielmehr in vielen Fällen lediglich dadurch konstruiert, dass im Interessenausgleich bereits die Zustimmung zu bestimmten Einzelmaßnahmen durch den Betriebsrat erklärt wird.[589] Dies ist jedoch ausgeschlossen wenn schon kein Interessenausgleichsverfahren durchgeführt wurde. Kann ein spät gewählter Betriebsrat also keine Rechte nach den §§ 111 ff. BetrVG mehr geltend machen, hat dies keinerlei Präjudiz- oder Ausschlusswirkung auf die Mitbestimmung nach den §§ 87 und 99 BetrVG.

c) Handlungsmöglichkeiten bei Missachtungsstrategie des Unternehmers

Die Grundzüge einer vom Unternehmer verfolgten Missachtungsstrategie wurden oben bereits kurz dargestellt.[590] Nachfolgend wird untersucht, welche Vorgehensweisen dem aus Betriebsratssicht entgegenzusetzen sind.

589 Beispielhafte Klauseln bei Röder/Baeck, Interessenausgleich, S. 70, 71, 89.

590 Siehe II.4.f) im Ersten Teil.

aa) Strategien zur Früherkennung von Betriebsänderungen

Bei mitbestimmungsfeindlicher Vorgehensweise des Arbeitgebers ist es von besonderer Bedeutung, eine geplante Betriebsänderung frühzeitig zu erkennen. Denn auf eine freiwillige Unterrichtung ist in diesem Zusammenhang kein Verlass. Je früher der Betriebsrat eine drohende Betriebsänderung erkennt, desto wirkungsloser werden konfrontative Strategien des Arbeitgebers.[591] Daher ist die Nutzung aller zugänglichen Informationskanäle unabdingbar. Die gewonnenen Informationen dienen dabei nicht nur der frühzeitigen Erkennung von Betriebsänderung und Reaktion darauf, sondern verbessern und erleichtern auch die Betriebsratsarbeit in anderen Bereichen. Auch kann der Betriebsrat die Qualität der ihm durch den Arbeitgeber zur Verfügung gestellten Informationen besser beurteilen, wenn er weitere Informationsquellen als nur die Unterrichtung durch diesen selbst hat.

Aufschlussreich im Hinblick auf etwaige Betriebsänderungen sind eine Vielzahl von Wirtschaftskennzahlen, sofern auf Betriebsratsseite eine Interpretation geleistet werden kann.[592] Diese Voraussetzung der Interpretationsfähigkeit sollte vorab im Rahmen von Schulungen geschaffen werden. Sodann kann von den allgemeinen Informationsrechten, etwa des Wirtschaftsausschusses, Gebrauch gemacht werden, um diese Kennzahlen abzufragen. Diese Methode unterscheidet sich von der gewöhnlichen Informationsbeschaffung über Betriebsänderungen dadurch, dass eine verschleiernde Darstellung nicht möglich ist. Wird dagegen allgemein nach Änderungsvorhaben oder strategischen Langfristplanungen gefragt, bieten sich dem Unternehmer viele Möglichkeiten, geplante Betriebsänderungen durch unscharfe Formulierungen zu verharmlosen. Wirkungsvoll ist auch Informationsbeschaffung über Arbeitnehmervertreter im Aufsichtsrat, wo ein solcher vorhanden ist.[593]

Strategische Risiken durch Betriebsratsanfragen werden dagegen überschätzt: Theoretisch besteht zwar die Gefahr, dass der Arbeitgeber durch Anfragen, bestimmte Probleme und verbesserungsbedürftige Sachverhalte betreffend, erst dazu angeregt wird, Veränderungen vorzunehmen. Praktisch wird dies jedoch in den seltensten Fällen der Fall sein.[594]

bb) Besondere Bedeutung des einstweiligen Rechtsschutzes

Zumindest bei einer ausgeprägten Missachtungsstrategie des Arbeitgebers ist auch eine besonders konfrontative Vorgehensweise des Betriebsrats gerechtfer-

591 So auch Göritz/Hase/Rupp, Handbuch Interessenausgleich, S. 119.

592 Hierzu Göritz/Hase/Rupp, Handbuch Interessenausgleich, S. 125.

593 Ausführlicher Göritz/Hase/Rupp, Handbuch Interessenausgleich, S. 152.

594 Göritz/Hase/Rupp, Handbuch Interessenausgleich, S. 154.

tigt. Damit kann auch die Einleitung einer Mehrzahl an Verfahren angemessen sein.[595] Die hierbei wichtigste Grenze, das Kriterium der Erforderlichkeit, erlangt erst nachträglich – bei der Klärung der Kostenfrage – Bedeutung.

cc) Möglichkeit und Kostentragung einer dauerhaften Beratung

Um anstehende Betriebsänderungen rechtzeitig zu erkennen und um auf konfrontative Arbeitgeberstrategien reagieren zu können, wäre es für Betriebsräte vorteilhaft, auf eine regelmäßige, zumindest jedoch möglichst frühzeitige Beratung zurückgreifen zu können.[596] Entscheidend ist dabei, ob das Recht auf Hinzuziehung eines Beraters gem. § 111 Abs. 1 S. 2 BetrVG schon im Vorfeld der Betriebsänderung geltend gemacht werden kann, d.h. als Anspruch auf Hinzuziehung eines Beraters zur Erörterung möglicherweise zu erwartender Betriebsänderungen. Obergerichtliche Rechtsprechung zu dieser Frage existiert – soweit ersichtlich – nicht.

Annuß lehnt die Möglichkeit eines frühzeitigen Beratungsanspruchs unter Berufung auf die systematische Stellung der Vorschrift (Satz 2 nach Satz 1) ab.[597] Dies ist jedoch zu kurz gegriffen, da die systematische Auslegung hier nicht isoliert herangezogen werden kann. Überzeugender ist es, die Vorschrift auch im Hinblick auf den Zweck des Beratungsanspruchs auszulegen. Nach dem Willen des Gesetzgebers war es vor allem Zweck der Neuregelung durch das Betriebsverfassungs-Reformgesetz, das Verfahren zu beschleunigen, indem auf die Auseinandersetzung zur Erforderlichkeit der Beratung im Rahmen der allgemeinen Vorschriften (§ 80 Abs. 3 BetrVG) verzichtet wird.[598]

In diesem Zusammenhang ist die Frage zu stellen, ob im Rahmen des allgemeinen Anspruchs auf Rechtsberatung auch schon zu einem sehr frühen Zeitpunkt der Berater/Sachverständige hinzugezogen werden kann. Bei § 80 Abs. 3 BetrVG ist eine zeitliche Einschränkung – im Gegensatz zur Auslegung von § 111 – auch im Wege der systematischen Auslegung nicht begründbar. Maßgeblich ist dort nur, dass die Hinzuziehung des Sachverständigen zur ordnungsgemäßen Erfüllung der Betriebsratsaufgaben erforderlich ist. Die Erforderlichkeit kann jedoch gerade auch zu einem frühen Zeitpunkt gegeben sein, wenn andernfalls die Wahrnehmung der Beteiligungsrechte durch Zeitablauf deutlich erschwert wird.

---

595 Zum einstweiligen Rechtsschutz aus Sicht des Betriebsrats erfolgt unten bei C.V. eine gesonderte und ausführlichere Darstellung.

596 Allgemein ablehnend DFL/Rieble, BetrVG § 111 Rn. 21 und Richardi/Annuß, § 111 Rn. 53 a. E.

597 Richardi/Annuß, § 111 Rn. 53.

598 BT-DS 14/5741, S. 51, 52.

Strikt auf den Zeitpunkt der Unterrichtung durch den Arbeitgeber abzustellen wäre auch nicht sachgemäß. Würde das Recht des Betriebsrats auf Hinzuziehung eines Beraters erst mit diesem Zeitpunkt einsetzen, könnte der Arbeitgeber die Hinzuziehung durch (ggf. rechtswidrig) verspätete Unterrichtung hinauszögern.[599] Die einzige positiv feststellbare Intention des historischen Gesetzgebers des Betriebsverfassungs-Reformgesetzes hinsichtlich der Beraterhinzuziehung war, dem Betriebsrat eine schnelle und kompetente Reaktion zu ermöglichen. Daraus lässt sich jedoch ableiten, dass es gerade nicht im Sinne der Regelung ist, den Beratungsanspruch zeitlich nach hinten zu verlagern, wie dies in der Literatur teilweise mit der Systematik der Norm zu begründen versucht wird. Mit dem Regelungszweck zu vereinbaren ist daher eher die Auslegung, dass auch eine sehr frühe Hinzuziehung eines Beraters im Sinne des Gesetzes sei – sofern alle anderen Voraussetzungen erfüllt sind. Insofern ist die Erforderlichkeitsprüfung, wie sie in der Literatur weiterhin überwiegend für zwingend gehalten wird,[600] lediglich zu einem früheren Zeitpunkt durchzuführen.

Zu berücksichtigen ist dabei auch, dass der Wirtschaftsausschuss, gegenüber dem die Unterrichtung bereits zu einem früheren Zeitpunkt zu erfolgen hat, aus § 111 Abs. 1 S. 2 BetrVG keinen Anspruch herleiten kann. Vielmehr ist der Wirtschaftsausschuss, will er einen Berater hinzuziehen, auf das Einvernehmen im Sinne von § 80 Abs. 3 BetrVG angewiesen.[601]

Daher bleibt festzuhalten, dass eine Einschränkung des Hinzuziehungsrechts auf den Zeitpunkt nach der erstmaligen Unterrichtung sich aus dem Gesetz nicht herleiten lässt. Eine frühzeitige Beratung ist daher nicht grundsätzlich ausgeschlossen. Ein Dauerberatungsverhältnis lässt sich damit dennoch nicht konstruieren: Der Beratungsanspruch bleibt an die konkrete Betriebsänderung geknüpft, auch wenn sich diese noch in einem sehr frühen Planungsstadium befinden kann. Allerdings können die Betriebsparteien ein andauerndes Recht auf Beratung des Betriebsrats einvernehmlich festlegen. Da sich ein Anspruch darauf aus dem Gesetz jedoch nicht ableiten lässt, wäre eine solche Vereinbarung nur über § 80 Abs. 3 BetrVG erzwingbar, wenn eine ordnungsgemäße Betriebsratsarbeit andernfalls nicht möglich wäre. Dies wird sich kaum begründen lassen.[602]

---

599 So auch DKK/Däubler, § 111 Rn. 135j.

600 Vgl. Oetker, NZA 2002, 465, 470.

601 Oetker, NZA 2002, 465, 466; § 80 BetrVG ist auf den Wirtschaftsausschuss allerdings nur entsprechend über § 108 Abs. 2 S. 3 BetrVG anwendbar.

602 In Unternehmen mit besonders anspruchsvoller Betriebsratsarbeit sind allerdings entsprechend intensive Schulungen sowie die gesetzlich vorgesehenen Freistellungen erforderlich, um den Betriebsrat in die Lage zu versetzen, diese zu bewältigen.

dd) Frühzeitige Nutzung sonstiger Mitbestimmungsrechte

Vorsicht ist geboten bei gehäuften (personen- oder verhaltensbedingten) Einzelkündigungen, insbesondere wenn diese nur schwer nachvollziehbar sind. Hier kann der Versuch vorliegen, bestimmte Schwellenwerte zu unterschreiten, um eine später vorgesehene Betriebsänderung mitbestimmungsfrei oder unter erleichterten Bedingungen durchführen zu können. In einem solchen Fall, d.h. wenn der Betriebsrat den Eindruck gewinnt, dass hinter scheinbar zufällig gehäuft auftretenden Einzelmaßnahmen ein Konzept steht, sollte von den gegebenen Mitbestimmungsrechten sehr sorgfältig Gebrauch gemacht werden.

Eine weitere besonders wirkungsvolle strategische Option ergibt sich aus der Nutzung sonstiger Mitbestimmungsrechte, wenn die interessenausgleichspflichtige Maßnahme auch Elemente enthält die bereits einzeln der erzwingbaren Mitbestimmung unterliegen. In Betracht kommen vor allem Arbeitszeitregelungen, (§ 87 Abs. 1 Nr. 2 und 3 BetrVG) im Rahmen von Betriebseinschränkungen oder –stilllegungen, aber auch Versetzungen, denen der Betriebsrat die nach § 99 BetrVG erforderliche Zustimmung verweigern kann. Eine solche Geltendmachung von Rechten kann gleichzeitig auch Teil einer Verzögerungsstrategie sein. Hier entsteht eine Abweichung vom Grundsatz, dass Betriebsratsvorstellungen über die Modalitäten der Betriebsänderung selbst (d.h. Regelungsgegenstände eines Interessenausgleichs) nicht im Wege der Einigungsstelle erzwingbar sind. Zwar kann in der Einigungsstelle das Scheitern der Verhandlungen über den Interessenausgleich festgestellt werden; allerdings ist die Betriebsänderung dann immer noch nicht (vollständig) durchführbar wenn die erzwingbar mitbestimmungspflichtigen Elemente einen elementaren Bestandteil der Maßnahme darstellen und über diese noch keine Einigung erzielt werden konnte bzw. die Zustimmungsersetzung noch nicht erfolgt ist. Da dem Arbeitgeber bewusst ist, dass die Erklärung des Scheiterns der Interessenausgleichsverhandlungen in der Einigungsstelle die Fronten erheblich verhärtet, lässt sich dieses ebenfalls hinauszögern, insbesondere wenn der Arbeitgeber auf eine einvernehmliche Lösung in der erzwingbar mitbestimmungspflichtigen Frage angewiesen ist.[603]

d) Bewertung

Die Durchsetzung von Mitbestimmungsrechten ist auch bei ausgeprägter Missachtungsstrategie oder verspäteter Betriebsratswahl nicht aussichtslos. Besondere Maßnahmen sind in solchen Fällen erforderlich und möglich und können im Sinne einer strategischen Waffengleichheit gerechtfertigt sein. Wie die

---

603 Vgl. auch Bauer/Göpfert/Haußmann/Krieger, Umstrukturierung, 4 F Rn. 24.

vorangegangen Ausführungen gezeigt haben, kann die Durchführung einer nachträglichen/späten Betriebsratswahl nicht von vornherein schon als zwecklos eingeschätzt werden.

Ebenfalls sinnvoll und geboten in derartigen Situationen ist die energische Durchsetzung von Gesamtbetriebsratsrechten; oft lässt sich bei genauerer Betrachtung auch dessen Zuständigkeit begründen. Jedenfalls ist dies einen Versuch wert, auch unter Geltendmachung einer abgestuften Darlegungs- und Beweislastverteilung. Die hilfsweise Durchsetzung von Unterrichtungsrechten des Wirtschaftsausschusses ist ebenfalls ein unterschätztes Mittel auch in betriebsratlosen Betrieben.

Die Durchsetzung anderer Mitbestimmungsrechte (außerhalb der §§ 111 ff. BetrVG) ist zwar sinnvoll und effektiv, allerdings meist ohnehin naheliegend. Auch ist in deren Anwendungsbereich ein anderer Beurteilungsmaßstab anzulegen: die Argumentation mit Aspekten der Betriebsänderung ist hier gerade nicht möglich.

Weiterhin kommt es bei einer deutlichen Missachtungsstrategie auf Arbeitgeberseite besonders auf ein frühzeitiges Ergreifen der Initiative durch den Betriebsrat an. Hier ist eine effektive Informationsbeschaffung elementar. Um die so erlangten Informationen zielführend verarbeiten zu können, ist eine frühzeitige Beratung sinnvoll. Die Einrichtung einer dauerhaften Beratung ist jedoch nur einvernehmlich möglich und nicht durch den Betriebsrat erzwingbar. Allerdings ist eine sehr frühe Geltendmachung des Beratungsanspruchs möglich.

Zusammenfassend lässt sich daher festhalten, dass auch und gerade in auf den ersten Blick ausweglosen Situationen noch erhebliche strategische Gestaltungsspielräume bestehen.

IV. Kooperation

Die Grundannahme einer kooperativen Strategie besteht darin, dass das beste Ergebnis für die Belegschaft durch bestmögliche Zusammenarbeit mit dem Arbeitgeber erzielt wird. Reibungsverluste durch kämpferische Auseinandersetzungen sollen vermieden werden.

1. Passive und aktive Informationsstrategie

Eine möglichst umfassende Tatsachengrundlage und Informationsbeschaffung ist Voraussetzung für eine effektive Wahrnehmung der Beteiligungsrechte im Rahmen einer kooperativen Strategie. Hauptziel einer solchen Strategie ist das Erarbeiten von Alternativen, die aus Sicht des Betriebsrats die Arbeitnehmer weniger stark beeinträchtigen. Um tatsächlich umsetzbare Konzepte erarbeiten zu können, ist eine zuvor erfolgende umfassende Unterrichtung unabdingbar. Dies auch deshalb, da andernfalls schon der Zeitdruck, der durch Nachschieben von Informationen während der Verhandlungsrunden entsteht, eine gewinnbringende Betriebsratsarbeit stark erschwert.[604] Zu den Einzelheiten einer effektiven Durchsetzung von Informationsansprüchen kann auf die bisherigen Ausführungen verwiesen werden.[605]

Eine gemeinsame bzw. kooperative Informationspolitik von Betriebsrat und Unternehmer sowohl gegenüber der Belegschaft als auch gegenüber der Presse kann dazu dienen, ein gutes Verhandlungsklima zu fördern und Vertrauen aufzubauen. Gleichzeitig ist dies die einzige Möglichkeit für den Betriebsrat, die Öffentlichkeitsarbeit des Arbeitgebers (in gewissem Umfang) zu steuern bzw. zu beeinflussen. So kann eine effektive Informationspolitik sinnvoll zur Durchsetzung der Betriebsratsinteressen beitragen.

Zu beachten sind die Grenzen der Betriebsratsöffentlichkeitsarbeit, sowohl inner- als auch außerbetrieblich. Im Rahmen einer kooperativen Strategie kann es aber nicht Ziel des Betriebsrats sein, die rechtlichen Grenzen zulässiger Öffentlichkeitsarbeit auszuloten. Dies bleibt vielmehr einer konfrontativen Strategie vorbehalten.[606]

604 Hierzu Göritz/Hase/Rupp, Handbuch Interessenausgleich, S. 163f.

605 Zu Informationsstrategien des Arbeitgebers siehe oben B.II.1.c), 3.b), sowie III.1.; zur Durchsetzung von Informationsansprüchen durch den Betriebsrat siehe C.III.2.a) sowie 3.c).

606 Siehe hierzu oben C.III.1.a)aa).

2. Hindernisse für einen erzwingbaren Sozialplan

Bereits vor einer Betriebsänderung geschlossene Vereinbarungen können der Erzwingbarkeit eines neuen Sozialplans entgegenstehen. Aus strategischer Sicht geht es um die Frage, ob Betriebsvereinbarungen, die den gleichen Regelungsgegenstand wie ein denkbarer Sozialplan haben, der Erzwingbarkeit eines solchen entgegenstehen.[607] Derartige Vereinbarungen werden teilweise als vorsorglicher Sozialplan, teilweise als Rahmensozialplan oder schlicht nur als Betriebsvereinbarung bezeichnet. Ist eine Betriebsänderung beim Abschluss der Vereinbarung schon „in groben Umrissen abschätzbar", handelt es sich um einen vorsorglichen Sozialplan; wird die Vereinbarung hingegen ohne Zusammenhang zu einer konkreten Betriebsänderung geschlossen, kann es sich um einen Rahmensozialplan handeln.

Da die Folgen eines vorsorglichen oder Rahmensozialplans für die Zukunft nur schwer zu prognostizieren sind, empfiehlt sich der Abschluss eines solchen nur dann, wenn besonders günstige Regelungen angeboten werden,[608] oder wenn mit dem Abschluss der Vereinbarung eine feste Untergrenze für spätere Verhandlungen eingezogen wird.[609] Ob ein Abschluss einer solchen Vereinbarung als Ausdruck einer Kooperationsstrategie zu empfehlen ist, hängt eng damit zusammen, ob sich aus der Vereinbarung eine Sperrwirkung ergibt und was dieser entgegengesetzt werden kann.

Für den Rahmensozialplan ist anerkannt, dass dieser für später ansetzende Mitbestimmungsrechte keinerlei einschränkende Wirkung hat.[610] Dagegen ist die Frage, ob ein vorsorglicher Sozialplan die Mitbestimmungsrechte auch für die spätere Betriebsänderung „verbraucht", umstritten.

Das BAG hat sich in zwei Entscheidungen Ende der Neunzigerjahre eindeutig dafür ausgesprochen,[611] wobei die Sperrwirkung nur einem späteren Sozial-

---

607 Hierzu DKK/Däubler, § 112, 112a Rn. 130.

608 So DKK/Däubler, § 112, 112a Rn. 132a, der jedoch übersieht, dass gerade die Frage, ob es sich überhaupt um besonders günstige Regelungen handelt bzw. ob diese auch später noch wirklich als günstig angesehen würden, mit Blick auf die Zukunft offen bleiben muss.

609 Dies sei dann der Fall, wenn der Rahmensozialplan normative Wirkung habe, vgl. DKK/Däubler, § 112, 112 Rn. 131; Rumpff/Boewer, Mitbestimmung, S. 370 f.

610 Alles andere wäre ein unzulässiger Verzicht auf künftige Mitbestimmungsrechte: Däubler, NZA 1985, 546; DKK/Däubler, Einl. Rn. 86b; DKK/Däubler, § 112, 112a Rn. 131.

611 BAG v. 26.8.1997 – 1 ABR 12/97, NZA 1998, 216; BAG v. 19.1.1999 – 1 AZR 342/98, NZA 1999, 949; auch mit einem vorsorglichen Sozialplan könne der vom Gesetz vorgesehene Zweck erfüllt werden; nur bei einer beidseitig geltenden Bindungswirkung handelte es sich um eine für die betriebliche Praxis brauchbares Instrument.

plan, nicht einem Interessenausgleich, entgegenstehe.[612] Gegen diese Rechtsprechung wenden sich zahlreiche Stimmen in der Literatur mit überzeugenden Argumenten.[613] Dennoch muss in der Praxis mit einer Sperrwirkung entsprechend der Ansicht der höchstrichterlichen Rechtsprechung gerechnet werden. Nach den Ausführungen des BAG handelt es sich jedoch nicht um eine Sperrwirkung im eigentlichen Sinne des Wortes. Vielmehr würde das Mitbestimmungsrecht des Betriebsrats für eine später tatsächlich vorgenommene Betriebsänderung verbraucht. Daraus folgt, dass auch eine Beseitigung der zuvor geschlossenen Vereinbarung (durch Kündigung, Anfechtung oder Anpassung nach den Grundsätzen des Wegfalls der Geschäftsgrundlage) nicht zu einem erneuten Aufleben des Mitbestimmungsrechts führt. Denn auch ein solcher Versuch einer nachträglichen Anpassung änderte nichts daran, dass das konkrete Mitbestimmungsrecht schon zum vorangegangenen Zeitpunkt ausgeübt wurde. Zwar ist eine Pflicht zur Anpassung bzw. eine Kündigungsmöglichkeit grundsätzlich unter bestimmten Voraussetzungen denkbar,[614] die Voraussetzungen für die Erzwingbarkeit fehlen dann aber. In Anbetracht dieses Ergebnisses ist daher besondere Zurückhaltung beim Abschluss vorsorglicher Sozialpläne geboten.

3. Koppelungsgeschäfte

Als Form einer kooperativen Strategie bietet der Abschluss von Koppelungsgeschäften einen besonders großen Gestaltungsspielraum.[615] Unter Koppelungsgeschäften versteht man die Verknüpfung von mitbestimmten Angelegenheiten mit mitbestimmungsfreien Sachverhalten in einer zusammenhängenden Vereinba-

---

612 BAG v. 19.1.1999 – 1 AZR 342/98, NZA 1999, 949; für den Interessenausgleich gelten strengere Anforderungen, da über konkret geplante Maßnahmen verhandelt werden muss.

613 Nach Löwisch/Kaiser, § 112 Rn. 52 führt die Rechtsprechung des BAG zu einer unnötigen Aufspaltung von Interessenausgleich und Sozialplan, außerdem stünde sie in Konflikt mit der Frist des § 124 InsO und führe zu Schwierigkeiten bei der Beurteilung der Förderungsmöglichkeiten nach dem SGB III; ähnlich Löwisch, FS Dieterich, S. 345; DKK/Däubler, § 112, 112a Rn. 132a sieht einen unzulässigen Verzicht auf Mitbestimmungsrechte.

614 Ausführlich DKK/Däubler, § 112, 112a Rn. 133.

615 Zur Begrifflichkeit: als „Koppelungsgeschäft" wird nachfolgend das gesamte Geschäft (Leistung und Gegenleistung) bezeichnet; zum besseren Verständnis wird für die mitbestimmungspflichtige Angelegenheit hier auch der Begriff „Hauptgeschäft" verwendet, während die eigentlich mitbestimmungsfreie Gegenleistung auch als „angekoppeltes Geschäft" bezeichnet wird; allg. zu Koppelungsgeschäften im Betriebsverfassungsrecht Jäger/Röder/Heckelmann-Hess, Kapitel 9 Rn. 48 sowie Brandl, Koppelungsgeschäfte, S. 130 ff.

rung.[616] Dies kann den Abschluss einer günstigen (Betriebs-) Vereinbarung in einer anderen (mitbestimmungsfreien) Sache als Gegenleistung für die Einigung in einer die Belegschaft belastenden Angelegenheit bedeuten.[617]

Im Zusammenhang mit Betriebsänderungen sind zwei Konstellationen denkbar. Entweder der Betriebsrat knüpft die Zustimmung zur Betriebsänderung an die Bedingung, dass sich der Arbeitgeber in einer anderen Angelegenheit zur Gewährung von Vorteilen verpflichtet.[618] Oder aber der Betriebsrat stellt seine Kooperation in einer anderen (betriebsänderungsfremden) Angelegenheit unter die Bedingung eines arbeitgeberseitigen Entgegenkommens bei Interessenausgleich oder Sozialplan. Letzteres wäre im Hinblick auf die Betriebsänderung eher eine konfrontative Strategie, da der Betriebsrat sich hinsichtlich Interessenausgleich und Sozialplan besonders unnachgiebig zeigt und den Hebel seiner erzwingbaren Mitbestimmung in einem „sachfremden" Bereich nutzt. Strategisch wäre eine solche Vorgehensweise auch deshalb für den Betriebsrat eher fernliegend, da er damit zu Gunsten der das Unternehmen verlassenden Arbeitnehmer Einschnitte für die verbleibende Belegschaft in Kauf nähme. Gerade die Interessen dieser verbleibenden Gruppe stehen jedoch für ein Gremium, welches in der Regel auch an seiner erneuten Wahl interessiert ist, im Vordergrund. Praktisch relevanter ist daher die erste Konstellation, d.h. die Zustimmung zur mitbestimmungspflichtigen Angelegenheit wird unter der Bedingung erteilt, dass der Arbeitgeber Vorteile an anderer Stelle anbietet.

Koppelungsgeschäfte bieten großes Potential, um im Rahmen einer kooperativen Strategie Erfolge zu erzielen, da sie die Erweiterung der Verhandlungsmasse ermöglichen, d.h. die Einbeziehung von Aspekten, die zunächst nicht mit der Betriebsänderung in direktem Zusammenhang stehen. Sie sind jedoch höchst umstritten.[619]

---

616 Zur Definition auch Brandl, Koppelungsgeschäfte, S. 4; umfangreicher Überblick zu Praxiskonstellationen bei Hunold, NZA-RR 2003, 169, 171.

617 Typische Beispiele: der Betriebsrat macht die Zustimmung zu Mehrarbeit von einer Lärmzulage abhängig, vgl. LAG Nürnberg v. 6.11.1990 – 4 TaBV 13/90, NZA 1991, 281; der Betriebsrat fordert die Erhöhung des Dotierungsrahmens (mitbestimmungsfrei) einer variablen Vergütung als Gegenleistung für seine Zustimmung zum Verteilungssystem (mitbestimmt) der variablen Vergütung; der Betriebsrat macht die Zustimmung zu Überstunden von der Verlängerung befristeter Arbeitsverträge abhängig, vgl. LAG Hessen v. 13.10.2005 – 5-9 TaBV 51/05, BeckRS 2008 54549.

618 Vgl. Rieble/Klumpp/Gistel, Rechtsmißbrauch, Rn. 76; eingehend Brandl, Koppelungsgeschäfte.

619 Vgl. LAG Nürnberg v. 6.11.1990 – 4 TaBV 13/90, NZA 1991, 281; ArbG Hamburg v. 6.4.1993 – 5 BV 14/92, AiB 1994, 120 (Zuschläge für Mehrarbeit); LAG Hessen v. 13.10.2005 – 5-9 TaBV 51/05, BeckRS 2008 54549; Überblick bei DKK/Klebe § 87 Rn. 9.

a) Allgemeine Grenzen und Rechtsfolgen

Stellt sich ein Koppelungsgeschäft als unzulässig heraus, muss mit verschiedenen Rechtsfolgen gerechnet werden, wobei die bislang vorliegende Rechtsprechung und Literatur keine ausreichend sichere Prognose erlauben. Im Rahmen der Beratung des Betriebsrats muss daher der Prüfung der Zulässigkeit eines Koppelungsgeschäfts besondere Beachtung geschenkt werden.

Bei einem unzulässigen, bereits abgeschlossenen Koppelungsgeschäft muss der Betriebsrat mit der Anfechtung des angekoppelten Geschäfts rechnen. Diese ließe sich auf die §§ 123, 142 BGB stützen und würde die Verpflichtung rückwirkend (ex tunc) entfallen lassen.[620] Die in der Literatur teilweise ohne weitere Begründung angenommene Anfechtbarkeit ist bei näherer Betrachtung jedoch keineswegs unproblematisch: Eine widerrechtliche Drohung kann zwar die (konkludente) Ankündigung sein, die Zustimmung im mitbestimmungspflichtigen Teil des Koppelungsgeschäfts zu verweigern. Die mit der Verweigerung verbundenen Unannehmlichkeiten für den Arbeitgeber sind auch ein „künftiges Übel".[621] Der Entschluss zu dem abgenötigten Verhalten wird durch den Gesichtspunkt der Übelsvermeidung bestimmt.[622] Fraglich ist allerdings, ob die Ankündigung des Übels auch widerrechtlich ist. Widerrechtlich kann entweder das Mittel der Drohung oder der Zweck der Drohung sein. Dabei wäre das angedrohte Mittel schon dann nicht widerrechtlich, wenn der Betriebsrat sich auf tatsächlich vorhandene Zustimmungsverweigerungsgründe stützen kann, oder zumindest deren Vorhandensein annehmen darf.

Wenig überzeugt auch, eine Widerrechtlichkeit des Zweckes anzunehmen. Denn für die Rechtswidrigkeit des angestrebten Erfolges genügt nicht, dass der Drohende keinen Rechtsanspruch darauf hat.[623] Der erzwungene Erfolg muss vielmehr verboten oder sittenwidrig sein.[624] Der Erfolg ist hier im (zusätzlichen) Abschluss des angekoppelten Geschäfts zu sehen. Denn um dieses geht es dem Betriebsrat, nicht um das Hauptgeschäft. Das angekoppelte Geschäft für sich betrachtet wird jedoch in den seltensten Fällen verboten oder sittenwidrig sein. Vielmehr handelt es sich typischerweise um Regelungsbereiche der freiwilligen Mitbestimmung, die nicht nur möglich, sondern auch grundsätzlich vom Gesetzgeber (wenn auch nicht in diesem Zusammenhang) gewollt sind.

---

620 So Rieble/Klumpp/Gistel, Rechtsmißbrauch, Rn. 95 ohne weitere Erläuterung.

621 Zur Definition der widerrechtlichen Drohung Palandt/Heinrichs/Ellenberger § 123 Rn. 15 ff.

622 Brandl, Koppelungsgeschäfte, S. 104.

623 BGH v. 16.1.1997 – IX ZR 250/95, NJW 1997, 1980; BAG v. 20.11.1969 – 2 AZR 51/69, NJW 1970, 775.

624 Palandt/Heinrichs/Ellenberger § 123 Rn. 20.

Die dritte Fallgruppe der Widerrechtlichkeit der Drohung liegt in der Inadäquanz von Zweck und Mittel, d.h. wenn Mittel und Zweck zwar für sich betrachtet nicht anstößig sind, aber ihre Verbindung gegen das Anstandsgefühl aller billig und gerecht Denkenden verstößt.[625] Entscheidend ist dabei, ob der Drohende an der Erreichung des verfolgten Zwecks ein berechtigtes Interesse hat und die Drohung nach Treu und Glauben noch als ein angemessenes Mittel zur Erreichung dieses Zwecks anzusehen ist. Diese Abwägung kann jedoch nicht abstrakt durchgeführt werden, sondern muss die jeweiligen Besonderheiten und Eigenarten des Einzelfalles berücksichtigen.[626] Daher sind für die Beurteilung von Koppelungsgeschäften zwischen Arbeitgeber und Betriebsrat die Besonderheiten des Betriebsverfassungsrechts, insbesondere der Grundsatz der vertrauensvollen Zusammenarbeit und die Reichweite der erzwingbaren Mitbestimmung maßgebend. Durchzuführen ist also eine spezifisch arbeitsrechtliche Wertung.[627]

In Betracht kommt auch, dass der Arbeitgeber die Einrede des Rechtsmissbrauchs erhebt, und damit die Erfüllung des angekoppelten Geschäfts verweigern kann, während die Zustimmung des Betriebsrats zur mitbestimmungspflichtigen Hauptsache nicht einseitig zurückgenommen werden könnte, da ihm die Berufung auf eine rechtsmissbräuchlich gestellte Bedingung versperrt bliebe.[628] Verweigert der Arbeitgeber letztendlich doch vor Abschluss des angekoppelten Geschäfts die Kompensationsvereinbarung, so gilt: Die aufschiebende Bedingung (Abschluss des angekoppelten Geschäfts) unter welcher der Betriebsrat die Zustimmung in der Hauptsache abhängig gemacht hat, wird nicht eintreten. Dem Betriebsrat kann es dann aber in Anwendung des Rechtsgedankens aus § 162 BGB verwehrt sein, sich auf den Nichteintritt der Bedingung zu berufen.[629] Damit könnte der Arbeitgeber bei rein zivilrechtlicher Betrachtung schließlich die mitbestimmungspflichtige Angelegenheit durchführen, ohne dass der Betriebsrat wirkungsvoll beteiligt gewesen wäre. Diese Rechtsfolge stets

---

625 So die Definition des BGH in BGH v. 4.11.1982 – VII ZR 11/82, NJW 1983, 384; ähnlich BAG v. 20.11.1969 – 2 AZR 51/69, AP Nr. 16 zu § 123 BGB; vgl. auch Palandt/Heinrichs/Ellenberger § 123 Rn. 21.

626 Im Verbrauchsgüterkauf müssen daher andere Abwägungsmaßstäbe gelten als im Rechtsgeschäft unter Kaufleuten, oder (wie hier) im Betriebsverfassungsrecht.

627 Diese Abwägung und Wertung kann hier nicht für alle betriebsverfassungsrechtlichen Konstellationen dargestellt werden, vielmehr soll die detaillierte Darstellung auf die Besonderheiten bei Interessenausgleich und Sozialplan beschränkt werden (siehe unten d) sowie 6.a)); umfassend zur allgemeinen betriebsverfassungsrechtlichen Bewertung Brandl, Koppelungsgeschäfte, S. 147 ff.

628 Hierzu genauer unter c).

629 Rieble/Klumpp/Gistel, Rechtsmißbrauch, Rn. 95; Franzen, ZfA 2005, 315, 342; Hanau/Reitze, FS Wiese S. 149.

anzunehmen würde jedoch zu kurz greifen: nicht immer kann davon ausgegangen werden, dass mit dem Angebot zum Abschluss eines Koppelungsgeschäfts auch die Zustimmung zum Hauptgeschäft unter einer aufschiebenden Bedingung erklärt wurde, oft wird eine Festlegung gerade noch nicht stattgefunden haben. Geht der Arbeitgeber jedoch davon aus und führt die zustimmungs- bzw. mitbestimmungspflichtige Maßnahme dann ohne weiteres durch, ist diese Einschätzung jedenfalls gut vertretbar.[630] Wird die Frage, ob diese Durchführung betriebsverfassungswidrig war, in einem späteren Beschluss- oder Urteilsverfahren überprüft, muss damit gerechnet werden, dass das entscheidende Gericht im Hinblick auf die zumindest als umstritten zu bezeichnende Verhandlungstaktik des Betriebsrats einen eher großzügigen Beurteilungsmaßstab an das Arbeitgeberverhalten anlegen wird.

Um diese strategisch ungünstigen Situationen zu vermeiden, sollte ein Koppelungsgeschäft aus Sicht des Betriebsrats nur dann abgeschlossen werden, wenn dessen Zulässigkeit angenommen werden darf.

b) Zulässigkeit im Betriebsverfassungsrecht

Einfach ist die Beurteilung von Koppelungsgeschäften, bei denen der Arbeitgeber im Rahmen des angekoppelten Gegengeschäfts gegen geltendes Recht verstoßen müsste. Von einer solchen Verpflichtung des Arbeitgebers darf der Betriebsrat seine Mitwirkung/Zustimmung nicht abhängig machen.[631] Die Koppelung mit rechtswidrigen Gegenleistungen ist daher per se unzulässig. Als Gegenpol hierzu sind die beidseitig völlig freiwilligen Koppelungsgeschäfte anzusehen, die dann gegeben sind, wenn keiner der Betriebspartner auf ein Entgegenkommen der anderen Seite zwingend angewiesen ist. Diese sind als unproblematisch einzustufen, mithin zulässig.[632]

Ist das angekoppelte Gegengeschäft hingegen für sich betrachtet rechtlich unproblematisch, sodass nur die Koppelung an sich fragwürdig ist, muss differenziert werden:

---

630 Nach BAG v. 26.5.1998 – 1 AZR 704/97, NZA 1998, 1292 darf der Arbeitgeber die mitbestimmungspflichtige Maßnahme durchführen, wenn der Betriebsrat seinen Widerspruch nur auf die Koppelungsforderung stützt, weil er davon ausgehen darf, dass im Übrigen Einverständnis besteht. Ähnlich BAG v. 10.2.1988 – 1 ABR 56/86: erklärt der Betriebsrat ausdrücklich, dass er abgesehen von der Koppelungsforderung mit dem Vorhaben des Arbeitgebers einverstanden ist, so könne der Arbeitgeber von einer Einigung über den mitbestimmungspflichtigen Teil des Vorhabens ausgehen.

631 Vgl. BGH v. 11.11.1993 – I ZR 225/91, NJW 1994, 728 zu einem rein schuldrechtlichen Sachverhalt.

632 So auch Brandl, Koppelungsgeschäfte, S. 143, unter Verweis auf § 88 BetrVG.

Von Hoyningen-Huene hält Koppelungsgeschäfte diesseits von Sittenwidrigkeit und Nötigung für unvermeidbar und geradezu geboten, da im Dauerrechtsverhältnis zwischen Arbeitgeber und Betriebsrat das Gebot kulanten Verhaltens auch aus § 2 Abs. 1 BetrVG abzuleiten sei.[633] Diese pauschale Betrachtungsweise ist jedoch wenig überzeugend. Eine stärkere Differenzierung nach den Inhalten der Vereinbarung ist notwendig.

Fischer vertritt eine Herangehensweise, die die Frage der Zulässigkeit von Koppelungsforderungen aus dem Kontext des Rechtsmissbrauchs herauslöst: ein sachgerechter Beurteilungsmaßstab müsse zu Grunde legen, dass im Sinne einer rationalen Verhandlungsführung all das erwünscht ist, was das Verhandlungs- und Einigungspotential erhöht.[634] Diese Zielvorgabe des Verhandlungsmanagements sei in die Bewertung einzubeziehen, ob eine bestimmte Forderung rechtswidrig sei.[635] Zwar sei auch nach dieser Herangehensweise die verhandlungstechnische Effizienz eines Koppelungsansinnens nicht entscheidend für die Rechtmäßigkeit der Vorgehensweise und des erzielten Ergebnisses. Eine rechtliche Bewertung des Konsensfindungsprozesses müsse jedoch den Einigungserfolg widerspiegeln.

Dieser Ansatz überzeugt aus mehreren Gründen nicht: vom Einigungsergebnis auf die Rechtmäßigkeit des Einigungsprozesses zu schließen, bedeutet – überzeichnet ausgedrückt – dass der Zweck die Mittel heilige. Auch verkennt die Fokussierung auf Verhandlungslehre-Gesichtspunkte, dass zwischen den Betriebsparteien keine völlig freie Verhandelbarkeit aller Aspekte im Sinne der Privatautonomie existiert. Der Verhandlungsspielraum des Betriebsrats kann nicht isoliert vom Umfang seiner Mitbestimmungsrechte bestehen. Da mit der Gewährung erzwingbarer Mitbestimmungsrechte durch den Gesetzgeber eine bewusste Abwägung mit der grundrechtlich gewährleisteten unternehmerischen Freiheit des Arbeitgebers einherging und diese dadurch eingeschränkt wurde, ist eine Zweckentfremdung dieser Gestaltungsmacht äußerst kritisch zu beurteilen. Auch dienen die Mitbestimmungsrechte nicht der Erlangung beliebiger Vorteile für die Arbeitnehmer, indem sie als Verhandlungsmasse eingebracht werden. Weiterhin ist der Verweis auf die ausgleichende Wirkung der Einigungsstelle, welche überzogenen Forderungen Einhalt gebieten könne, praxisfern. Denn in den klassischen Koppelungsfällen (etwa bei der mitbestimmungspflichtigen Anordnung von Mehrarbeit) ist ein rechtzeitiger Abschluss des Einigungsstellenverfahrens oft nicht möglich; schon die mit der Dauer des Einigungsstellenver-

633 Von Hoyningen-Huene, NZA 1991, 7, 11.

634 In der Verhandlungslehre wird gern von einer „Vergrößerung des Kuchens", der verteilt werden könne, gesprochen.

635 Fischer, FS Bauer, 315, 320.

fahrens einhergehende Verzögerung kann das Anliegen des Arbeitgebers endgültig vereiteln. So etwa dann, wenn die Mehrarbeit witterungsabhängig ist und damit nur kurzfristig angeordnet werden kann, gleichzeitig aber auch nur für einen kurzen Zeitraum anfällt. Verstreicht der betreffende Zeitraum auf Grund der Zustimmungsverweigerung des Betriebsrats ungenutzt, kann der entgangene Umsatz nicht zu einem späteren Zeitraum nachgeholt werden. Die Frage nach der Rechtsmissbräuchlichkeit bleibt daher der richtige Beurteilungsmaßstab.

Dass die Sittenwidrigkeit der Vereinbarung oder die Verwirklichung einer Nötigung im Rahmen der darüber stattfindenden Verhandlungen ein Koppelungsgeschäft unzulässig machen, bedarf keiner weiteren Erörterung. Insbesondere Gegengeschäfte, die den Betriebsratsmitgliedern persönliche Vorteile einbringen sollen, fallen hierunter.[636]

Die Koppelung mit grundsätzlich zulässigen Gegenleistungen ist nur teilweise als rechtsmissbräuchlich einzustufen. Dabei ist zu differenzieren nach dem Kriterium der Normzweckkonformität oder Normzweckwidrigkeit der Koppelungsforderung.[637] Normzweckkonformität meint, inwiefern das Gegengeschäft mit der Intention der betroffenen Mitbestimmungsregelung in Einklang zu bringen ist. Der Betriebsrat darf seine von der Sache her gebotene Zustimmung bzw. Mitwirkung nicht von Zugeständnissen des Arbeitgebers abhängig machen, die er aufgrund seines Mitbestimmungsrechts nicht erwirken könnte, weil sie außerhalb des Schutzzwecks liegen.[638]

Wo diese Grenze des Schutzzwecks verläuft, ist jedoch umstritten. Teilweise wird vertreten, dass es gerade Sinn und Zweck der betrieblichen Mitbestimmung sei, dass die Betriebspartner im Wege von Verhandlungen zu einer interessengerechten Lösung finden. Daher müsse auch die Möglichkeit gegeben sein, die Zustimmung an Bedingungen zu knüpfen, wenn ohne deren kompensatorische Wirkung die vorgesehene Arbeitgebermaßnahme abzulehnen wäre. Vom Zweck des Mitbestimmungsrechts nicht gedeckt seien nur Forderungen, die keinerlei sachlichen Zusammenhang mit der zu regelnden Angelegenheit haben.[639] Damit geht eine Erweiterung des Schutzzwecks einher. Denn es sind Konstellationen denkbar, bei denen zwar ein sachlicher Zusammenhang zwischen Gegengeschäft und Arbeitgebermaßnahme besteht, die Vereinbarung des Gegengeschäfts jedoch mit der Wahrung von Arbeitnehmerrechten hinsichtlich der Hauptmaßnahme keinerlei Zusammenhang hat. Dies kann der Fall sein,

---

636 Ausführlicher Rieble/Klumpp/Gistel, Rechtsmißbrauch, Rn. 81.

637 Zur Orientierung am Normzweck Franzen, ZfA 2005, 315, 344.

638 Rieble/Klumpp/Gistel, Rechtsmißbrauch, Rn. 82; LAG Köln v. 14.6.1989 – 2 TaBV 17/89, NZA 1989, 939; Kappes, DB 1997, 277, 278; HSWGN/Worzalla § 87 Rn. 35h, 75; a. A. LAG Nürnberg v. 6.11.1990 – 4 TaBV 13/90, NZA 1991, 281.

639 HSWGN/Worzalla § 87 Rn. 35h.

wenn sowohl Hauptsache als auch Gegengeschäft inhaltlich den gleichen Bereich berühren, jedoch in ihrer Regelung völlig unterschiedliche Zielrichtungen haben. Im Beispiel „Zustimmung zu Mehrarbeit gegen Verlängerung befristeter Arbeitsverhältnisse“[640] können bei beiden Themen die gleichen Arbeitnehmer betroffen sein; damit wäre ein „sachlicher Zusammenhang“ bereits gegeben. Dennoch dient das Mitbestimmungsrecht bei der Anordnung von Mehrarbeit nicht der Verbesserung des vertraglichen Status einzelner Arbeitnehmer.

Nach einer anderen Ansicht liege der Sinn der Mitbestimmung nicht darin, sich die Zustimmung „abkaufen“ zu lassen. Die Koppelung sei nur sachgerecht, wenn sie Mehrbelastungen der Arbeitnehmer kompensiere oder widerstreitende Interessen in Einklang bringe. Äußerste Grenze seien „Annexregelungen“; gemeint ist damit ein so enger Sachzusammenhang, dass eine Angelegenheit nicht sinnvoll ohne die andere geregelt werden kann.[641] Diese – nah am Gesetzesweck orientierte – Ansicht überzeugt mehr und bietet für die Praxis auch eine tauglichere Orientierung zur (ex ante-) Beurteilung der Rechtmäßigkeit von Koppelungsforderungen.

In strategischer Hinsicht ist angesichts der weitgehend offenen Rechtslage anzuraten, Koppelungsgeschäfte so zu gestalten, dass ein sachlicher Zusammenhang zwischen beiden Teilen der Vereinbarung besteht, und dass sich eine Gemeinsamkeit von Inhalt des Gegengeschäfts und dem Schutzzweck der Mitbestimmungsnorm begründen lässt.

c) Besonderheiten bei Betriebsänderungen

Koppelungsgeschäfte kommen in vielen Erscheinungsformen vor. Die oben beschriebene Rechtslage betrifft jedoch die Konstellation, dass der Arbeitgeber von der Zustimmung des Betriebsrats zu einer mitbestimmungspflichtigen Maßnahme abhängt, er sich somit in einer „Zwangslage“ befindet.

Im Anwendungsbereich von § 111 BetrVG sind Koppelungsgeschäfte in der Weise denkbar, dass der Betriebsrat die Betriebsänderung im Wesentlichen billigt und darüber einen Interessenausgleich unterzeichnet. Probleme, die zwingend mit der Betriebsänderung einer Lösung zugeführt werden müssen, sind entweder Gegenstand von Interessenausgleich oder Sozialplan. Hier stellt sich die Frage der Koppelungsgeschäfte nicht. Wird die Mitwirkung jedoch an Zugeständnisse des Betriebsrats in einem anderen Bereich geknüpft, der nicht direkt

640 Vgl. LAG Hessen v. 13.10.2005 – 5-9 TaBV 51/05, BeckRS 2008 54549.

641 Rieble/Klumpp/Gistel, Rechtsmißbrauch, Rn. 83; zur gesetzgeberischen Intention bei der Mitbestimmung Loritz, ZfA 1991, 1.

mit der Betriebsänderung in Zusammenhang steht, ist der Problemkomplex der Koppelungsgeschäfte betroffen.[642]

Bei der Mitbestimmung im Rahmen der §§ 111 ff. BetrVG ist jedoch eine Besonderheit zu beachten. Denn weder handelt es sich um einen Fall der völligen Freiwilligkeit, noch befindet sich der Arbeitgeber in einer „Zwangslage" wie bei der echten erzwingbaren Mitbestimmung. Nur der Sozialplan ist über die Einigungsstelle erzwingbar, auf den Interessenausgleich kann der Arbeitgeber nach ordnungsgemäßer Erfüllung seiner Unterrichtungs- und Verhandlungspflichten sanktionslos verzichten. Der Kern seiner Maßnahme, das „Wie" der Umsetzung, ist ihm damit freigestellt, nur über den Ausgleich der wirtschaftlichen Nachteile für die Arbeitnehmer kann er nicht ohne den Betriebsrat entscheiden. Die Zwangslage, die in der Diskussion um Koppelungsgeschäfte maßgeblich ist für die Einstufung dieser als unzulässig, ist bei Interessenausgleich und Sozialplan nicht in gleicher Weise gegeben.

Unter Anwendung der oben gefundenen Ergebnisse muss auch hier gelten, dass die Koppelungsforderung jedenfalls dann unzulässig ist, wenn sie sich nicht im Einklang mit dem Schutzbereich der betreffenden Mitbestimmungsnorm befindet. Zweck der Betriebsratsbeteiligung durch die §§ 111 ff. BetrVG ist ein Ausgleich der Interessen des Unternehmens mit den Interessen der von einer Betriebsänderung betroffenen Arbeitnehmer.[643] In Anbetracht dieses weiten Normzwecks ließe sich argumentieren, dass auch die Erlangung von Vorteilen in Bereichen, die mit der Betriebsänderung nichts zu tun haben, das Interessengleichgewicht zu Gunsten der Arbeitnehmer verschiebt und damit dem Ausgleich dienen kann. Dies liefe jedoch auf eine vollständige Freigabe aller Koppelungsgeschäfte hinaus und kann daher keine Basis einer rechtssicheren Strategie sein.

Da das Mitbestimmungsverfahren dem Zweck diene, eine Übereinkunft der Betriebspartner in einer mitbestimmungspflichtigen Angelegenheit herbeizuführen, sei nach *Worzalla* insbesondere die Verschleppung des Verfahrens als zweckwidrig anzusehen.[644] Insofern könnte die Koppelungsforderung gerade im Interessenausgleichsverfahren als unzulässig angesehen werden, da nur die Ver-

---

642 Dies ist z.B. dann der Fall, wenn im Rahmen einer Betriebsverlegung oder -teilstilllegung Vorteile für den nicht betroffenen Teil der Belegschaft gefordert werden; eine solche Vorgehensweise enthält zwar erhebliches Konfliktpotential, ist jedoch insofern als kooperativ anzusehen, als dem Arbeitgeber ein Entgegenkommen beim zentralen Verhandlungsgegenstand (der Betriebsänderung) angeboten wird.

643 So schon der Gesetzeswortlaut („Interessenausgleich"); vgl. auch Richardi/Annuß, § 111 Rn. 15; Küttner/Eisemann, Personalbuch 2010, Interessenausgleich, Rn. 1.

644 So HSWGN/Worzalla, § 87 Rn. 35h, der sich zwar auf die Mitbestimmung in sozialen Angelegenheiten bezieht; der Grundgedanke ist jedoch übertragbar.

zögerung, nicht aber die endgültige Verhinderung im Einflussbereich des Betriebsrats steht und durch Verhandlungen über ein Koppelungsgeschäft eine merkliche Verzögerung entstehen kann. Andererseits kann dies auch dafür ins Feld geführt werden, dass die Forderung nicht unzulässig ist, da die „Zeitkarte im Blatt des Betriebsrats" oft dessen wesentlicher, aber auch einziger Trumpf ist,[645] gerade auch im Interessenausgleichsverfahren. Wie bereits oben festgestellt, kann eine Verzögerungsstrategie nicht grundsätzlich verurteilt werden.[646] Unter bestimmten Umständen kann sie der Verfolgung berechtigter Interessen dienen. Daher ist die Frage, ob ein sich verfahrensverzögernd auswirkendes Koppelungsansinnen aus diesem Grund unzulässig ist, stets nur im Einzelfall zu beantworten.

Entscheidend ist jedoch, dass der Unternehmer sich auf die Koppelungsforderung nicht einzulassen braucht. Gewinnt er den Eindruck, dass ausschließlich im Zusammenhang mit dem Koppelungsgeschäft noch Bewegung in den Verhandlungen ist, kann er diese (vor und in der Einigungsstelle) scheitern lassen. Seiner Verhandlungspflicht hat er dann – mit Blick auf den drohenden Nachteilsausgleich gem. § 113 BetrVG – Genüge getan. Will sich der Arbeitgeber nicht auf eine Koppelungsforderung einlassen, und ist diese der einzige Ansatzpunkt für ein Fortkommen in den Verhandlungen, so sind diese als gescheitert anzusehen. Eine Pflicht zur Verhandlung über betriebsänderungsfremde Gegenstände kann den §§ 111 bis 113 BetrVG nicht entnommen werden; sie wäre auch völlig systemfremd.

Im Ergebnis ist ein Koppelungsgeschäft im Bereich des Interessenausgleichs eher den beidseitig freiwilligen Koppelungsgeschäften zuzuordnen, sodass ein weiter Zulässigkeitsmaßstab anzusetzen ist. Der Sozialplan ist zwar im Regelfall erzwingbar; hier ist der Unternehmer aber nicht auf die Einigung angewiesen, um die Maßnahme durchzuführen, wenn die Verhandlungen über den Interessenausgleich endgültig gescheitert sind. Daher ist auch hier keine derart ausweglose Zwangslage gegeben, die eine besonders restriktive Handhabung von Koppelungsgeschäften erfordern würde.

645 In Anlehnung an Blanke/Rose, RdA 2001, 92, 101.

646 Siehe oben C.III.2.i).

4. Namensliste als Währung

a) Einführung

Typischer Verhandlungsgegenstand bei Betriebsänderungen, die mit einem Personalabbau verbunden sind, ist die Festlegung einer Namensliste gem. § 1 Abs. 5 KSchG zur Bestimmung der zu kündigenden Arbeitnehmer.[647] Deren große Reichweite liegt in ihrer „doppelten Richtigkeitsvermutung": Die Betriebsbedingtheit der Kündigung wird vermutet (§ 1 Abs. 5 S. 1 KSchG), während die Sozialauswahl selbst nur noch auf grobe Fehlerhaftigkeit überprüft wird (§ 1 Abs. 5 S. 2 KSchG). Erstgenannte Vermutung bewirkt, dass die Erleichterung für den Arbeitgeber gerade auch auf die besonders schwierig rechtssicher zu gestaltende Auswahl der vergleichbaren Arbeitnehmer (Bildung von Vergleichsgruppen) erstreckt wird. Daher erleichtert die Namensliste den vom Arbeitgeber vorgesehenen Personalabbau beträchtlich. Mit der Namensliste steht dem Betriebsrat also ein gewichtiger Gegenwert zur Verfügung, den er als Währung zur Durchsetzung seiner Ziele nutzen kann. Denn die Liste stellt für den Arbeitgeber eine erhebliche Erleichterung des weiteren Verfahrens dar und schafft gleichzeitig Planungssicherheit.

In der betrieblichen Praxis ist neben der Aufstellung von Namenslisten auch die Vereinbarung von Auswahlrichtlinien üblich. Die nachstehenden Ausführungen zu Namenslisten sind zwar grundsätzlich auch auf Auswahlrichtlinien gem. § 1 Abs. 4 KSchG anwendbar. Da letztere jedoch dem Arbeitgeber im Kündigungsschutzprozess nur das Risiko der Gewichtung der Sozialauswahlkriterien abnehmen und damit weitaus weniger intensiv in die Rechte des einzelnen Arbeitnehmers eingreifen, ist die Relevanz des hier untersuchten Problems bei Namenslisten von erheblich größerer Bedeutung. Die Darstellung konzentriert sich daher auf diese.

b) Namensliste als Koppelungsgeschäft

Ist wesentlicher Bestandteil der Betriebsänderung ein Personalabbau, so kann von einem fehlenden Zusammenhang solange nicht die Rede sein, wie mit der Namensliste Kompensationen für die vom Personalabbau betroffenen Arbeitnehmer erhandelt werden. Vielmehr ist die Namensliste dann originärer und typischer Inhalt des Interessenausgleichs. Dies folgt schon aus der gesetzlichen Regelung in § 1 Abs. 5 KSchG („in einem Interessenausgleich") und gilt auch

---

647 Ausführlich hierzu Schiefer, DB 2009, 2546 sowie Jaeger, FS ARGE Arbeitsrecht, S. 889, 901.

dann, wenn die Namensliste nicht im eigentlichen Dokument des Interessenausgleichs niedergelegt ist, sondern in einer in Bezug genommenen Anlage.[648]

Auf Grund der erheblichen Bedeutung der Namensliste für den Arbeitgeber hat sie einen sehr hohen Verhandlungsgegenwert und kann daher für den Betriebsrat einen besonderen Anreiz darstellen, damit gleichzeitig günstige Vereinbarungen für die von der Betriebsänderung nicht betroffenen Arbeitnehmer zu erzielen. Maßgebliches Wesensmerkmal des Koppelungsgeschäfts ist in diesem Fall der fehlende direkte inhaltliche Zusammenhang der miteinander zu verbindenden Belange.[649]

Wird dieser inhaltliche Zusammenhang verlassen, kann dies die Grundlage für eine (Teil-) Anfechtung des Interessenausgleichs/Sozialplans schaffen. Das Wegfallen von Teilen aus Interessenausgleich oder Sozialplan im Wege der Anfechtung hindert den Arbeitgeber jedoch nicht an der Durchsetzung der Betriebsänderung, da nur die (dann bereits erfolgte) Unterrichtung und Beratung, nicht jedoch der Abschluss eines Interessenausgleichs Voraussetzung für die Erfüllung der Mitbestimmungsrechte aus § 111 BetrVG sind.

c) Allgemeine Grundsätze und Maßregelungsverbot als Grenzen

Die Grenzen für die Verhandlungen über Namenslisten oder Auswahlrichtlinien sind daher weniger im Bereich des Koppelungsgeschäfts zu suchen, sondern vielmehr im Folgenden: Das Zustandekommen der Einigung der Betriebsparteien darf nicht auf außerhalb des Gesetzeszwecks liegenden Erwägungen der Betriebsparteien beruhen.[650] Gemeint ist damit, dass durch die Gegensätzlichkeit der von den Betriebsparteien vertretenen Interessen und durch die auf beiden Seiten vorhandene Kenntnis der betrieblichen Verhältnisse gewährleistet ist, dass der den Betriebspartnern durch § 1 Abs. 5 KSchG eingeräumte Spielraum zu einem sachgemäßen Ergebnis im Sinne einer sozialen, d.h. sozial gerechten, Auswahl führt.[651] So hat auch das BAG in einem Urteil vom 26.3.2009 geäußert,

648 Vgl., auch zum Schriftformzwang, Löwisch/Spinner, § 1 Rn. 414.

649 Brandl, Koppelungsgeschäfte, S. 4, spricht von einer eigenen, selbständigen (Gegen-) Forderung, jedoch ohne den fehlenden inhaltlichen Zusammenhang weiter zu erläutern.

650 Schiefer, DB 2009, 2546, 2548, unter Berufung auf BAG v. 26.3.2009 – 2 AZR 296/07, NZA 2009, 1151, 1154: „Der Zweck der Regelung des § 1 Abs. 5 KSchG besteht vor allem darin, bei betriebsbedingten Kündigungen einer größeren Anzahl von Arbeitnehmern die Sozialauswahl für alle Beteiligten rechtssicherer zu gestalten (vgl. dazu BT-Dr 15/1204, S. 11). Mit Blick auf dieses Bedürfnis hielt es der Gesetzgeber für angezeigt, dass die Gerichte für Arbeitssachen die Sachnähe der Betriebsparteien in gewissem Umfang anerkennen und hat den von ihnen getroffenen Einzelfallentscheidungen die Vermutung der Richtigkeit zugebilligt."

651 Schiefer, DB 2009, 2546, 2550.

die Verantwortung des Betriebsrat bei der Vereinbarung einer Namensliste gegenüber den dort aufgenommenen Arbeitnehmern bestehe darin, nur unvermeidbaren Entlassungen zuzustimmen und darauf zu achten, dass bei der Auswahl der Ausscheidenden soziale Gesichtspunkte ausreichend berücksichtigt werden.[652]

Die Nutzung der Namensliste als Verhandlungsmasse zur Erzielung anderer Verhandlungserfolge durch den Betriebsrat könnte diese Grenze überschreiten. Denn die Erzielung anderer Vorteile (d.h. über eine Gewährleistung einer sozial gerechten Auswahl hinaus) durch die Nutzung der Namensliste als Verhandlungsmasse steht mit dem Gesetzeszweck des § 1 Abs. 5 KSchG nicht in Einklang. Allerdings muss sich der Arbeitgeber auf die Gegenforderung nicht einlassen,[653] was gegen die Rechtsfehlerhaftigkeit einer solchen Vereinbarung spricht. Auch betraf die Entscheidung des BAG vom 26.3.2009 einen leicht abweichenden Sachverhalt. Die dort angenommene Fehlerhaftigkeit der Namensliste beruhte darauf, dass einige der betroffenen Arbeitnehmer nur in die Liste aufgenommen wurden, um Sperrzeiten nach § 144 SGB III zu vermeiden (die Arbeitnehmer wollten freiwillig ausscheiden). Die Fehlerhaftigkeit betraf also Eigenschaften der Arbeitnehmer, die sich direkt auf die Sozialauswahl auswirkten. Denn eine hypothetische Sozialauswahl ohne Namensliste hätte ein völlig anderes Ergebnis gehabt: Zum Einen wären viele der austrittswilligen Arbeitnehmer schon aufgrund ihrer Sozialdaten nicht in den Kreis der zu Kündigenden aufgenommen worden, zum Anderen hätte auch eine sonst möglicherweise abgeschlossene Aufhebungsvereinbarung der Aufnahme in die Sozialauswahl entgegen gestanden.

Der hier zu beurteilende Sachverhalt liegt jedoch anders: Motiv für die Aufstellung der Namensliste ist die Erzielung eines Verhandlungserfolges in einem nicht direkt mit der Sozialauswahl zusammenhängenden Bereich. Daher kann die Namensliste in ihrer Zusammensetzung durchaus eine nachvollziehbare Sozialauswahl abbilden. Ist dies der Fall, kann auch nach der oben genannten Entscheidung des BAG vom 26.3.2009 keine Fehlerhaftigkeit der Namensliste angenommen werden, da der Normzweck des § 1 Abs. 5 KSchG nicht darauf abzielt, über die Gewährleistung einer angemessenen Sozialauswahl hinaus ein sachgerechtes Verhandeln abzusichern.

Ordnet der Betriebsrat die inhaltliche Ausgestaltung von Namensliste oder Auswahlrichtlinie seiner Verhandlungsstrategie unter, liegt eine problematische

---

652 BAG v. 26.3.2009 – 2 AZR 296/07, NZA 2009, 1151, 1155.

653 Die Vereinbarung einer Namensliste im Interessenausgleich ist bei mit Personalabbau verbundenen Betriebsänderungen weder zwingend, noch entspricht es in der Praxis der überwiegenden Mehrzahl der Fälle, dass dies stattfindet.

Konstellation vor. Dies kann dann der Fall sein, wenn seitens des Betriebsrats eine (sozial) unausgewogene Namensliste in Kauf genommen wird, um an anderer Stelle eine Einigung zu erzielen. Die Erlangung von Vorteilen für die Belegschaft an anderer Stelle kann nicht darüber hinweg helfen, dass die beschlossene Namensliste eine sozial gerechte Auswahl nicht gewährleistet. Allerdings ist an das Kriterium einer sozialen Auswahl ein anderer Maßstab anzulegen als derjenige, der später im Kündigungsschutzverfahren gilt, wo nur noch die grobe Fehlerhaftigkeit überprüft wird. Zu berücksichtigen ist dabei auch, dass die durch die Einigung auf die Namensliste ausgehandelten sonstigen Vorteile für die Arbeitnehmer den auf der Liste aufgeführten Personen möglicherweise nicht oder in geringerem Umfang zu Gute kommen, da ihr Arbeitsverhältnis enden wird; Nutznießer sind vielmehr die im Betrieb verbleibenden Arbeitnehmer, was im Hinblick auf die Verantwortung des Betriebsrat bei der Vereinbarung einer Namensliste ein sachfremdes Motiv ist. Dies kann als Differenzierungskriterium herangezogen werden. Je nachdem, ob die mit der Namensliste als Gegenleistung „erhandelten" Vorteile auch den auf der Liste aufgeführten Arbeitnehmern gelten, ist hinsichtlich der Fehlerhaftigkeit der Liste ein engerer oder weiterer Maßstab anzulegen.

Eine besondere Strategie kann seitens des Arbeitgebers darin bestehen, die Namensliste als Druckfunktion zu nutzen. Beispielsweise kann im Falle einer (Teil-) Betriebsverlegung vorab sondiert werden, welche Arbeitnehmer zum Wechsel bereit sind, und welche schon von Anfang an erklären, ein Wechsel komme nicht in Frage. Diejenigen, die eindeutig den Wechsel ablehnen, werden in eine Namensliste für Beendigungskündigungen aufgenommen; eine Änderungskündigung muss nicht mehr erfolgen.[654] Selbst unter der Annahme, dass trotz eindeutiger Ablehnung des Arbeitnehmers gegenüber einem Wechsel die Änderungskündigung noch als erforderliches milderes Mittel anzusehen wäre, würde die Namensliste über diese Hürde hinweghelfen. Denn nach dem Wortlaut des § 1 Abs. 5 KSchG folgt aus der Namensliste die Vermutung, dass die Kündigung durch dringende betriebliche Erfordernisse bedingt ist. Bis auf das Argument der grob fehlerhaften Sozialauswahl (welche sich in diesem Zusammenhang auch nicht mit dem Vorrang der Änderungskündigung begründen lässt) ist dem Arbeitnehmer damit jeder Einwand abgeschnitten.

An diesem Beispiel zeigt sich, welch machtvolles strategisches Instrument die Namensliste sein kann, woraus sich gleichzeitig deren hoher Verhandlungswert für den Betriebsrat ergibt. Nutzt der Betriebsrat die Namensliste vorrangig als wertvolle Verhandlungsposition, eröffnet er dem Arbeitgeber freiere Gestal-

---

654 BAG v. 27.9.1984 – 2 AZR 62/83, NZA 1985, 455; LAG Berlin v. 13.1.2000 – 10 Sa 2194/99, NZA-RR 2000, 302.

tungsmöglichkeiten bei der gemeinsamen Festlegung der Liste; sieht der Betriebsrat die Liste hingegen als eigenständigen Verhandlungsgegenstand, der nicht im Wege des „Handels“ eingebracht wird, sind die Gestaltungsmöglichkeiten auf Arbeitgeberseite geringer, da der Betriebsrat einen strengeren Maßstab an die soziale Ausgewogenheit der Liste anlegen wird.

Ist ersteres der Fall, entsteht eine Konstellation, in der ein Konflikt der Namensliste mit dem Maßregelungsverbot droht. Die Aufnahme eines Arbeitnehmers in die Namensliste kann als Maßregelung einzustufen sein, wenn damit ein bestimmtes (unkooperatives) Verhalten des Arbeitnehmers sanktioniert werden soll.[655] In diesem Zusammenhang stellen sich verschiedene, bisher wenig diskutierte Fragen:

Erstens, ob die Aufnahme in die Liste tatsächlich eine Maßregelung ist (sogleich unten aa)). Zweitens, wie sich die Tatsache auswirkt, dass der Betriebsrat an dieser Maßregelung durch Mitwirkung an der Namensliste teilgenommen hat, insbesondere ob dies die maßregelnde Wirkung entfallen lässt (unten bb)). Drittens, was die Rechtsfolge der Maßregelung ist und wo sich diese auswirkt (unten cc)). Viertens, wie der Betriebsrat dieses Rechtsproblem in seine Strategieplanung gewinnbringend einbringen kann (unten dd)).

aa) Namensliste als Maßregelung

Namenslisten sind grundsätzlich sehr kritisch zu betrachten, da sie in den Bestandsschutz des einzelnen Arbeitnehmers eingreifen, ohne dass dieser einen Einfluss darauf hat.[656]

Das allgemeine Maßregelungsverbot entstammt der Regelung des § 612a BGB, geht jedoch über den Wortlaut der Vorschrift hinaus. Es gewährleistet einen umfassenden Schutz, der sich nicht nur auf die aus dem Arbeitsvertrag folgenden Rechte beschränkt, sondern sich auf jede Form der Rechtsausübung erstreckt.[657] Gleichzeitig sind auch die Begriffe „Maßnahme“ und „Vereinbarung“ weit zu verstehen, sodass auch Vereinbarungen des Arbeitgebers mit dem Betriebsrat darunter fallen.[658] Die zulässige Rechtsausübung des einzelnen Arbeitnehmers liegt in diesem Fall darin, dass er auf seinem vertraglichen Status beharrt und keine betriebsänderungsbedingten Modifikationen in Kauf nehmen will.

---

655 Zur Missbrauchskontrolle bei Namenslisten Löwisch/Spinner, § 1 Rn. 424.

656 Hamm, Sozialplan, S. 54, spricht gar von „Enteignung“.

657 ErfK/Preis § 612a BGB Rn. 2.

658 ErfK/Preis § 612a BGB Rn. 8, 9; auch mittelbare Benachteiligungen werden erfasst: BAG v. 7.11.2002 – 2 AZR 742/00, BB 2003, 742, 743.

bb) Mitwirkung des Betriebsrats

Nach dem Wortlaut des § 612a BGB muss es sich um Maßnahmen des Arbeitgebers handeln. Der Interessenausgleich und die in diesem Zusammenhang festgelegte Namensliste sind in gleicher Weise eine Maßnahme sowohl des Arbeitgebers als auch des Betriebsrats.[659] Wie bereits ausgeführt, fallen grundsätzlich auch Vereinbarungen mit dem Betriebsrat unter den Begriff der Maßregelung. Andernfalls könnte der Arbeitgeber seine rechtswidrige Maßregelung stets durch Einbeziehung des Betriebsrats legalisieren und somit dem Grunde nach der Arbeitnehmerseite jede Maßregelung „abkaufen".

Die Mitwirkung des Betriebsrats an der Namensliste nimmt dieser daher nicht ihre möglicherweise maßregelnde Wirkung.[660] Dies bedeutet jedoch nicht, dass die Mitwirkung des Betriebsrats sich nicht auswirken würde.

cc) Rechtsfolgen

Rechtsfolge eines Verstoßes gegen § 612a BGB ist die Nichtigkeit der Maßnahme oder Vereinbarung gem. § 134 BGB.[661] Jedoch muss nicht zwingend der gesamte Interessenausgleich nichtig sein.[662] Vielmehr ist im Sinne von § 139 BGB zu differenzieren, sodass keine Gesamtnichtigkeit angenommen werden kann, wenn das Rechtsgeschäft nach dem Parteiwillen auch ohne den nichtigen Teil durchführbar ist.[663] Ob der Interessenausgleich auch ohne die Namensliste von den Betriebsparteien gewollt war, ist eine Frage des Einzelfalles. Dies ist jedoch nicht entscheidend für die Problematik der Namensliste, da diese jedenfalls auch isoliert nichtig sein kann.

Praktisch entscheidend ist, wie sich der Verstoß gegen das Maßregelungsverbot im Kündigungsschutzverfahren des einzelnen Arbeitnehmers auswirkt. Diesem kann kein widersprüchliches Verhalten vorgeworfen werden, da er an der Namensliste nicht mitgewirkt hat. Ist die Namensliste nichtig, gelten wieder die allgemeinen Grundsätze zur Sozialauswahl.[664] Eine solche wird der Arbeitgeber aber dann nicht mehr vortragen können, wenn er sich darauf verlassen hat,

---

659 Die Tatsache, dass in der Praxis oft eine inhaltliche Vorbestimmung durch den Arbeitgeber erfolgt, und der Betriebsrat lediglich Änderungswünsche vorbringt, ändert daran nichts.

660 Gerade in Fällen des kollusiven (und damit sittenwidrigen) Zusammenwirkens zwischen Arbeitgeber und Betriebsrat bei der Erstellung der Liste ist die Nichtigkeit gem. § 138 als Regulativ erforderlich, vgl. MünchKommInsO/Löwisch/Caspers, § 125 Rn. 86.

661 ErfK/Preis § 612a BGB Rn. 23.

662 In diese Richtung aber Löwisch/Spinner, § 1 Rn. 425.

663 Zur Anwendbarkeit von § 139 BGB auch im Betriebsverfassungsrecht Palandt/Heinrichs, § 139 Rn. 2.

664 Vgl. MünchKommInsO/Löwisch/Caspers, § 125 Rn. 98.

dass die fehlerhafte Sozialauswahl bei den geplanten Kündigungen wegen der Namensliste unschädlich wäre. Zusätzlich fehlt es in der gem. § 102 BetrVG erforderlichen Betriebsratsanhörung vor der Kündigung an Informationen über die Sozialauswahl, wenn sich die Anhörung nur auf die Namensliste bezogen hatte. Rechtsfolge einer maßregelnden Namensliste ist daher auch die Unwirksamkeit all derjenigen Kündigungen, die aufgrund einer fragwürdigen Sozialauswahl ohne Namensliste nicht umsetzbar gewesen wären.[665] Anders wäre dies nur, wenn die Nichtigkeit rechtzeitig erkannt und noch eine ordnungsgemäße (hilfsweise) Sozialauswahl mit entsprechender Betriebsratsanhörung durchgeführt wurde.

Nachteilsausgleichsansprüche gem. § 113 BetrVG kann der gekündigte Arbeitnehmer allerdings in der Regel nicht geltend machen, wenn eine auch den Interessenausgleich erfassende Gesamtnichtigkeit gegeben ist. Denn ein den Anforderungen von § 113 BetrVG genügendes Unterrichten und Verhandeln wird jedenfalls stattgefunden haben.

Im Prozess trägt der Arbeitnehmer zunächst die Beweislast für das Vorliegen einer Maßregelung.[666] Allerdings kann eine Beweiserleichterung im Wege des Anscheinsbeweises gegeben sein, wenn ein offensichtlicher Zusammenhang zwischen benachteiligender Maßnahme und der Rechtsausübung des Arbeitnehmers besteht.[667]

dd) Strategische Aspekte

Im Anschluss an die vorstehenden Ausführungen stellt sich für den Berater des Betriebsrats die Frage, wie die dargestellten Rechtsprobleme strategisch günstig nutzbar sind. Zunächst kann das Maßregelungsverbot als Argument herangezogen werden, um eine besonders konfrontative Vorgehensweise des eine Namensliste fordernden Arbeitgebers zu dämpfen.

Des Weiteren besteht die theoretische Option, an einer maßregelnden Namensliste mitzuwirken, um die mit der Nichtigkeit einhergehenden Vorteile (erhebliche Verbesserung der Erfolgsaussichten des Kündigungsschutzes) für die

---

665 Nach der Rechtsprechung des BAG dient die Namensliste zwar nur der Rechtssicherheit und soll nicht die Kündigung eigentlich im Vergleich sozial schutzwürdiger Arbeitnehmer ermöglichen. Praktisch ist jedoch eine solche Flexibilisierung der Sozialauswahl häufig die vorrangige Motivation des Arbeitgebers und hat aufgrund der für den Arbeitnehmer bestehenden sehr hohen Hürde „Beweis der groben Fehlerhaftigkeit" regelmäßig Erfolg.

666 Vgl. ErfK/Preis, § 612a BGB Rn. 22.

667 LAG Schleswig-Holstein v. 25.7.1989 – 1 (3) Sa 557/88, LAGE BGB § 612a Nr. 4; LAG Hamm v. 15.1.1985 – 7 (5) Sa 1430/84, LAGE BetrVG 1972 § 20 Nr. 5; vgl. auch Preis, NZA 1997, 1256, 1265.

gekündigten Arbeitnehmer zu ermöglichen. Dabei ist fraglich, ob ein Verstoß gegen den Grundsatz der vertrauensvollen Zusammenarbeit vorliegt, wenn der Betriebsrat „sehenden Auges" an einer maßregelnden Namensliste mitwirkt, um deren Nichtigkeit herbeizuführen und damit den betroffenen Arbeitnehmern Vorteile zu verschaffen. Auch hier ist zu differenzieren: ist durch die nichtige Namensliste von einer Gesamtnichtigkeit der geschlossenen Vereinbarungen auszugehen (bei untrennbaren Rechtsgeschäften), entsteht dem Betriebsrat durch die Nichtigkeit der Liste kein einseitiger Vorteil; auch das im Gegenzug Erlangte ist dann entfallen. Ist die Namensliste hingegen isoliert nichtig, entsteht damit zwar ein Verhandlungsungleichgewicht. Dennoch kann dem Betriebsrat auch in diesem Fall die bewusste Mitwirkung an einer nichtigen Namensliste nicht zum Vorwurf gemacht werden; denn die Verantwortung für die Folgen einer rechtswidrigen Vorgehensweise kann der Arbeitgeber – von dem schließlich stets die diesbezügliche Initiative ausgeht – nicht auf den Betriebsrat abwälzen. Es handelt sich daher zwar um eine für das Vertrauensverhältnis zwischen Arbeitgeber und Betriebsrat äußerst belastende, jedoch nicht unzulässige Strategie. Ein solches Vorgehen kategorisch als unzulässig einzustufen wäre schon deshalb fehlerhaft, weil die Nichtigkeit nie schon im Voraus mit Sicherheit angenommen werden kann. Ein Risiko hinsichtlich der rechtlichen Würdigung verbleibt stets.

Diese Rechtsunsicherheit ist auch der Grund, warum eine derartige Strategie nur in den seltensten Fällen empfehlenswert sein wird. Stellt sich die Namensliste und damit die Gesamtvereinbarung entgegen der Einschätzung des Betriebsrats nachträglich als rechtmäßig heraus, muss der Betriebsrat die Verantwortung für eine den Arbeitnehmer sehr ungünstige Regelung (Interessenausgleich/Namensliste) übernehmen. Im Vertrauen auf die Nichtigkeit der Namensliste hat er dann gegebenenfalls auch keine adäquate Gegenleistung erhandelt.

5. Abschluss zukunftsgerichteter Sozialpläne

Im Rahmen von Sozialplanverhandlungen droht eine Entsolidarisierung zwischen den Betroffenen und den voraussichtlich nicht betroffenen Arbeitnehmern, da der Eindruck entstehen kann, höhere Sozialplanleistungen verschlechterten die wirtschaftliche Lage des Unternehmens und damit die langfristige Perspektive der verbleibenden Arbeitnehmer. Um dem zu begegnen, kann es sich anbieten, über Rahmen- oder Dauersozialpläne zu verhandeln, die bereits Vorgaben für spätere weitere Betriebsänderungen schaffen.[668] Rechtlich ist dies möglich, da den Betriebsparteien keine zeitlichen Grenzen für einvernehmliche

668 Vgl. Hamm, Sozialplan, S. 57; zu Dauersozialplänen ausführlich Meyer, NZA 1996, 242.

Regelungen gesetzt sind; die Form der Betriebsvereinbarung kann genutzt werden.

Allerdings sind solche Vereinbarungen nicht erzwingbar, da sich die durchsetzbaren Rechte nur auf die konkrete Betriebsänderung beziehen.[669] Eine einvernehmliche Lösung wird daher auch nur dann in Betracht kommen, wenn sich der Unternehmer dadurch nicht zu stark in seinen zukünftigen Planungen eingeschränkt sieht.

6. Ausblick auf ein alternatives Verhandlungsmodell

Als Alternative zum bisherigen Verhandlungsablauf vor Abschluss eines Sozialplans wird in der Literatur ein alternatives Modell vorgeschlagen.[670] Dieses soll weniger einer Basarverhandlung gleichen und zu sachgerechteren Ergebnissen führen. Inhaltlich weist es Parallelen zu Verfahren mit abgestufter Beweislast auf, wie etwa im Kündigungsschutz.

Demnach solle der Betriebsrat zunächst darlegen, welche wirtschaftlichen Nachteile die Betroffenen erwarten, und welche Entschädigungsbeträge etwa für den Verlust des Bestandsschutzes unter Berücksichtigung von Zuschlägen für besonders schutzwürdige Arbeitnehmergruppen angemessen seien.[671] In einem zweiten Schritt solle dann der Arbeitgeber darlegen, warum eine so begründete Ausgangsforderung dem Unternehmen wirtschaftlich nicht zumutbar sei.

Eine derartige Änderung des Verfahrens ist jedoch vom Gesetzgeber bisher nicht geplant, grundlegende Strukturänderungen im Betriebsverfassungsrecht sind derzeit nicht in Sicht. Auch weist diese Konzeption Schwächen auf. Eine beweislastorientierte Verhandlung würde die Sozialplanverhandlungen von der bisherigen interessenbalancierenden Konsens-Systematik entfernen und in Richtung eines kontradiktorischen Verfahrens bewegen. Insofern wäre in einem solchen Verfahrensmodell auch eine konsensorientierte Strategie wenig gefragt. Vielmehr würde dann ein Streit um die Gewinnung und Würdigung von Beweismitteln in den Mittelpunkt treten.

7. Bewertung

Eine Kooperationsstrategie bietet an verschiedenen Stellen erhebliche Chancen im Sinne von effizienten Werkzeugen zum Erreichen der Betriebsratsziele. Allerdings können diese Instrumente auch mit gravierenden (unerkannten) Risiken

---

669 BAG v. 19.1.1999 – 1 AZR 342/98, NZA 1999, 949.

670 Göritz/Hase/Rupp, Handbuch Interessenausgleich, S. 352.

671 Göritz/Hase/Rupp, Handbuch Interessenausgleich, S. 352, 353.

verbunden sein. Besonders der Abschluss vorsorglicher Sozialpläne ist mit Blick auf seine mitbestimmungsverbrauchende Wirkung vorsichtig zu handhaben.

Der Abschluss von Koppelungsgeschäften im Betriebsverfassungsrecht ist immer dann gefährlich, wenn sie zu einem späteren Wegfall des angekoppelten Geschäfts bei gleichzeitigem Bestand des Hauptgeschäfts führen. Diese Gefahr droht besonders dann, wenn kein sachlicher Zusammenhang zwischen Koppelungsforderung und dem Schutzbereich der Mitbestimmungsnorm beim Hauptgeschäft besteht. Insgesamt ist bei Koppelungsgeschäften im Bereich des Interessenausgleichs jedoch ein weniger strenger Beurteilungsmaßstab anzulegen, da dort kein vollständig erzwingbares Mitbestimmungsrecht gegeben ist.

Eine besondere Rolle im Rahmen einer kooperativen Strategie kommt der Namensliste gem. § 1 Abs. 5 KSchG zu, da sie den aus Sicht des Arbeitgebers wertvollsten Verhandlungsgegenstand bildet. Wegen der hohen Bedeutung der Namensliste für die Gesamtvereinbarung ist äußerste Vorsicht geboten, wenn diese in ein Koppelungsgeschäft eingebracht werden soll.

In bestimmten Konstellationen kann die Vereinbarung einer Namensliste als Verstoß gegen das Maßregelungsverbot des § 612a BGB angesehen werden. Die Folge davon wäre die Nichtigkeit der Namensliste. Darauf kann sich der einzelne Arbeitnehmer in seinem Kündigungsschutzprozess berufen, da er am Zustandekommen einer maßregelnden Namensliste keinen Anteil hat.

V. Einstweiliger Rechtsschutz

Besonders in Fällen, bei denen der Unternehmer eine beschleunigte konfrontative Strategie verfolgt, ist die Geltendmachung des Anspruchs auf Unterlassung der mitbestimmungswidrigen Betriebsänderung im einstweiligen Rechtsschutz – auch zur Gewinnung von Zeit – von besonderer Bedeutung.

1. Meinungsstand und regionale Verschiedenheiten

Die Rechtsprechung der Instanzgerichte zum Unterlassungsanspruch des Betriebsrats ist gespalten.[672] Eine regionale Prägung in dem Sinne, dass in bestimmten Regionen tendenziell für oder gegen den Unterlassungsanspruch entschieden wird (Nord-Süd-Gefälle), mag zwar vorhanden sein. Für die strategische Planung ist sie aber völlig irrelevant. Entscheidend ist stets nur, wie die in Frage kommenden einzelnen Gerichte entscheiden. Auf eine detaillierte Darstellung der Rechtsprechung nach geographischen Gesichtspunkten kann daher verzichtet werden.

Eine nicht zu vernachlässigende Zahl von Gerichten hat sich für den Unterlassungsanspruch ausgesprochen.[673] Hauptargument hierfür ist die Notwendigkeit, eine wirksame Sicherung der Beteiligungsrechte zu gewährleisten, da das Individualarbeitsrecht keine ausreichenden Druckmittel biete.[674]

Die überwiegende Zahl der Entscheidungen lehnt den Unterlassungsanspruch allerdings ab.[675] Dafür wird angeführt, dass die Beteiligungsrechte im

---

672 Überblick bei GK/Oetker, § 111 Rn. 190, sowie Bauer/Göpfert/Haußmann/Krieger, Umstrukturierung, S. 62 und Raif, ArbRAktuell 2010, 236.

673 LAG Frankfurt a. Main v. 30.8.1984 – 4 TaBVGa 113/84, BB 1985, 659: die einstweilige Verfügung solle Gelegenheit zu ernsthaften Verhandlungen geben; LAG Berlin v. 7.9.1995 – 10 TaBV 5/95, 9/95, NZA 1996, 1284; LAG Hamburg v. 26.6.1997 – 6 TaBV 5/97, NZA-RR 1997, 296 (allerdings begrenzt auf den damals geltenden Zweimonatszeitraum des § 113 Abs. 3 S. 2 BetrVG); ArbG Pforzheim v. 29.9.2005 – 6 BVGa 82/05 (juris); LAG Hamm v. 26.2.2007 – 10 TaBVGa 3/07, NZA-RR 2007, 469; zwar im konkreten Fall ablehnend, jedoch im Wege des obiter dictum für den Unterlassungsanspruch: LAG Schleswig-Holstein v. 20.7.2007, 3 TaBVGa 1/07, NZA-RR 2008, 244; LAG München v. 22.12.2008 – 6 TaBVGa 6/08, BB 2010, 896, in Abweichung von der bisherigen gefestigten Rechtsprechung des Gerichts; dem Umfang nach einschränkend, jedoch grds. für den Unterlassungsanspruch LAG Hessen v. 19.1.2010 – 4 TaBVGa 3/10, ArbRAktuell 2010, 226; LAG Schleswig-Holstein v. 15.12.2010 – 3 TA BV Ga 12/10, DB 2011, 714.

674 Vgl. Matthes, FS Wlotzke, S. 393, 404.

675 LAG Baden-Württemberg v. 28.8.1985, 2 TaBV 8/85, DB 1986, 805; LAG Rheinland-Pfalz v. 28.3.1989 – 3 TaBV 6/89, NZA 1989, 863; LAG Düsseldorf v. 19.11.1996 – 8

Rahmen von § 111 BetrVG deutlich schwächer ausgestaltet sind als diejenigen aus § 87 Abs. 1 BetrVG, hinsichtlich derer das BAG den Unterlassungsanspruch anerkannt hat. Da auch Einzelmaßnahmen wie Kündigungen wirksam bleiben, wenn sie unter Verstoß gegen § 111 ff. BetrVG durchgeführt werden, ist die gesetzgeberische Absicht erkennbar, die unternehmerische Entscheidung zur Betriebsänderung weniger stark zu beschränken als andere mitbestimmungspflichtige Entscheidungen, zu denen auch der (erzwingbare) Abschluss des Sozialplans gehört.[676] Auch die historische Auslegung liefert ein entscheidendes Argument gegen den Unterlassungsanspruch. Schließlich war die offene Rechtsfrage dem Gesetzgeber bei Erlass des Betriebsverfassungs-Reformgesetzes im Jahr 2001 bekannt,[677] eine Normierung des Unterlassungsanspruchs bei Betriebsänderungen unterblieb jedoch.

Schließlich spricht auch gegen die Durchsetzbarkeit des Unterlassungsanspruchs im einstweiligen Rechtsschutz, dass das Vorliegen eines Verfügungsgrundes höchst fraglich ist.[678] Die zum Teil vertretene Einstufung der vom Betriebsrat angestrebten Unterlassungsverfügung als Befriedigungsverfügung habe einen besonders strengen Prüfungsmaßstab zur Folge.[679] Auch sei zu beachten,

---

TaBV 80/96, NZA-RR 1997, 297; LAG Hamm v. 1.4.1997 – 13 TaBV 34/97, NZA-RR 1997, 343; LAG Nürnberg v. 6.6.2000 – 6 TaBV 8/00, BB 2000, 2100; ArbG Passau v. 22.10.2002 – 3 BVGa 3/02, BB 2003, 744 unter Bezugnahme auf die historische Auslegung; ArbG Kaiserslautern v. 23.10.2002 – 3 BVGa 2002/02, BB 2003, 532; LAG Niedersachsen v. 29.11.2002 – 12 TaBV 111/02, BeckRS 2002 30464598; LAG München v. 24.9.2003 – 5 TaBV 48/03, NZA-RR 2004, 536; ArbG Marburg v. 29.12.2003 – 2 BVGa 5/03, NZA-RR 2004, 199; LAG Nürnberg v. 9.3.2009 – 6 TaBVGa 2/09, BeckRS 2009 69297 (auch unter Berücksichtigung von Art. 8 RL 2002/14 EG); LAG Köln v. 27.5.2009 – 2 TaBVGa 7/09, BeckRS 2009 66807 (verneint auch das Vorhandensein eines Verfügungsgrundes); LAG Baden-Württemberg v. 21.10.2009 – 20 TaBVGa 1/09, BeckRS 2010, 66550; ArbG Marburg v. 4.2.2011 – 2 BVGa 1/11 (unveröff.).

676 Moll-Liebers MAH Arbeitsrecht § 54 Rn. 113.

677 Dies nicht nur durch den Diskussionsstand in Literatur und Rechtsprechung, sondern auch durch die Stellungnahme des DGB-Bundesvorstands zum Referentenentwurf (NZA 2001, 135) sowie den daran anknüpfenden Alternativvorschlag der PDS-Fraktion (BT-DS 14/4071 und 14/6382), die sich beide nachdrücklich für eine gesetzliche Verankerung des Unterlassungsanspruchs aussprachen.

678 Umfassend hierzu Schmädicke, NZA 2004, 295; vgl. auch LAG Köln v. 27.5.2009 – 2 TaBVGa 7/09, BeckRS 2009 66807.

679 Vgl. ArbG Kaiserslautern v. 23.10.2002 – 3 BVGa 2002/02, BB 2003, 532; so auch Schmädicke, NZA 2004, 295, 296. Da sich der Unterlassungsanspruch ohnehin nur auf die Zeit bis zur Beendigung des Interessenausgleichsverfahrens bezieht, ist der Betriebsrat bei Erlass der einstweiligen Verfügung endgültig befriedigt; hierdurch unterscheidet

dass der Betriebsrat nicht als zahlungsfähiger Schadensersatzschuldner bei ungerechtfertigter Vollstreckung zur Verfügung stehe, da er als Gremium einerseits nicht vermögensfähig ist,[680] andererseits die Vorschrift des § 945 ZPO im arbeitsgerichtlichen Beschlussverfahren gem. § 85 Abs. 2 ArbGG nicht zur Anwendung kommt.[681] Daher müsste der Unternehmer durch die Verzögerung der Betriebsänderung bei Erlass einer einstweiligen Verfügung erhebliche Mehrkosten tragen, ohne bei der späteren Aufhebung des Beschlusses Kompensationsmöglichkeiten zu haben.

In der Literatur wird ein weitläufiges Meinungsspektrum vertreten.[682] Einige Stimmen halten eine Zwischenlösung für angemessen: ein im Wege des einstweiligen Rechtsschutzes durchsetzbarer Unterlassungsanspruch bestehe nur solange, bis die zwingend durchzuführende Unterrichtungs- und Beratungsphase abgeschlossen sei.[683]

Das BAG hat sich nur am Rande zu der Frage geäußert.[684] Aus der maßgeblichen Entscheidung lässt sich herauslesen, dass es die Annahme eines Siche-

---

sich der Unterlassungsanspruch bei Betriebsänderungen von anderen Unterlassungsansprüchen, die je nach Konstellation oft nur eine vorübergehende Befriedigung bewirken.

680 Dies folgt aus der fehlenden Rechtsfähigkeit des Betriebsrats, vgl. zu dieser Fitting, § 1 Rn. 217.

681 Hierzu GMPM/Matthes, § 85 Rn. 50.

682 Gegen den Unterlassungsanspruch: Völksen, RdA 2010, 354; Bauer, BB 2010, 53; Raif, ArbRAktuell 2010, 236; Lipinski/Reinhardt, NZA 2009, 1184; Ehler, BB 2000, 978; Lipinski/Melms, BB 2002, 2226; Caspers, Personalabbau, S. 167 ff; Hartmann, Einstweiliger Rechtsschutz, S. 78 ff.; Wenderoth, Unterlassungsanspruch, S. 56 ff. unter strikter Trennung zwischen Mitbestimmungs- und Mitwirkungsrechten; Wiebauer, Sicherung der Mitbestimmung, Rn. 423; Bauer/Göpfert/Haußmann/Krieger, Umstrukturierung, 2 A Rn. 106ff.; Willemsen/Hohenstatt/Schweibert/Seibt, Umstrukturierung und Übertragung, Kap. C Rn. 127 307 ff.; Fitting, § 111 Rn. 135; Richardi/Annuß, § 111 Rn. 168; Löwisch/Kaiser, § 111 Rn. 50; HSWGN/Hess, § 111 Rn. 89; ErfK/Kania, § 111 Rn. 24.
Für den Unterlassungsanspruch: Fauser/Nacken, NZA 2006, 1136; DKK/Trittin, § 23 Rn. 131.
Unklar Evers, Unterlassungsansprüche, S. 44 f.: die selbstständige Durchsetzbarkeit von Unterrichtungs- und Beratungsanspruch stünde einem Unterlassungsanspruch entgegen, bei unmittelbarem Bevorstehen der mitbestimmungswidrigen Umsetzung sei Eilrechtsschutz hingegen notwendig; ohne erkennbare eigene Position Schmädicke, NZA 2004, 295, 296 sowie Pohl, FS ARGE Arbeitsrecht, S. 987, 997.

683 MünchArbR/Matthes, § 361 Rn. 50.

684 BAG v. 28.8.1991 – 7 ABR 72/90, NZA 1992, 41; der zu Grunde liegende Sachverhalt betraf den Anspruch auf Einhaltung des Interessenausgleichs selbst, nicht denjenigen auf Einhaltung des Verfahrens, im Hinblick auf die parallele Regelung in § 113 BetrVG kann jedoch von einer Vergleichbarkeit der Konstellationen ausgegangen werden; vgl.

rungsrechts an die Erzwingbarkeit der jeweiligen Mitbestimmung knüpft. Soweit der Betriebsrat kein eigenes erzwingbares Recht habe, stehe ihm auch kein Verfügungsanspruch zur Sicherung eines solchen – nicht bestehenden – Rechts zu.[685] Ein Anspruch auf Einhaltung eines Interessenausgleichs existiere nur in der Form des § 113 BetrVG auf Seiten der Arbeitnehmer selbst. Die Entscheidung ist jedoch nicht ohne weiteres auf den Anspruch auf Einhaltung des Verfahrens gem. §§ 111 ff. BetrVG übertragbar, da der Betriebsrat sehr wohl einen solchen Anspruch (im Gegensatz zum Anspruch auf Einhaltung der abgeschlossenen Vereinbarung) hat.

Da über Anträge im einstweiligen Verfügungsverfahren die Landesarbeitsgerichte gem. § 92 Abs. 1 S. 3 ArbGG letztinstanzlich entscheiden, findet eine Vereinheitlichung der Rechtsprechung durch das BAG nicht statt. Das „Machtwort aus Erfurt" wird daher eine Wunschvorstellung bleiben.[686] Auch langfristig kann daher davon ausgegangen werden, dass eine beachtliche Anzahl von Arbeits- und Landesarbeitsgerichten den Unterlassungsanspruch im einstweiligen Rechtsschutz zusprechen wird.

2. Zuständigkeitsfragen

Zuständig im einstweiligen Verfügungsverfahren ist gem. §§ 85 Abs. 2 S. 2 ArbGG, 937, 943 ZPO das Hauptsachegericht des Beschlussverfahrens. Gem. § 82 Abs. 1 S. 1 ArbGG ist im Beschlussverfahren das Arbeitsgericht zuständig, in dessen Bezirk der Betrieb liegt. Die Möglichkeiten einer Gerichtsstandsverschiebung durch rügelose Einlassung oder Parteivereinbarung sind äußerst begrenzt.[687]

Die übrigen Voraussetzungen für den Erlass einer einstweiligen Verfügung (insbesondere als Verfügungsgrund die Verletzung von Mitbestimmungsrechten) sind in der Regel leicht einzuschätzen bzw. darzustellen.[688] Rechtlich problematisch ist zwar auch, ob das Vorliegen eines Verfügungsgrundes (neben dem Verfügungsanspruch) dargelegt werden kann.[689] Die Gerichte, die den Unterlas-

---

auch aktuell BAG v. 23.6.2009 – 1 ABR 23/08, NZA 2009, 1430 zum Unterlassungsanspruch im Zusammenhang mit § 99 BetrVG.

685 BAG v. 28.8.1991 – 7 ABR 72/90, NZA 1992, 41, 42.

686 So Raif, ArbR Aktuell 2010, 236; zur Heranziehung der Rechtsprechung des BAG zu anderen Unterlassungsansprüchen des Betriebsrats für die Beantwortung der hier relevanten Rechtsfrage Völksen, RdA 2010, 354, mit dem Hinweis einer Klärungsmöglichkeit über § 40 BetrVG.

687 Vgl. oben B.IV.2.a).

688 Hierzu Ehler, BB 2000, 978, 979.

689 Ablehnend Schmädicke, NZA 2004, 295.

sungsanspruch bejahen, sehen jedoch darin kein Hindernis.[690] Die Haltung des angerufenen Gerichts zu der rechtlichen Grundsatzfrage, ob dem Betriebsrat ein Unterlassungsanspruch zusteht, ist deswegen meist allein streitentscheidend. Daher kann es von entscheidender Bedeutung sein, den Rechtsstreit an ein Gericht zu verlagern, dessen Rechtsauffassung in der Grundsatzfrage der eigenen Zielsetzung entspricht.

3. Gerichtsstandsverschiebung durch Beteiligung des Gesamtbetriebsrats

Die Zuständigkeit des Arbeitsgerichts am Unternehmenssitz gem. § 82 Abs. 1 S. 2 ArbGG in Angelegenheiten des Gesamtbetriebsrats oder Konzernbetriebsrats gilt nur bei deren originärer Zuständigkeit. Nicht eröffnet ist dieser Gerichtsstand, wenn der Gesamtbetriebsrat oder Konzernbetriebsrat in übertragener Zuständigkeit gem. § 50 Abs. 2 oder 58 Abs. 2 BetrVG tätig wird.[691] Daher gilt in diesen Fällen weiterhin der Gerichtsstand des Betriebsstandorts gem. § 82 Abs. 1 S. 1 ArbGG, aus dessen Bereich heraus der Einzelbetriebsrat seine Kompetenz übertragen hat. Dies soll selbst dann gelten, wenn alle Einzelbetriebsräte den Gesamtbetriebsrat mit der Wahrnehmung derselben Aufgabe betraut haben.[692]

Ob die originäre Zuständigkeit des Gesamtbetriebsrats gegeben ist, lässt sich in der Praxis jedoch weit weniger eindeutig abgrenzen, als es die Gesetzeslage voraussetzt. Auch Betriebsänderungen, die auf den ersten Blick nur einzelbetriebsbezogen zu sein scheinen, können in einem größeren Zusammenhang unternehmensweite Auswirkungen haben, womit die originäre Zuständigkeit des Gesamtbetriebsrats gegeben wäre.[693]

Daher ist eine rechtzeitige strategische Orientierung in Richtung einer Zuständigkeit von Einzel- oder Gesamtbetriebsrat besonders wichtig, wenn der jeweilige Gerichtsstand im Rahmen des einstweiligen Rechtsschutzes bessere Möglichkeiten bietet. Der Wechsel vom Gerichtsstand des Betriebs zu dem des

---

690 Bei LAG München v. 22.12.2008 – 6 TaBVGa 6/08, BB 2010, 896, 898 wurde der Verfügungsgrund darin gesehen, dass die Umsetzung der Maßnahme bereits begonnen hatte, die bereits lange vorher erfolgte Ankündigung der Maßnahme stand (richtigerweise) dem Eilbedürfnis nicht entgegen; mit nur oberflächlicher Begründung LAG Hessen v. 19.1.2010 – 4 TaBVGa 3/10, NZA-RR 2010, 187; mit vergleichsweise sorgfältiger Begründung LAG Berlin v. 7.9.1995 – 10 TaBV 5/95, 9/95, NZA 1996, 1284.

691 Schwab/Weth-Weth, § 82 Rn. 9; GMPM/Matthes § 82 Rn. 12.

692 So GMPM/Matthes § 82 Rn. 12 und GKArbGG/Dörner, § 82 Rn. 12; dies ist nur konsequent, da die Quantität der Aufgabenübertragung nichts an deren Qualität ändert.

693 Siehe oben bei C.III.3.b)aa) [Ausweichstrategien].

Unternehmenssitzes kann im Hinblick auf das Nord-Süd-Gefälle in der Rechtsprechung der Arbeitsgerichte dann besonders sinnvoll sein, wenn der Betrieb im Süden, der Unternehmenssitz jedoch im Norden liegt. Eine solche strategische Ausrichtung ist jedoch dann nicht möglich, wenn die Zuständigkeit offensichtlich bei dem einen oder dem anderen Gremium liegt. Ebenfalls darf nicht übersehen werden, dass auch eine Vielzahl anderer Faktoren für die Interessenwahrnehmung entweder durch den Einzel-, Gesamt- oder Konzernbetriebsrat spricht.[694]

4. Bewertung

Ob der Betriebsrat seine Mitbestimmungsrechte bei Betriebsänderungen im Wege einer einstweiligen Verfügung auf Unterlassung der Maßnahme durchsetzen kann, ist nach wie vor umstritten und höchstrichterlich ungeklärt. Eine explizite Entscheidung des Bundesarbeitsgerichts kann und wird in absehbarer Zukunft nicht ergehen; aus den bisherigen Entscheidungen des BAG lässt sich (entgegen den teilweise in der Literatur hieraus gezogenen Schlüssen) keine Tendenz ableiten.

Auch auf Betriebsratsseite sind die Gestaltungsmöglichkeiten im einstweiligen Rechtsschutz deutlich beschränkt. Sie sind jedoch im Vergleich zur Arbeitgeberseite etwas stärker ausgeprägt durch die Möglichkeit, im Rahmen von Kompetenzverschiebungen zwischen Einzel- und Gesamtbetriebsrat den Gerichtsstand zu beeinflussen.

694 Siehe hierzu oben C.III.2.b) aa) und c) sowie III.3.b)aa).

VI. Sonderfall Tarifsozialplan

In Anbetracht der wachsenden Bedeutung von Tarifsozialplänen ist zu untersuchen, welche Rolle und welche Optionen der Betriebsrat in diesem Zusammenhang hat. Die Darstellung unterliegt hier einer Besonderheit: im Umfeld eines Arbeitskampfes obliegt die Planung von und Entscheidung für eine Strategie nicht dem Betriebsrat allein. Als Organ darf sich der Betriebsrat ohnehin nicht beteiligen (§ 74 Abs. 2 S. 1 BetrVG). Maßgeblich werden die Entscheidungen auf Seiten der beteiligten Gewerkschaften getroffen. Die Beschränkung der Perspektive auf die des Betriebsratsberaters wäre daher nicht zweckdienlich, da damit wesentliche strategische Aspekte ausgeklammert würden. Vielmehr sollen nachfolgend strategische Überlegungen dargestellt werden, die im Rahmen einer umfassenderen Arbeitnehmerperspektive relevant sind.

1. Gestaltungsmöglichkeiten und Friedenspflicht

Aus geltenden Tarifverträgen folgt grundsätzlich eine Friedenspflicht, wenn die Kampfforderung bereits (abschließend) geregelt ist.[695] Um einen Arbeitskampf um Tarifsozialpläne nicht von vornherein auszuschließen, wäre es daher aus Arbeitnehmersicht empfehlenswert, beim Abschluss von Tarifverträgen Lücken zu lassen, die später durch Forderungen im Tarifsozialplan-Arbeitskampf auszufüllen wären. Dies ist allerdings keine Maßnahme, auf die der Betriebsrat direkten Einfluss hätte.

Auch stellt sich die Frage nach der Gestaltung von Tarifverträgen in der Regel mit großem zeitlichem Abstand vor und nicht während der Auseinandersetzung um eine Betriebsänderung. Die Optimierung von Tarifverträgen im Hinblick auf spätere Tarifsozialplanforderungen ist daher nur eine theoretische Option. Allerdings ist es ein Aspekt, der von Gewerkschaften im Hinblick auf die durch die Rechtsprechung bedingte wachsende Bedeutung des Tarifsozialplans bei zukünftigen Tarifabschlüssen berücksichtigt werden sollte. Von besonderer strategischer Bedeutung ist hier die Regelung von kurzfristigen (Teil-) Kündigungsrechten, um über eine dem Streik entgegenstehende Friedenspflicht disponieren zu können.[696]

695 Vgl. B.V.3.a).

696 Hierzu Bayreuther, NZA 2007, 17, 1020; siehe auch B.V.3.a).

2. Kommunikationsstrategie bei problematischem Arbeitskampfziel

Die Frage nach der Erstreikbarkeit eines Tarifsozialplans wurde vom BAG in der Entscheidung vom 24. April 2007 positiv beantwortet.[697] Allerdings wurde dabei nur wenig befriedigend auf die Problematik eingegangen, ob die Absicht der Gewerkschaft, durch den Arbeitskampf die Betriebsänderung insgesamt zu verhindern, den Streik rechtswidrig macht. Genau diese Frage ist jedoch von strategisch entscheidender Bedeutung, da die Kommunikation eines solchen Streikziels die Mobilisierung erheblich erleichtert und beschleunigt, gleichzeitig jedoch der gesamte Arbeitskampf dadurch den Boden des Rechts verlassen könnte.

Dabei stellt sich zunächst die Frage, welche gewerkschaftliche Forderung überhaupt maßgeblich ist. *Krause* hält allein das Abstellen auf die konkret erhobene Forderung für zulässig, alles andere laufe auf eine unangemessene Zurechnung nicht oder nur zum Teil offizieller Äußerungen hinaus.[698] Dies ist jedoch eine Vermischung von Rechts- und Tatsachenfragen und greift der Beweisaufnahme vor. Konsequent relativiert *Krause* seine Position über die Missbrauchskontrolle bei absichtlich zurückgehaltenen/verschleierten Gewerkschaftsforderungen,[699] was für die Praxis gerade doch zu einer Kontrolle „inoffizieller" Forderungen führen dürfte.

Aus der Systematik der Mitbestimmung in wirtschaftlichen Angelegenheiten wird zum Teil abgeleitet, Arbeitskämpfe mit dem Ziel, eine unternehmerische Entscheidung zu verhindern, seien per se rechtswidrig.[700] Andere Stimmen fordern hingegen eine praktische Konkordanz zwischen Art. 9 Abs. 3 GG und Art. 12 GG.[701] Um einer Lösung näher zu kommen, ist zunächst eine differenzierte Betrachtung erforderlich: Dabei dürfen die Begriffe „Streikziele" und „Streikforderungen" nicht gleichbedeutend zur Beschreibung einer unklaren Gemengelage verwendet werden. Durchzuführen ist vielmehr eine Unterscheidung zwi-

697 BAG v. 24.4.2007 – 1 AZR 252/06, NZA 2007, 987.

698 Krause, Standortsicherung, S. 110 f.

699 Krause, Standortsicherung, S. 111; gegen eine materielle „Motivforschung" auch Fischinger, Arbeitskämpfe, S. 106-108.

700 So Wank, RdA 2009, 1, 7; zur Freiheit der unternehmerischen Entscheidung Krause, Standortsicherung, S. 23 ff.

701 So Hohenstatt/Schramm, DB 2004, 2214, die im Übrigen ebenfalls der Erstreikbarkeit von Tarifsozialplänen sehr kritisch gegenüber stehen.

schen tariflich regelbaren Gegenständen („Streikforderungen") und tariflich nicht regelbaren (Streik-) Zielen.[702]

Beim typischen Arbeitskampf um den Tarifsozialplan strebt die Gewerkschaft gleichzeitig eine Regelung hinsichtlich eines tariflich regelbaren Gegenstands (z.B. Kündigungsfristen, Abfindungen, Qualifizierungsmaßnahmen) an, um ein tariflich nicht regelbares Ziel (Verhinderung der Betriebsänderung) zu erreichen. In der maßgeblichen Entscheidung vom 24. April 2007 trennt das BAG jedoch nicht konsequent nach Zielen und Gegenständen (Unter-Zielen). Ziel der Gewerkschaft ist in den typischen Anwendungsfällen des Tarifsozialplan-Streiks jedenfalls auch die Verhinderung der Maßnahme, was indirekt durch die außergewöhnliche und damit realistisch unerfüllbare Höhe der auf erstreikbare Gegenstände bezogenen Streikforderungen erreicht werden soll. Zur Höhe der explizit erhobenen Forderungen hat sich das BAG wie folgt geäußert:

> „Streikforderungen einer Gewerkschaft, deren Gegenstand grundsätzlich tariflich regelbar ist, unterliegen keiner gerichtlichen Übermaßkontrolle. Eine solche Kontrolle verstößt gegen die durch Art. 9 III GG gewährleistete Koalitionsbetätigungsfreiheit der Gewerkschaften und stellt die Funktionsfähigkeit der Tarifautonomie in Frage. (…) Die Höhe einer Streikforderung hat auf die Kampfparität keinen Einfluss. Zu deren Gewährleistung bedarf es deshalb keiner gerichtlichen Überprüfung des Forderungsumfangs."[703]

Nach Ansicht des BAG greift die Höhe einer Streikforderung also nicht in grundrechtlich geschützte Rechtspositionen des Arbeitgebers aus Art. 12 Abs. 1, 2 Abs. 1 GG ein.[704] Dies geht jedoch an der Grundproblematik vorbei. Denn nicht die Forderungshöhe, sondern die (beim auf Verhinderung der Betriebsänderung abzielenden Arbeitskampf) in Realität andersartige Intention der Gewerkschaft greift in Art. 12 Abs. 1, 2 Abs. 1 GG ein, da die Verhinderung einer geplanten Maßnahme den Kernbereich unternehmerischer Freiheit betrifft. Die Argumentation des BAG unterstellt, dass Streikziel und Streikforderung stets identisch sind, und zieht daraus konsequent weitere Schlüsse. Überzeugender hat in einem vergleichbaren Konflikt das *ArbG Kiel* entschieden: es untersagte einen Streik der Mitarbeiter von Kindertagesstätten und Kindergärten, der vordergründig um Fragen zu Gesundheitsförderung und Gesundheitsschutz geführt wurde.[705] Nach Ansicht des Gerichts war eigentliches Streikziel aber die Ausübung von Druck auf zwischen den Tarifparteien stattfindenden Eingruppie-

---

702 Wank spricht von einer Unterscheidung von „Objektsprache" und „Metasprache", RdA 2009, 1, 3.

703 BAG v. 24.4.2007 – 1 AZR 252/06, NZA 2007, 987, 996.

704 BAG v. 24.4.2007 – 1 AZR 252/06, NZA 2007, 987, 996, 997; so bereits Krause, Standortsicherung, S. 112 ff.

705 ArbG Kiel v. 18.5.2009 – 4 Ga 23b/09, LAGE Art. 9 GG Arbeitskampf Nr. 83a.

rungsverhandlungen. Da hierfür eine Friedenspflicht galt, hielt das ArbG Kiel den Streikaufruf für rechtswidrig.

Paradoxerweise hält das BAG in der Grundentscheidung zum Tarifsozialplan sogar selbst fest, was zur Rechtswidrigkeit des Tarifsozialplan-Arbeitskampfes führen müsste:[706]

> „Der Verzicht auf eine Übermaßkontrolle steht nicht im Widerspruch zur Rechtskontrolle von Streikzielen, wie sie der Senat etwa in seiner Entscheidung vom 10.12.2002 (BAGE 104, 155 = NZA 2003, 734 [zu B I]) vorgenommen hat. In dem zu Grunde liegenden Fall wurde der Streik unter anderem um Ziele geführt, die unbeschadet ihres Umfangs rechtswidrig waren und die Kompetenzgrenze des Art. 9 III GG überschritten. Ein solcher Streik ist verfassungsrechtlich nicht geschützt."

Kombiniert man diese Aussage jedoch mit dem vom BAG gefestigten Grundsatz, dass der Unternehmer autonom entscheide „welche Geld- und Sachmittel zu welchem Zweck eingesetzt werden und ob, was und wo hergestellt wird",[707] so folgt daraus, dass ein Streik mit dem Ziel, in diese unternehmerische Grundentscheidung einzugreifen, rechtswidrig ist.[708] Dementgegen hält *Krause* in bestimmten Konstellationen auch einen explizit auf Verhinderung der Betriebsänderung abzielenden Arbeitskampf für rechtmäßig.[709] Zu einer derart weitgehenden Argumentation hat sich das BAG in der Tarifsozialplan-Grundsatzentscheidung nicht entschlossen; vielmehr lässt sich aus der Argumentation mit der Erstreikbarkeit der „offiziellen" Forderungen herauslesen, dass die „inoffiziellen" Forderungen durchaus als problematisch angesehen wurden. Letztlich hat sich das BAG der Differenzierung entzogen:

> „Maßgeblich für den Inhalt der mit einem Streik verfolgten Ziele sind die dem Gegner in Form des konkreten von den dazu legitimierten Gremien der Gewerkschaft getroffenen Streikbeschlusses übermittelten Tarifforderungen. Sonstige Verlautbarungen nicht vertretungsberechtigter Mitglieder der Gewerkschaft sind zur Bestimmung des Streikziels schon aus Gründen der Rechtssicherheit und um der Unbefangenheit der Meinungsbildung innerhalb der Gewerkschaft willen unmaßgeblich."[710]

---

706 BAG v. 24.4.2007 – 1 AZR 252/06, NZA 2007, 987, 997.

707 BAG v. 3.4.1990 – 1 AZR 123/89, NZA 1990, 886; vgl. auch Umnuß, Betriebsverfassung und Unternehmerautonomie, S. 232; zu den Gestaltungsmöglichkeiten von Betriebsrat und Gewerkschaft Zabel, AiB 1998, 615.

708 Einschränkend Fischinger, Arbeitskämpfe, S. 160 ff.: zur Beantwortung der Frage, wann die unternehmerische Entscheidungsfreiheit verletzt werde, seien in einer Einzelfallberechnung die Kosten des Tarifsozialplans, die Finanzkraft des Unternehmens und die Arbeitnehmerinteressen gegenüberzustellen, wobei sich aus einer Abwägung der beiden letztgenannten Faktoren das maximal zulässige Tarifsozialplanvolumen ergebe.

709 Krause, Standortsicherung, S. 96 ff.

710 BAG v. 24.4.2007 – 1 AZR 252/06, NZA 2007, 987, 997.

Als strategische Schlussfolgerungen aus der Sicht der Gewerkschaft wie auch des Betriebsrats lässt sich zwar annehmen, dass nach der bisherigen Rechtsprechung sogar eine verhältnismäßig offene Kommunikation der Streikziele unschädlich ist. Auf diese Rechtsprechung sollte jedoch nicht blind vertraut werden; eine einschränkende Weiterentwicklung ist gut denkbar, insbesondere mit Blick auf die oben zitierte Grundsatzentscheidung zur unternehmerischen Freiheit. Daher ist eine verhaltene Kommunikation sicherer.[711] Gleichzeitig sollten stets auch ernsthaft realistische Streikziele verfolgt werden.

Weitere Schwierigkeiten in der Prognose, welche Auswirkung die Kommunikation bestimmter Streikziele/-Forderungen hat, ergeben sich daraus, dass meist ein Motivbündel vorliegt: die Intention der Verhinderung mischt sich mit tatsächlich angestrebten Arbeitskampfzielen im zulässig erstreikbaren Bereich. Eine isolierte Beurteilung ist kaum möglich, insbesondere lässt sich bei einer Betrachtung von außen nicht feststellen, was tatsächlich für die Entscheidung zum Arbeitskampf maßgeblich war.

In diesem Zusammenhang muss mit der Rechtsprechung des BAG davon ausgegangen werden, dass ein Arbeitskampf, der auch, aber nicht nur (bzw. nicht vorrangig) die Verhinderung der Maßnahme anstrebt, rechtmäßig ist. Daraus ergibt sich die rechtswissenschaftlich nur wenig befriedigende, praktisch jedoch eindeutige strategische Empfehlung, die Arbeitskampfziele möglichst breit anzusetzen und dementsprechend zu kommunizieren. Durch die nachvollziehbare, ernsthafte Festlegung von anerkannt erstreikbaren Tarifforderungen kann die auch weiterhin problematische Verhinderungsintention „verwässert", und damit unschädlich in die Kommunikation eingebunden werden.

3. Verknüpfung von Tarifsozialplanstreik und Unterstützungsstreik

Bisher wenig beachtet ist die Frage, ob die Durchführung eines Unterstützungsstreiks im Arbeitskampf um einen Tarifsozialplan zulässig ist.[712] Es handelt sich dabei um die Verknüpfung zweier seit kurzem eindeutig von der Rechtsprechung anerkannter, in der Literatur jedoch hoch umstrittener Arbeitskampfmaßnahmen. Die maßgeblichen Entscheidungen ergingen am 24.4.2007 (Tarifsozialplan)[713] und 19.6.2007 (Unterstützungsstreik).[714] Nachfolgend wird zunächst ein kurzer Überblick über Wesen und Zulässigkeit des Unterstützungsstreiks gegeben, bevor die Frage der Zulässigkeit der Verknüpfung beider In-

711 Ähnlich Brecht-Heitzmann, NJW 2007, 3617, 3619.

712 Erstmals aufgeworfen von Lipinski/Reinhardt, BB 2008, 2234.

713 BAG v. 24.4.2007 – 1 AZR 252/06, NZA 2007, 987.

714 BAG v. 19.6.2007 – 1 AZR 396/06, NZA 2007, 1055.

strumente eingehender untersucht wird. Im Rahmen einer strategieorientierten Perspektive ist dabei vor allem die Frage zu stellen, welche Gestaltungsmöglichkeiten bestehen, um eine Maßnahme rechtssicherer zu gestalten.

a) Überblick zum Unterstützungsstreik

Als Unterstützungsstreiks werden Streiks bezeichnet, die der Unterstützung eines in einem anderen räumlichen oder fachlichen Tarifgebiet geführten Hauptarbeitskampfes dienen.[715] In seinem Urteil vom 19.6.2007 hat das BAG nunmehr zur Zulässigkeit von Unterstützungsstreiks im Allgemeinen eindeutig Stellung bezogen.[716] Unterstützungsstreiks sind umstritten, da sie den Arbeitskampf deutlich über die Grenzen des Tarifgebiets ausweiten und weil der vom Unterstützungsstreik direkt betroffene Arbeitgeber die von der Gewerkschaft aufgestellten Forderungen gar nicht selbst erfüllen kann, ihm daher schon keine Verhandlungsgegenstände zur Disposition stehen,[717] was im Hinblick auf den Grundsatz der Kampfparität problematisch ist.

Gegen die Zulässigkeit des Unterstützungsstreiks spricht der Grundsatz, dass ein Arbeitskampf nur zur Durchsetzung tariflicher Regelungen eingesetzt werden darf.[718] Können die streikenden Arbeitnehmer nicht unmittelbar von einer angestrebten tariflichen Regelung profitieren, müsste der Unterstützungsarbeitskampf bereits deswegen unzulässig sein.[719]

Dagegen hält das BAG den Unterstützungsstreik nunmehr aus den nachfolgenden Erwägungen für zulässig: Die Tatsache, dass der direkt betroffene Arbeitgeber nicht Verhandlungspartner in der tariflichen Auseinandersetzung sei, mache den Unterstützungsstreik allein nicht unzulässig. Denn der Unterstützungsstreik sei dennoch geeignet, den Druck auf den sozialen Gegenspieler des Hauptarbeitskampfes zu verstärken und damit den Hauptarbeitskampf zu beein-

715 Allgemein zum Unterstützungsstreik: Kissel, Arbeitskampfrecht, § 24 Rn. 50; Rieble/Löwisch, Streik und Aussperrung, in: Löwisch, Arbeitskampf- und Schlichtungsrecht, S. 107; Hohenstatt/Schramm, NZA 2007, 1034; zur Entwicklung des Arbeitskampfrechts insbesondere nach der Entscheidung des BAG zum Unterstützungsstreik Rieble, BB 2008, 1506 sowie Buchner, BB 2008, 106.

716 BAG v. 19.6.2007 – 1 AZR 396/06, NZA 2007, 1055.

717 Daraus sei für den vom Unterstützungsstreik betroffenen Arbeitgeber eine höhere Schutzwürdigkeit abzuleiten: BAG v. 5.3.1985 – 1 AZR 468/83, NZA 1985, 504.

718 Hierzu BAG v. 21.4.1971 – GS 1/68, AP Nr. 43 zu Art. 9 GG Arbeitskampf; BAG v. 23.10.1984 – 1 AZR 126/81, NZA 1985, 459.

719 So noch BAG v. 5.3.1985 – 1 AZR 468/83, NZA 1985, 504 und BAG v. 12.1.1988 – 1 AZR 219/86, NZA 1988, 474; allerdings wurden bereits dort Ausnahmen anerkannt, wenn der vom Unterstützungsstreik betroffene Arbeitgeber nicht die ausreichende Neutralität aufweise.

flussen. Das Paritätsprinzip sei wegen seiner Abstraktionshöhe als Maßstab zur Bewertung einzelner Kampfsituationen regelmäßig nicht ausreichend. Ausschlaggebend sei die Verhältnismäßigkeit im weiteren Sinne der Arbeitskampfmaßnahme, wobei der Gewerkschaft insbesondere bei der Geeignetheit sowie der Erforderlichkeit eine Einschätzungsprärogative zukomme. Auch die im vom Unterstützungsstreik betroffenen Unternehmen geltende relative Friedenspflicht könne die Zulässigkeitsbeurteilung nur insoweit prägen, als ein unverhältnismäßiger Streik gegen diese verstoße.[720] Nach dem Gebot der Verhältnismäßigkeit sei ein Unterstützungsstreik rechtswidrig, wenn er zur Unterstützung des Hauptarbeitskampfes offensichtlich ungeeignet, nicht erforderlich oder unter Berücksichtigung der schützenswerten Interessen der betroffenen Dritten unangemessen sei. Der Bezugspunkt, der die Prüfung des Verhältnismäßigkeitsgrundsatzes bestimme, sei dabei die sich aus dem Charakter und der Funktion des Unterstützungsstreiks ergebende Beziehung zum Hauptarbeitskampf.

Die Entscheidung ist jedoch angreifbar, da das BAG auch hier zu wenig zwischen Arbeitskampfforderung und Arbeitskampfziel differenziert.[721] Unbeachtet bleibt auch die Frage, ob es sich beim vom Unterstützungsstreik betroffenen Arbeitgeber überhaupt um den richtigen Arbeitskampfgegner handelt. Das BAG behandelt diese Frage stattdessen (unrichtigerweise) ausschließlich unter dem Aspekt der Verhältnismäßigkeit im Zusammenhang mit der wirtschaftlichen Verflechtung der bestreikten Unternehmen.

Im vom BAG entschiedenen Fall ging es um die Sonderkonstellation der Zulässigkeit eines Unterstützungsstreiks in einem Konzernsachverhalt, d.h. bei Vorliegen einer wirtschaftlichen Verflechtung. Viele Ausführungen der Grundsatzentscheidung waren aber für den zu beurteilenden Sachverhalt nicht maßgeblich, sind daher als obiter dicta einzuordnen.[722] Daraus folgt, dass entgegen dem ersten Anschein eine aktuelle Entscheidung zur grundsätzlichen Zulässigkeit eines Unterstützungsstreiks gerade nicht vorliegt, da ein obiter dictum nicht die gleiche Orientierungswirkung für die Untergerichte hat wie eine Antwort auf entscheidungserhebliche Fragen; schließlich muss das Untergericht nicht davon ausgehen, dass das BAG in dem konkreten, vom Leiturteil abweichenden Sachverhalt, genauso entscheiden würde wie in jenem.[723] Daher ist die Rechtslage auch weiterhin nicht abschließend geklärt, sodass einerseits Raum für strategi-

720 Diese Friedenspflicht bezieht sich schließlich nur auf Forderungen, die von der streikenden Belegschaft gegenüber ihrem eigenen Arbeitgeber erhoben werden; dies ist beim Unterstützungsstreik gerade nicht der Fall.

721 „Objektsprache und Metasprache“, Wank, RdA 2009, 1, 3.

722 Zur rechtlichen Qualität von obiter dicta Wank, Anmerkung zu BAG v. 19.6.2007 – 1 AZR 396/06, AP Nr. 173 GG Art. 9 Arbeitskampf.

723 Zum „verstörenden“ Gebrauch des BAG von obiter dicta Otto, RdA 2010, 135, 147.

sche Gestaltung bleibt, andererseits auf Arbeitnehmerseite eine genaue Prüfung der Zulässigkeit im Einzelfall weiterhin erforderlich ist.

b) Besonderheiten bei der Verknüpfung

Die Verknüpfung von Tarifsozialplan-Arbeitskampf und Unterstützungsstreik war bislang noch nicht Gegenstand höchstrichterlicher Rechtsprechung. Zunächst sind an einen Tarifsozialplan-Unterstützungsstreik die gleichen Maßstäbe anzulegen, wie an einen „normalen" Unterstützungsstreik. Die Zulässigkeit eines Unterstützungsstreiks richtet sich nach dem Grundsatz der Verhältnismäßigkeit; er ist rechtswidrig, wenn er zur Unterstützung des Hauptarbeitskampfes offensichtlich ungeeignet, offensichtlich nicht erforderlich oder unangemessen ist.[724]

aa) Geeignetheit

Geeignet ist ein Kampfmittel, wenn durch seinen Einsatz die Durchsetzung des Kampfziels gefördert werden kann, wobei den den Arbeitskampf führenden Koalitionen eine Einschätzungsprärogative zukommt.[725] Nur wenn das Kampfmittel zur Erreichung des zulässigen Kampfziels offensichtlich ungeeignet ist, kann eine Arbeitskampfmaßnahme aus diesem Grund als rechtswidrig erachtet werden.[726]

Als Besonderheit bei der Verknüpfung gilt für die Geeignetheit, dass diese nur dann gegeben ist, wenn eine echte Einflussnahmemöglichkeit besteht. Dies ist dann der Fall, wenn die Konzern-/Verflechtungsstruktur so ausgestaltet ist, dass der vom Unterstützungsstreik betroffene Arbeitgeber auf den Arbeitgeber des Hauptarbeitskampfs in relevanter Weise einwirken kann, um den Forderungen im Hauptarbeitskampf zum Erfolg zu verhelfen. Bei fehlender Konzernverflechtung der bestreikten Unternehmen ist der Unterstützungsstreik daher in der Regel als ungeeignet zur Erreichung der Kampfziele im Hauptarbeitskampf anzusehen; die allein auf einer gemeinsamen Verbandszugehörigkeit beruhende Solidarität kann hier nicht ausreichen.[727]

In Konzernstrukturen ist nach den Vorgaben des BAG in der Grundsatzentscheidung zum Unterstützungsstreik davon auszugehen, dass eine ausreichende Einflussmöglichkeit auf den Hauptarbeitskampf in der Regel gegeben ist. Fraglich ist gerade beim Tarifsozialplan-Unterstützungsstreik aber, ob die theoreti-

---

724 BAG v. 19.6.2007 – 1 AZR 396/06, NZA 2007, 1055, Abs. 32.

725 BAG v. 19.6.2007 – 1 AZR 396/06, NZA 2007, 1055, Abs. 26.

726 BVerfG v. 10.9.2004 – 1 BvR 1191/03, NZA 2004, 1338.

727 Die Annahme einer solchen Solidarität wird von Rieble, BB 2008, 1506, 1511 sogar als „Blödsinn" bezeichnet.

sche Einflussnahmemöglichkeit ausreicht. Denn die im Tarifsozialplan-Hauptarbeitskampf aufgestellten Forderungen bewegen sich typischerweise im Grenzbereich des realistischerweise noch Erfüllbaren. Ob die im Vergleich zum Hauptarbeitskampf schon dem Grunde nach (auf Grund der tatsächlichen und rechtlichen Distanz) schwächere Einflussnahmemöglichkeit dann noch ausreicht, um ein besonders unwahrscheinliches Ziel zu erreichen, ist äußerst fraglich. Dies spricht je nach Einzelfallkonstellation gegen eine Geeignetheit des Tarifsozialplan-Unterstützungsstreiks.

bb) Erforderlichkeit

Erforderlich ist ein Kampfmittel, wenn mildere Mittel zur Erreichung des angestrebten Ziels nach der Beurteilung der den Arbeitskampf führenden Koalition nicht zur Verfügung stehen.[728] Nach dem BAG kann die Erforderlichkeit eines Unterstützungsstreiks nicht mit der Erwägung verneint werden, dass zuvor der Hauptarbeitskampf ausgeweitet werden müsse. Die Entscheidung, wann und wem gegenüber die Gewerkschaft welches Arbeitskampfmittel für erforderlich halte, obliege allein dieser.[729]

Bei der Verknüpfung von Tarifsozialplan-Arbeitskampf und Unterstützungsstreik ist im Rahmen der Erforderlichkeit problematisch, dass im Hauptarbeitskampf auch die Interessenausgleichs- und Sozialplanverhandlungen zwischen Arbeitgeber und Betriebsrat weiterlaufen. Hier ließe sich argumentieren, dass zunächst diese weitergeführt bzw. wieder aufgenommen werden müssten. Dem lässt sich jedoch entgegenhalten, dass bei der Erforderlichkeitsprüfung nur mildere Mittel in Betracht gezogen werden müssen, die der zum Streik aufrufenden Gewerkschaft zur Verfügung stehen. Bei rein formaler Betrachtung hat die Gewerkschaft gerade keinen Einfluss auf die Verhandlungen zwischen Arbeitgeber und Betriebsrat, sodass das Verfahren nach den §§ 111 ff. BetrVG keine Alternative zum Arbeitskampf darstellt.

cc) Angemessenheit

Der Bezugspunkt, der die Prüfung des Verhältnismäßigkeitsgrundsatzes bestimmt, ist die sich aus dem Charakter und der Funktion des Unterstützungsstreiks ergebende Beziehung zum Hauptarbeitskampf.[730] Die Angemessenheitsprüfung ist also stets eine Frage des Einzelfalles. Typischerweise sind beim Tarifsozialplan-Unterstützungsstreik jedoch die nachfolgend erörterten Fragen relevant.

728 BAG v. 19.6.2007 – 1 AZR 396/06, NZA 2007, 1055, Abs. 27.
729 BAG v. 19.6.2007 – 1 AZR 396/06, NZA 2007, 1055, Abs. 36.
730 BAG v. 19.6.2007 – 1 AZR 396/06, NZA 2007, 1055, Abs. 32.

Besondere Vorsicht ist bei der Kommunikation der Streikziele geboten.[731] Denn bei der Angemessenheitsprüfung (Verhältnismäßigkeit im engeren Sinne) fällt ins Gewicht, dass der Tarifsozialplan-Unterstützungsstreik in zweifacher Weise in seiner übergeordneten Zielsetzung zweifelhaft ist: Erstens hat schon der Hauptarbeitskampf, hier der Tarifsozialplanstreik, ein – wenn auch nicht immer offen kommuniziertes – tariflich nicht regelbares Streikziel (die Verhinderung der Betriebsänderung)[732]. Zweitens richtet sich der Unterstützungsstreik gegen einen Gegner, der keine Verhandlungsposition hinsichtlich der erhobenen Forderungen hat.

Wird einer selbst den Hauptarbeitskampf führenden Gewerkschaft ein Unterstützungsstreik untersagt, so bedeutet dies regelmäßig eine schwerer wiegende Beschränkung ihrer Betätigungsfreiheit als wenn ihr lediglich die Unterstützung eines „fremden“ Hauptarbeitskampfs unmöglich ist.[733] Daher sollte stets die den Tarifsozialplan-Streik führende Gewerkschaft zum Unterstützungsstreik aufrufen, auch wenn unter Umständen die Federführung durch eine andere Gewerkschaft aufgrund besseren Organisierungsgrades oder höherer Sachnähe beim unterstützenden Betrieb näher liegt.

Grundsätzlich gehört es auch nach der neuen Entscheidung des BAG zur Modellvorstellung einer funktionierenden Tarifautonomie, dass die Gewerkschaft ihre Kräfte im Tarifgebiet mobilisiert, was nicht mehr der Fall sein würde, wenn der Unterstützungsstreik an die Stelle des Hauptarbeitskampfes träte.[734] Für die strategische Planung folgt daraus, dass durch die Besonderheiten des Tarifsozialplanstreiks die Zulässigkeit des Unterstützungsstreiks fraglich werden kann, wenn der Hauptarbeitskampf wegen der anstehenden Betriebsänderung wenig aussichtsreich ist; dies kann dadurch bedingt sein, dass auf Grund einer geplanten Stilllegung ein Streik im von der Betriebsänderung betroffenen Betrieb den Unternehmer weit weniger beeinträchtigt als etwa ein Streik in einem konzernangehörigen Zulieferbetrieb, der auch für andere Standorte wichtig ist.

Einer der entscheidenden Anhaltspunkte gegen die Angemessenheit des Unterstützungsstreiks ist nach Ansicht von *Lipinski/Reinhardt*, dass der Hauptarbeitskampf lediglich noch geführt wird, um den Unterstützungsstreik nicht mangels Geeignetheit rechtswidrig werden zu lassen.[735] Dies sei auch deswegen besonders relevant, da im Fall eines für sich genommen auf Grund der Aus-

731 Vgl. oben 2.

732 Zur Frage, inwiefern inoffizielle Streikziele zur Beurteilung herangezogen werden können, sowie zur Erstreikbarkeit der Verhinderung einer Betriebsänderung siehe oben, C.VI.2.

733 BAG v. 19.6.2007 – 1 AZR 396/06, NZA 2007, 1055, Abs. 48.

734 BAG v. 19.6.2007 – 1 AZR 396/06, NZA 2007, 1055, Abs. 49.

735 Lipinski/Reinhardt, BB 2008, 2234, 2237.

weichmöglichkeiten des dortigen Arbeitgebers aussichtslosen Hauptarbeitskampfes die Mobilisierung der im Hauptarbeitskampf um den Tarifsozialplan streikenden Arbeitnehmer zunehmend schwierig sei.[736] Werde diese Aussichtslosigkeit des Hauptarbeitskampfes der Gewerkschaft rechtzeitig mitgeteilt, so mache dies den Unterstützungsstreik unangemessen. Das Vorhandensein von ausreichenden Ausweichmöglichkeiten (etwa der Produktion) für das vom Hauptarbeitskampf betroffene Unternehmen mache den Hauptarbeitskampf unangemessen und damit rechtswidrig. Denn die Gewerkschaft müsse dies bei entsprechender Kenntnis der Sachlage (nach Information durch den Arbeitgeber) erkennen, und würde daher den Streik um den Tarifsozialplan lediglich weiterführen, um in der Außendarstellung den Schwerpunkt auf dem Hauptarbeitskampf zu halten.

Diese Argumentation überzeugt jedoch nur teilweise. Die Annahme, eine Mobilisierung im Hauptarbeitskampf sei wegen der erkennbaren Aussichtslosigkeit des Hauptarbeitskampfes selbst – d.h. bei Außerachtlassung der Auswirkungen des Unterstützungsstreiks – schwierig, setzt hohe Kenntnisse der Belegschaft von Sach- und Rechtslage voraus. Tatsächlich liegt es wohl näher, dass die von der Betriebsänderung (in diesen Fällen meist eine Stilllegung) betroffene Belegschaft sich solange mobilisieren lässt, wie von der Gewerkschaft eine Erfolgschance insgesamt kommuniziert wird. Eine isolierte Erfolgseinschätzung nur hinsichtlich des Hauptarbeitskampfes (Tarifsozialplanstreik) kann und wird die Belegschaft in der Regel nicht vornehmen, da es für sie nur auf das Ergebnis ankommt.

Ein weiterer Schwachpunkt dieser Argumentation liegt in Folgendem: nach *Lipinski/Reinhardt* sei der Hauptarbeitskampf unangemessen, sobald die Gewerkschaft ausreichend Informationen habe, um angesichts der Ausweichmöglichkeiten des Arbeitgebers dessen Aussichtslosigkeit zu erkennen. Damit sei der Hauptarbeitskampf rechtswidrig und dem Unterstützungsstreik die Grundlage entzogen. Die Gegenstrategie des Arbeitgebers müsse also darin bestehen, zum richtigen Zeitpunkt die Gewerkschaft über die Ausweichmöglichkeiten im vom Hauptarbeitskampf betroffenen Unternehmen zu informieren. Damit soll letztlich der Gewerkschaft die Verantwortung für eine Einschätzung der unternehmerischen Situation überbürdet werden. Sie soll eine Prognose vornehmen, die die Geeignetheit der Ausweichmöglichkeiten des Arbeitgebers beurteilt und die Aussichtslosigkeit des eigenen Vorgehens zum Ergebnis hat. Die Informationsbasis, auf der die Gewerkschaft zu dieser und keiner anderen Einschätzung kommen muss, dürfte ein in der Praxis unerfüllbares Maß an Breite und Gewissheit erfordern. Liegt eine solche Informationslage nicht vor, kann die Ge-

736 Lipinski/Reinhardt, BB 2008, 2234, 2240.

werkschaft mit Recht den Standpunkt vertreten, sie halte den Tarifsozialplanstreik trotz der vorhandenen Ausweichmöglichkeiten des Arbeitgebers für Erfolg versprechend. Dies ist geradezu das jedem Arbeitskampf immanente natürliche Risiko. Ein schnelles Herbeiführen der Unangemessenheit des Unterstützungsstreiks durch eine Unterrichtungsstrategie des Arbeitgebers ist daher nicht realistisch.

Als weiteres Indiz für die Unangemessenheit des Unterstützungsstreiks führen *Lipinski/Reinhardt* dessen Dauer an und ziehen eine Parallele zur Warnstreik-Rechtsprechung des BAG.[737] Der Unterstützungsstreik ist jedoch seinem Wesen nach kein Warnstreik und unterliegt – wie die Entscheidung vom 19.6.2007 gezeigt hat – ganz anderen Beurteilungskriterien. Solange der Unterstützungsstreik nicht länger oder wenigstens annähernd gleich lang wie der Hauptarbeitskampf andauert, lässt sich aus der Dauer kein Schluss auf die Unangemessenheit ziehen.[738]

Ebenfalls als Argument für die Unangemessenheit des Unterstützungsstreiks wird das Zahlenverhältnis der jeweils zum Streik aufgerufenen Arbeitnehmer herangezogen.[739] Für die Unangemessenheit spräche, wenn sich die Gewichtung zu stark in Richtung Unterstützungsstreik verschiebe. Dieser Beurteilungsmaßstab ist überzeugend, soweit die Angemessenheit in einer Einzelfallabwägung geprüft wird. Die Anwendung der Quoten, wie sie das BAG in seiner Aussperrungs-Arithmetik festgelegt hat,[740] ist hingegen unpassend. Bei der Aufstellung dieser Grundsätze hat das BAG die Zahl der zum Streik aufgerufenen Arbeitnehmer mit der Zahl der durch den Arbeitgeber ausgesperrten Beschäftigten verglichen. Es wurde also die Durchschlagskraft der Kampfmittel auf beiden Seiten ins Verhältnis gesetzt und daraus weitere Schlüsse gezogen. Dies ist jedoch auf den Vergleich von Unterstützungs- und Hauptarbeitskampf nicht übertragbar. Denn dort sind verschiedene Kampfmittel auf einer Seite der Auseinandersetzung (d.h. bei nur einem der Kontrahenten) in Relation zu bringen.

4. Bewertung

Auf Arbeitnehmerseite bietet der Arbeitskampf um einen Tarifsozialplan nach der Rechtsprechung des BAG nunmehr ein mächtiges und rechtmäßiges (wenn

---

737 Lipinski/Reinhardt, BB 2008, 2234, 2238 unter Bezugnahme auf BAG v. 17.12.1976 – 1 AZR 605/75, AP Nr. 51 zu Art. 9 GG Arbeitskampf; BAG v. 12.9.1984 – 1 AZR 342/83, NZA 1984, 393; BAG v. 21.6.1988 – 1 AZR 651/86, NZA 1988, 846.

738 Aufschlussreicher ist hingegen der Vergleich von Arbeitszeitausfall in Unterstützungsstreik und Hauptarbeitskampf, vgl. Lipinski/Reinhardt, BB 2008, 2234, 2238.

739 Lipinski/Reinhardt, BB 2008, 2234, 2238.

740 Vgl. BAG v. 10.6.1980 – 1 AZR 822/79, AP Nr. 64 zu Art. 9 GG Arbeitskampf.

auch weiterhin dogmatisch hoch umstrittenes) strategisches Instrument. Optimierungspotential besteht im Bereich der Kommunikation der Streikziele, da eine offene Kommunikation nicht erstreikbarer Forderungen die Einstufung des Arbeitskampfes insgesamt als rechtmäßig gefährden könnte.

Die Verknüpfung von Tarifsozialplanstreik mit einem Unterstützungsstreik ist eine bislang von der Rechtsprechung noch nicht beurteilte neue Strategie, deren Zulässigkeit anhand der allgemeinen Kriterien festzustellen ist. Da sowohl die Geeignetheit als auch die Angemessenheit einer solchen Vorgehensweise kritische Punkte aufweisen, ist die Durchführung eines Unterstützungsstreiks zu einem Tarifsozialplan-Arbeitskampf auch im Hinblick auf die bei einem rechtswidrigen Arbeitskampf drohenden Haftungsrisiken nur mit deutlicher Zurückhaltung zu empfehlen.

Hauptangriffspunkt einer kombinierten Strategie ist aber nicht die Problematik der Kombination selbst. Bei Beachtung der oben dargestellten Aspekte ist die Kombination nicht grundsätzlich weniger zulässig als der Tarifsozialplan- oder Unterstützungsstreik für sich betrachtet. Angreifbar – und damit keine ausreichend gefestigte Basis für eine derartige Strategie – ist vielmehr die grundlegende Rechtsprechung des BAG zur Zulässigkeit dieser Kampfmittel für sich, die – insbesondere hinsichtlich des Tarifsozialplans – mit der Dogmatik des bisher geltenden Arbeitskampfrechts noch nicht überzeugend in Einklang gebracht wurde.

Ergebnisse

1. Die gesetzlichen Regelungen zur Mitbestimmung bei Betriebsänderungen eröffnen verschiedenste Möglichkeiten zulässiger Strategien auf Arbeitgeber- wie auf Betriebsratsseite. Dabei ist der Grundsatz der vertrauensvollen Zusammenarbeit aus § 2 Abs. 1 BetrVG kein geeignetes Regulativ zur Bewertung der Zulässigkeit einzelner Strategien, sondern kann nur als Auslegungshilfe bei offenen Rechtsfragen herangezogen werden. Der Auslotung des vollständigen Spektrums zulässiger Strategien steht auf Arbeitgeberseite häufig entgegen, dass die damit einhergehende Verschlechterung des Betriebsklimas nicht in einem sinnvollen Kosten/Nutzenverhältnis zu den mit einer Strategie verbundenen Vorteilen steht. Dabei ist das Panorama zulässiger Strategien erheblich weiter als die in der Praxis sowohl auf Arbeitgeber- als auch auf Betriebsratsseite genutzte Bandbreite. Spezifisch anwaltsrechtliche Regelungen stehen den dargestellten Strategien nicht in erheblicher Weise entgegen.

2. Eine konsequent **konfrontative Strategie** ist nur dann zielführend, wenn die zu erwartenden strategischen Vorteile neben den umfangreichen rechtlichen Risiken auch eine deutliche Verschlechterung des Verhandlungsklimas rechtfertigen. Die nur punktuelle Verwendung konfrontativer Elemente ist in der Regel effizienter.

a) Die Frage der Anrechenbarkeit von Sozialplanabfindungen auf Nachteilsausgleichsansprüche ist für die strategische Planung von erheblicher Bedeutung und muss wegen der drohenden Verdoppelung der Arbeitnehmeransprüche schon zu einem frühen Zeitpunkt in die Überlegungen einbezogen werden. In Fällen, bei denen ein Verstoß gegen die Massenentlassungsrichtlinie nicht gegeben ist, kann der Unternehmer bei seinen Planungen von der Anrechenbarkeit der Sozialplanabfindungen auf die Nachteilsausgleichsansprüche ausgehen. Bei einem Verstoß gegen die Vorgaben der Richtlinie muss hingegen mit der vollständigen Unzulässigkeit der Anrechnung gerechnet werden; die bisher für diesen Bereich vorliegende EuGH-Rechtsprechung ist auf die Rechtslage in Deutschland nicht übertragbar.

b) Restriktive Informationspolitik im Rahmen einer Konfrontationsstrategie ist kritisch zu bewerten. Nur wenn das Zurückhalten von Informationen erhebliche Vorteile verspricht, kann diese Vorgehensweise die damit einher gehenden Risiken rechtfertigen. Da dem Betriebsrat hier verschiedene wirksame Durchsetzungsmittel zur Verfügung stehen, ist eine hochrestriktive Informationspolitik des Arbeitgebers nur selten zielführend.

c) Ein Minimal-Interessenausgleich stellt aus Arbeitgebersicht kein Risiko im Hinblick auf Nachteilsausgleichsansprüche dar. Zur Wahrung der von § 113 BetrVG vorgeschriebenen Mindestverhandlungen ist jede Form eines Interessenausgleichs ausreichend.

f) Ein Einlassungszwang während der Vermittlung durch den Vorstand der Bundesagentur für Arbeit ist nur dann gegeben, wenn Gegenstand der Vermittlung Maßnahmen aus dem Kompetenzbereich der Bundesagentur sein können. Andernfalls kann der Arbeitgeber die Mitwirkung am Vermittlungsversuch verweigern, ohne negative Auswirkungen befürchten zu müssen.

3. Hauptangriffspunkt einer arbeitgeberseitigen **Isolationsstrategie** ist der Anspruch des Betriebsrats auf Hinzuziehung eines Beraters. In diesem Bereich existieren eine Vielzahl offener Rechtsfragen und damit Anknüpfungspunkte zur Reduzierung des Beratungsumfangs. Die Steuerung des Beratungsumfangs ist nicht nur ein Mittel zur Kostenersparnis, sondern dient auch der effektiven Verfahrensgestaltung. Ein grundsätzliches Risiko besteht zwar darin, dass sich durch derartige Bestrebungen des Arbeitgebers das Verhandlungsklima deutlich verschlechtern kann. Da sich die genannten Rechtsfragen zum Teil jedoch erst nachträglich im Rahmen der Auseinandersetzung über die Kosten auswirken, ist dieses Risiko für das konkrete Vorhaben begrenzt.

4. Herzstück einer **Umgehungsstrategie** des Arbeitgebers ist die Vorgehensweise bei einer späten Betriebsratswahl. Dabei ist zwischen Feststellung der Nichtigkeit und Anfechtung zu unterscheiden. Nur erstere wird im Hinblick auf das weiterlaufende Verfahren Wirkung zeigen, da nur die Nichtigkeit die Existenz eines Betriebsrats von Anfang an aufhebt. Die Anfechtung wirkt hingegen erst ab Rechtskraft der Entscheidung im Anfechtungsverfahren. Zu diesem Zeitpunkt sind die wesentlichen Verfahrensschritte schon durchlaufen, sodass die Anfechtung für die konkrete Betriebsänderung im Regelfall keine Vorteile mehr bringt.

5. Kommt es aus Arbeitgebersicht vor allem auf die **Beschleunigung** der Verhandlungen an, stehen wirksame Vorgehensweisen zur Verfügung, um das gewünschte Ziel schneller zu erreichen.

a) Dies sind vor allem die konsequente Einbindung weiterer in Betracht kommender Beteiligungsverfahren in den Interessenausgleich und das Gegensteuern bei betriebsratsseitigen Terminfindungsproblemen. Letzteres betreffend bietet sich die praktisch bisher weitgehend ungenutzte, aber vom Gesetz klar vorgegebene Möglichkeit, den Betriebsrat bei durch Abwesenheit einzelner Mitglieder verursachten Terminfindungsproblemen auf die zur Verfügung stehenden Ersatzmitglieder zu verweisen. Dies enthält zwar einiges Konfliktpotential, bei rechtzeitiger Ankündigung der Vorgehensweise kann darin jedoch kein Verstoß gegen den Grundsatz der vertrauensvollen Zusammenarbeit gesehen werden.

b) Im Gegensatz zur gängigen Vorgehensweise ist gerade bei hohem Zeitdruck eine umfassende Unterrichtungsstrategie zu empfehlen, weil der Betriebsrat bei unzureichender Unterrichtung auf wirksame und zulässige Verzögerungsinstrumente zurückgreifen kann. Die durch weitere Unterrichtungsverlangen entstehenden Verzögerungen können dem Betriebsrat nicht als Rechtsmissbrauch vorgehalten werden, wenn deren Wurzel in einem vom Arbeitgeber verursachten Informationsdefizit liegt.

c) Weiteres Beschleunigungspotential bietet sich mit Blick auf die Einigungsstelle, indem das Verfahren von Anfang an auf die Voraussetzungen einer zügigen Anrufung hin geplant wird. Das Besetzungsverfahren selbst bietet jedoch über die vom Gesetz vorgesehenen verkürzten Fristen hinaus wenig Beschleunigungsmöglichkeiten.

6. Die Übererfüllung der Informationspflichten im Rahmen einer **konsensorientierten Strategie** kann als vertrauensbildende Maßnahme dienen. Ein betriebsverfassungswidriges Verhalten ist darin grundsätzlich nicht zu sehen. Allerdings droht dadurch eine erheblich verfahrensverzögernde Wirkung.

a) Die Zurechnung von Ergebnissen aus projektbegleitenden Ausschüssen ist nur in seltenen Ausnahmefällen und nur über das Konstrukt des Verzichts auf Beteiligungsrechte möglich.

b) In Mehrbetriebsunternehmen ergeben sich Spielräume durch die mögliche Schaffung eines alternativen Verhandlungspartners in Gestalt des Gesamtbetriebsrats. Hierbei sind jedoch die Weichen besonders früh zu stellen und die strategischen Folgen genau abzuwägen; das Verhandeln mit mehreren Einzelbetriebsräten bei einer betriebsübergreifenden Betriebsänderung kann durch die dadurch entstehenden Wechselwirkungen sowohl Vorteile als auch Nachteile mit sich bringen.

c) Ein besonders effektives Instrument gerade im Rahmen einer konsensorientierten Strategie, die auf aggressive Mittel verzichten will, ist die gezielte Nutzung der „Normativen Kraft des Faktischen". In der Rechtsprechung bislang unberücksichtigt, jedoch in bestimmten Konstellationen anzunehmen ist eine Vorwirkung auf spätere Einigungsstellenverfahren. Das Ermessen der Einigungsstelle kann durch die Inhalte der vorab geführten Verhandlungen eingeschränkt sein.

d) Die vom Gesetz vorgesehene völlige Formfreiheit der Verhandlungen vor Anrufung der Einigungsstelle zeigt die besondere Bedeutung der Kenntnis und Umsetzung zumindest der Grundlagen des Verhandlungsmanagements im Rahmen einer konsensorientierten Strategie. Aus Sicht der Verhandlungslehre besteht mit Blick auf die gebräuchlichen Verhandlungsabläufe bei Interessenausgleichs- und Sozialplanverhandlungen („Basarmethode") erheblicher Entwicklungsspielraum.

7. Im Rahmen einer **Verzögerungsstrategie des Betriebsrats** stellt sich die Frage des Rechtsmissbrauchs in besonderer Weise. An verschiedenen Stellen lässt sich, wenn der Arbeitgeber unter Zeitdruck steht, durch prozedurale Maßnahmen auf das materielle Ergebnis einwirken. Rechtsmissbrauch kann nicht angenommen werden, wenn die Geltendmachung bestehender Rechte zwar auch der Verzögerung dient, aber mit dieser gleichzeitig berechtigte Interessen verfolgt werden. Die häufig vertretene Position, Verzögerungsstrategien seien dem Betriebsrat als unsachliche Verfahrensführung vorwerfbar, überzeugt in ihrer Pauschalität nicht. Das Verfolgen einer bestimmten Verfahrensstrategie ist nicht grundsätzlich unzulässig, entscheidend ist stets die dahinter stehende Intention. Verzögerung kann gerade als Gegenpol zu betriebsverfassungsfeindlich motivierter Beschleunigung nicht nur zulässig, sondern im Sinne der Waffengleichheit auch geboten sein. Besteht tatsächlich ein Informationsdefizit, ist die Rechtsmissbräuchlichkeit der Durchsetzung von Unterrichtungsrechten ausgeschlossen.

a) Eine Verzögerungsstrategie ist jedoch nicht immer sinnvoll: andere zielführende Strategien können dadurch beeinträchtigt werden, weshalb eine Abwägung im Einzelfall geboten ist. Das Nicht-Verhindern von Verfahrensfehlern des Arbeitgebers (nachteilsausgleichssicherndes Verhandeln) ist dem Betriebsrat nicht vorzuwerfen; eine Pflicht zur Mithilfe bei der Wahrnehmung von Interessen des Arbeitgebers hat er nicht.

b) Anwaltliches Berufsrecht steht der Umsetzung einer Verzögerungsstrategie nur in seltenen Ausnahmefällen entgegen. Weder die Vertretungsregelung des § 53 BRAO noch die anwaltliche Wahrheitspflicht aus § 43a Abs. 3 S. 2 BRAO können einer strategischen Terminplanung entgegengehalten werden, was jedoch im Hinblick auf in Grenzfällen drohende Schadenersatzhaftung und Strafbarkeit keinen Freibrief darstellen kann.

c) Verzögerungsmaßnahmen im Zusammenhang mit dem Vermittlungsverfahren gem. § 112 Abs. 2 S. 1 BetrVG sind mit Ausnahme weniger Sonderkonstellationen nicht Erfolg versprechend. Der Versuch, Verzögerungen durch Befangenheitsanträge in der Einigungsstelle zu erzeugen, wird bei konsequenter Anwendung der schiedsgerichtlichen ZPO-Normen ins Leere laufen.

8. Auch und gerade in auf den ersten Blick **ausweglosen Situationen** bestehen noch erhebliche strategische Gestaltungsspielräume für den Betriebsrat.

a) Die Durchsetzung von Mitbestimmungsrechten ist auch bei ausgeprägter Missachtungsstrategie des Arbeitgebers oder verspäteter Betriebsratswahl nicht aussichtslos. Besondere Maßnahmen sind in solchen Fällen erforderlich und möglich und können im Sinne einer strategischen Waffengleichheit gerechtfertigt sein. Die Durchführung einer nachträglichen/späten Betriebsratswahl kann nicht von vornherein als zwecklos eingeschätzt werden.

b) Ebenfalls sinnvoll und geboten in derartigen Situationen ist die Durchsetzung von Gesamtbetriebsratsrechten; oft lässt sich bei genauerer Betrachtung auch dessen Zuständigkeit begründen, insbesondere unter Geltendmachung einer abgestuften Darlegungs- und Beweislastverteilung. Die hilfsweise Durchsetzung von Unterrichtungsrechten des Wirtschaftsausschusses ist ebenfalls ein wirksames Mittel auch in betriebsratlosen Betrieben.

c) Die ohnehin nahe liegende Durchsetzung anderer Mitbestimmungsrechte (außerhalb der §§ 111 ff. BetrVG) ist zwar sinnvoll und effektiv. Allerdings ist in deren Anwendungsbereich ein anderer Beurteilungsmaßstab anzulegen: die Argumentation mit originären Aspekten der Betriebsänderung ist hier gerade nicht möglich.

d) Bei einer erkennbaren Missachtungsstrategie auf Arbeitgeberseite kommt es besonders auf frühzeitiges Ergreifen der Initiative durch den Betriebsrat an. Hierfür ist eine effektive Informationsbeschaffung elementar. Um die erlangten Informationen zielführend verarbeiten zu können, ist eine frühzeitige externe Beratung sinnvoll. Die Einrichtung einer dauerhaften Beratung ist jedoch nur einvernehmlich möglich und nicht durch den Betriebsrat erzwingbar. Allerdings ist eine sehr frühe Geltendmachung des Beratungsanspruchs möglich: Der Zeitpunkt der ersten Unterrichtung durch den Arbeitgeber ist keine Schranke im Sinne eines frühestmöglichen Zeitpunkts, sofern die allgemeinen Voraussetzungen für den Hinzuziehungsanspruch, einschließlich der Erforderlichkeit, gegeben sind. Enthält die Betriebsänderung Elemente, die für sich betrachtet der zwingenden Mitbestimmung unterliegen, kann trotz fehlender Erzwingbarkeit des Interessenausgleichs auf die Modalitäten der Betriebsänderung eingewirkt werden.

9. Eine **Kooperationsstrategie** auf Betriebsratsseite bietet zwar effiziente Instrumente zum Erreichen von Betriebsratszielen. Allerdings können diese Vorgehensweisen auch mit gravierenden, leicht zu übersehenden Risiken verbunden sein. Besonders der Abschluss vorsorglicher Sozialpläne ist mit Blick auf seine mitbestimmungsverbrauchende Wirkung vorsichtig zu handhaben.

a) Der Abschluss von Koppelungsgeschäften ist aus Sicht des Betriebsrats riskant, wenn dadurch der spätere Wegfall des angekoppelten Geschäfts bei gleichzeitigem Bestand des Hauptgeschäfts droht. Dies liegt immer dann nahe, wenn kein sachlicher Zusammenhang zwischen Koppelungsforderung und dem Schutzbereich der für das Hauptgeschäft relevanten Mitbestimmungsnorm besteht. Im Vergleich zur voll erzwingbaren Mitbestimmung ist bei Koppelungsgeschäften im Bereich des Interessenausgleichs jedoch ein weniger strenger Beurteilungsmaßstab anzulegen.

b) Eine besondere Rolle im Rahmen einer kooperativen Strategie kommt der Namensliste gem. § 1 Abs. 5 KSchG zu, da sie den aus Sicht des Arbeitgebers wertvollsten Verhandlungsgegenstand bildet. Wegen der hohen Bedeutung der Namensliste für die Gesamtvereinbarung bestehen erhebliche Risiken, wenn diese in ein Koppelungsgeschäft eingebracht wird; allerdings kann wegen des in der Regel engen Sachzusammenhangs nur in seltenen Fällen von einem unzulässigen Koppelungsgeschäft ausgegangen werden, wenn der Betriebsrat Gegenforderungen für die Vereinbarung einer Namensliste aufstellt.

c) In bestimmten Konstellationen kann die Aufnahme eines Arbeitnehmers in eine Namensliste als Verstoß gegen das Maßregelungsverbot des § 612a BGB angesehen werden. Die Folge davon ist die Nichtigkeit der Namensliste. Darauf kann sich der einzelne Arbeitnehmer in seinem Kündigungsschutzprozess berufen, da er am Zustandekommen einer maßregelnden Namensliste keinen Anteil hat.

10. Ob der Betriebsrat seine Mitbestimmungsrechte bei Betriebsänderungen im Wege einer **einstweiligen Verfügung auf Unterlassung** der Maßnahme durchsetzen kann, ist nach wie vor umstritten und höchstrichterlich ungeklärt. Eine explizite Entscheidung des Bundesarbeitsgerichts dazu kann und wird in absehbarer Zukunft nicht ergehen; aus dessen bisherigen Entscheidungen lässt sich keine Tendenz ableiten.

a) Die Gestaltungsmöglichkeiten auf Arbeitgeberseite zur Vermeidung derartiger Verfügungen sind äußerst beschränkt. Gerichtsstandsvereinbarungen sind nur in äußerst seltenen Einzelkonstellationen möglich. Liegt eine solche Vereinbarung zwischen Betriebsrat und Arbeitgeber vor, ist daran allerdings auch der Gesamtbetriebsrat gebunden, wenn er nach Delegation für den Einzelbetriebsrat tätig wird.

b) Die Festlegung auf einen als günstig eingeschätzten Gerichtsstand durch frühzeitige anderweitige Rechtshängigkeit ist nur in den seltensten Fällen wirkungsvoll. Die Hinterlegung einer Schutzschrift hingegen kann zwar auch strategische Nachteile mit sich bringen, im Sinne des Beschreitens des sichersten Weges sollte in der Regel jedoch nicht darauf verzichtet werden.

c) Auch auf Betriebsratsseite sind die Gestaltungsmöglichkeiten im einstweiligen Rechtsschutz beschränkt. Sie sind jedoch im Vergleich zur Arbeitgeberseite etwas stärker ausgeprägt durch die Möglichkeit, im Rahmen von Kompetenzverschiebungen zwischen Einzel- und Gesamtbetriebsrat den Gerichtsstand zu beeinflussen.

11. Auf Arbeitnehmerseite bietet der Arbeitskampf um einen **Tarifsozialplan** nach der Rechtsprechung des BAG nunmehr ein mächtiges und rechtmäßiges strategisches Instrument.

a) Dem Arbeitgeber stehen zwei Grundstrategien zur Reaktion auf eine Tarifsozialplanforderung zur Verfügung. Die erste Grundstrategie besteht darin, eine möglichst schnelle Einigung auf betrieblicher Ebene anzustreben, was dem Arbeitskampf den Rückhalt entziehen kann. Eine Bindungswirkung der betrieblichen Einigung in dem Sinne, dass ein Arbeitskampf dadurch unzulässig würde, existiert nicht. Zwar wäre ein Streik unverhältnismäßig, der auf die tarifvertragliche Festschreibung von bereits vereinbarten Sozialplaninhalten abzielte. Tarifsozialplan-Forderungen liegen jedoch schon ihrem Wesen nach grundsätzlich höher als das im Rahmen von Sozialplänen Übliche.

Die zweite Grundstrategie besteht darin, vorrangig die tarifliche Einigung anzustreben, um so die Orientierungsfunktion des Tarifsozialplans zu nutzen. Dabei besteht das Risiko, dass der Betriebsrat versucht, den Tarifsozialplan als Ausgangspunkt für noch höhere Forderungen zu nutzen. Sollte tatsächlich eine tarifliche Einigung zustande gekommen sein, die die typischerweise sehr hohen Tarifsozialplanforderungen auch nur ansatzweise widerspiegelt, ist ein darüber hinausgehender Einigungsstellenspruch nahezu ausgeschlossen bzw. wäre ermessensfehlerhaft.

b) Für die Entscheidung über die Abwehrstrategie des Arbeitgebers bei Tarifsozialplanforderungen ist maßgeblich, welche Instrumente im konkreten Fall dem Arbeitgeber im Arbeitskampf zur Verfügung stehen:

Vor allem in Stilllegungsfällen kann der Arbeitskampf über die damit verbundene Suspendierung der Mitbestimmungsrechte die sofortige (Teil-) Durchführung der Betriebsänderung möglich machen. In diesen Fällen besteht für den Arbeitgeber kein Anlass, ein rasches Ende des Arbeitskampfes herbeizuführen, vielmehr kann die Verlängerung des Arbeitskampfes (und damit auch der Suspendierung) in dieser Sonderkonstellation den Arbeitgeberinteressen entgegenkommen. Auf – rechtlich nicht erforderliche – Verhandlungen mit dem Betriebsrat kann in diesem Fall zu Gunsten der Beschleunigung verzichtet werden. Vorsicht ist jedoch bei Massenentlassungen geboten: zumindest eine minimale Beteiligung im Sinne einer Konsultation gem. § 17 Abs. 2 KSchG sollte auch während des Arbeitskampfes durchgeführt werden, da die Vorgaben der Massenentlassungsrichtlinie im Arbeitskampf nicht suspendiert werden.

In den seltenen Fällen, in denen der Arbeitskampf im Wege der einstweiligen Verfügung (z.B. bei Verstoß gegen die Friedenspflicht) oder zumindest auf Individualebene (drohende Schadensersatzforderungen gegenüber Arbeitnehmern) eingedämmt werden kann, ist die betriebliche Einigung zu forcieren: sie ist unverzichtbar, wenn der Arbeitskampf abbricht.

Der Schwerpunkt arbeitgeberseitiger Abwehrstrategien liegt häufig im faktischen, nicht im rechtlichen Bereich: Die Durchsetzungskraft eines Tarifsozialplan-Arbeitskampfes hängt maßgeblich davon ab, ob dem Arbeitgeber in ausreichender Weise Ausweichmöglichkeiten zur Verfügung stehen. Ist dies der Fall, verschiebt sich der Schwerpunkt der Verhandlungen wieder in Richtung Interessenausgleich und Sozialplan. Der Arbeitskampf hindert den Arbeitgeber nicht, das betriebliche Mitbestimmungsverfahren zu betreiben; die Suspendierung ist insofern nur einseitig. Wurde das Interessenausgleichsverfahren abgeschlossen, kann mit der Umsetzung der Betriebsänderung begonnen werden, was dem Arbeitskampf den Boden entzieht.

c) Strategisches Optimierungspotential auf Seiten der Gewerkschaft besteht im Bereich der Kommunikation der Streikziele, da die offene Kommunikation nicht erstreikbarer Forderungen die Einstufung des Arbeitskampfes insgesamt als rechtmäßig gefährden kann. Die Ansicht, für die Beurteilung der Rechtmäßigkeit des Arbeitskampfes komme es nur auf die offiziell erhobenen Streikforderungen an, ist in Anbetracht der Ausführungen im Tarifsozialplan-Grundsatzurteil des BAG nicht in ausreichender Weise abgesichert.

d) Die Zulässigkeit der Verknüpfung von Tarifsozialplanstreik und Unterstützungsstreik ist von der Rechtsprechung noch nicht bewertet worden. Als Beurteilungsmaßstab sind grundsätzlich die gleichen Kriterien wie bei typischen Arbeitskämpfen heranzuziehen. Da sowohl die Geeignetheit als auch die Angemessenheit einer solchen Vorgehensweise kritische Punkte aufweisen, ist die Durchführung eines Unterstützungsstreiks zu einem Tarifsozialplan-Arbeitskampf auch im Hinblick auf die bei einem rechtswidrigen Arbeitskampf drohenden Haftungsrisiken nur mit deutlicher Zurückhaltung zu empfehlen.

Im Einzelfall kann es schon an der Geeignetheit des Unterstützungsstreiks fehlen, wenn der vom Unterstützungsstreik betroffene Arbeitgeber keine ausreichende Einflussmöglichkeit auf den Hauptarbeitskampf hat; allerdings sind die Anforderungen an eine mögliche Einflussnahme niedrig anzusetzen.

An der Angemessenheit des Unterstützungsstreiks kann es insbesondere deshalb fehlen, weil sich eine problematische Zielsetzung potenziert: schon der Tarifsozialplan-Arbeitskampf richtet sich tatsächlich (abweichend von der offiziell erhobenen Streikforderung) häufig auf ein nicht erstreikbares Ziel; mit dem Unterstützungsstreik wird zusätzlich ein Arbeitgeber unter Druck gesetzt, der auf die Erfüllung der ohnehin problematischen Forderung im Hauptarbeitskampf keinen direkten Einfluss hat.

Allein durch die arbeitgeberseitige Kommunikation mangelnder Erfolgsaussichten im Hauptarbeitskampf aufgrund von Ausweichmöglichkeiten lässt sich die Unzulässigkeit des Unterstützungsstreiks allerdings nicht herbeiführen.

Literaturverzeichnis

Annuß, Georg: Mitwirkung und Mitbestimmung der Arbeitnehmer im Regierungsentwurf eines Gesetzes zur Reform des BetrVG, NZA 2001, 367

Bachner, Michael: Sozialauswahl und Beteiligung des Betriebsrats bei unternehmens- oder konzernweiten Verlagerungs- und Konzentrationsmaßnahmen, NZA 2006, 1309

Bader, Peter/Dörner, Hans-Jürgen/Mikosch, Ernst/Schleusener, Aino/Schütz, Friedrich/Vossen, Reinhard: Gemeinschaftskommentar zum Arbeitsgerichtsgesetz, Loseblattwerk, Köln 2010 [zitiert: GKArbGG/Bearbeiter]

Bauer, Jobst-Hubertus: Betriebsänderungen, Stuttgart 1992

ders.: Einigungsstellen - ein ständiges Ärgernis!, NZA 1992, 433

ders.: Vom Umgang mit dem arbeitsrechtlichen Mandat – Erfahrungen eines Kollegen, NZA 1999, 11

ders.: Neues Spiel bei der Betriebsänderung und der Beschäftigungssicherung?, NZA 2001, 375

ders.: Arbeitsrechtliche Chancen und Risiken bei Umstrukturierungen aus anwaltlicher Sicht, NZA Beilage 2009 Heft 1, 5

Bauer, Jobst-Hubertus/Diller, Martin: Der Befangenheitsantrag gegen den Einigungsstellenvorsitzenden – Eine ungenutzte taktische Waffe?, DB 1996, 137

Bauer, Jobst-Hubertus/Göpfert, Burkard/Haußmann, Katrin/Krieger, Steffen: Umstrukturierung, 2. Auflage Köln 2009

Bauer, Jobst-Hubertus/Krieger, Steffen: „Firmentarifsozialplan" als zulässiges Ziel eines Arbeitskampfes?, NZA 2004, 1019

dies.: Unterlassungsanspruch bei Betriebsänderungen – Rückenwind für Betriebsräte aus Brüssel?, BB 2010, 53

Bauer, Jobst-Hubertus/Krieger, Steffen/Powietzka, Arnim: Geänderte Voraussetzungen für Massenentlassungen nach der „Junk"-Entscheidung des EuGH?, DB 2005, 445

Bayreuther, Frank: Konsolidierungstarifvertrag und freiwilliger Tarifsozialplan als Regelungsinstrumente in der Unternehmenskrise, NZA 2010, 278

ders.: Der Streik um einen Tarifsozialplan – Konsequenzen des Urteils des BAG vom 24.4.2007 für die Tarifrechtspraxis, NZA 2007, 1017

Belling, Detlev: Die Haftung des Betriebsrats und seiner Mitglieder für Pflichtverletzungen, Tübingen 1990

ders.: Die Zulässigkeit freiwilliger Sonderzahlungen als Mittel der Streikabwehr, NZA 1990, 214.

Bellmann, Matthias: Strategische und operative Überlegungen zur Restrukturierung von Unternehmen, NZA-Beil. 2009/1, 3
Bertelsmann, Klaus: Geltendmachung der Besorgnis der Befangenheit bei Einigungsstellenvorsitzenden, NZA 1996, 234
Blanke, Thomas/Rose, Edgar: Betriebsverfassung 2001: Flexible Mitbestimmung in modernen Zeiten, RdA 2001, 92
dies.: Die zeitliche Koordinierung der Informations- und Konsultationsansprüche Europäischer Betriebsräte und nationaler Interessenvertretungen bei grenzübergreifenden Umstrukturierungsmaßnahmen, RdA 2008, 65
Bonnani, Andrea/Mückl, Patrick: Betriebsratswahlen 2010 – Was tun, wenn die Wahl falsch läuft?, BB 2010, 437
Bovensiepen, Eduard: Die Vermittlungstätigkeit des Landesarbeitsamts nach § 112 Abs. 2 des Betriebsverfassungsgesetzes, RdA 1975, 288
Brandl, Daniela: Koppelungsgeschäfte in der Rechtsordnung unter besonderer Berücksichtigung des Betriebsverfassungsrechts, Lohmar/Köln 2000 [zitiert: Koppelungsgeschäfte]
Brecht-Heitzmann, Holger: Verhinderung von Betriebsstilllegungen durch Sozialtarifvertrag?, NJW 2007, 3617
Buchner, Herbert: Turbulenzen im Arbeitskampfrecht, BB 2008, 106
Budde, Andrea: Mediation und Arbeitsrecht, Berlin 2003
Bühring-Uhle, Christian/Eidenmüller, Horst/Nelle, Andreas: Verhandlungsmanagement, München 2009
Caspers, Georg: Personalabbau und Betriebsänderung im Insolvenzverfahren, Köln 1998 [zitiert: Personalabbau]
ders.: Arbeitskampf und Betriebsverfassungs- und Personalvertretungsrecht, AR-Blattei, SD 170.4, Loseblattwerk, Heidelberg, Stand 1/2005
Clemenz, Susanne: Errichtung der Einigungsstelle, in: Festschrift Arbeitsgemeinschaft Arbeitsrecht, 2006, S. 815
dies.: Massenentlassung zwischen deutscher Mitbestimmung und Europarecht und die Folgen einer fehlerhaften Betriebsratsbeteiligung, in: Festschrift Bauer, 2010, S. 230
Dachrodt, Heinz-G./Engelbert, Volker: Praktiker-Kommentar zum Betriebsverfassungsrecht, Herne/Berlin 2002
Dannecker, Gerhard: Der strafrechtliche Schutz der betriebsverfassungsrechtlichen Organe und ihrer Mitglieder, in: Festschrift Gitter, 1995, S. 167
Däubler, Wolfgang: Nachträgliche Kürzung von Sozialplanansprüchen?, NZA 1985, 544
ders.: Die veränderte Betriebsverfassung, AuR 2001, 285
ders.: Das neue Bundesdatenschutzgesetz und seine Auswirkungen im Arbeitsrecht, NZA 2001, 874

Däubler, Wolfgang/Kittner, Michael/Klebe, Thomas: Betriebsverfassungsgesetz mit Wahlordnung und EBR-Gesetz, 12. Auflage Frankfurt am Main 2010
Dieterich, Thomas/Müller-Glöge, Rudi/Preis, Ulrich/Schmidt, Ingrid: Erfurter Kommentar zum Arbeitsrecht, 12. Auflage München 2011
Dörner, Klemens/Luczak, Stefan/Wildschütz, Martin: Handbuch des Fachanwalts Arbeitsrecht, 8. Auflage Köln 2009 [zitiert: Handbuch Fachanwalt]
Dornbusch, Gregor/Fischermeier, Ernst/Löwisch, Manfred: Fachanwaltskommentar zum Arbeitsrecht, 3. Auflage Köln 2010
Duve, Christian/Eidenmüller, Horst/Hacke, Andreas: Mediation in der Wirtschaft, Köln 2003
Ehler, Karl: Schutzschrift zur Abwehr einer einstweiligen Verfügung auf Unterlassung einer Betriebsänderung, BB 2000, 978
Eisemann, Hans Friedrich: Das Verfahren vor der Einigungsstelle, in: Festschrift Arbeitsgemeinschaft Arbeitsrecht, 2006, S. 837
Evers, Malte: Die Unterlassungsansprüche des Betriebsrats, Aachen 2005 [zitiert: Unterlassungsansprüche]
Fauser, Florian N./Nacken, Michael: Die Sicherung des Unterrichtungs- und Beratungsanspruchs des Betriebsrats aus §§ 111, 112 BetrVG – Unter besonderer Berücksichtigung gemeinschaftsrechtlicher Vorgaben, NZA 2006, 1136
Ferme, Marco/Lipinski, Wolfgang: Änderung der Rechtsprechung des BAG bei Massenentlassungen – Systemwandel im individuellen und kollektiven Arbeitsrecht?, NZA 2006, 937
Feuerich, Wilhelm E./Weyland, Dag: Bundesrechtsanwaltsordnung, 7. Auflage München 2008
Fischer, Thomas: Strafgesetzbuch, 58. Auflage München 2011
Fischer, Ulrich: Die betriebsratliche Koppelungsforderung bei der erzwingbaren Mitbestimmung – systemwidrig oder systemgerecht?, in: Festschrift Bauer, 2010, S. 315
ders.: Das BVerfG als Superrevisionsinstanz der Arbeitsgerichtsbarkeit in Arbeitskampfsachen? – Der Flashmobfall in Karlsruhe, RdA 2011, 50
Fischinger, Philipp: Arbeitskämpfe bei Standortverlagerung und -schließung, Berlin 2006 [zitiert: Arbeitskämpfe]
ders.: Streik um Tarifsozialpläne?, NZA 2007, 310
Fisher, Roger/Ury, William/Patton, Bruce: Das Harvard-Konzept, 23. Auflage Frankfurt/New York 2009 [zitiert: Harvard-Konzept]
Fitting, Karl/Engels, Gerd/Schmidt, Ingrid/Trebinger, Yvonne/Linsenmaier, Wolfgang: Betriebsverfassungsgesetz, 25. Auflage München 2010 [zitiert: Fitting]
Forst, Gerrit: Informationspflichten bei der Massenentlassung, NZA 2009, 294

Franzen, Martin: Standortverlagerung und Arbeitskampf, ZfA 2005, 315

Freckmann, Anke: Interessenausgleich und Sozialplan – Überblick und Verfahrensablauf, DStR 2006, 1842

Freckmann, Anke/Imping, Andreas: Interessenausgleich und Sozialplan bei Betriebsänderung, Frankfurt am Main 2008 [zitiert: Interessenausgleich]

Gaier, Reinhard/Wolf, Christian/Göcken, Stephan: Anwaltliches Berufsrecht, Köln 2010 [zitiert: Gaier/Wolf/Göcken/Bearbeiter]

Galperin, Hans/Löwisch, Manfred: Kommentar zum Betriebsverfassungsgesetz, 6. Auflage Heidelberg 1982

Gaul, Björn: Neue Felder des Arbeitskampfs: Streikmaßnahmen zur Erzwingung eines Tarifsozialplans, RdA 2008, 13

ders.: Das Arbeitsrecht der Betriebs- und Unternehmensspaltung, Köln 2002 [zitiert: Unternehmensspaltung]

Gentz, Manfred: Schutz gegen Missbrauch (?) von Mitbestimmungsrechten, NZA 2004, 1011

Göpfert, Burkard/Krieger, Steffen: Wann ist die Anrufung der Einigungsstelle bei Interessenausgleichs- und Sozialplanverhandlungen zulässig?, NZA 2005, 254

Göritz, Berthold/Hase, Detlef/Pankau, Matthias/Röhricht, Dietmar/Rupp, Rudi/ Teppich, Helmut: Handbuch Einigungsstelle, 4. Auflage Frankfurt am Main 2007

Göritz, Berthold/Hase, Detlef/Rupp, Rudi: Handbuch Interessenausgleich und Sozialplan, 5. Auflage Frankfurt 2008 [zitiert: Handbuch Interessenausgleich]

Gross, Roland/Thon, Horst/Ahmad, Natascha/Woitaschek, Frank: Kommentar zum Betriebsverfassungsgesetz, 2. Auflage Köln 2008 [zitiert: G/T/A/W/Bearbeiter]

Growe, Dietrich: Ordnungswidrigkeitenverfahren nach dem Betriebsverfassungsrecht, Köln 1990 [zitiert: Ordnungswidrigkeitenverfahren]

Haft, Fritjof: Verhandlung und Mediation, 2. Auflage München 2000 [zitiert: Verhandlung]

Haft, Fritjof/von Schlieffen, Katharina: Handbuch Mediation, 2. Auflage München 2009

Hamm, Ingo: Sozialplan und Interessenausgleich, 4. Auflage Köln 2002 [zitiert: Sozialplan]

Hampe, Ingrid-Beate: Vertrauensvolle Zusammenarbeit zwischen Arbeitgeber und Betriebsrat: Erfolgs- und Störfaktoren, DB 2010, 1996

Hanau, Peter: Der neue Erste Senat, NZA 1996, 841

ders.: Denkschrift – Zu dem Regierungsentwurf eines Gesetzes zur Reform des Betriebsverfassungsgesetzes, RdA 2001, 65

ders.: Die Reform der Betriebsverfassung, NJW 2001, 2513
Hanau, Peter/Reitze, Serge: Annexregelungen und Kopplungsgeschäfte bei der Mitbestimmung in sozialen Angelegenheiten, in: Festschrift Wiese, 1998, S. 149
Hartmann, Delia: Einstweiliger Rechtsschutz zur Sicherung der Beteiligungsrechte des Betriebsrats, Osnabrück 1995 [zitiert: Einstweiliger Rechtsschutz]
Hausch, Tobias: Gestaltungsmittel im Asset Deal-Unternehmenskaufvertrag im Hinblick auf § 613a BGB, BB 2008, 1392
Heider, Benjamin: Der Eilantrag auf Abbruch von Betriebsratswahlen, NZA 2010, 488
Heise, Dietmar/Schwald, Sonja: Arbeitsrechtliche Instrumente in der Wirtschaftskrise, NZA 2009, 753
Hellwig, Hans-Jürgen: Anwaltsethos – Lehren aus der Finanzkrise, AnwBl 2009, 465
Henssler, Martin/Prütting, Hanns: Bundesrechtsanwaltsordnung, 3. Auflage München 2010
Henssler, Martin: Die Anwaltschaft zwischen Berufsethos und Kommerz, AnwBl 2008, 721
Hess, Harald/Schlochauer, Ursula/Worzalla, Michael/Glock, Dirk/Rose, Franz-Josef/Nicolai, Andrea: Kommentar zum Betriebsverfassungsgesetz, 7. Auflage München 2008 [zitiert: HSWGN/Bearbeiter]
Hesse, Wolfgang: Das Scheitern des Interessenausgleichs in der Einigungsstelle, in: Festschrift Arbeitsgemeinschaft Arbeitsrecht, 2006, S. 879
Hohenstatt, Klaus-Stefan/Schramm, Nils: Erstreikbarkeit von „tariflichen Sozialplänen", DB 2004, 2214
dies.: Erneute Erweiterung des Kampfarsenals: Zulässigkeit von Unterstützungsstreiks, NZA 2007, 1034
Hoyningen-Huene, Gerrick von: Mit dem Betriebsrat in die 90er Jahre, NZA 1991, 7
Hromadka, Wolfgang/Maschmann, Frank: Arbeitsrecht Band 2, Kollektivarbeitsrecht und Arbeitsstreitigkeiten, 4. Auflage Berlin/Heidelberg 2007
Hümmerich, Klaus/Spirolke, Matthias: Das arbeitsrechtliche Mandat, 5. Auflage Bonn 2009 [zitiert: H/S-Bearbeiter, Arbeitsrechtliches Mandat]
Hunold, Wolf: Die Rechtsprechung zur (vertrauensvollen) Zusammenarbeit zwischen Arbeitgeber und Betriebsrat, NZA-RR 2003, 169
Jaeger, Georg: Möglichkeiten und Grenzen der Anwendung des § 1 Abs. 5 KSchG, in: Festschrift Arbeitsgemeinschaft Arbeitsrecht, 2006, S. 889

Jaeger, Georg/Röder, Gerhard/Heckelmann, Günther: Praxishandbuch Betriebsverfassungsrecht, München 2003 [zitiert: Jaeger/Röder/Heckelmann-Bearbeiter]
Jellinek, Georg: Allgemeine Staatslehre, 3. Auflage Berlin 1922
Joussen, Jacob: Der Verzicht des Betriebsrats auf seine Mitbestimmungsrechte, RdA 2005, 31
Kaiser, Dagmar: Strafrechtsschutz gegen Beeinflussungen der betrieblichen Mitbestimmung, in: Festschrift Bauer, 2010, S. 515
Kania, Thomas/Joppich, Tim: Der Interessenausgleichsversuch und sein Scheitern, NZA 2005, 749
Kappes, Karl-Heinz: Mitbestimmung als Waffe?, DB 1997, 277
Keppler, Birte: Anwaltsstrategien im Arbeitsrecht, Stuttgart/München/Hannover/Berlin/Weimar/Dresden 2007 [zitiert: Anwaltsstrategien]
Kilger, Hartmut: Ethische Richtlinien für Anwälte?, AnwBl 2008, 824
Kirchhof, Hans-Peter/Lwowski, Hans-Jürgen/Stürner, Rolf: Münchener Kommentar zur Insolvenzordnung, Band 2, 2. Auflage München 2008 [zitiert: MünchKommInso/Bearbeiter]
Kissel, Otto Rudolf: Arbeitskampfrecht, München 2002
Klar, Walter: Strategie und Taktik im Arbeitsrecht, München 2003
Klein, Albrecht: Abwehrmöglichkeiten gegen feindliche Übernahmen in Deutschland, NJW 1997, 2085
Kleine-Cosack, Michael: Bundesrechtsanwaltsordnung mit Berufs- und Fachanwaltsordnung, 6. Auflage München 2009
Klosterkemper, Heinrich: Auch für das BAG gilt: „können" im Gesetz heißt können, nicht müssen! – Die bisherige Umdeutung in § 112 BetrVG durch die Rechtsprechung setzt viele Arbeitsplätze und Betriebe aufs Spiel, in: Festschrift Bauer, 2010, S. 549
Krause, Rüdiger: Standortsicherung und Arbeitsrecht, Baden-Baden 2007 [zitiert: Standortsicherung]
ders.: Gewerkschaften und Betriebsräte zwischen Kooperation und Konfrontation, RdA 2009, 129
Krieger, Steffen/Ludwig, Gero: Das Konsultationsverfahren bei Massenentlassungen – Praktischer Umgang mit einem weitgehend unbekannten Wesen, NZA 2010, 919
Krieger, Steffen/Günther, Jens: Streikrecht 2.0 – Erlaubt ist, was gefällt!?, NZA 2010, 20
Krol, Alexander: Die Bindungswirkung des Interessenausgleichs und seine Fortgeltung nach einem Betriebsübergang, Hamburg 2010 [zitiert: Bindungswirkung]

Krumm-Mauermann, Claudia: Rechtsgüterschutz durch die Straf- und Bußgeldbestimmungen des Betriebsverfassungsgesetzes, Konstanz 1990 [zitiert: Rechtsgüterschutz]

Kudlich, Hans: „Gesetzesumgehung" und andere Fälle teleologischer Lückenschließung im Strafrecht, in: Festschrift Stöckel, 2010, S. 93

Küttner, Wolfdieter: Personalbuch, 17. Auflage München 2010 [zitiert: Küttner/Bearbeiter, Personalbuch]

Le Friant, Martine: Die straf- und verwaltungsrechtliche Verantwortung des Arbeitgebers, Neuwied/Darmstadt 1987 [zitiert: Verantwortung des Arbeitgebers]

Leuchten, Alexius/Lipinski, Wolfgang: Die Anrechnung des Nachteilsausgleichs auf die Sozialplanabfindung nach der Massenentlassungsrichtlinie 98/59 EG, NZA 2003, 1361

Lindemann, Achim/Dannhorn, Wolfgang: Erstreikung von Tarifsozialplänen – Friedenspflicht bei Rationalisierungsschutzabkommen?, BB 2008, 1226

Lingemann, Stefan : Betriebsänderungen nach neuem BetrVG, NZA 2002, 934

Lingemann, Stefan/Göpfert, Burkard: Outsourcing als Betriebsänderung, NZA 1997, 1325

Lingenberg, Joachim/Hummel, Fritz/Zuck, Rüdiger/Eich, Alexander: Kommentar zu den Grundsätzen des anwaltlichen Standesrechts, 2. Auflage Köln 1988 [zitiert: Lingenberg/Hummel/Zuck/Eich-Bearbeiter]

Lipinski, Wolfgang: Erstreikbarkeit von Tarifsozialplänen zulässig – Erste Gedanken zu Gegenmaßnahmen der Arbeitgeberseite, DB 2007, 1250

Lipinski, Wolfgang/Melms, Christopher: Kein Unterlassungsanspruch des Betriebsrats zur Verhinderung der Durchführung einer Betriebsänderung ohne Versuch eines Interessenausgleichs nach Inkrafttreten des BetrVG-Reformgesetzes, BB 2002, 2226

Lipinski, Wolfgang/Reinhardt, Sarah: Wäre eine neue kombinierte Gewerkschaftsstrategie von Unterstützungsstreik mit Streik um einen Tarifsozialplan zulässig?, BB 2008, 2234

dies.: Kein Unterlassungsanspruch des Betriebsrats bei Betriebsänderungen – auch nicht bei Berücksichtigung der Richtlinie 2002/14/EG!, NZA 2009, 1184

Loritz, Karl-Georg: Sinn und Aufgaben der Mitbestimmung heute, ZfA 1991, 1

Löwisch, Manfred (Hrsg.): Arbeitskampf- und Schlichtungsrecht, Heidelberg 1997

Löwisch, Manfred: Der „vorsorgliche Sozialplan" – eine zweifelhafte Rechtsfigur, in: Festschrift Dieterich, 1999, S. 345

ders.: Änderung der Betriebsverfassung durch das Betriebsverfassungs-Reformgesetz, BB 2001, 1790

Löwisch, Manfred/Beck, Alexander: Rechtsweg und Gerichtsstand bei Flashmobklagen, NZA 2010, 857

Löwisch, Manfred/Kaiser, Dagmar: Betriebsverfassungsgesetz, 6. Auflage Heidelberg 2010

Löwisch, Manfred/Rieble, Volker: Tarifvertragsgesetz, 2. Auflage München 2004

Maaß, Kirstin: Flashmob im Arbeitskampf – eine Neuordnung des Kräftegleichgewichts?, ArbR 2009, 151

Manske, Wolfgang: Das Teilnahmerecht des BR-Beraters an den Verhandlungen zwischen Arbeitgeber und Betriebsrat über den Abschluss eines Interessenausgleichs/Sozialplans, in: Festschrift Arbeitsgemeinschaft Arbeitsrecht, 2006, S. 954

Maschmann, Frank: Betriebsrat und Betriebsvereinbarungen nach einer Umstrukturierung, NZA Beilage 2009, 32

Matthes, Hans-Christoph: Rechtsfragen zum Interessenausgleich, in: Festschrift Wlotzke, 1996, S. 393

ders.: Betriebsübergang und Betriebsteilübergang als Betriebsänderung, NZA 2000, 1073

Maunz, Theodor/Dürig, Günter: Grundgesetz, Kommentar, Loseblattwerk, München, Stand 10/2010 [zitiert: Maunz/Dürig/Bearbeiter]

Mävers, Gunther: Die Vereinbarung von Gerichtsstandswahlklauseln, ArbRAktuell 2010, 87

Merten, Frank: Personalabbau beim Unternehmenskauf aus der Insolvenz, in: Festschrift Bauer, 2010, S. 755

Meyer, Cord: Die Dauersozialpläne als neuartige Regelungsform des Sozialplans, NZA 1996, 239

Moll, Wilhelm: Münchener Anwaltshandbuch Arbeitsrecht, 2. Auflage München 2009 [zitiert: Moll/Bearbeiter, MAH Arbeitsrecht]

Müller-Boruttau, Dietmar: Presseerklärungen des Betriebsrats, NZA 1996, 1071

Müller-Guggenberger, Christian/Bieneck, Klaus: Wirtschaftsstrafrecht, 4. Auflage Köln 2006

von Münch, Ingo/Kunig, Philip: Grundgesetz-Kommentar, 5. Auflage München 2000

Neef, Klau: Die Neuregelung des Interessenausgleichs und ihre praktischen Folgen, NZA 1997, 65

Nicolai, Andrea: Zur Zulässigkeit tariflicher Sozialpläne – zugleich ein Beitrag zu den Grenzen der Tarifmacht, RdA 2006, 33

*Oetker, Hartmut: D*ie Vorgaben der Betriebsübergangsrichtlinie für die Beteiligungsrechte des Betriebsrats, NZA 1998, 1193 *ders.:* Die Hinzuziehung eines Beraters bei Betriebsänderungen - der neue § 111 Satz 2 BetrVG, NZA 2002, 465

Ohlendorf, Bernd/Salamon, Erwin: Interessenausgleich mit Namensliste im Zuständigkeitsbereich des Gesamtbetriebsrats, NZA 2006, 131

Olenhusen, Götz von/Puff, Alexandra: Nachteilsausgleich bei Betriebsänderungen unter besonderer Berücksichtigung des Medienbereichs, NZA-RR 2009, 345

Otto, Hansjörg: Das konturlose Arbeitskampfrecht des BAG – Vom Arbeitskampf als ultima ratio zur nahezu unbeschränkten Kampfmittelfreiheit?, RdA 2010, 135

Otto, Mathias: Mandantenerwartungen an die Führungspersönlichkeiten einer Kanzlei, AnwBl 2010, 303

Palandt, Otto: Bürgerliches Gesetzbuch, 70. Auflage München 2011 [zitiert: Palandt/Bearbeiter]

Pohl, Hans-Jürgen: Unterlassungsansprüche des Betriebsrats, in: Festschrift Arbeitsgemeinschaft Arbeitsrecht, 2006, S. 987

Preis, Ulrich: Der Kündigungsschutz außerhalb des Kündigungsschutzgesetzes, NZA 1997, 1256

Prütting, Hanns/Gehrlein, Markus: ZPO-Kommentar, 2. Auflage Köln 2010

Raif, Alexander: Das totale Chaos: Unterlassungsanspruch des Betriebsrats bei Betriebsänderungen, ArbRAktuell 2010, 236

Rauscher, Thomas/Wax, Peter/Wenzel, Joachim: Münchener Kommentar zur Zivilprozeßordnung, Band 2, 3. Auflage München 2007 [zitiert: MünchKommZPO/Bearbeiter]

Reich, Andreas/Reich, Bernhard/Reich, Christine: Betriebsverfassungsgesetz, Bad Honnef 2003 [zitiert: Reich]

Reichold, Hermann: Die reformierte Betriebsverfassung 2001 - Ein Überblick über die neuen Regelungen des Betriebsverfassungs-Reformgesetzes, NZA 2001, 857

ders.: Zulässigkeitsgrenzen eines Arbeitskampfs zur Standortsicherung, BB 2004, 2814

Reinecke, Gerhard: Die Rolle des Strafrechts bei der Durchsetzung des Arbeitsrechts, AuR 1997, 139

Reinhard, Barbara: Rechtsfolgen fehlerhafter Massenentlassungen, RdA 2007, 207

Richardi, Reinhard: Der Beseitigungs- und Unterlassungsanspruch in der Dogmatik des Betriebsverfassungsrechts, in: Festschrift Gitter, 1995, S. 407

ders.: Kehrtwende des BAG zum betriebsverfassungsrechtlichen Unterlassungsanspruch des Betriebsrats, NZA 1995, 8 *ders.:* Betriebsverfassungsgesetz mit Wahlordnung, 12. Auflage München 2010 [zitiert: Richardi/Bearbeiter]

Richardi, Reinhard/Wlotzke, Otfried/Wißmann, Hellmut/Oetker, Hartmut: Münchener Handbuch zum Arbeitsrecht, Band 2: Kollektives Arbeitsrecht, 3. Auflage München 2009 [zitiert: MünchArbR/Bearbeiter]

Rieble, Volker: Kollektivwiderspruch nach § 613a VI BGB, NZA 2005, 1

ders.: Arbeitsniederlegung zur Standorterhaltung, RdA 2005, 200

ders.: Flash-Mob – ein neues Kampfmittel?, NZA 2008, 796

ders.: Das neue Arbeitskampfrecht des BAG, BB 2008, 1506

ders.: Konzerninteressenausgleich?, in: Festschrift Bauer, 2010, S. 867

Rieble, Volker/Klebeck, Ulf: Strafrechtliche Risiken der Betriebsratsarbeit, NZA 2006, 758

Rieble, Volker/Klumpp, Steffen/Gistel, Cornelia: Rechtsmißbrauch in der Betriebsverfassung, München 2006 [zitiert: Rechtsmißbrauch]

Rieble, Volker/Triskatis, Claudiana: Vorläufiger Rechtsschutz im Betriebsratswahlverfahren, NZA 2006, 233

Röder, Gerhard/Baeck, Ulrich: Interessenausgleich und Sozialplan, 4. Auflage München 2009 [zitiert: Interessenausgleich]

Röder, Gerhard/Gragert, Nicola: Mitbestimmungsrechte bei Untätigkeit eines zuständigen Gesamt- bzw. Konzernbetriebsrats am Beispiel von Betriebsänderungen, DB 1996, 1674

Rolfs, Christian/Clemens, Fabian: Entwicklungen und Fehlentwicklungen im Arbeitskampfrecht, NZA 2004, 410

Römer, Gregor: Interessenausgleich und Sozialplan bei Outsourcing und Auftragsneuvergabe, Berlin 2001 [zitiert: Outsourcing]

Rose, Franz-Josef/Grimmer, Daria: Die Stellung des Beraters des Betriebsrats nach § 111 Satz 2 BetrVG, DB 2003, 1790

Rost, Friedhelm: Beendigung von Arbeitsverhältnissen bei Umstrukturierung, NZA-Beil. 2009, 23

Rumpff, Klaus/Boewer, Dietrich: Mitbestimmung in wirtschaftlichen Angelegenheiten und bei der Unternehmens- und Personalplanung, 3. Auflage Heidelberg 1990 [zitiert: Mitbestimmung]

Rüthers, Bernd: Arbeitskampf in einer veränderten Wirtschafts- und Arbeitswelt, NZA 2010, 6

Sachs, Michael: Grundgesetz, 5. Auflage München 2009

Säcker, Franz Jürgen: Von der offenen Arbeitseinstellung zur verdeckten Betriebsblockade – Der Arbeitskampf im Wandel zum Partisanenkampf, NJW 2010, 1115

Säcker, Franz Jürgen/Oetker, Hartmut: Alleinentscheidungsbefugnisse des Arbeitgebers in mitbestimmungspflichtigen Angelegenheiten aufgrund kollektivrechtlicher Dauerregelungen, RdA 1992, 16

Salamon, Erwin: Die Anbindung des Gesamtbetriebsrats an das Unternehmen – Insbesondere: Mitbestimmung im gemeinsamen Betrieb mehrerer Unternehmen, RdA 2008, 24

Schaub, Günter: Arbeitsrechtshandbuch, 13. Auflage München 2009 [zitiert: ArbRHdb]

Schiefer, Bernd: Namensliste gem. § 1 Abs. 5 KSchG, DB 2009, 2546

Schiefer, Bernd/Worzalla, Michael: Unzulässige Streiks um Tarifsozialpläne, DB 2006, 46

Schlünder, Guido: Die Rechtsfolgen der Mißachtung der Betriebsverfassung durch den Arbeitgeber, Frankfurt am Main 1991 [zitiert: Rechtsfolgen der Mißachtung]

Schmädicke, Axel: Der Verfügungsgrund beim Antrag des Betriebsrats auf Unterlassung von Personalabbaumaßnahmen, NZA 2004, 295

Schmidt-Bleibtreu, Bruno/Hofmann, Hans/Hopfauf, Axel: GG, Kommentar zum Grundgesetz, 11. Auflage Köln/München 2008

Schmitt-Rolfes, Günter: Interessenausgleich und Sozialplan in Unternehmen und Konzern, in: Festschrift 50 Jahre BAG, 2004, S. 1081

Schneider, Uwe H.: Missbräuchliches Verhalten durch Private Equity, NZG 2007, 888

Schönke, Adolf/Schröder, Horst: Strafgesetzbuch, 28. Auflage München 2010

Schrader, Peter/Straube, Gunnar: Taktische Überlegungen zur Anfechtung einer Betriebsratswahl, ArbR 2010, 159

Schwab, Brent: Die Haftung des Betriebsrats, in: Festschrift Bauer, 2010, S. 1001

Schwab, Norbert/Weth, Stephan: Arbeitsgerichtsgesetz, 3. Auflage Köln 2011

Schwarze, Roland/Hartwig, Tibor: Das arbeitsgerichtliche Beschlußverfahren, JuS 2005, 1089

Seel, Henning-Alexander: Betriebsänderungen – Pflichten und Strategien des Arbeitgebers, MDR 2010, 7

Simitis, Spiros/Kreuder, Thomas: Betriebsrat und Öffentlichkeit, NZA 1992, 1009

Singer, Reinhard: Zwischen Berufsethos und Kommerz: Eine Frage der Ehre!?, AnwBl 2009, 393

Staudinger: J. von Staudingers Kommentar zum Bürgerlichen Gesetzbuch, Buch 2: Recht der Schuldverhältnisse, Einleitung zum Schuldrecht §§ 241-243, 13. Auflage, Neubearbeitung Köln 2009 [zitiert: Staudinger/Bearbeiter]

Steinau-Steinrück, Robert von/Brugger, Helen: Wirtschaftsausschuss: Unterrichtungs- und Vorlagepflicht, NJW-Spezial 2/2010, 50

Thomas, Heinz/Putzo, Hans: Zivilprozessordnung, 31. Auflage München 2010 [zitiert: Thomas/Putzo/Bearbeiter]

Trittin, Wolfgang/Fütterer, Patrick: Interessenausgleich und Sozialplan in Kleinbetrieben, NZA 2009, 1305

Tschöpe, Ulrich: Die Bestellung der Einigungsstelle – Rechtliche und taktische Fragen, NZA 2004, 945

Umnuß, Karsten: Organisation der Betriebsverfassung und Unternehmerautonomie, Baden-Baden 1993

Veit, Martin/Wichert, Joachim: Betriebsratswahlen: Einstweilige Verfügung gegen rechtswidrige Maßnahmen des Wahlvorstands, DB 2006, 390

Völksen, Jens: Unterlassungsanspruch des Betriebsrats bei interessenausgleichspflichtigen Betriebsänderungen – Entscheidungshilfe aus Erfurt?, RdA 2010, 354

Wagener, Martin: Anforderungen von Wirtschaftsunternehmen an anwaltliche Dienstleistungen, in: Festschrift Bauer, 2010, S. 1045

Wahsner, Roderich/Borgaes, Hans-Udo: Der folgenlose Rechtsbruch, Frankfurt am Main 1982 [zitiert: Rechtsbruch]

Wank, Rolf: Aktuelle Probleme des Arbeitskampfrechts - Unterstützungsstreik, Streik um Tarifsozialplan, Schadensersatz und einstweilige Verfügung, RdA 2009, 1

Wenderoth, Marco: Der allgemeine Unterlassungsanspruch des Betriebsrats, Aachen 2006 [zitiert: Unterlassungsanspruch]

Wermke, Matthias/Kunkel-Razum, Kathrin/Scholze-Stubenrecht, Werner (Hrsg.): Duden Fremdwörterbuch, 8. Auflage Mannheim 2005

Wiese, Günther: Zur Freiheit der Meinungsäußerung des Betriebsrats und seiner Mitglieder im Außenverhältnis, in: Festschrift 50 Jahre BAG, 2004, S. 1125

Wiese, Günther/Kreutz, Peter/Oetker, Hartmut/Raab, Thomas/Weber, Christoph/Franzen, Martin: Gemeinschaftskommentar zum BetrVG, 9. Auflage Köln 2009 [zitiert: GK/Bearbeiter]

Willemsen, Heinz Josef: Sozialplanabfindung – Der Paradigmenwechsel findet nicht statt, in: Festschrift Bauer, 2010, S. 1119

Willemsen, Heinz Josef/Hohenstatt, Klaus-Stefan: Zur umstrittenen Bindungs- und Normwirkung des Interessenausgleichs, NZA 1997, 345

Willemsen, Heinz Josef/Hohenstatt, Klaus-Stefan/Schweibert, Ulrike/Seibt, Christoph: Umstrukturierung und Übertragung von Unternehmen, 3. Auflage München 2008 [zitiert: Umstrukturierung und Übertragung]

Willemsen, Heinz Josef/Stamer, Katrin: Erstreikbarkeit tariflicher Sozialpläne: Die Wiederherstellung der Arbeitskampfparität, NZA 2007, 413

Wißmann, Hellmut: Probleme bei der Umsetzung der EG-Richtlinie über Massenentlassungen in deutsches Recht, RdA 1998, 221

ders.: Das schwierige Miteinander von Interessenausgleich und Sozialplan, in: Festschrift Arbeitsgemeinschaft Arbeitsrecht, 2006, S. 1037

Witt, Carsten: Die betriebsverfassungsrechtliche Kooperationsmaxime und der Grundsatz von Treu und Glauben, Berlin 1987 [zitiert: Kooperationsmaxime]

Wutschka, Antje: Arbeitsrechtliche Maßnahmen bei Verlegung und Zusammenschluß von Betrieben, BB 2010, 825

Zabel, Uwe: Tarifvertrag Qualifizierungsmaßnahmen bei Betriebsänderungen, AiB 1998, 615

Zöller, Richard: Zivilprozessordnung, 28. Auflage Köln 2010 [zitiert: Zöller/Bearbeiter]

Kolibri 360 GmbH
Ferdinand-Jühlke-Straße 7
99095 Erfurt, Deutschland
produktsicherheit@kolibri360.de